实用体能训练指南

杨海平 廖理连 张 军 编著

SHIYONG TINENG XUNLIAN ZHINAN

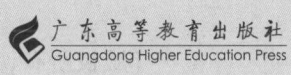

·广州·

图书在版编目（CIP）数据

实用体能训练指南/杨海平，廖理连，张军编著. —广州：广东高等教育出版社，2013.4（2022.10重印）
ISBN 978-7-5361-4882-6

Ⅰ.①实… Ⅱ.①杨… ②廖… ③张… Ⅲ.①身体训练-指南 Ⅳ.①G808.14-62

中国版本图书馆 CIP 数据核字（2013）第 075730 号

发 行	广东高等教育出版社
	社址：广州市天河区林和西横路
	邮编：510500　营销电话：(020) 87554152　87551163
	http://www.gdgjs.com.cn
印 刷	东莞市雅达彩印有限公司
开 本	787 毫米×1092 毫米　1/16
印 张	16.5
字 数	334 千
版 次	2013 年 4 月第 1 版
印 次	2022 年 10 月第 3 次印刷
定 价	35.00 元

（版权所有，翻印必究）

前　言

随着时代的发展和竞技水平的提高，体能训练已经成为各种专项训练不可或缺的一部分。体能也由运动成绩的隐性影响因素逐渐转化为显性影响因素，广泛地被教练员和运动员所接受。体能训练是现阶段的热点研究课题，这是激发我们深入研究体能训练的最初动机。但即使是这样，体能训练理论还是没有得到充分的研究与梳理。

幸运的是，肇庆学院专门组织了一场有关现代竞技体能训练的讲座，从中了解到体能训练对于各种训练的重要性。如果没有力量，人类连简单的站立都不可能实现；如果没有速度，我们就看不到赛场上奋力角逐的精彩画面；如果没有耐力，机体稍微一活动，就可能出现疲劳；如果没有柔韧性、灵敏性和协调性，完成各种优美的动作都将成为空谈……身体这些基本的运动素质，不仅是维持人体健康生活的坚强后盾，同时也是实现优异运动成绩的坚实基础。运动员获得优异的运动成绩，体能的作用不可或缺；运动中产生伤病，极可能源于某种体能素质的缺陷……可以说，所有技术动作都是建立在充沛体能的基础上的，任何体育运动归根结底都是体能的比拼。这次讲座的开展，更加坚定了我们进一步梳理体能训练理论的决心。在这个动力的驱动下，开始动笔。

体能可分为健康体能和竞技体能两个部分，本书主要阐述与竞技体能相关的内容。第一章绪论，阐述了体能训练的概念、作用，体能训练的基本原则和基本要素及敏感期；第二章体能训练的准备活动及工作，阐述了准备活动的作用、准备活动的分类及运用、准备活动的基本原则及体能训练前的准备工作；第三章至第七章依次阐述了竞技体能所包含的各种素质，如力量、耐力、速度、柔韧、灵敏的理论概述及训练方法与手段；第八章至第十二章分别介绍了体能训练中各种运动素质的转移，体能训练与营养，常用身体机能评定方法，体能训练中运动损伤的预防与处理，体育锻炼的作用、原则与方法。本书适用于体育专业院校学生、体能训练教练员、运动员和体育爱好者。

本书由杨海平、廖理连、张军共同编著。杨海平负责第一章、第九章、第十章、第十一章、第十二章，张军负责第三章、第四章，廖理连负责第二章、第五章、第六章、第七章、第八章，全书由杨海平、廖理连统稿。由于作者水平有限，本书难免有不足和疏漏之处，真诚地希望各位专家、学者以及读者朋友们批评指正。

作　者

2012 年 12 月于肇庆学院

目 录

第一章 绪论 ············· 1
第一节 体能训练概述 ············· 1
第二节 体能训练的作用 ············· 10
第三节 体能训练的基本原则和基本要素 ············· 12
第四节 体能训练的敏感期 ············· 17

第二章 体能训练的准备活动及工作 ············· 21
第一节 准备活动的作用 ············· 21
第二节 准备活动的分类及运用 ············· 23
第三节 准备活动的基本原则 ············· 26
第四节 体能训练前的准备工作 ············· 28

第三章 力量素质训练 ············· 31
第一节 力量素质概述 ············· 31
第二节 力量素质的训练方法与手段 ············· 43

第四章 耐力素质训练 ············· 82
第一节 耐力素质概述 ············· 82
第二节 耐力素质的训练方法与手段 ············· 87

第五章 速度素质训练 ············· 118
第一节 速度素质概述 ············· 118
第二节 速度素质的训练方法与手段 ············· 125

第六章 柔韧素质训练 ············· 146
第一节 柔韧素质概述 ············· 146
第二节 柔韧素质的训练方法与手段 ············· 152

第七章 灵敏素质训练 ············· 166
第一节 灵敏素质概述 ············· 166

第二节　灵敏素质的训练方法与手段 …………………………… 171

第八章　体能训练中各种运动素质的转移 …………………………… 187

第九章　体能训练与营养 ……………………………………………… 190
　　第一节　营养概述 ………………………………………………… 190
　　第二节　运动与营养 ……………………………………………… 195

第十章　常用身体机能评定方法 ……………………………………… 201
　　第一节　心血管系统机能评定 …………………………………… 201
　　第二节　能量代谢能力的评定 …………………………………… 204

第十一章　体能训练中运动损伤的预防与处理 ……………………… 225
　　第一节　运动损伤概述 …………………………………………… 225
　　第二节　运动损伤及其处理方法 ………………………………… 229
　　第三节　常见运动损伤的处理 …………………………………… 240

第十二章　体育锻炼的作用、原则与方法 …………………………… 243

参考文献 ………………………………………………………………… 257

第一章 绪 论

第一节 ▶ 体能训练概述

关于体能的概念及其所涵盖的内容是近年来体育学科研究的热点问题，但对体能及相关内容的界定并未完全统一，争论仍在继续。从现有文献资料可看出，许多专家学者从不同角度、不同层面对体能的概念进行了阐释，不难发现这些概念大同小异，内容却冗繁复杂。纵观现有文献资料，"体能"一词的定义尚欠严谨，人们对体能概念的认识仍不够清晰。体能是什么？这个命题是体能训练学理论逻辑的一个基本出发点，关系到人们对体能实质、构成要素、分类以及功能的认定，在很大程度上影响体能训练学的体系、研究方法和训练方法。因此，进一步探讨"体能"概念的科学内涵和外延，有利于体育理论的建设与发展，有利于科学指导各类体能训练实践。

一、体能的概念及分类

（一）体能的概念

"体能"一词源于美国，英文为"physical fitness"，主要是指人体对外界环境的适应能力。从 20 世纪 80 年代中后期，"体能"一词就频现于我国的各类体育报刊和文献上，并逐渐成为体育学科研究的热点之一。"体能"一词在英文文献中常被表达为"physical fitness"、"physical capacity"、"physical ability"、"physical conditioning"、"physical efficiency"、"physical power"等，其中以"physical fitness"最为常用。在我国港、澳、台地区多称之为"体适能"。

从目前的文献资料来看，最早使用"体能"一词的是国际运动医学委员会，在 1964 年东京奥运会期间就成立了"国际体能测试标准化委员会"，并制定了标准体能测试的六大内容（身体资源调查、运动经历调查、医学检查与测验、生理学测验、体格和身体组织测验、运动能力测验）。何雪德等人以《中国中文体育期刊篇名目录》为线索进行了动态、深度的探讨，根据"体能"一词在文献中出现的时间和频率，推算出"体能"概念可能起源于 1983 年"项群理论"提出以后。

技能与体能是相对应而存在的。因体能的概念界定明确方便，故也日益被技能主导类对抗运动项目的教练员和运动员所接受。特别是 1994 年 "足球运动员体能测试" 的炒作，使 "体能" 一词家喻户晓。但体能的概念到底形成于何时，最早出现于何文，尚待考证。现在需要弄明白的是，最早在国外文献中提出的 "physical fitness" 等体能的概念是何时在国内开始使用的。

目前资料表明：最早对 "体能" 释义的是上海辞书出版社 1984 年出版的《体育词典》，其与 1992 年出版的《现代汉语词典》给出了相同的解释：体能是指人体各器官系统的机能在体育活动中表现出来的能力，包括力量、速度、耐力、灵敏性和柔韧性等基本身体素质与人体基本活动能力（如走、跑、跳、投掷、攀登、爬越和支撑等）两部分。

中国学者熊斗寅认为体能是个不确定的概念，有大体能和小体能之分。大体能就是泛称的身体能力，它包括身体运动能力、身体适应能力、身体机能状态和各种身体素质；小体能是指运动训练中的体能训练和体能性项目等。何雪德等人认为，体能是一个尚未充分定型的概念，是国人在实践中中西结合的创造，体能的定义有广义与狭义之分，但都有不确定性。广义的体能，它包括身体形态、身体机能、运动素质、适应能力等几个方面，与传统一般身体训练相比，它强调的是适应能力；狭义的体能是指上述各种身体能力在技能类对抗项目中的应用，与传统专项身体训练相比，它强调的是对抗性和竞技性。

李之文认为，体能的概念至少应该阐明以下要点：经过身体训练获得；与技能不同；包含各项运动素质。由此，他试述体能的概念为：经过身体训练获得的人体各器官系统的机能在肌肉活动中表现出来的能力，它包括身体形态的适应性变化，力量、速度、灵敏性、耐力和柔韧性等基本素质。

杨世勇等人在其编著的《体能训练学》一书中指出：体能是指运动员机体的运动能力，是竞技能力的重要组成部分，是运动员为提高技战术水平和创造优异成绩所必需的各种身体运动能力的综合，这些能力包括身体形态、身体机能、运动素质，其中运动素质是体能最重要的决定因素，身体形态、身体机能是形成良好运动素质的基础。田麦久等人认为，运动员的体能发展水平是由身体形态、身体机能及运动素质的发展状况所决定的，包括一般体能和专项体能。苟波等人认为，体能是在先天遗传和后天获得的基础上，身体对外界的适应能力，包括身体形态、身体机能和运动素质，身体形态和身体机能是体能的物质基础，运动素质是体能的外在表现，它是体能的核心，表现为力量、速度、耐力、柔韧性和灵敏性等素质；人体的健康水平、心理、技战术水平以及外在环境条件等因素都与体能密切相关。

袁运平、王向宏认为，体能是指人体通过先天遗传和后天训练获得的在形态结构、功能与调节方面及其在物质能量的储存与转移方面所具有的潜在能力以及与外界环境结合所表现出来的综合运动能力，其大小是由机体的形态结构、系统器官的机能水平、能量的物质储备与基础代谢水平及外界环境等条件决定的，运动素质是体能的主要外在表现形式，在运动时表现为力量、速度、耐力、柔韧性和灵敏性等各种运动能力。徐玉明指出，体能是指身体适应生活、运动与环境（例如气候变化或病毒等因素）的综合能力。美国运动医学学院（ACSM）将体能定义为"机体在不过度疲劳状态下，能以最大活力愉快地从事休闲活动的能力以及应付不可预测的紧急情况的能力和从事日常工作的能力"。认为在日常生活或工作中，体能较好的人从事体力活动或运动时均有较强的适应能力及活力，而且不易产生疲劳或力不从心的感觉。

刘浩等人从逻辑学的角度对体能概念进行了研究，并得出结论：体能概念是一个仍在发展的概念，对体能概念属性认识的不断深化，涵盖了身体形态结构、身体机能、心理因素及环境等体能系统的各个层面。王保成认为，体能包括人的有形体能和无形体能，前者是指身体能力，后者是指心智能力，体能由身体结构、身体机能和智力意志三部分组成。从社会生活角度来看，体能是积极适应生活的身体能力、工作能力和抵抗疾病的生存适应能力。

邓树勋等人认为，体能是指人体在应付日常工作之余，身体不会感到过度疲劳，还有余力去享受休闲及应付突发事件的能力，也称之为体适能，可分为健康体适能和竞技体适能。健康体适能包括有氧适能、肌适能（肌力量与肌耐力）、体成分、柔韧素质等，竞技体适能包括灵敏性、平衡性、协调性、速度、爆发力、反应时等要素。阮伯仁和沈剑威对此持同样的观点，但认为健康体适能和竞技体适能所涵盖的范畴有些许差异，他们认为健康体适能包括心肺耐力、肌力及肌耐力、柔韧性、身体成分和神经肌肉松弛，竞技体适能则包括除健康体适能外的灵敏性、平衡性、速度、爆发力和协调性。吴东明等人认为，体能是人类适应生活、工作、学习等活动应具备的各种身体能力，体能一般可分为两类，即与健康相关的体能和与运动成绩相关的体能。百度百科给出的解释为：体能，即运动员身体素质水平的总称。即运动员在专项比赛中体力发挥的最大限度，也标志着运动员无氧训练和有氧训练的水平，反映了运动员机体能量代谢水平。体能即人体适应环境的能力，包括与健康有关的健康体能和与运动有关的运动体能。

概念反映对象的特有属性（或本质属性），是人们在理解了该事物的特有属性后，留在人们头脑中的这类事物特有属性的共识及其相关形式。内涵和外延是概念的两个基本特征，概念的内涵和外延不能像概念一样，独立地存在于人们头脑中。因为，内涵和外延没有独立的形态，只是分别从质和量两方面对概念做出说明，概念的内涵说明了人们对概念所反映的对象特有属性的理解，概念的外延则表明了概念的适用范围。研究体能概念时，必然要遵循逻辑学中有关概念的要求。为此，各位学者紧紧盯住体能概念的"特有属性"，从实践中认识到体能所包含的"特有属性"，并对这些属性进行逻辑上的抽象。部分学者以体能的某一方面的属性来界定体能概念，有合理之处，但这些都只是体能概念某一方面具有的属性，展示的只是体能概念属性的多重性，并没有突出体能的特有品性和本质的唯一性，冲淡了体能作为一种"能力"的意义，具有一定局限性。随着时间的推移，关于体能概念的研究，呈现出由简单到复杂，越来越合理，越来越符合概念形成的规律。人们经过多次的抽象、概括，对体能概念逐渐形成深层的认识，即加深了对其特有属性的认识。作者采用的一般是科学抽象法。抽象是一个连续的梯级，根据抽象程度的不同，可以排列出一个由低到高的阶梯式结构，抽象程度越高，内涵越稀薄，外延越广阔，因而概括的力度越大，指导功能就越强。由此来审视国内有关体能概念的研究成果发现，抽象程度较高、概括力度较大的相关研究极少。一些研究成果因强调体能的多样性而降低了对体能的概括性要求，一些体能概念研究成果还大体停留在对外延的罗列阶段。综合近期有关体能概念的研究，对其特有属性较全面的看法是：从发展特征上看，体能受到遗传、环境等内外在因素的影响；从体能的物质基础上看，它以人体各系统的形态结构和功能为基础；从表现形式上看，体能是以各种运动素质为表现形式的能动、综合和特异地呈现出的运动能力和机体适应能力。

在对体能概念外延的认识中，我国学者使用枚举或划分的方法对外延进行了思考，不同层面的思考反映了对体能概念不同层面的把握。逻辑学上认为，普遍概念的外延如果有限，可以用枚举的方法来确定其外延。正如上述有关体能概念的研究，大多数学者对体能的定义使用了枚举的方法对其所涵盖的内容进行了枚举。随着人们的认识和研究的深入，体能概念的外延呈现出不断扩大的趋势，概括起来大致可分为以下几类：从身体素质的角度确定外延；从身体素质与人体基本活动能力的角度确定外延；从形态、身体素质及人体机能的角度确定外延；从形态、身体素质、机能及健康的角度确定外延；从其他角度，如竞技体育专项、军事、警察等特种职业的角度确定外延。要说明一个概念的外延范围，可以把这个概念分为几个相应的、较小的类来加以说明，也可以把它直接分成相应的若干单个对象来加以说明。任何一个概念的外延大小是不同的，可以把外延较大的概念看做"母类"，把相应的几个外延较小的概念视作它的"子类"，把每一类中相应的那些单个对象称作"类分子"。这样，对于概念的外延便易于明确，也便于说明。从这点来看，有些学者给出的体能概念也无可厚非，是符合逻辑学的要求的，但难免以偏概全，产生混淆甚至矛盾的地方。在上述不同的表述中，概念的外延表达经常会发生变化，说明体能这个概念并未达成共识。概念的内涵和外延具有确定性和灵活性的特点，确定性是指在一定条件下，概念的内涵和适用范围是确定的，不能随意改变或混淆不清。灵活性是指在不同的条件下，随着客观事物的发展和人们认识的深化，概念的内涵和适用范围是可以变化的。在不同的语境环境中，对于集合概念的理解是不一样的，不同的语境也反映了思维中对概念理解角度的不同。

我国学者对体能概念的研究，主要受美国、德国、法国、日本以及我国港澳台地区等学者的影响较大，学者之间存在争论。不管学者们是受国内还是国外的影响，其对体能概念的分歧并非如实际表现出来的那么不可两立，对体能的基本含义的理解也并不是非此即彼的关系。在一定程度上是可以调和的，甚至可以从更高的层面对之进行整合，使得对概念的理解归于统一。所谓的分歧也就是基于不同角度、立场或语境对问题理解的差异，这种差异可归纳为四个范畴：体育竞技视角下对体能的理解，日常生活视角下对体能的理解，特种职业（如军人体能、警察体能以及极限体能等）视角下对体能的理解以及囊括日常生活和体育竞技理解的综合视角。从综合视角来统一"体能"这一概念是体育科学发展的需要。"体育"一词本身的多义性和功能的多维度性，都要求概念的发展不能是单向的。查阅近年来有关体能概念的研究文献，可以看出主张综合观点的学者不断增加，这表明研究体能概念从综合视角出发获得了认同，它们的共同点在于对对象本质特征的提取。

定义是用简单的语言揭示概念所反映的对象的特有属性，从而明确概念内涵的逻辑方法。下定义最常用的一种方法是"属加种差"定义法。可用公式表示为：被定义概念 = 种差 + 邻近属。所谓邻近属也就是直接包含被定义项的那个属概念；种差则表示在同一属概念外延范围之内的被定义概念与其他种概念的本质差别。根据"定义"的这些原理给"体能"下个周全的定义是非常困难的。目前，给体能下定义时所使用的"种差"及"邻近属概念"仍未形成共识，因为其本身也是与时俱进的。

基于以上关于体能概念的界定和从中得到的启发，在参考厉昌高高等院校体能研究成果的基础上，以及近来众多学者基本认同的"体能"被直接包含于它的邻近属"运动能力"与"机体适应能力"，本书作者尝试将体能的概念定义为：有机体在先天遗传的基础上，通过后天训练而获得的运动能力和机体适应能力。机体的运动能力包括广义上的一般的运动能力和狭义上的专项（含特种职业）运动能力，广义上的一般的运动能力包括走、跑、跳、投、攀、登、爬、跃等基本运动能力；狭义上的专项（含特种职业）运动能力包括与专项（含特种职业）有关的速度、力量、耐力、柔韧性、灵敏性、平衡性和协调等运动能力。而机体适应能力是指机体适应各种环境的能力，包括抗炎热能力、抗寒冷能力、抗时差能力、抗缺氧能力等各种机体适应能力。这种运动能力与竞技体能相对应，而机体适应能力则与健康体能相对应。根据美国运动训练专家的一些观点，可以把运动能力分为运动体能和技术体能。运动体能是指运动员为了适应专项运动中不断变换的身体运动要求，延缓运动员进入疲劳状态的能力，包括力量、耐力、速度、柔韧和身体成分；技术体能是指运动员成功完成专项运动技术的能力，包括灵敏性、平衡性、协调性、爆发力和反应时。

（二）体能的分类

体能类别的划分是以对象的一定属性为标准，通过把一个概念所反映的对象分为若干个相应的小类来明确该概念外延的逻辑方法。在同一次划分中，可以是以某一个属性为标准，也可以是同时以几个属性作为综合标准。此外，对同一类对象，也可以从不同角度进行多种划分。分类属于划分的特殊形式，划分根据对象的一定属性便可进行，而分类则要根据对象的特有属性进行。另外，一般的划分实用性比较强，它是由日常实践需要决定的，这一实践过程结束，这种划分也就随之失去了意义；而分类的根据是对象的特有属性，因此分类比一般的划分更科学，分类的结果也具有较大的稳定性，能在较长时间内发挥作用。

目前，国内学者在讨论体能分类时，大多数尝试运用了两分法。人们遵循对立统一的思想，采用"两级对举"的方法进行最基本、最简化的分类。之所以要做最简化的分类，是因为越简化便越概括，便越容易从总体上认识复杂的对象。抓住两头，弄明白具有两极性的两类类别的特点以后，对处于两级之间的强弱或大小程度不同的众多类别的特点便更容易理解。根据逻辑学中的分类原则，结合现有的研究文献，针对特定的"体能概念"，依据不同的标准对体能进行如下的分类（见表1-1）：

表1-1 不同专家对体能分类的结果

分类标准	分类结果		来源
获得的途径	先天性体能	后天性体能	袁运平等
体能与运动专项的关系	专项体能	一般体能	田麦久、杨世勇
能量代谢	无氧体能	有氧体能	（南斯拉夫）可可维奇
适用范围	大体能（身体能力）	小体能（体能训练及体能性项目）	熊斗寅
	广义体能	狭义体能	何雪德
在不同人群中的表现	健康体能	运动体能	钟博光

以上的体能分类并不是终结，依据不同的体能概念及分类标准产生的各种类型均有其特定的使用范围和语境，在具体应用时如果明确特定的体能概念及其分类，就能够科学地指导体能教学、锻炼及训练等各种工作。

体能的概念带有较浓厚的中国色彩，是随着时代变化而不断发展的。在体育理论科学发展的过程中，仍然会出现不同的体能概念，但这必须以大家逐步认可的体能"特有属性"为前提。

体能概念是建立训练学基本理论的基础和出发点，只有明确了体能概念，我们才能进一步准确地把握训练学的精髓。

根据逻辑学中的分类规则，体能可以从获得途径、供能特点、在不同人群中的表现形式、适用范围以及体能与运动专项的关系等不同的角度或属性进行不同分类，提示我们在具体应用时务必明确特定的体能概念及其分类，这对我们从事体能教学、锻炼及训练等各种工作不无裨益。

二、体能训练的概念

体能训练是运动训练的重要组成部分，是结合专项需要并通过合理负荷的动作练习，以达到改善运动员身体形态，提高运动员机体各器官系统的机能，充分发展运动素质，促进运动成绩的提高为目的的训练过程。它是技术训练和战术训练的基础，并对掌握专项技战术，承担大负荷的训练和激烈的比赛，促进运动员身体健康，防止伤病及延长运动员寿命具有重要意义。

体能训练的基本内容是充分发展与运动员专项运动成绩密切相关的力量、速度、耐力、柔韧性、灵敏性等运动素质，以促进运动员身体形态和机能的改善，提高运动员的健康水平，为专项运动成绩和技术水平的不断发展奠定良好的基础。体能训练包括一般体能训练和专项体能训练。一般体能训练是指为增进运动员的身体健康，提高各器官系统机能，全面发展运动素质，改善身体形态，采用多种非专项的体能练习手段掌握非专项的运动技术、技能和知识，为专项成绩的提高而服务的基础训练。专项体能训练是指采用直接提高专项素质的练习以及与专项紧密联系的专门性体能练习，最大限度地发展对专项成绩有直接关系的专项运动素质，以保证掌握专项技术和战术并在比赛中得到有效的利用，从而创造优异成绩的训练。

一般体能训练和专项体能训练的主要联系在于：一般体能训练是专项体能训练的基础，一般体能训练为专项运动素质的提高创造必要的条件；专项体能训练则是提高专项运动成绩的特殊需要，并直接为创造优异的专项运动成绩服务。随着专项水平的不断提高，一般体能训练所提供的基础及专项体能训练的要求也随之改变，以适应专项运动成绩提高后的要求，两者总的目标是一致的，在实践中是难以截然分开的，且不可或缺。

运动素质是身体机能在基础运动能力某一方面的具体表现，如力量、速度等，既是体能的构成要素，也是运动实践中评价和检验体能水平的常用指标。换言之，运动素质是体能水平的外在表现形式，体能是运动素质的内在决定因素。运动素质水平取决于人体器官和系统的机能水平。因此，体能与运动素质有密切的联系。

以往身体训练只注重某项运动素质的提高，对运动员的整体运动能力、对抗能力、适应大负荷与高强度的抗疲劳能力以及顽强拼搏的心理品质等没有给予应有的重视。体能训练要求把运动素质训练纳入运动员的整体运动能力，把运动素质训练作为人体生物学机能发展和机能适应训练的一部分。通常，身体训练是以单一的运动素质提高为目标任务，而体能训练则从人体整体工作能力、人体机能潜力提升的角度出发。体能训练与身体训练密切相关，但两者既有区别，又有联系。

三、国内外体能训练的发展概况

20世纪中后期，体能训练风靡全球，特别是在欧美发达国家，体能训练已成为专业竞技运动训练和大众健身的重要内容。虽然国内体能训练起步较晚，但发展呈现出方兴未艾之势，无论是竞技体育还是大众健身体育，对体能训练的需求均日益增大。

纵观奥运史，美国无疑是世界竞技体育强国。美国在奥运会上获得的金牌数和奖牌数一直位居世界前列，且长期遥遥领先。世界竞技体育强国的主导地位，为其体能训练的领先水平奠定了坚实的基础。1978年，美国成立了National Strength and Condition Association（NSCA）。1985年，该组织被正式命名为美国体能训练的专业机构——美国体能协会。1994年，美国第一部专业体能训练的专著 Essentials of Strength Training and Conditioning 出版，2000年，经修订后再版，同时还出版了 Personal Training。美国体能协会的教材和体能教练的从业者表明：体能训练学是一门跨运动科学、运动训练学、运动医学的综合性学科，体能教练是跨学科、跨专业的复合型人才。从美国体能协会的命名"National Strength and Condition Association（NSCA）"就可以了解到，体能训练是以力量训练为基础的体能素质训练，力量训练是体能训练的核心。美国的体能训练的体能教练分为两类，一类是面向竞技体育的专业体能训练的体能教练；另一类是面向大众健身的私人体能训练的体能教练。无论哪类体能教练，他们都必须通过美国体能协会的水平等级考试，注册后方可持证上岗。由此可见，美国的体能训练已具有相当大的规模。

国内体能训练虽然起步较晚，但已成为近年来竞技体育和大众体育的热点。目前，国内有关体能训练的概念还不够清晰，不同项目的体能训练理论和实践体系有待完善。针对2008年北京奥运会，国家体育总局提出了"119"工程（即田径、游泳和水上运动项目有119块金牌），"119"工程所涉及的项目属于典型的体能项目。我国在伦敦奥运会上，"119"工程获得了5块金牌、2块银牌和3块铜牌，说明我们在这些项目上有了长足的进步，但是与世界竞技体育强国相比，还有相当大的差距。

随着人们对体能认识的加深，以及竞技体育竞争的日益激烈，体能训练已引起教练员和运动员的高度重视。体能训练由来已久，但体能训练在非体能项群项目中专门独立分化出来的时间并不长。纵观体能训练的发展史，大致经历了以下几个阶段。

1. 自发阶段

在20世纪40年代以前，由于对体能认识的薄弱，体能训练没有得到各项目教练员和运动员的重视。体能训练主要在体能项目中得到小范围的应用，体能训练也仅仅是集中在1~2项运动素质上，训练质量很低。在集体项目中，运动员还没有认识到体能对运动成绩的重要意义，体能训练是运动训练的一个盲点。虽然个别队员从体能训练中受益，但大多数人仍没有充分重视体能训练。该阶段主要的特征是体能训练属于自发的，而非自觉行为。

2. 自觉阶段

20世纪50—70年代，集体运动项目的运动员通过发展体能提高自身的竞技能力已非常普遍，如足球、篮球。在20世纪40—50年代，从事个人竞技项目的运动员还不能完全接受全年的体能训练。例如，在参加1948年奥运会的几个10 km长跑运动员在参加比赛前只训练了6个月。20世纪70年代末，随着美国国家力量教练协会的成立，体能教练的概念逐渐地被熟知，后改名为国家力量和体能协会（NSCA），其专门任务是鼓励力量和体能教练员之间的交流。在此阶段，教练员和运动员为了提高运动成绩，保持健康和延长运动寿命，逐渐自觉地开始从事体能训练。

3. 快速发展阶段

直到20世纪80—90年代，无氧代谢、力量训练和其他方面（如灵敏）的研究变得比较流行和更加重要，并被科学领域所接受，主要标志是力量和体能训练逐渐发展成为一个职业，运动队中出现了专职的体能教练员。20世纪90年代，研究领域的扩展和高科技的出现，为力量和体能训练提供了支持。几乎所有的大学生运动员和职业的高水平运动员都在进行全年的体能训练。很多跨行业的产品已经被运用，帮助运动能力的提高和损伤的预防，现被形象地称为"运动医学"。超过150家器材公司销售各式各样的力量和体能训练器械。新产品的发明在运动医学领域正逐年上升。药物治疗、外科技术和治疗技术被运用到治疗和预防损伤方面。运动员在训练和比赛中的服装、鞋子、装备、比赛场地也不断得到改善，这都有利于运动员运动能力的提高。

4. 科学训练阶段

20世纪90年代以后至今，体能训练已经成为国内体育科学研究的热点课题，在国外也是众多运动科学专家所关注的焦点。在日益重视的前提下，体能训练也得到长足的发展，其理论和实践体系逐渐得到完善。随着训练实践的不断发展，运动技术水平的不断提高，新兴科学技术在体育领域的应用，新的训练理论、方法不断涌现，运动训练理论有了很大发展，先后形成了一般训练理论、项群训练理论和专项训练理论，运动员体能训练问题的研究受到了普遍重视。随着时代的发展和训练水平的提高，体能训练的理论和实践也应与时俱进，才能保持理论的先进性，进而更好地指导实践。

第二节 ▶ 体能训练的作用

运动员竞技能力的提高主要是通过体能训练、技术训练、战术训练和心理训练实现的（图1-1）。体能训练是金字塔的基础，是缔造成绩的根本，体能的基础越扎实，技术、战术、心理的程度就越高。教练，尤其是一些团体项目的教练，经常忽视体能训练与技术训练的关系，轻视体能训练（季前），导致运动员的体能基础薄弱，容易造成高度疲劳，影响技术表现，对战术判断造成负面影响，使失误率上升。

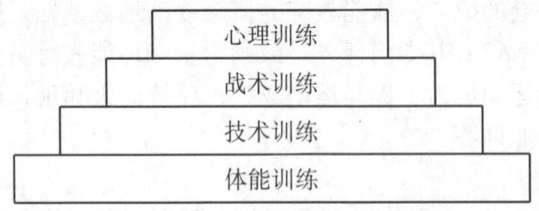

图1-1 训练要素金字塔

综上所述，体能训练是所有训练的基础，有完善的体能才能有完美的技能和心理。体能训练是取得优异运动成绩的重要因素，有时甚至是最重要的因素。东欧国家对此尤为重视。体能在不同的运动中作用是不同的。项群训练理论提出，竞技体育项目按竞技能力主导因素划分为体能主导类项群和技能主导类项群。体能在体能主导类项群中的作用非常显著，该类项群中，技术是体能发挥的载体，只有良好的技术才能保障体能的充分发挥。而对于技能主导类项群项目，体能虽然起到重要作用，但贡献率相对较小，体能在该类项群中是技术、战术的保障，保障技术在比赛中合理有效地发挥。综合各运动项目的特点发现，体能的作用主要表现为几个方面。

（一）促进身体健康

从人体解剖学知识可知，人体有数百块肌肉。人们依靠这些肌肉行走、跑跳、提带东西和背扛重物；依靠它们把食物送入人的消化道，并帮助人们把食物消化、吸收和排泄出去；依靠它们把新鲜的空气吸入肺中并把废气呼出；依靠它们使血管收缩或扩张并把血液送到遍布全身的血管系统中去。因此，一个人要保持健壮的身体，首先就应该让自身的全部肌肉都强壮有力，否则，就难以胜任工作。人要持久地工作，需要心血管耐力和肌肉耐力；要搬动重物或对抗阻力，需要肌肉力量；要做活动幅度较大的动作，需要关节的灵活及肌肉、韧带的伸展力……在日常工作和生活中，一个身体素质差的人往往表现出精神颓靡、情绪烦躁，稍干点重活就易疲劳，工作效率低，常常会感觉力不从心。随着社会的快速发展，机械化、电气化、自动化程度的提高，人的体力和能量消耗相应减少，加上物质充足、营养丰富，"体力活动不足症"随处可见，并由此引发心脏病、高血压病、糖尿病、肥胖病等现代文明病，给人体健康带来诸多不良影响。因此，人们必须自觉地把发展体能与日常工作、学习和生活联系在一起，通过体能训练达到增进健康的目的。

（二）提高运动成绩

现代竞技运动的一个重要特征是要求运动员掌握先进的技术，不断提高运动技术水平。因此，作为竞技运动能力主要素质的力量、速度、耐力、柔韧、灵敏等身体运动能力，其发展水平对先进技术的掌握和运动成绩的提高起着决定作用。有人曾就体能与运动技术、战术及成绩的关系做过这样的比喻：运动成绩犹如高楼大厦，技术、战术则似构筑高楼大厦的钢筋水泥，而体能就是高楼的地基。楼房首先要打牢基础，若地基不牢，钢筋水泥竖不起来，高楼大厦也就成了空中楼阁。同时，也有实践已证明，不同运动项目对运动员的体能有不同程度的要求，只有体能提高了，技术水平的提高才有可能。

例如，一名跳远运动员要跳出 8 m 以上的成绩，他的体能必须具备如下水平：百米速度在 10.5 s 以内；立定跳远达 3 m 以上；立定三级跳远达 10 m 以上；踏跳腾空时腿部能承受 700~800 kg 的力量等。现代足球比赛中，要求运动员在 90 min 内来回奔跑万米以上，其中快跑近 1 500 m，百米速度达到 12 s 左右，在激烈争夺中做倒地铲球、带球突破、凌空射门及合理冲撞等高难动作，没有力量、速度、灵敏、柔韧、协调等基本身体运动能力是难以完成的。短跑项目对运动员的爆发力、反应速度、快速移动速度和专项柔韧性、快速运动的协调能力有非常高的要求；举重项目要求最大限度地发展运动员的力量水平和专项动作速度，并对专项柔韧性和协调性有较高要求；体操、武术、拳击和球类等项目则对各项身体素质，特别是各项体能的综合表现有较高要求。由此可见，体能是掌握技术、提高运动成绩的基础，要取得优异成绩，就必须最大限度地发展和提高运动员的体能。

实践证明，无论国内或国外各个运动项目的优秀运动员，其体能均是一流的，否则就达不到世界先进水平。

（三）增强抗疲劳能力

现代竞技运动技术水平不断提高，比赛次数也逐年增加。运动员若要不断地提高运动成绩，就必须通过大负荷的运动训练。然而，只有良好的体能才能保证机体适应大负荷训练的需要，否则，训练后产生的疲劳就不易恢复，以致损害机体的健康，影响训练效果。目前，教练员已逐渐认识到运动员的体能和大负荷训练与高强度比赛之间的关系，体能训练也因此得到高度重视。我国足球队采用的体能测验，就充分说明了这一点。

（四）保持良好心态

大量的事实已经表明，运动员在运动训练和比赛中具有稳定、良好的心理素质是获得成功和制胜的重要因素。良好的体能是形成稳定、良好心理状态的基础。例如，"自信"是运动员必备的一种心理素质，运动员在训练比赛中缺乏信心，就不可能获得成功。"自信"和人体有机体的能力相互联系，只有具备良好的体能和健康的体魄，才能精力充沛，形成良好的自我感觉并具有成功的信心。

此外，在训练和参加比赛过程中，运动员对任务的重要性和复杂性有正确的理解和估计，知觉精确，思维判断敏捷，能够自觉地控制和调节个人情绪以及具备坚韧不拔的意志品质等，都建立在良好的体能基础上。体能的发展和提高是运动员自身身体变化的一个极其艰苦的过程，这个过程将促使运动员产生对创造优异成绩顽强追求的意志和克服困难的坚定信心，这对运动员保持良好的心态有着非常重要的作用。

（五）延长运动寿命

优异的运动成绩是建立在体能高度发展的基础上的。机体能力发展水平越高，其衰退速度就越慢，保持时间也就越长。这样，专项技术、战术发挥与保持的时间相应就会更长，运动水平衰退速度也就更慢，运动员就能更长久地保持高水平的竞技运动能力。

如果运动员的体能与技术水平不相适应，运动寿命就会过早夭折。同样，如果运动员的体能未得到高度发展，那么机体能力保持的时间将会缩短，衰退速度将会加快，这会直接影响运动水平的发展与保持。我国部分运动员过早地结束了运动生涯，其原因很大程度上就在于此。

第三节 体能训练的基本原则和基本要素

一、体能训练的基本原则

体能训练是运动训练过程的重要组成部分，根据各个运动项目的特征，选择训练内容并通过各种有效的训练方法和手段，对运动员机体施加适宜的负荷，充分挖掘运动员的竞技潜能，从而改造运动员身体形态，提高机体机能，促进身体健康，发展运动素质。

体能训练过程是一个不断重复进行的刺激—反应—适应过程，是一个身体结构与机能不断被破坏与重建的循环过程，实质是人为地、有目的地、按计划地给运动员施加系统化的适宜运动负荷刺激，使之产生人们所预期的适应性变化。科学的运动训练不仅需要掌握训练理论，也要掌握寓于训练理论背后的人体生理机能变化规律。合理地安排运动训练的各个要素，可使机体产生最佳的反应与适应，实现最佳训练效果。

训练过程存在着许多不以人的主观意志为转移的客观规律。训练规律是指运动训练系统内部各要素之间以及它们与系统外部各相关因素之间在结构与功能上的本质联系与发展的必然趋势。这些本质联系在运动训练实践活动中不断重复出现，在一定条件下影响或者决定着运动训练的进程。训练规律是不以人们的主观意志而转移的客观存在。教练员在长期的运动训练实践中，不断总结成功的经验和失败的教训，并通过科学研究探索和认识训练过程中的客观规律，将实践获得的普遍经验与科研成果归纳、升华为理性认识，并以准确的文字加以表述，从而提出了用以指导运动训练实践的一些科学原则。这些科学原则是人们对客观规律正确认识的反映。训练原则是运动训练过程客观规律的反映，是运动训练过程必须遵循的基本要求。

体能训练原则是依据体能训练活动的客观规律而确定的组织体能训练所必须遵循的基本准则，是训练活动客观规律的反映，对训练实践具有普遍的指导意义。科学化训练的第一要义就是进行训练时应遵循运动训练过程中的客观规律，而运动训练原则是运动训练过程客观规律的反映，遵循训练原则就是遵循训练过程的客观规律，在很大程度上反映了训练的科学化程度。

随着时代的发展，科学技术的不断进步，训练实践也在不断丰富人们的经验，人们对训练客观规律的认识也不断深入，不同的原则和文字表述只是教练员对训练规律在一定程度上的客观反映。但实践始终超前于理论，训练是创造不存在的事物，即运动成绩，理论不可能事先论述清楚其中的一切和其创造的全过程，因此，需要教练员在掌握客观规律的基础上，以过人的悟性对训练进行诠释。与此同时，教练员自身积累的，经过实践检验的正确经验也是科学的一部分。

体能训练的基本原则是对身体训练的客观规律的认识和反映，是对体能训练实践的普遍规律和基本经验的概括和总结，是指导体能训练必须遵循的依据和准则。指导练习者进行体能训练，一般应遵守以下几个原则。

（一）系统性训练原则

系统性训练原则是指导练习者在进行身体训练的始末，遵循体能训练发展的内在客观规律，按照科学、合理、有效的训练计划，持之以恒地进行训练。这一原则的确立与运动训练过程的连续性和阶段性的基本特性密切相关。为保证训练过程的系统性，必须使训练的各阶段有机地衔接起来。运动员系统的多年训练活动，必须以健全的训练体制作为保证。在这一方面，我国的三级训练体制（包括中小学课外训练、业余体校和竞技运动学校的训练以及优秀运动队的训练三个层次）比较符合系统性训练原则的需要。三级训练体制在训练过程中分别担负着不同的训练任务。尽管如此，各训练的组织形式之间仍然要注意密切配合，在内容的安排、训练和比赛的要求以及所承担的具体任务上都要有机地衔接起来，才能实现训练效果的最佳化。

人体在训练负荷下的生物适应过程不仅是长期的，同时也是阶段性的。机体对一次适宜训练负荷的反应可分为赛前反应、准备活动、工作、疲劳、恢复、超量恢复和训练效应消失等阶段。在长的时间跨度内，如几个月至一年的训练过程中，运动员机体能力的变化同样经历着不同的阶段——竞技状态的形成、保持和消失阶段。运动训练过程的组织实施必须遵循其阶段性的特点，有步骤、有秩序地进行，因为该过程是按固有的程序排列的。坚持全年、多年的不间断训练，保证运动员有机体所产生的一系列适应性变化能够获得长期的积累，使训练水平逐步提高，这就要求训练过程的每次课、每个小周期、每个训练时期以致每个训练大周期都紧密衔接。训练内容、方法和手段的选择是以各训练时期、阶段的具体训练任务为基础，因此应充分考虑它们之间的内在联系和本身特点。一般来说，应该按照由易到难、由浅到深、由已知到未知的要求进行安排。系统性原则要求对整个体能训练过程进行统筹规划，对多年的体能训练不同发展阶段，从内容、手段、比重、负荷等方面做出合理而系统的安排，尤其是青少年时期和高水平运动员，更应谨慎对待。此外，在训练过程中，应充分注意并采取有力的措施防止运动员发生运动损伤。运动员的损伤将影响训练的系统性和连续性，严重者还将使训练长期中断，甚至影响运动员的运动寿命。

（二）全面性训练原则

全面性训练原则是指在发展专项运动技能的前提下，应充分、全面地发展运动员的各项运动素质，特别是儿童和青少年时期。在引导体能训练中，应使练习者的身体各部位、各器官系统的机能，各种身体素质和基本活动能力等得到全面、协调发展。

全面性训练原则的主要依据为：第一，运动素质和身体机能是达到高水平专项技术水平的前提和基础。只有全面发展运动素质，专项化训练才能取得更好的效果，才更有可能创造优异的运动成绩。第二，人体各器官系统之间是相互依存的。发展运动素质要求人体若干系统同时介入，因此，在训练初期必须采用正确而全面的训练方法，使技术、战术和技能所要求的身体形态和身体机能都得到全面的提高。第三，要取得优异的运动成绩，必须在早期训练阶段全面提高运动素质。人体是一个有机的整体，各机体之间的活动既相互联系又相互制约；各运动素质的发展也是相互影响、相互制约的。如在力量训练中，身体某一部位的发展，会直接或间接地影响其他方面的发展。只要训练调节妥当，对体能的发展就有促进作用；反之，则会造成畸形发展，损害身体健康。运动素质和运动技能的转移需要一定的基础条件，专项运动素质和技能也需要建立在一般运动素质的基础上。只有训练全面，才会创造出这种条件和可能，使专项所需的一切得到充分发展。全面性原则主要适用于儿童和青少年训练时期，全面发展运动素质并不意味着运动员的全部训练时间都用于这种训练；相反，随着运动员的日臻成熟，运动水平不断提高，其训练也应朝着更为专项化的方向发展。此外，进行全面体能训练还能减少高度专项化训练的枯燥感，提高运动员的练习兴趣，对专项训练起到调节作用。因此，选择多种多样的身体训练内容和手段，运用灵活多变的训练形式和方法，是实现全面性训练原则的关键。

（三）循序渐进训练原则

循序渐进训练原则是指持续地、循序渐进地组织运动训练过程。各运动项目的知识以及竞技能力各要素的发展都有各自的体系和内在联系，反映了各运动项目由低到高、由易到难、由简到繁的发展规律，也反映了人们认识客观规律从已知到未知的规律性。包括体能在内的构成运动员竞技能力的各个部分均需要经过长时间的训练，才能获得明显的改善和提高。运动员体能的改变要以运动员身体形态的变化和机能系统的提高为基础，从而表现出高度发展的运动素质，运动员有机体对训练负荷的生物适应必须通过有机体自身的各个系统、各个器官的逐步改造方可形成。因此，要根据运动项目自身体系及其内在联系，以一定的顺序安排训练内容，选用训练方法和手段，使运动员循序渐进地掌握技术、战术，发展运动素质，并逐步提高要求，才能取得良好的训练效果。

循序渐进训练原则指出，运动员只有经过长时间、持续的训练才有可能攀登竞技运动的高峰；同时又强调在一般情况下，必须循序渐进地而非突变式地增加训练负荷。体能训练应遵循运动技能的形成规律、人体生理机能活动能力的变化规律以及人体的适应性规律。因此，体能训练的内容和方法的安排，应从易到难、从简到繁、从已知到未知逐步深化；运动负荷的安排，应从小到大，在一定范围内不断提高，从而使机体逐渐地从相对静态过程进入动态过程，并逐步地提高人体对外界环境的适应能力和工作能力。这个逐步变化的过程是所有身体训练客观存在的规律，违背了这一原则就会影响训练的效果，甚至威胁到身体健康。

（四）区别对待训练原则

区别对待训练原则是指在运动训练过程中，根据不同专项、运动员、训练状态、训练任务和训练条件等具体情况，有针对性地组织安排相应的训练过程，确定训练任务，选择训练内容、方法和手段，安排运动负荷的训练原则。世界优秀运动员负荷个体化是被广泛认可的，在现代运动训练中，个体化原则已经成为最重要的训练理论之一。教练员在制订训练计划时，根据每个运动员所独具的身体能力、潜质、学习特征以及所从事的专项等特点，设计出适合每个运动员的个体化训练方案，使其潜能及优势得到最大限度的发挥和发展。同一名运动员的训练状态在不同阶段、不同时刻的表现迥异，不同训练环境和训练条件也对训练内容和组织实施提出了不同的要求；不同专项运动员竞技能力受不同因素的影响，训练的要求也不同。因此，在选择训练内容和手段时，必须根据专项的需要不同区别对待。

区别对待训练原则在指导或进行体能训练时，要因人、因项、因时而异，不能千篇一律。体能训练要针对训练对象的个人特点、身体状况、训练条件、训练水平、训练要求和比赛要求等实际情况合理安排。每次训练的内容和运动负荷都应符合练习者的实际，既要有一般要求，又要区别对待，使之经过一段时间努力后，能够达标并熟练掌握，最终使其身体素质和运动能力得到稳定发展。同时，还要根据练习者提高运动水平和运动成绩的需要，有针对性地安排与运动项目有关的体能训练内容和负荷，以挖掘和满足练习者发展、提高运动技能的需要。这一训练原则要求体能训练必须要有针对性，要紧紧围绕提高专项成绩和技术水平这一最终目标进行；同时又要注重运动员的主观和客观条件以及专项需要，合理确定和安排体能练习的内容与负荷。此外，还应使运动员的运动素质在各个方面按比例平衡发展，以适应提高运动技术水平的要求。

每个运动员的身体机能、技术、战术、智力水平和心理特点都截然不同，这就需要教练员考虑每个运动员的特点因材施教，有针对性地组织体能训练。不同的运动员对相同的训练内容和相同的运动负荷会有不同的反应，教练员在平时的训练中，必须注意了解运动员身体反应、技能反应和心理反应，适时地调整训练内容、方法与运动负荷，使训练具有更强的针对性。

二、体能训练的基本要素

体能训练应遵循人体生理机能活动能力变化规律、人体机能适应性规律、动作技能形成规律，以及身体练习的一般规律、原则、方法等，全面地发展运动员的身体素质和基本活动能力，改善和提高运动员身体形态、身体机能及各种运动素质和运动能力。实践证明，成功的体能训练必须具备四个必要的因素，即练习密度、练习强度、练习时间和练习形式。

（一）练习密度

练习密度是指参加身体运动的频繁程度或练习强度、练习时间以及练习次数的总和。在体能练习中，练习密度泛指单位时间内重复练习的次数。练习密度与练习强度、持续时间密切相关。它是衡量运动量大小的因素之一，一般以体能练习的实际练习时间与总练习时间之比来表示。如一次体能练习的总时间为 60 min，练习者在该次练习中实际练习的时间为 20 min，则该练习者在一次体能练习中的密度为 33.3%。计算公式为：$20 \div 60 \times 100\% = 33.3\%$。所以，练习密度在运动中主要反映实际练习时间与总练习时间的关系。

（二）练习强度

练习强度是指完成运动练习的激烈程度，包括物理强度和生理强度两个方面。物理强度是指单位时间内所做的功，以重量×距离/时间来表示；生理强度是用生理功能指标（运动心率）来评定的，主要以心率脉搏频率来表示并控制练习强度。值得注意的是，不同的运动量和练习效果，其练习强度是可调控的。例如，在耐力素质练习中要求练习者心率维持在 150 次/min，并作为一个强度指标，如果在训练中运动员的心率超过 150 次/min，则应适当地减慢跑速；运动员的心率低于 150 次/min，则应适应加快跑速。因此，生理负荷是反映个人练习努力程度的指标，是提高运动能力的重要因素，也是掌握练习强度的有效方法。

（三）练习时间

练习时间是指个体运动时间的长短，也称为持续时间。在体能训练中，练习时间主要反映练习的总时间、完成动作的时间、练习之间的衔接时间、练习间歇时间以及练习中完全休息的时间等。在体能训练中，运动时间的不同组合构成不同的生理负荷量。一般练习时间在不同的练习阶段应与练习强度成反比关系，即练习强度越大，获得或保持练习效果所需要的时间就越短；练习强度越小，则所需要的练习时间越长。可见，运动中的练习强度是可以改变的，可增减和调控，但前提条件是从一开始就应有足够的持续时间，只有足够的持续时间，才能促进内环境发生变化。所以，练习时间与运动强度是相互关联、互为因果的。

（四）练习形式

练习形式是指练习的范例或选择适合运动员的运动方式。由于每一种运动都有各自的优缺点，因此，可供练习者选择的运动方式也会大相径庭。然而，无论练习者选择有氧训练，还是选择无氧训练，都必须全面衡量练习项目、练习时间、练习强度、练习节奏等各运动环节的衔接与搭配，并制定出适合自身需要的体能练习计划和练习方式。

第四节 体能训练的敏感期

体能训练的敏感期，是指运动员特定能力和行为发展的最佳时期。每种身体素质都有自己发展的敏感期，在这段时期内，所对应的身体素质发展相对迅速。素质发展的敏感期是运动员选材的重要依据。身体素质发展的敏感期，大多集中在儿童、青少年时期，如果错过了相应的敏感期，则其所对应的身体素质发展将很难达到理想水平。体能训练必须及时利用这一时期，充分发展能适应专项需要的或能直接为专项服务的运动素质，为创造优异成绩奠定坚实基础。下面分别介绍一下各种身体素质发展的敏感期。

（一）力量素质发展的敏感期

对于少年儿童来讲，负荷过大的力量训练会阻碍其身体的成长发育。但并不意味着在少年儿童时期就不能进行力量训练，适当的力量训练对少年儿童的肌肉发育、肌肉力量、用力姿势都能形成良好的影响。

1. 绝对力量

女子绝对力量的增长可分为以下 4 个阶段：10～13 岁，力量增长很快（特别是屈肌），绝对力量可提高 46%；13～15 岁，增长速度下降，只增长 8%；15～16 岁，增长 14%；16～21 岁，增长 6%。

男子绝对力量的增长阶段是在性成熟期（12～16 岁），平均增长 57.5%；17～20 岁增长速度下降，为 36.6%；21～22 岁只增加 9.6%；25 岁左右达到成人所能表现的最大力量。

2. 相对力量

男子、女子相对力量的增长较为平缓。从 12～14 岁，每年只增长 2%～3%。造成这种现象的主要原因是体重增长较快，在身高增长的最快时期肌肉横断面积增加较少；在身高增长速度减慢时，肌肉的增加又使体重相应增加了。

3. 速度力量

7～14 岁速度力量增长很快，14 岁后男子仍以较快速度增长，而女子增长幅度相对较小。到 16～17 岁增长速度开始减缓，这种现象与男女进入青春成熟期内分泌腺开始急剧分泌有关。

4. 力量耐力

女子在 7～13 岁前处于直线上升趋势，13 岁以后开始缓慢发展，14 岁以后甚至出现下降现象，这是因为性成熟期的到来使力量耐力受到较大的影响。男子在 7～17 岁，力量耐力则基本上处于直线上升趋势。

（二）速度素质发展的敏感期

速度素质发展的敏感期为 8～13 岁。速度素质包括反应速度、动作速度、动作频率和移动速度。在少年儿童时期，速度素质的发展着重于动作速率的提高。

1. 反应速度

反应速度受遗传因素的影响（遗传力高达 75% 以上），后天的训练主要是使遗传因素决定的反应速度表现出来。2～3 岁的反应速度为 0.50～0.90 s，5～7 岁为 0.30～0.40 s，12～14 岁时接近成人 0.15～0.20 s 的指标。6～12 岁阶段，反应速度大幅度提高，尤其是 9～12 岁明显加快，到 12 岁时达到第一个高峰。9～12 岁时若加强系统训练，反应速度增长最快，否则反应速度增长就很缓慢。12岁后反应速度增长缓慢，16~20岁出现增长的第二次高峰。总的来说，反应速度随年龄增长而提高。因此，可通过各种反应训练刺激中枢神经系统，提高反应的速度，但练习时间不宜过长。

2. 动作速度

4~5岁儿童的动作角速度为26.1~37.1度/s，随着年龄的增长，动作速度不断提高。13~14岁时，一些动作的角速度已接近成年人的指标，可达到42.0~86.1度/s。因此，在9~13岁发展动作速度可取得较好成效。

3. 动作频率

人体各环节的最高动作频率是不一样的，腕关节的动作频率最快，踝关节较慢。机体的动作频率会随年龄增长而提高。原联邦德国科隆体育学院教授葛欧瑟对7~19岁年龄段经过训练和未经过训练者短跑步频发展结果进行了研究，结果证明：动作频率与协调性（灵敏素质）有关，6~13岁是协调性发展的最佳时期，因为在此阶段步频自然增长，并保持在较高水平上；13岁以后，步频发展水平下降。随着年龄的增长，未经训练的儿童步频下降，其原因是中枢神经系统对协调能力的控制能力下降，而受过训练的儿童则由于力量增加而导致步频增加。动作频率增长最快的年龄段是4~12岁，训练的最佳时期是8~13岁。

4. 移动速度

苏联日丹诺夫和原联邦德国帕特尔等的研究结果表明：7~13岁是移动速度提高最快的年龄段，其中男子8~13岁、女子9~12岁增长速度最快；男子在13~16岁期间及之后持续增长，增长速度均高于女子，女子在13~16岁期间增长速度不稳定且增长幅度低于男子。

（三）耐力素质发展的敏感期

耐力素质发展的敏感期为：男子10~20岁，女子9~18岁。由于耐力素质取决于有氧供能系统和无氧供能系统的机能状况，因此，耐力素质发展的敏感期与最大吸氧量、心脏循环率、肺的扩张能力、大脑血液循环的动力学特征及血液成分的机能状况等因素有关。

1. 有氧耐力

女子9~12岁时，有氧耐力指标有较大幅度增长，进入性成熟期2年（即14岁以后），有氧耐力水平下降，16岁以后下降速度减慢。男子10~13岁时，耐力指标大幅度提高，出现第一个增长高峰；16~17岁时有更大幅度的提高，出现第二个增长高峰，特别是16岁时，60%强度的有氧耐力指标增长幅度超过40%。

2. 无氧耐力

男子在10~20岁期间，无氧耐力水平逐年增加，并在10岁、13岁、17岁时出现三次增长高峰，特别是16~20岁期间增长幅度最大，说明此时无氧耐力正处于良好发展时期。女子无氧耐力从 9～13 岁均呈逐年递增趋势，14～17 岁有所下降，出现下降的主要原因是女子在此阶段体重增加较快，与最大吸氧量有关的指标在 14 岁时已基本完成，而 15～17 岁时仍停留在已有水平上，故 15～18 岁期间应加强无氧耐力训练。

总之，发展耐力素质应从培养有氧耐力入手，为 9～12 岁时的一般耐力发展打下基础。从 15～16 岁开始逐渐进行无氧耐力训练，加大无氧耐力训练比例。由于耐力项目有其特有的训练规律和成绩增长规律，出成绩较晚，因此训练时不能拔苗助长，操之过急。否则，结果将适得其反。

（四）柔韧性发展的敏感期

柔韧素质的敏感期较早，其敏感期为 5～12 岁。儿童期的柔韧性最好，这一时期骨骼的有机成分大，可塑性强，关节韧带的伸展度大。在此阶段，柔韧素质会随着合理的训练得到较快的提高。在训练前期着重发展全身各部位的柔韧能力，即宜从小培养柔韧素质；在后期同样要注重柔韧能力的训练，可以减少运动损伤的产生，同时要注意与力量训练结合。如果从儿童时开始重视柔韧性练习，对柔韧性素质的发展更有成效。

（五）灵敏性与协调性发展的敏感期

灵敏素质发展的最佳时期是 6～13 岁。由于很多运动项目对灵敏素质有较高的要求，因此，在此阶段应充分发展灵敏素质水平。协调性发展的敏感期在 10～13 岁，应与专项技术动作相结合进行练习。

第二章 体能训练的准备活动及工作

第一节 准备活动的作用

准备活动是指在比赛、训练和体育课的基本部分之前,为克服内脏器官生理惰性,缩短进入工作状态时间和预防运动创伤而有目的地进行的身体练习,以便为后续的剧烈运动或比赛做好准备。准备活动又称热身运动,后者因生理反应而得名。准备活动或称热身运动,是某些全身活动的组合,在主要身体活动之前,以较轻的活动量,先行活动肢体,为更为强烈的身体活动做准备,目的在于提高随后激烈运动的效率。

运动热身是运动训练的重要组成部分。首先,热身的重要性在于可以避免运动损伤的发生,减少运动损伤的风险系数。一个有效的热身包含很多重要的元素,这些组成元素共同作用才使得运动的损伤风险降到最低。热身是身体活动之前进行的运动,热身的首要作用是让身心做好准备以接受艰苦的训练。其次,身体核心温度、肌肉温度的增加可以使肌肉更放松、灵活。最后,有效的热身可以增加心率和呼吸的深度与频率,增加血液流量、血中氧气和营养供给,以便使肌肉的肌腱与关节承受更大的运动负荷。热身是以简单和轻松的动作开始,循序渐进地让身体接受更高强度的训练,促进身体和心理尽快进入训练的最佳状态,尽可能地降低运动损伤的风险。因此,每个运动参与者都应该把热身运动纳入训练体系中。

准备活动是体育课、训练课以及比赛不可缺少的重要环节。人在相对安静状态时,如果没有进行准备活动就从事激烈的体育运动,往往会感到不适应,如动作不协调、力量和速度等素质无法充分发挥、运动成绩不能达到正常水平等。这种现象在延续一段时间后才能逐步消除,这种延续现象叫惰性作用。准备活动的作用首先是人为地通过肌肉的活动,克服各种机能(特别是植物性神经系统的机能)活动的惰性,从而缩短进入工作状态的时间,使机体进入正式活动时发挥较大的工作效率。总的来说,可归纳为四个方面的作用。

(一)提高肌肉温度,预防运动损伤

体育锻炼前进行一定强度的准备活动,可使肌肉内的代谢过程加强,肌肉温度增高。肌肉温度增高,一方面可使肌肉的黏滞性下降,提高肌肉的收缩和舒张速度，增强肌力；另一方面还可以增加肌肉、韧带的弹性和伸展性，减少由于肌肉剧烈收缩造成的运动损伤。

做准备活动后，人体的体温升高了，便可以减小肌肉与韧带的黏滞性（减少阻力），增加弹性，并促使关节囊分泌更多的滑液，以减小关节间的摩擦力，加大关节的灵活性。这些变化可以加大人体运动的幅度，提高速度、力量、灵敏和柔韧性等，从而预防肌肉、韧带和关节的损伤。准备活动的各种练习，可以发展力量、速度、耐力、灵敏性和柔韧性等身体素质，培养正确的身体姿势，促使各种器官的正常发育和身体的全面发展，最终有利于增强体质。

（二）提高内脏器官的机能水平

内脏器官的机能特点之一是生理惰性较大，即当活动开始，肌肉发挥最大功能水平时，内脏器官并不能立即进入"最佳"活动状态。在正式开始体育锻炼前进行适当的准备活动，可以在一定程度上预先动员内脏器官的机能，使内脏器官的活动一开始就达到较高水平。另外，进行适当的准备活动还可以减轻开始运动时由于内脏器官的不适应所造成的不舒服感。

人体是统一的整体，人体各器官、各系统的机能是互相配合与协调的。当肌肉进行紧张的运动时，有机物的强烈分解和能量释放，需要大大加强氧和营养物质的供应。而氧和营养物质的供应是由呼吸系统与血液循环系统来执行的。然而支配内脏器官的植物性神经系统比支配骨骼肌运动的躯体性神经系统大。如在没有做准备活动就进行 1 500 m 跑步时，躯体性机能在 20~30 s 内可以发挥较大的工作效率，而内脏器官则要在 2~3 min 后才能发挥较大的工作效能。因此，不做准备活动就进入激烈运动时，内脏器官的机能不能适应肌肉运动的要求，不仅运动成绩下降，而且还会出现不良的生理反应，如头晕、恶心、呕吐甚至休克等现象，对人体健康有一定的损害。

（三）调节心理状态

体育锻炼不仅是身体活动，而且也是心理活动。现在越来越多的研究认为，心理活动在体育锻炼中起着非常重要的作用。体育锻炼前的准备活动，可以起到这种心理调节作用，接通各运动中枢间的神经联系，使大脑皮层处于最佳的兴奋状态。

准备活动不但可以提高中枢神经系统的兴奋性，而且可以大大提高植物性神经系统的兴奋性和灵活性。如心脏中血液输出、输入量的增加，肺对气体交换量的提高，这些都促使新陈代谢加强，保证了肌肉的营养供应和废物的排出，从而提高整个机体的运动能力，并促进运动成绩的提高。

实际上，学生在上体育课或参加比赛之前，即使尚未开始运动，也会由于条件反射，使身体各器官系统的机能产生变化，以适应即将来临的肌肉活动，这种生理变化叫赛前状态。但赛前大脑皮层的兴奋性过高（过度紧张）或过低（无精打采）都将对教学训练与比赛产生不良影响，这就需要通过准备活动加以调节，抑制赛前的过度紧张状态或消除无精打采现象，为顺利进行教学或比赛做好思想上与生理上的准备。

（四）实现体育课教学目标

在体育课教学中，准备活动对实现体育课教学目标有以下几方面的作用：

（1）促进学生身体正常发育和素质的全面发展，培养正确的身体姿势，增强学生的体质。

（2）为学习基本部分的教材做好思想上与生理上的准备，防止运动损伤，提高运动成绩。

（3）掌握准备活动的基本知识与技能，使学生在从事课外体育活动时，懂得如何做准备活动。

（4）振奋学生的精神，培养学生的组织纪律性和集体主义精神。

第二节 准备活动的分类及运用

课程改革以全新的教育理念引发了一场深刻的革命，引起我们对教育的深刻反思——以人为本。体育课的重要理念亦应是人的教育。身体实践活动是体育与健康课的核心，引导学生主动参与体育活动是重要教学内容，在教学过程中，应重视引导学生主动参与各项体育活动，使学生在体育活动中获得运动的乐趣和成功的体验。

准备活动在体育活动中有重要的意义。准备活动是教学的正式内容，是上好体育课的重要组成部分，关系到体育课的教学质量和效果。准备活动具有集中学生注意力、充分活动肢体、预防运动损伤的作用；能活跃课堂气氛，调动学生学习的积极性，使他们精神振奋、情绪饱满地学习；使人体各器官系统功能迅速地进入工作状态，一方面为基本部分的学习做好充分的准备，另一方面使身体得到充分发展。总之，准备活动组织得如何，直接影响到教学目标的完成，同时对学生体质的不利影响和伤害事故的预防都有重要的作用，对此，要有足够的认识和重视。

准备活动部分的时间：每课时按 45 min 为例，一般占 10 min 为宜。按性质和任务，准备活动可分为一般性准备活动和专门性准备活动。在此之前，还有一项课前准备不可忽视的活动——课堂常规练习。它是指把学生组织起来，明确体育课的学习目标，进行集中注意力的练习，生理负荷较小的游戏和队列、队形练习等，使身体各部分迅速进入运动状态。一般性准备活动主要是提高中枢神经系统的兴奋性，使身体各主要肌肉群、关节、韧带都得到充分的伸展。

进行一般性准备活动时，应注意加强肌群的练习，包括慢跑、徒手的或持轻器械的基本体操和武术，以及负荷量较小的游戏。做这些练习要求动作准确，严格按照规范动作进行。专门性准备活动是为完成学习目标所做的专门性练习。其动作性质和结构与主要学习内容联系密切，往往采用一些模仿练习、辅助练习，包括掌握该项内容所必须发展的身体素质。专门性准备活动是调节各器官与中枢神经间的协调机能，把与教学活动有关的肌群、关节和韧带都充分地拉开。

一、准备活动的分类

准备活动要根据体育课的目标、主要学习内容的性质、学生的特点与上课的条件来确定。选择的练习内容应对身体产生全面影响，以便有效地动员身体完全进入运动状态。准备活动的组织教法一般采用集体形式进行，也可分组进行，既可定位做，也可以行进间做。准备活动的内容既要有提高人体运动能力的走、跑练习，又要有保持学生正确体态、促进生长发育的基本练习。准备活动可分为以下几类。

（一）常规性准备活动

常规性准备活动是从学生全面发展的角度出发，根据教材的性质、教学的内容和学生的特点组织安排的热身活动。其内容既有逐步提高人体工作能力的走、跑练习，又有保持学生正确姿势、促进学生生长发育的队列队形练习等。准备活动的具体安排应视具体情况而定，如考虑天气及气温的影响，夏季的准备时间可稍短于冬季。

（二）诱导性准备活动

诱导性准备活动是为了使学生加速对动作技术的掌握，根据学习的内容和学生的情况组织安排的准备活动。如"跳高"学习之前的原地起跳练习，就是跳高的诱导性准备活动。它可降低动作的难度，增强学生的信心，加快学生对动作技术的理解和掌握。诱导性准备活动的运用要根据学习内容的性质、学生的身心情况选择相应的活动内容和运动负荷。

（三）兴趣性准备活动

兴趣性准备活动是从学生的兴趣出发，围绕主要学习内容，以游戏、循环练习、竞赛的形式安排的准备活动。兴趣性准备活动在体育教学中经常运用，能极大地调动学生的积极性，活跃气氛，提高教学质量。运用时，要注意控制运动负荷，同时做好练习后的讲评和启示。

（四）节律性准备活动

节律性准备活动是指在各种节奏、节拍、旋律的伴奏下进行的准备活动。如目前经常采用的音乐、口哨代替口令伴奏的准备活动，包括韵律操、健美操、武术操、青少年儿童保健操等。节律性准备活动深受学生们的喜爱，对全面发展学生的身体素质，满足学生的表现欲望及审美需求，具有非常重要的作用。

（五）意念性准备活动

意念性准备活动是通过自我意识的引导和自我心理的调节，使学生的身心都充分调动起来，为后来的练习所进行的准备活动。如在练习动作之前，对动作要领的默念、自我暗示等。意念性准备活动，不但能加深对动作的理解和掌握，节省体能，而且还可以防止运动性损伤。它适用于动作技术比较复杂，易导致运动损伤的运动项目。

（六）放松性准备活动

放松性准备活动是在练习或比赛之前，为了充分发挥自身的体能，使自己处于最佳练习或比赛状态而进行的活动，如试跑、试投、试跳之前，手臂的放松抖动、深呼吸以及轻松的跳跃。放松准备活动的运用比较普遍，其次数的多少、时间的长短则因人而异。

（七）补偿性准备活动

补偿性准备活动是为了掌握动作技术，根据学生对动作技术的掌握所欠缺的身体素质而组织的准备活动。如为了掌握单杠的翻身向上而安排仰卧起坐、两头起、单杠上的引体向上、双杠的双臂屈伸练习等，目的是提高上肢及腰腹力量，为技术动作的掌握奠定基础。补偿性准备活动的选择和运用，应根据动作技术的需要来选择，并依据学生的承受能力安排运动负荷。

（八）迁移性准备活动

迁移性准备活动是为了形成正确的动作概念，加速对动作技术的掌握，促进迁移，克服干扰而组织安排的准备活动。如跳远和跳高两者的踏跳是截然不同的，掌握跳远技术之后，在学习跳高动作时所安排的模仿练习、辅助性练习应与跳远技术练习相区别，并应在主要动作学习之前进行学习。

（九）作业性准备活动

作业性准备活动是为了提高体育教学、训练的质量，以课后作业的形式，要求学生所完成的各种练习。有的是与主要内容有关的身体素质练习，有的是对运用技术的复习、巩固和提高等。

二、准备活动的运用技巧

上述各种准备活动在体育教学、运动训练和竞赛中的运用是十分广泛的。准备活动应根据体育教学、训练内容的需要，灵活运用，常变常新，充分发挥其效能，绝不可忽视准备活动在体育教学中的作用。在灵活选择准备活动方式的基础上，还要注意运用如下技巧：

1. 队形的变化

变化队形能够调动学生学习的积极性，如分队走、合队走、蛇形走、交叉跑等，使学生在新奇、有趣的感觉中完成走、跑任务。做体操的队形可采用圆形、半圆形、矩形、菱形、双圆形等队形，使学生觉得新颖、有趣。

2. 口令的变化

在一套体操中，采用多种形式口令效果较好。如集中喊口令、小组喊口令、师生接口令、音乐、哨音代口令等，这样既能集中学生的注意力，又能培养学生的韵律感和喊口令的能力。

3. 动作的变化

根据学生年龄特点，在身体姿势以及动作的方向、幅度、路线、速度、节奏等方面不断进行变化，同时渗透美感教育。这样学生在学习中就会感到妙趣横生，活力无穷。

总之，高质量的准备活动，可以调动学生参与运动的兴趣，有助于形成锻炼的习惯，有利于达成学习目标。

第三节 ▶ 准备活动的基本原则

准备活动非常重要，在体育课中起着举足轻重的作用。要做好准备活动，有一定的规律性和原则性，至少应该遵循这样六条原则：趣味性原则、针对性原则、创新性原则、教育性原则、实用性原则、全面性原则。

（一）趣味性原则

趣味性原则要求准备活动的内容能够激发学生的学习兴趣，调动学生的学习积极性，达到热身目的。采用趣味性原则主要以游戏、健美操、韵律操、集体舞为主，使学生尽快从惰性中走出来，为体育课的基本部分做好准备。当前，各级学校的体育课一般都安排在上午后两节或下午一、二节，这时学生的兴奋性一般较低。因此，要求教师在阐明体育课的任务与要求之后，精神饱满、口令洪亮、严格要求，并在练习中加大密度或增加有吸引力的游戏，以提高学生的兴奋性。

（二）针对性原则

针对性原则是根据学生的年龄特征、生理和心理特点、个体差异、体育课的目标、学习内容，有目的、有针对性地选择准备活动的内容。所谓针对性主要有两个方面的含义：一是针对对象；二是针对教材。针对性原则要求准备活动要为主教材做好充分的准备，特别强调要做好专门性准备活动。儿童、少年准备活动的内容应简单易学、节奏分明、生动活泼，动作速度较快，重复次数少些，变化适当多些。对于女学生，应根据她们的生理解剖特点，注意选择一些发展她们的腹肌、骨盆底肌和大腿力量的练习。青年人则应选择结构复杂、刚强有力、积极快速、幅度大的动作进行练习。技术水平高的学生，准备活动的动作应复杂些，难度应高些，专门性准备活动的内容更应注意这一点。某项身体素质较差的学生，可选择一些发展该项素质的练习，以促进落后素质的发展与提高。

准备活动应层次清楚，重点突出。教师在组织准备活动练习中，应把一般性准备活动、专项性准备活动以及为专项服务的辅助练习紧密地结合起来，从精神上、生理上自然地向内容过渡，为提高基本部分的练习效果打好基础。准备部分的成功与否，直接影响到体育课的质量。

（三）创新性原则

创新性原则要求发挥教师和学生的聪明才智对准备活动大胆改革，突出创意，积极培养学生的创新精神和实践能力，使学生有一个施展的空间，使准备活动有一个全新的面貌。有些教师在安排准备活动时，总是那么几节，很少变换花样，容易使学生产生机械性反应。例如在徒手操的编排中，既要使用学生所熟悉的练习，又要适当增加些新颖的内容，还应采取各种方式，最大限度地发展学生的柔韧性、灵活性和协调性。

（四）教育性原则

教育性原则是指通过准备活动，不但达到热身的目的，同时还对学生进行良好习惯和思想品德的教育。教育性原则也是以游戏的形式为主。游戏的方法、形式、作用，都应与教学内容及课程的目标紧密相连。如选择"送鸡毛信"活动对学生进行爱国主义教育，选择"捡西瓜皮"活动对学生进行环保意识教育等。学生能在准备活动中得到启发，从中获得最有效的学习方法，受到良好的教育。在教师的启发下，学生能自己慢慢学会做准备活动，学会科学锻炼的方法。

（五）实用性原则

准备活动必须遵循实用性的原则，千万不能图热闹、虚有其表，更不能走过场、敷衍了事，不论选用什么内容、采取什么形式都要实用、有价值，要让学生能够充分活动开来，为体育课的基本部分做好充分的准备。在准备活动中，可通过各种途径，采取丰富多彩、变化多样的方式进行练习，这不但可以活跃课堂气氛，还可以培养学生的自我活动能力和集中注意力。

（六）全面性原则

全面性原则是指准备活动必须考虑到学生的全面发展，从上肢到下肢、从四肢到躯干、从身体到心理都要让学生充分活动。同时，还要考虑学生身体素质的平衡、技术技能的掌握等，为完成课程的目标做好全面的准备。进行准备活动时，必须精讲多练，加大密度与运动量，中间少停顿。学生一看就能理解的练习，只要提出要求，无须讲解动作要领；复杂的动作用慢动作示范，学生跟着做动作。这样不仅节省时间，而且能促进学生耐力的发展。

总之，趣味性原则是最基本的原则；针对性原则更能为主教材服务；创新性原则重在开发学生的智力；教育性原则能够培养学生良好的思想品德；实用性原则能确保准备活动的效果；全面性原则让学生得到全面发展。无论哪一条原则都是体育教学中不可或缺的，体育教师要根据体育课的教学目标、内容和任务进行合理运用。此外，还应注意以下问题：

1. 准备活动的运动量

准备活动运动量的大小，应根据教材的内容、对象、外界环境而定。但是，它不能超过正式练习的运动量，否则能量消耗过多，不利于正式练习。儿童、少年的中枢神经的兴奋性高，灵活性大，惰性小，他们做准备活动的时间可短些，运动量可小些。成年人的生理惰性较大，运动量可逐步上升，时间要长些。冬天气温低，散热快，机体发热所需的时间长，生理惰性大，夏天则要相反，因此，冬天做准备活动时间要稍长，运动量要稍大。准备活动的运动量太小，身体活动不开，无法适应正式练习；运动量太大，能量消耗过多，中枢神经容易疲劳，也会降低运动成绩。

2. 准备活动时间与休息间隔

准备活动结束后，调动队伍及主教材的讲解示范等，应争取在短时间内完成。比赛时，如果准备活动后休息时间过长，最好在赛前做些补充活动，尤其是集体项目的替补，更应注意这点，否则容易发生运动损伤。

3. 正确的运动方法、方向、幅度、频率及次数

应正确运用不同的运动方法、方向、幅度、频率、重复次数等因素，提高准备活动的效果。可以根据锻炼的目的，选择不同的运动方法，锻炼不同的肌肉群；采用不同的幅度、速度和频率，增减运动强度和运动量；调整参加运动的身体部位及数量和主要动作重复的次数来控制运动量。

第四节 ▶ 体能训练前的准备工作

（一）体能状态的基础

体能训练不可以是单方面的，尽管以健身为背景的体育活动是重要的，但仍应以同样的方式对所有体能状态的基础进行训练。

体能状态的基础是指体力、耐力、速度、柔韧性和协调性。

为了完成运动任务，人们需要将状态能力和协调能力加以搭配，以使个别成分按任务要求发挥各自的主导作用。从健身角度来说，耐力功能具有突出的重要性。经验证明，耐力好的人，能够以极有效的方式预防心脏循环系统的疾

病。人们已经认识到，就连表现良好的肌力和良好的柔韧性都具有重要的预防价值。在体育活动中，良好的柔韧性可以预防运动受伤，而受到限制的柔韧性完全可能成为机能减退以及支撑系统和韧带系统病痛的原因。与此相联，肌力也应纳入具有重要价值的一类。在很多情况下，肌力匮乏对支撑系统衰弱负有直接责任，而且容易出现疼痛，例如背痛等。

通常协调性容易受到忽视。随着年龄的增长，协调性的减退会对生活质量产生明显的消极影响。这同样适用于平衡所受到的限制，例如上楼梯或者弯腰困难，以及感觉能力和反应能力减退。

在业余和健身体育活动范围内，重要性居后一点的是无氧耐力以及动作速度。

（二）训练前的体能检查

较长时间不活动或者年龄稍大，或者病愈后重新开始身体活动，为安全起见，应该先向医生咨询，尤其是那些运动后对健康有风险的人，例如高血压和超重患者。但是，即使健康的人进行体育活动也会含有一些风险。如果以下问题的回答是肯定的话，那就要引起注意了：

你过了40岁（运动员）或者过了30岁（非运动员）吗？

你近期生过病或者受过伤吗？

你有循环系统的疾病吗？

你呼吸紧迫吗？

你超重吗？

你血压高吗？

在开始接受训练之前，应当清楚自己当前的体能处于什么状态。有简便的体能状态检测方法，能够进行快速检测。建议体育活动初练者和重新参加者，可以先按体质差的训练计划进行。

（三）初练者的基本健康状况检测

实施体能训练前必须对初练者的基本健康状况进行检测。

（1）检测的顺序：

耐力检测：步行检测。

体力检测：屈体。

柔韧性检测：肩膀柔韧性。

协调性检测：单腿闭眼站立。

（2）检测准备：

如果身体健康并感觉精力充沛，那只需进行负荷检测。

运动前体温上升像运动后体温下降一样是不可避免的。

检测时也要像体育活动一样让机体做好准备，而且在检测实施前要进行彻底的热身活动。

在各个检测间隙要安排出相应的休息时间。

控制好负荷脉搏。简便的法则是：180 – 年龄。

如果不去实践，即使使用最好的检测方法也无济于事。因此，在体能状态检测中了解了自己的强弱之后，就可以开始体能训练。

第三章 力量素质训练

第一节 力量素质概述

人体的任何活动都是在对抗阻力的过程中进行的，而这一过程是通过肌肉收缩时产生的力量实现的。因此，人的基本活动离不开肌肉收缩产生的力量，它维持着人体的基本生活能力，丧失了肌肉力量，人的生活将无法自理。当人体从事体育运动时，需要特殊的力量能力，这种特殊的力量能力是掌握运动技能和提高运动成绩最重要的基础条件，必须通过运动训练才可获得。

一、力量素质的概念

力量素质是指人的机体或机体的某一部分肌肉工作（收缩或舒张）克服内外阻力的能力。外部阻力是指物体的重量、支撑反作用力、摩擦力以及空气或水的阻力等。内部阻力包括肌肉的黏滞力、关节的加固力及各肌肉间的对抗力等。外部阻力往往是发展力量素质的手段，人体在克服这些阻力中提高、发展自身的力量素质。

力量素质对人体运动有极大影响，是人体运动的基本素质，也是衡量运动员身体训练水平的重要指标，其重要意义如下：

1. 力量素质是进行一切体育活动的基础

我们所进行的各种体育活动都是由作为主动运动器官的肌肉，以不同的负荷强度、收缩速度和持续时间进行工作而带动被动运动器官骨骼的移动来完成的。如果没有肌肉的收缩和舒张产生的牵拉力量，则连起码的行走和直立也不可能，更不要说进行体育活动了。每个人跑、跳、投、攀登及爬越等各种体育运动和体力劳动均离不开力量素质。一个人想要跑得快，就要有较好的腿部后蹬力；想要跳得高、跳得远，就要有较好的弹跳力；想要投（掷、推）得远，就需要增强提高上肢爆发力；攀爬和提、拉重物等，也离不开上肢、腰腹部及腿部力量。所以说，力量素质是人体最基本的身体素质，是进行一切体育运动和体力劳动的基础。

2. 力量素质影响并促进其他身体素质的发展

任何身体素质都是通过一定的肌肉工作方式来实现的，而肌肉的力量是人体一切活动的基础。力量素质决定速度素质的提高、耐力素质的增长、柔韧素质的发挥和灵敏素质的表现。首先，力量素质的增长有助于速度素质的提高，因为肌肉的快速收缩是以其力量为前提的。一名短跑运动员，如果没有两条强有力的腿，那是不可能取得优异成绩的。我国百米曾跑过 10.2 s 的优秀运动员余维立，深蹲达到 180 kg。其次，力量素质也有助于耐力素质的增长。从生活常识中可以得知，一个强有力的人，总比体弱者能进行更长时间的活动。此外，力量、速度的提高会增加肌肉的弹性，促进灵敏素质和柔韧素质的发展。

3. 力量素质的水平直接影响技术动作的掌握和运动成绩的提高

运动员力量素质的增长，直接反映了运动技术掌握的快慢及运动成绩提高的程度。例如，体操运动员要是没有足够的上肢和肩臂等部位的肌肉力量，就无法完成十字支撑、慢起手倒立等用力动作；球类运动中的各种急停、闪躲、变向、空中的高难度动作等也都是以一定的肌肉力量为基础的；力量和爆发力是田径运动除技术之外决定运动成绩的重要因素。除长距离跑的主要因素是耐力之外，其他运动项目的运动成绩都与力量素质的发挥密切相关，尤其是投掷项目。

4. 力量素质是衡量运动训练水平的重要指标，也是各运动项目选择人才的重要依据

力量素质在运动训练实践过程中，往往作为判断运动训练水平、评定参加何种等级比赛的一项重要指标，作为判断某些专项运动潜力的一种手段，也是一些体能性运动项目选材的依据。体操运动员在完成各种动作时，虽然要借助外力的作用，但是在其动作的所有阶段，都要求运动员按照动作技术的要求，协调地运用自身的力量完成动作。因此，对力量素质的发展必须给予足够的重视，尤其是速度力量，往往作为选拔运动员苗子的重要指标。在篮球比赛中，突然起动、快速冲跑、连续跳跃、传球、投篮、抢篮板球以及不可避免的身体接触，都要求运动员具有爆发性的快速力量。由于力量素质是篮球运动员的重要身体素质，为此，我国各级篮球队都将"仰卧起坐"、"原地纵跳摸高"、"助跑摸高"、"负重半蹲"等动作作为衡量一名运动员身体素质好坏和评价运动训练水平的指标。

二、力量素质的种类及特点

由于完成的动作不同各体育运动项目，所表现出来的力量类型也不同。球类运动员要有改变方向、急停急起、滞空及控制身体随意运动的力；赛跑运动员要有快速向前推进的力；跳跃运动员要有踏跳的腾空力；投掷运动员要有器械出手时的全身爆发力；摔跤、柔道运动员要有僵持力，能借力发力；游泳运动员要有手的快速划水和腿脚的快速打水、蹬水力；棋类运动员要有静坐力、脑的反应力；武术运动员要有快慢、动静结合的控制力；体操运动员要有翻转

力、回环力、慢起用力等。根据不同运动项目对力量素质的要求以及力量的不同表现形式,力量素质可分为多种类型。例如,根据肌肉收缩的形式,可将力量划分为静力性力量和动力性力量;根据力量和体重的关系,可分为绝对力量和相对力量;根据力量的表现,又可以分为最大力量、速度力量和力量耐力;根据与专项的关系又可以分为一般力量和专项力量。然而,在运动训练实践中往往按不同体育运动项目对力量素质的要求,从力量的训练特征来划分,一般将力量素质分为最大力量、相对力量、速度力量和力量耐力四种。

(一)最大力量的概念及特点

1. 概念

最大力量是指人体或人体某一部分肌肉工作时克服最大内外阻力的能力,也是指参与工作的肌肉群或一块肌肉在克服最大内外阻力时,所能动员的全部肌纤维中最多数量的肌纤维发挥的最大能力。

2. 特点

最大力量是个变量,它取决于肌肉收缩的内协调能力、骨杠杆的机械效率和关节角度的变化。通过合理训练,一方面使参与工作的那些肌纤维内部结构、机能发生变化,一方面又可动员较多的肌纤维参与工作,从而使最大力量有所增长。但最大力量的增长情况,根据每个人训练水平的高低、训练方法是否合理而有所不同。由于遗传、年龄、性别、训练水平等因素,每个人的最大力量存在很大个体差异;同一个人由于各部分肌肉功能不同,所表现出来的最大力量也不同。最大力量的表现一般是指在各种身体姿势如站立、坐、卧、仰、蹲等时,身体或身体某一部分所克服的最大阻力。最大力量以重量来衡量,可用测力计、杠铃、拉力器等来测定。最大力量是其他力量的基础。

(二)相对力量的概念及特点

1. 概念

相对力量是指人体每千克体重表现出最大力量值的能力。它反映运动员的最大力量与体重之间的关系。

2. 特点

衡量一个人相对力量通常采用力量体重指数,即以每千克体重表现出的最大力量来表示。即

$$相对力量 = 最大力量/体重(kg)$$

如果一个人的最大力量不变或变化较小,但体重增加,则相对力量就会减少;反之,最大力量增加而体重保持不变,则其相对力量也随之增大。

相对力量对于竞技体操、举重、摔跤、柔道等运动项目均具有很大的意义。特别是举重比赛(110 kg 以上级别除外)实质上就是比运动员的相对力量。因此对有重量级别要求和有内在关系的运动项目,在发展力量素质过程中,在提高最大力量的同时还必须注意控制体重。

（三）速度力量的概念及特点

1. 概念

速度力量也叫快速力量，是指人体在运动时以最短的时间发挥出肌肉力量的能力。也可指运动员在特定的负荷条件下所表现出来的最大动作速度。

2. 特点

速度力量取决于人体肌肉的收缩速度和最大力量水平。增长速度力量时，既有速度要求，又有最大力量的要求，需要由速度和力量两个因素相结合完成。例如，跳高运动员和跳远运动员起跳时的踏跳动作。

各运动项目对速度力量的要求不同，速度力量包括起动力、爆发力、制动力。

起动力是指在短时间内（0.15 s 以内）最快发挥的肌肉力量。

爆发力是指在最短时间内（0.15 s 以内）以最大的加速度克服一定阻力的能力。它是速度力量性项目提高运动成绩的主要因素。

制动力是指以较高的加速度朝相反的方向运动的能力。

（四）力量耐力的概念及特点

1. 概念

力量耐力是指人在克服一定外部阻力时，能坚持尽可能长的时间或重复尽可能多的次数的能力。也就是无论运动员在静力性或动力性工作中，能长时间保持肌肉紧张用力而不降低工作效率的能力。

2. 特点

力量耐力的好坏取决于神经兴奋和抑制过程的强度、灵活性和延续性，以及肌肉供能过程的顺畅性。根据不同运动项目中力量耐力的表现形式不同，可分为动力性力量耐力和静力性力量耐力。动力性力量耐力又可分为最大力量耐力（重复发挥最大力量的能力）和快速力量耐力（重复快速发挥力量的能力）两种，如田径、球类、游泳、体操等项目都需要这两种动力性力量耐力。

静力性力量耐力则主要表现在射击、射箭、速度滑冰、摔跤和支撑性运动项目中。

三、决定力量素质的因素

力量素质的提高和发展是以人体肌肉的形态、结构机能、生理生化机制的改变为基础，是以神经中枢的兴奋和抑制过程的强度与集中以及相适应的神经过程充分协调为前提，而建立起来的各种用力动作的条件反射的结果。也就是说一个人肌肉力量的大小，要受到与其生长发育水平、性别、体型、肌肉自身结构、特征以及生理生化和训练方面的因素制约。因此，了解上述因素对力量素质的不同影响，对于提高力量素质训练的效果有着重要的意义。

(一) 与人体生长发育有关的因素

1. 性别

按一般规律,男性的力量通常比女性要大,这主要是由于肌肉大小的差异所致。例如,一般成年男性肌肉重量占体重的40%~45%,而女性则只占35%。科学研究证明,女性的力量平均约是男性的2/3。但并非所有肌群均成此比例,若男性力量为100%时,女性的前臂屈、伸肌群约为男性的55%;手指内收肌、小腿伸肌约为65%;髋关节屈、伸肌、小腿屈肌、咀嚼肌约为80%。在力量训练的影响下,女性力量的增长和肌肉体积的增大都比男性要慢,因为"肌肉肥大"主要受体内睾丸酮激素的调节,正常男性这种激素比女性多,所以无论肌肉力量增加多少,女性的"肌肉肥大"总不如男性。

2. 年龄

力量素质的发展有着明显的年龄特征,其生理机制是由肌肉发育与年龄密切相关而决定的。一般规律是:10岁以前,随着人体的生长发育,无论男孩或女孩,力量一直是缓慢而平稳地增长,而且两者区别不大。从11岁起男女孩的最大力量的差异开始显露,男孩增长稍快而女孩增长缓慢;青春期过后,力量仍在增长但其增长速率很低,女性达到最大力量在20岁左右,男性在25岁左右。

力量素质发展的敏感期是13~17岁,最大力量进入快速增长的第一个高峰。这个年龄段力量的增长与体重的增长同步,而且最大力量增长快,相对力量却增长不大。这时肌肉的长度增长比横度增长要快,因为此时也正是身高的快速增长期。16~17岁是最大力量快速增长的第二高峰,这时肌肉的横度增长速度加快。最大力量和相对力量增长均很快,这是发展力量素质的最重要时期。18~25岁,力量增长变得缓慢,此后如不坚持锻炼,随着年龄的增长,力量将逐渐下降,如果坚持良好的训练,男子力量增长可到35岁左右。至于速度力量的"敏感期",男子在7~15岁,女子在7~13岁发展比较快,这与速度素质"敏感期"较早密切相关。

概括起来看,青少年力量的增长有如下特点:快速力量先于最大力量;最大力量先于相对力量;长度肌肉力增长先于横度肌肉力;躯干肌肉力增长先于四肢肌肉力。

3. 体型

多年实践证明,运动训练能影响人的体型,而体型也能影响人的运动能力。同样,体型的差异与力量的大小有着密切的关系。根据实际观察,体格健壮、粗壮型的人由于肌肉较发达,因此表现的力量也较大;体型匀称的人力量次之,但这种体型的人一般比较精干,肌肉线条比较清晰,往往会具有比较好的速度力量;体型细长的人力量比较差;肥胖型的人看起来似乎最大力量较好,但因为这种体型的人体重较重,从相对力量的角度看,则其力量水平就不高了,大家熟知，脂肪厚度会影响力量素质，因此，选材时应该慎重考虑。

4. 身高与体重

俗语讲"身大力不亏"，说明体重较重的人往往力量较大，体重较轻的人则力量小些。当一名运动员的体重与其最大力量的比值不变时，则体重与最大力量成正比关系。也就是说，体重增长，则其最大力量也随之增长。但身高与力量的关系比较复杂，两者之间不存在必然联系。如果某人又高又壮实，则力量也较大；若其体型瘦长，则力量就不会大。如果某人身矮而粗壮，则力量不会小；若其又矮又瘦则力量会较小。所以，在体育运动项目选材中，常常把体重与身高联合考虑，用体重/身高指数（g/cm）来衡量，即1 cm身高有多少体重，指数大，则力量一般也比较大。

5. 脂肪

脂肪组织聚集在内脏的四周、骨骼肌表面（肌肉与皮肤之间）和骨骼肌中，脂肪组织不仅本身不能收缩，而且在肌肉收缩时会产生摩擦，从而降低肌肉的收缩效率。同时脂肪太厚还会影响肌肉的发展。有的专家认为，青少年肥胖，脂肪太厚会影响自身睾丸酮激素的分泌。通过运动训练可以减少脂肪，从而提高肌肉收缩效率使力量增强。脂肪的多少与相对力量的大小密切相关，因为减少了脂肪就意味着减轻了体重，故相对力量也得到了提高。所以，竞技体操、摔跤、举重等运动项目，都十分重视控制运动员体内脂肪组织的脂肪含量，以提高他们的相对力量。

6. 睾丸酮激素

据科学研究证明，睾丸酮激素水平的高低与力量的大小，也有密切的关系。睾丸酮激素水平高的人一般力量比较大。所以有专家建议，可以通过测定血液或尿液中的睾丸酮水平来进行力量性项目的选材。

(二) 与肌肉的形态、组织结构有关

人体的运动是在中枢神经系统调控下通过肌肉收缩产生的力来完成的。因此，有目的地改善肌肉的形态和组织结构，对发展力量素质具有重要意义。

1. 白肌纤维在肌肉中的比例

肌肉力量的大小取决于不同类型肌纤维在肌肉中所占的比值。肌纤维类型通常分为白肌纤维（快肌纤维）和红肌纤维（慢肌纤维）两种。人体肌肉中，无论男子或女子，无论老中青少皆含有白肌纤维和红肌纤维，只是两者的比例不同而已。竞技体育中，从事时间短、强度大的运动项目的运动员肌肉中，含有较高的白肌纤维，而从事时间长、强度不大的耐力性运动员肌肉中则含有较高的红肌纤维。原因是白肌纤维的无氧代谢能力比红肌纤维大得多。虽然白肌纤维和红肌纤维均含有促使磷酸原系统（ATP - CP）快速作用的酶，但白肌纤维中酶的活性比红肌纤维高3倍；同样，白肌纤维、红肌纤维均含有促使糖酵解的酶，但白肌纤维中此种酶的活性比红肌纤维高2倍以上。白肌纤维中支配其运动的神经元传导速度较快,白肌纤维达到最大张力的时间只需红肌纤维的1/3。所以,白肌纤维比例大的人适于做短距离、高强度的运动项目。红肌纤维的有氧代谢能力比白肌纤维强。因为红肌纤维有氧氧化酶系统活性高,毛细血管的数量、线粒体的大小和体积、肌红蛋白的含量等均大于白肌纤维,能使人维持长时间工作,不易疲劳,所以红肌纤维比例大的人适合于强度小、工作时间长的耐力性运动项目。

人体肌肉中,红、白肌纤维的比例受遗传因素的影响,有的人白肌纤维比例大,有的人红肌纤维比例大。同一个人不同部位肌肉的红、白肌纤维比例也不同。进行不同负荷、不同动作速度的运动,参加肌肉收缩的肌纤维类型也不同。一般规律是:在一定负荷强度下用较慢的速度完成动作,红肌纤维起主导作用;如快速完成动作,则白肌纤维起主导作用。

综上所述,力量素质的表现,主要由肌肉中白肌纤维数量的多少所决定。白肌纤维比例高,则肌肉收缩力大。同时肌纤维类型和在肌肉中的比例也是不同运动项目选材的重要指标之一。

2. 肌肉的生理横断面

肌肉的绝对肌力取决于该肌肉的生理横断面积。肌肉的生理横断面积越大,肌肉收缩时产生的力也越大,两者接近正比例关系。肌肉的生理横断面为该肌肉所有肌纤维横截面的总和。肌肉横断面增大,是由于肌纤维增粗造成的。肌纤维的增粗表明肌纤维中的能源物质三磷酸腺苷(ATP)和磷酸肌酸(CP)增加,肌结缔组织增厚,肌糖元含量增多,毛细血管开放密度加大,肌凝蛋白质含量增多,从而提高了肌纤维的质量,大大提高了每根肌纤维的负荷力,进而促进了最大力量的提高。有学者通过科学研究得出,肌肉生理横断面每增加 1 cm^2,可提高力量 6~12 kg。

3. 肌肉的初长度

人的肌力大小与肌肉收缩前的初长度有关。在一定范围内,肌肉的初长度越长,则肌肉弹性拉长后收缩时产生的张力和缩放的程度就越大。因为肌肉拉长时,肌梭将感知肌纤维长度变化产生冲动,会提高肌纤维回缩力来对抗拉力,当长度拉到一定程度将引起牵张反射,可提高肌力的发挥效率。美国人达登的研究证明:一个人力量的大小,取决于肌肉的体积,肌肉体积发展的潜力又主要取决于每个人的肌肉长度(指肌肉两头肌腱之间的长度)。例如,有两个人,一个人的肱三头肌长 20 cm,另一个人的肱三头肌长 30 cm,后者长是前者的 1.5 倍,则后者肌肉横断面的潜力等于前者的 $1.5^2 = 2.25$ 倍,肌肉力量的发展潜力等于前者的 $1.5^3 = 3.375$ 倍。训练前,两人手臂肌肉体积差不多,经过训练,后者的肌肉体积和收缩时的肌力要比前者大得多。

在运动实践中,如挺举前的下沉动作、扣球前的体前肌群背弓、投掷前的超越器械的主动拉长,以及踏跳、推手、落地等动作的被动拉长,均是为了获得更大的收缩力。肌肉的适宜拉长比其自然长度产生的收缩力要大，但这种肌肉的弹性拉长必须在其解剖学原理限度内，而且要在不断适应生物刺激的条件下逐渐地拉长。

4. 参与活动的肌纤维数量

每块肌肉是由许多肌纤维构成的，肌肉收缩时并非所有的肌纤维都能同时被动员起来参与活动，参与活动的肌纤维数量越多，则收缩时产生的力越大。根据运动生理学理论揭示：由于遗传的作用，每个人肌肉中的肌纤维数目和红、白肌纤维比例，从出生5个月后就已确定，1年后形成。以后随年龄的增长，通过训练或其他科学方法无法改变肌肉中的肌纤维数量及红、白肌纤维的比例，只能改变纤维形态及红、白肌纤维功能和参与活动的肌纤维数量。运动场上的新手最多只能动员60%左右的肌纤维参与活动，而优秀运动员运动时动员的肌纤维可达90%左右，这和训练后中枢神经发出的神经冲动强度和频率加大有关。

5. 肌肉的牵拉角度

肌肉收缩牵拉骨骼进行运动时，犹如杠杆运动。在整个活动中，随着杠杆的运动，肌肉在不同位置的不同角度上牵拉，其力量大小是不一样的。例如，当负重屈肘作弯举时，肘关节角度在115°～120°时，肱二头肌张力最大，30°时肱二头肌张力最小；膝关节弯屈在164°和130°时腿部力量几乎表现一样，屈膝低于130°时，腿部力量则下降。肌肉被牵拉的角度不同与完成技术动作用力正确与否关系较为密切，这是进行技术分析、改进技术动作必须慎重考虑的问题之一。

6. 肌肉收缩的形式

不同的运动项目有不同的用力特点，因而需要不同特性的力量。不同特性的力量要用不同的训练方法去发展，而不同的力量素质训练方法又是在不同的肌肉收缩形式的基础上形成的。因此，肌肉收缩的形式是影响力量大小的因素之一。一般可将肌肉收缩的形式归纳以下四类：

（1）动力性向心克制性收缩。其特点是，肌肉工作时，肌肉长度逐渐缩短。随着关节角度的变化，肌肉在缩短过程中张力也发生改变，如手持哑铃的弯举动作。无论何种运动项目，在发展运动员的力量素质时，掌握好发挥最大肌力的关节角度，可以得到事半功倍的效果。动力性向心克制性收缩是力量训练的主要形式。

（2）动力性离心退让性收缩。其特点是，肌肉收缩时，张力增加的同时肌肉的长度也增加。如负重慢慢下蹲等，这时阻力是在运动过程中起作用的力。国内外许多学者研究认为，肌肉在做离心退让性收缩时可以产生更大的张力。实验证明，肌肉做离心收缩时所产生的张力比同一肌肉做向心收缩时所产生的张力大40%左右。

（3）静力性等长收缩。其表现是，肌肉的力在对抗固定阻力的收缩时形成。其特点是，肌肉收缩时，其张力发生变化，但其长度基本不变，在整个动作过程中肢体不会产生明显的位置移动。如体操中的平衡动作、倒立及摔跤中双方的僵持阶段、手持哑铃做侧举动作等。肌肉极限或次极限负荷的静力性收缩比动力性收缩能够动员更多的肌纤维参与工作，能有效发展最大力量和静力性耐力。

（4）等动性收缩。"等动"就是"恒定"的意思。其特点是，在整个关节活动范围内，肌肉始终以某种张力收缩，而收缩速度始终恒定。由于肌肉等动收缩，如自由泳的划臂动作，肌肉的长度和张力都发生变化。目前，有目的地进行等动性收缩练习，一般皆利用特制的等动练习器，通过速度控制器的机械作用，以保证不管张力多大但肌肉收缩的速度始终保持恒定，还可以保证肌肉在整个活动范围内达到理想的生理负荷（即主观上尽量用最大力量为前提）。

（三）与中枢神经系统的调节机能有关

大脑皮质具有相适应的神经兴奋和抑制过程，又具有最适宜的灵活性，从而积极动员了植物性神经系统和内分泌系统，能够协调肌肉，使其在运动训练中发挥更大的功率，即神经兴奋和抑制过程强度愈大愈集中，肌肉力量发挥愈大。这也说明了中枢神经系统的机能状态如何，直接影响着肌肉的力量。

1. 神经兴奋和抑制过程的频率和强度

肌肉的收缩由神经传导电脉冲引起，一次脉冲可引起肌肉收缩一次。若在肌纤维还没有完全松弛时，新的脉冲信号又传来，就会出现肌肉的重叠收缩，产生更大的力量。科学的训练促使练习者中枢神经系统传出的电脉冲频率高、强度大。在同一时间里，动员肌肉内更多的运动单位进行收缩，产生的力量就愈大。参加比赛的运动员由于兴奋性高而且兴奋的程度集中，神经兴奋和抑制过程的强度也比平时大得多，因此一般皆比平时训练能发挥出更大的力量。当发生意外事件，如失火时，人由于高度的神经冲动，往往能搬起平时无法搬动的重物，表现出惊人的力量。

2. 神经中枢对肌肉活动的支配和调节能力

体育运动中，即使是完成一个最简单的动作也需要很多块肌肉共同来实现。不同的肌肉群是由不同的神经中枢所支配而进行工作的，不同神经中枢之间的协调关系得到改善，就可以提高主动肌与对抗肌、协同肌、固定肌之间的协调能力，使上述肌肉群在参加工作（完成某一动作）时能各司其职，协调一致，尤其是支配对抗肌的神经中枢处于抑制状态，对抗肌保持放松状态，减少了其产生的阻力，保证主动肌、协同肌群发挥更大的收缩力。由于神经冲动频率的提高，促进运动员的情绪高涨（即兴奋性提高），从而引起调动肌肉工作能力的肾上腺素、去甲肾上腺素、乙酰胆碱及其生理活性物质的释放量增加，使力量增大。因此，中枢神经系统的机能状态可以直接影响肌肉的力量，并对力量素质的发展和发挥起着极为重要的作用。在完成某一技术动作时，若中枢神经系统传出的神经冲动频率高、强度大，则肌肉所产生的力量就大。

（四）营养系统的供能能力

肌肉工作时营养的供应直接影响到肌肉力量的发挥。最大力量的增长、速度力量的提高、力量耐力的持久将取决于 ATP-CP 供能系统、糖酵解供能系统、有氧供能系统的供能能力，即无氧非乳酸性供能、无氧乳酸性供能、有氧供能。根据运动生物化学理论可知，ATP 是肌肉收缩的直接能源，无论 CP、糖的无氧、糖的有氧及脂肪的有氧供能都必须以 ATP 的形式供给。当人体激烈活动时，肌肉中的 ATP 首先能起发动作用，促使 CP 同步分解再合成 ATP 供能。与此同时，磷酸立即参与糖的无氧快酵解产生 ATP 以补充肌肉中的 ATP 浓度。当 ATP-CP 系统供能接近生理允许的极限消耗时间（5.66~5.932 s）时，开始启用无氧糖酵解提供的 ATP 与 ATP-CP 系统共同供能，直至糖的无氧酵解供能占优势。

极限运动 8 s 后，开始糖的有氧慢酵解生成丙酮酸，丙酮酸进入三羧循环氧化生成 ATP 补充肌肉中的 ATP 浓度。当极限运动 30 s 左右时，由于糖的无氧酵解被抑制，迫使运动强度降低（即每秒每千克肌肉消耗的 ATP 数量减少），乳酸作为有氧供能的衔接能源供能。随运动时间的延长，糖的有氧及脂肪的有氧供能维持肌肉长时间的活动。

对发展力量素质来说，无氧非乳酸性供能最为重要。因为，力量增长在较短时间内以较快的速度完成技术动作，效果最佳。进行力量练习时，还应注意动员白肌纤维参加工作，因为白肌纤维中 CP 含量较高。由于进行力量练习时肌肉活动的强度很大，工作时间很短，又常伴有憋气，特别是静力练习时肌肉持续紧张，血管被挤压，血液流动不畅通，往往容易造成缺氧。在这种情况下，肌肉收缩的能量供应主要依靠能源物质的无氧分解，其表现特征是磷酸肌酸大量消耗，肌糖元生成乳酸，血液中乳酸也升高。因此，若要发展力量素质，必须提高肌肉的无氧代谢能力。

（五）心理因素

运动中由于心理障碍造成神经过程处于抑制状态，以致不能充分发挥出最大肌肉力量，例如不愉快的运动经历、对运动损伤的恐惧、成功信心的缺乏、焦虑和紧张等都会引起神经系统对肌肉调节功能的减弱。因此，有目的、有意识地培养自我情绪的调节能力，注意力集中能力以及临危不乱的顽强意志品质等，是发展力量素质极为重要的心理条件。优秀运动员在比赛前通过"意识集中"、"心理准备"或各种"自我暗示"，使人的机体各系统同步进入紧急工作状态，解除抑制，在完成的各种技术动作中，发挥出极限的肌肉力量。

心理因素是影响力量发挥的重要因素之一，已引起教练员和体育科研人员的高度重视。如何克服消极心理因素，尽快掌握心理调节方法，促进训练水平的提高，是体育运动训练的新课题。

（六）训练因素

运动训练中的许多因素如负荷强度、动作速度、动作幅度、练习的组数、每组练习重复的次数、每组练习的间歇时间等训练因素都会对力量的大小和特性产生很大的影响。

1. 负荷强度与重复次数

多年的运动实践证明，练习时若负荷重量大，重复次数少，则发展最大力量效果较好，尤其肌肉群受到超负荷练习后，力量素质会得到明显地提高；若负荷重量与次数皆适中，则增大肌肉体积较显著；若负荷重量小，重复次数多，则主要发展肌肉耐力。

每组练习的间歇时间较长，使机体消耗的能量得到恢复后再进行下一组练习，那么发展力量效果就好；反之，机体生理、生化等指标均下降，疲劳状态下仍进行力量练习，肌肉力量的发挥也呈下降趋势。

2. 动作速度

练习时，完成技术动作速度的快慢对发展力量的特性有重要的影响。例如：练习时尽量加快动作的速度，尤其是单个动作速度，能有效地发展爆发力；练习时既注意加快单个动作速度，也注意加快动作的频率（重复若干次数），能发展一般速度力量。一般对动作的速度不强调，强调每次练习的负荷量或次数，能发展最大力量或速度力量。

3. 以肌肉收缩形式为基础的不同训练方法

以等张的离心或向心，等长、等动等不同的肌肉收缩形式为基础的不同训练方法，对力量的大小和特性将产生巨大的影响。等长收缩的静力性练习主要能提高静止性力量，等张收缩的动力性练习能明显提高肌肉的爆发性力量和灵活性。

4. 原有的训练基础

训练基础较差者开始训练后，力量会增长得很快，而训练基础好的人，力量增长速度就比较慢。如果停止力量训练，增长的力量就会逐渐消退，力量消退的速度大约为提高速度的1/3。也就是说，力量提高得快，停止训练后消退得也快。经过长时间训练逐渐提高的力量，停止训练后，保持的时间也长。有研究指出，只要每6周进行一次力量训练，就可延缓力量的消退速度；如果每1～2周进行一次最大力量训练，则基本可以保持所获得的力量。

（七）其他因素

1. 营养物质的补充

必要的营养物质补充对力量的增长有明显的影响，其中最重要的是蛋白质。构成肌肉组织的主要成分是蛋白质，从事力量训练的人必须比发展其他身体素质的人补充更多的蛋白质，才能保证正常的新陈代谢，特别是合成代谢的需要。

而且这种补充不能单纯地依靠天然食品来完成，还需要补充蛋白质制剂，甚至直接补充氨基酸。

人体中的许多矿物质，对机体的生命活动起着重要作用。其中对肌肉力量影响最大的是钾和钠。钾的作用是使肌肉收缩，而钠的作用是使肌肉放松。缺钠可引起食欲不振、体重下降、血压降低、力量减弱、肌肉痉挛，等等，所以，运动员在夏天大量排汗后饮水应补充钠。缺钾会影响蛋白质的合成，使肌肉的正常活动受限制，严重缺钾者的骨骼肌收缩功能会丧失。钾对肌肉收缩具有极为重要的作用。因此，如何合理地、科学地摄取和补充钾、钠是进行力量训练时应重视的问题。

2. 温度

运动时体温的适宜升高可提高人体中枢神经系统的兴奋性，加强呼吸、血液循环机能，降低肌肉的黏滞性，收缩和放松的化学反应加快，加大关节的活动范围，从而有助于肌肉收缩力量和收缩速度的发挥。早在20世纪50年代希尔就发现，体温升高2℃，力量就有提高。格罗兹研究发现，手臂浸在50℃的热水中8 min，力量也有所提高。温热对力量和其他身体素质的良好作用是显而易见的。运动员在训练和比赛之前要做好充分的准备活动，其目的之一就是为了使身体发热，较快地提高运动能力。

3. 紫外线照射

自从发现人在夏季的体能较其他季节略优后，就提出一个实际问题，人在较热的几个月是否对训练的反应比较显。德国专家对此研究后指出：实验情况下，接受训练者在7、8、9月较其他月份的力量增加快。主要原因是在炎热的夏季里，受训者获得较多的紫外线辐射，其次是训练者能吃较多的新鲜水果，增加了维生素的摄取量。海丁格尔和婴勒进行的6周实验证明，采用紫外线照射进行训练比不用紫外线照射效果提高一倍。

此外，气味、声音、血型、生物节律等对力量的发挥也有一定的作用，例如，举重运动员出场前闻浓度很高的氨水气味、爆发性用力时运动员自己的吼声、观众的助威呐喊声等。日本生理学家认为O型血的人肌肉弹性好，收缩有力量，神经中枢易高度集中，在跳跃项目中成绩突出。

综上所述，决定和影响力量素质的因素是多种多样的，认识和理解这些因素，有助于力量素质训练的科学性、有效性、合理性。

第二节 ▶ 力量素质的训练方法与手段

一、力量素质的基本练习及特征

（一）力量素质的基本练习

1. 负重抗阻力练习

负重抗阻力练习可作用于机体任何部位的肌肉群。这种练习主要依靠负荷重量和练习的重复次数刺激机体来发展力量素质。负重抗阻力练习的方式多种多样，负荷的重量及练习的重复次数可随时调整，它是身体素质练习中常用的一种手段。

2. 对抗性练习

对抗性练习的双方力量相当，依靠对方不同肌肉群的相互对抗，以短暂的静力性等长收缩来发展力量素质，如双人顶、双人推、双人拉等形式。对抗性练习几乎不需要任何器械或设备，容易引起练习者的兴趣。

3. 克服弹性物体阻力的练习

克服弹性物体阻力的练习是依靠弹性物体变形而产生阻力来发展力量素质，如使用弹簧拉力器、拉橡皮带等。

4. 利用外部环境阻力的练习

这是利用自身所给的阻力或自身体重来发展力量素质的练习，如在沙地、深雪地、草地、水中的跑、跳等。做这种练习要求轻快用力，所用的力量往往在动作结束时较大。

5. 克服自身体重的练习

克服自身体重的练习主要是由人体四肢的远端支撑完成的练习，迫使机体的局部来承受体重，使该部位的力量得到发展。例如引体向上、倒立推进、纵跳等。

6. 利用特制的力量练习器的练习

这种特制的练习器，可以使练习者的身体处在各种不同的姿势（坐、卧、站）进行练习，不但能直接发展所需要的肌群力量，还可以减轻心理负担，避免伤害事故的发生。此外，还有利用电刺激发展肌肉力量的练习器。

（二）力量素质基本练习方法的特征

运动训练实践中，教练员们创造了多种多样发展肌肉力量的方法，或是作用于整个肌肉系统，或是有选择性地作用于某些肌群，这些具体的练习形式是形成现代力量训练方法的基础。按动力学特征分类，力量素质练习的方法分为动力性力量练习法、静力性力量练习法及电刺激练习法等。动力性力量练习法是指人体采用相对运动的动作形式进行力量素质的练习，主要由克制收缩形式（速度性克制收缩、力量性克制收缩和等动练习），退让收缩形式的速度性退让收缩、力量性退让收缩练习，以及超等长收缩形式的速度性超等长收缩、力量性超等长收缩练习等方法所组成。静力性力量练习法是指人体采用相对静止的动作形式进行力量素质的练习，主要是指等长收缩练习。电刺激练习法是利用电刺激仪产生的脉冲电流，代替由大脑发出的神经冲动，使肌肉收缩，达到提高肌肉力量的目的。此外还有将动力性力量练习的不同形式和静力性力量练习的形式进行不同组合，形成新的发展不同力量素质的组合练习法。

1. 动力性克制收缩练习方法的特征

动力性克制收缩练习是指肌肉从拉长的状态中缩短，以克服阻力而完成动作。肌肉在收缩时起止点相互接近，所以动力性克制收缩练习又可看作是肌肉的向心性工作。该方法的最大特点是动作速度快、功率大，能有效地提高肌肉力量、速度和力量耐力。

2. 动力性退让收缩练习方法的特征

该方法是使肌肉产生离心收缩的力量练习。生理学研究证明，肌肉不仅在收缩时能把化学能转化为机械能，同时在外力拉长肌肉做功时，肌肉也能把外能转为化学能储存。因此，肌肉的退让性工作除了即时效应外（例如制动）还能产生积蓄效应（把非代谢能量转变为肌肉的化学能和弹性势能），然后再以机械能的形式瞬间释放。退让性收缩练习对神经肌肉系统产生超量负荷，可使肌肉力量，特别是最大力量得到明显增长。

3. 等动练习法的特征

该方法是指借助于专门的等动训练器，在动力状态下人体肌肉的抗阻力程度始终恒定，且动作匀速的练习方法。这种方法的最大特点是，人体接受外部负荷刺激所产生的生理反应强度在人体动作的变化过程中始终保持恒定，并使关节各个角度的肌肉用力表现出最大用力或恒定用力。国外研究认为：快速等长练习能使各种运动速度的力量都得到增加，而慢速等动练习所增加的快速力量耐力大于慢速等动练习所增加的慢速力量耐力。

4. 超等长收缩力量练习法的特征

该方法是利用肌肉的弹性、收缩性及牵张反射性来提高力量素质。即肌肉先被迫迅速进行离心收缩，紧接着瞬间转为向心收缩的练习。它的最大特点是利用神经肌肉的牵张反射性，引起神经系统反射性产生更强烈的兴奋冲动，从而动员更多的运动单位参加收缩，产生更大的肌肉收缩力，以达到提高力量的目的。这种练习方法主要有如下三种形式：

（1）各种快速跳跃练习；

（2）不同高度和形式的跳深练习；

（3）利用专门训练器械进行的超等长练习。

5. 静力性练习法的特征

该方法是指人体采用相对静止的动作，利用肌肉长度不变，而主要改变张力的变化特点来发展力量素质。它的最大特点是物理上表现的功为零，但生物体却依然存在做功的功能。这种方法能更有效地提高肌肉的张力与神经系统的机能水平。

6. 组合练习法的特征

该方法是将动力性克制收缩练习、退让性收缩练习和静力性练习等方法进行不同的组合，有效地提高力量耐力和快速力量。从生理和生物力学角度看，各种肌肉收缩方式混合练习增加了机体对刺激的适应难度，提高了刺激的作用，能更快地提高力量。

7. 电刺激练习法的特征

该方法是现代发展力量素质的练习法。其最大优点是：训练部位准确，可根据训练目的，随意选择和确定练习部位；强化专项肌群和薄弱肌群，肌肉收缩的强度和时间可以人为地控制；可最大限度地动员运动单位参与收缩，可在短期内迅速提高肌肉力量；可加大训练量，缓解大运动量与疲劳恢复的矛盾，可保证受伤期工作肌群的正常训练。这一方法与想象训练相结合，可作为比赛期和比赛前的力量强化手段和兴奋刺激手段。电刺激练习法增长力量迅速，但一旦停止练习，用电刺激获得的力量，消退也快。

二、最大力量的训练

最大力量的提高主要取决于肌肉生理横断面和肌肉内协调能力的发展与改善，后者对相对力量的提高尤其重要，最大力量的训练是田径、跳跃和球类运动员提高力量的主要途径。下面几种训练方法能有效地发展人体最大力量：

1. 静力性练习法

静力性练习一般多采用较大负荷量，以递增重量的方法进行练习。所负的重量越大，由肌肉的感觉神经传至大脑皮质的神经冲动也就越强，从而引起大脑皮质指挥肌肉活动的神经细胞产生强烈兴奋，若经常接受这种刺激，就提高了兴奋强度，并募集更多的肌肉纤维参与工作，进而提高了肌肉的最大力量。

总负荷是影响最大力量发展的重要因素。影响总负荷的因素有负荷重量、练习重复组数、每组持续时间及各组间的间歇时间等。提高最大力量多采用本人最大负荷量的70%进行练习，组数可控制在4组，每组持续在12 s以上，每组间歇3 min。若采用本人最大负荷量的70%~90%进行练习，组数可控制在4~6组，每组持续时间8~10 s，每组间歇3 min。若采用本人负荷量的90%以上进行练习，组数不超过4组，每组持续时间3~6 s，每组间歇应增至4 min。

近几十年来，静力性练习不仅作为发展肌肉力量的有效手段被广泛应用，而且作为创伤后进行积极恢复手段受到广泛应用。

静力性练习的特点是工作时处于无氧条件下，能量储备迅速消耗，从而迅速出现疲劳。因此，过多使用静力性练习法会影响肌肉群的协调性。使用静力性练习法的目的只是为了克服某些肌肉在力量发展中的不足，使之迅速地、优质地提高收缩力量。

2. 持续不断地重复用力的方法（重复法）

这种方法的特点是负荷量的大小应随肌肉力量的增加而逐渐增加。当运动员能重复更多次数时，便表明力量有了提高，即应增加负荷。重复用力的方法适用于训练的各个时期和阶段，其作用在于加强新陈代谢，激活营养过程，有助于改进协调性，加强支撑运动能力，能迅速而有效地提高肌肉力量。重复用力训练采用的负荷强度一般是本人最大负荷量的 75%～90%，可进行 6～8 组，每组重复 3～6 次，每组间歇时间控制在 3 min。

据有关资料记载，古巴女排采用此法做架上半蹲练习，接着做立定跳远练习，该队主力队员半蹲负重量超过 300 kg。苏联优秀运动员、多次世界纪录创造者阿列克谢耶夫经常采用这种方法训练。虽然平时很少举最大重量，但只要完成有效组数的必要重复次数，在比赛中就能成功地举起最大重量。

3. 最大限度的、短促用力的方法（强度法）

这种方法的特点是用极大或接近最大的负荷练习，训练时逐渐达到用力极限，以后继续用对体力来说是最强的、中上强度的负荷量，直到对这种刺激产生劣性的反应为止。

短促极限用力的练习方法保证了神经系统和肌肉作用力的高度集中，使肌肉最大力量得到明显提高。对于需要最大力量项目的运动员来说，周期性地进行最大的和接近最大的重量力量训练能有效地发展其专项工作能力。短促极限用力训练采用负荷强度为本人负荷量的 85%～100%，练习组数 6～10 组，每组练习 1～3 次，每组间歇时间控制在 3 min。

我国大多数举重运动员都采用这种方法训练，并且取得显著的效果，多次打破世界纪录。运动员实践证明，只要负荷强度在 90% 以上，就能提高运动成绩。然而，采用这种方法进行练习不但需要很大的体力和心理准备，而且还要具备丰富的营养和良好的恢复手段。

4. 极限强度的方法

这种方法为保加利亚功勋教练伊万·阿巴杰耶夫所创造。他认为，人体有巨大的潜力和很强的外界环境适应能力，开始时对新的刺激不适应，经过一段时间的训练就会适应。这时如不进行新的刺激、新的适应，机能就得不到新的发展，训练水平就不可能达到新的高度。所以，对旧的刺激适应后，必须给予新的刺激，再求得新的适应。保加利亚人称这种方法为"阶梯式"的训练方法。以抓举训练为例，暂定第一阶梯抓举训练强度为 100 kg，经过若干天的训练，运动员适应这个重量并且成功地举起 100 kg 两次，就可以增加新的重量，从 102.5 kg 至 105 kg，开始第二阶梯的适应性训练。这样不断地增加重量，进行新的适应，使训练水平逐级提高。

极限强度练习方法的显著特点是，非常突出强度，几乎每周、每天、每项都要求达到、接近甚至超过本人当天最高水平。在计划规定的时间内要求组数越多越好，组与组之间的间歇以练习者恢复为准，整个全年训练都是这样安排的，不做大的调整和变动。

从一个阶梯上升到一个新的阶梯（每一阶梯训练时间为 2 周）时所增加的重量要适当，不能猛增，要掌握好尺度，应考虑到运动员的适应能力、体质、技术等因素，通过试验，摸索每个运动员增加的分量和适应期的长短。

如果在一个新的阶梯上，运动员不能承受新的负荷，则应回到原来的阶梯上训练 2～3 天再增加。极限强度力量训练方法负荷特征如下：采用本人最大负荷的 90%，进行 3 组，每组做 3 次，每组间歇 3 min；适应后，增至本人最大负荷的 95%，进行 2 组，每组做 3 次，每组间歇 3 min；适应后，增至本人最大负荷的 97.5%，进行 2 组，每组做 2 次，每组间歇 3 min。适应后，再增至本人最大负荷的 100%，进行 2 组，每组做 2 次，每组间歇 3 min。

这种方法为苏联和东欧一些国家广泛采用，我国也多次派人学习。目前，保加利亚艺术体操、田径、摔跤等项目纷纷采用这种方法训练，并取得成功。

5. 极端用力的方法

这种练习方法的特点是采用一定的负荷量进行练习，次数重复至极限数量，直到完全不能做为止，即至参加训练的肌肉群再也不能进行收缩。其生理机制是，肌肉越来越疲劳，需要从大脑皮层中发出补充的神经冲动到新的运动单位。这样才能把每块肌肉充分调动起来，并去激发新的肌肉群（即兴奋过程的扩散）。

极端用力练习方法发展力量素质的负荷特征是，一般多采用 50%～75% 的负荷强度，进行 3～5 组，每组 10～12 次，每组间歇时间为 3～5 min。对发展力量和耐力产生良好的作用，并且是大幅度提高运动成绩的基础。

6. 电刺激法

这种方法于 20 世纪 60 年代发明，是利用电刺激引起肌肉收缩，从而提高肌肉活性。其生理机制是，由大脑发出的中枢神经冲动被一种能使肌肉收缩的电刺激所取代。电刺激的优点：一是能使肌肉最大限度地活跃起来。二是引起肌肉紧张所维持的时间要比普通方法长、反复次数多，极限力量降低减慢。由于排除了中枢神经系统的疲劳，使运动员在疲劳后仍可继续对肌肉进行电刺激训练，达到真正的大运动量训练。三是比一般力量训练方法消耗能量少。四是对肌肉训练的针对性强。其缺点是可能对人体协调能力产生不利影响，而且训练量控制如有不当，会使肌肉负担过重。

该方法分直接刺激法和间接刺激法两种。直接刺激法是把两个电极固定在肌肉末端，促使肌肉直接受电刺激，频率为 250 Hz 时肌肉收缩最为理想。间接刺激法是把不同的电极放置在有关运动神经部位，使肌肉间接受刺激收缩，频率为 1 000 Hz 时肌肉收缩最为理想。频率持续时间为 10 s，每块肌肉的各个刺激周期的间隔时间为 50 s。一次训练的刺激周期为 10 个。鲍尔霍夫斯基于 1981 年对训练有素的举重运动员进行的研究表明，运用电刺激法训练 10 天能使股四头肌力量由 308 kg 提高到 375 kg，增长率高达 21.75%，力量增加 23.8%；肱三头肌经过 7~10 次电刺激后，围度增加 15.7%，力量增加 23.8%，而采用其他方法发展肱三头肌，围度增加 5.1%，而力量只增加 8.7%。应用时应根据运动项目的特点，选择、设计适当的电刺激方法。还可有选择地针对一些肌肉进行针对性训练。对于受伤运动员，可用电刺激训练保持其肌肉机能。

三、速度力量的训练

由于速度力量具有速度和力量的综合特征，一般都用提高肌肉用力的能力及提高肌肉收缩的速度来提高运动员的速度力量。其中，发展运动员肌肉用力的能力是发展速度力量的基础，而提高肌肉收缩的速度是发展快速力量的决定"力量"。体育运动项目绝大多数是在快速节奏下或爆发用力的情况下完成的。各种情况下的起动速度、投掷中的鞭打速度、体操的团身和转体速度等都要求肌肉的用力能力和肌肉的收缩速度，在体育运动中表现为起动力、爆发力、反应力等。

（一）发展起动力的方法

在最短时间内（通常不到 150 ms）最快地发挥下肢力量，称为起动力。运动实践证明：最大力量水平是起动力的基本因素。许多力量型运动员，如投掷、举重运动员，尽管其体重大大超过了 100 kg，也很少从事过专门的短跑训练，但他们的起动速度都非常出色。

发展起动力练习的负荷特征是采用 30%~50% 的负荷强度，进行 3~6 组，每组做 5~10 次，每组间歇 1~3 min。

（1）利用地形做各种短跑练习，如沙地跑、上下坡跑、跑阶梯等。

（2）利用器械、仪器做各种跑的练习，如穿加重背心的起跑加速、加速跑突然改变方向跑、计时短跑、系铅腰带的加速跑、负轻杠铃短跑等。

（3）利用同伴的各种助力做加速跑、牵引跑、各种准备姿势的听信号起动跑等。

另外，发展弹跳反应力的练习也都是发展起动力的良好手段。

（二）发展爆发力的方法

以最短的时间（在 150 ms 内）、最大的加速度克服一定阻力的能力，称为爆发力。它对于多数的速度力量型项目（如跳远的起跳动作）是一个决定性因素。爆发力也同样依赖于最大力量水平。所以任何发展最大力量的方法也适应于发展爆发力。发展爆发力练习的负荷特征是：负荷强度一般采用70%～90%，练习组数3～6组，每组做5～6次，每组间歇3 min。苏联运动员安排18周发展爆发力，前6周从事跳跃练习，中间6周进行大重量的快速杠铃练习，后6周做跳深练习，收到良好效果。

（三）发展反应力的方法

当人体运动时，肌肉链牵制着人体运动的速度，引起牵张反应。由于来自眼、颈部本体感受器的刺激，牵张反射经常受到修正从而发生反射性的运动。这种反射性运动，能使运动着的人体获得很高的加速度，产生朝相反方向运动的能力。在制动的离心阶段，活动的肌肉被拉长；在加速的向心阶段，肌肉迅速收缩。这种形式通过各种动作表现出来，一种是以跳跃为主的弹跳反应力，一种是以击打、鞭打、踢蹬为主的击打反应力。

上述两种形式的差别在于不同的刺激关系。以跳深为典型的反应形式中，肌肉拉长是因刺激向下运动的身体受重力作用被迫进行的，人们习惯称之为超等长练习。相反，以击打为典型的反应形式中，肌肉拉长是因对抗肌肉用力引起的，这种被拉长并不是积极的，因此，拉长收缩周期比跳深慢得多。

1. 发展弹跳反应力

方法很多，比较有效的方法有：

（1）跳深：下落高度70～110 cm。若采用较低高度，有利于发展最大速度；若采用较高高度，可发展最大力量。要求跳下后立即向上跳起，尽量跳高。这种练习1周可安排2次，每次4组，每组8～12次，每组间歇2 min。疲劳时不宜做此练习。

（2）各种跳跃练习：跨步跳、多级跳、负重连续跳、跳台阶、跳上跳下等。优秀运动员往往结合短跳练习用以提高反应力。

2. 发展击打反应力

许多竞技运动项目都有击打、鞭打、出手、踢蹬等动作。特别是对抗肌的力量能力是这些运动项目训练的重要任务。发展击打反应力的练习有：

（1）发展对抗肌的退让性练习。用超过本人最大负荷量的10%～50%卧推，要求加助力推起，加保护慢放下；用与卧推相同的负荷强度和方法进行深蹲，两手持哑铃做仰卧直臂下压，要求直臂下压时快，直臂后摆时慢。

（2）发展对抗肌和击打速度的模仿性练习。利用滑轮拉力器、橡皮筋、小哑铃、石块、短棒等模仿击打、鞭打、投、踢和蹬等动作，注意完成动作的幅度、完成动作前的拉长动作以及具有足够能引起鞭打性的肌肉紧张。此外，还应注意开始位置（关节角度）必须与比赛中动作的位置一致。根据所选负荷和运动员的训练状态控制强度，但每组练习不可超过5～8次。

无论发展哪种力量，重要的是把力量与速度很好地结合起来，才能转化为速度力量。在训练实践中，要科学地调整动作力量和动作速度。长时间地采用恒定负荷，就会使动作速度固定，影响速度力量的发展。负荷强度的安排是呈周期性、波浪式变化的。练习时应注意使身体局部的速度力量能力与全身速度力量能力结合起来进行。

四、力量耐力的训练

力量耐力是既有力量又有耐力的综合性素质。它是在静力性或动力性工作中长时间保持肌肉紧张而又不降低工作效果的运动能力。运动员的力量耐力水平取决于多种因素，其中最主要的是保证工作肌耗氧和供氧的血液循环和呼吸系统的机能能力、无氧代谢的机能能力和工作肌有效地利用氧的能力，以及运动员克服自身疲劳的意志品质。

根据肌肉工作的方式，力量耐力可分为动力性力量耐力和静力性力量耐力。动力性力量耐力又可细分为最大力量耐力（重复发挥最大力量的能力）和快速力量耐力（重复发挥快速力量的能力）两种。无论动力性力量耐力或者静力性力量耐力均与最大力量有密切关系。不同运动员在完成同一负荷重量时的重复次数，主要取决于最大力量，最大力量大则重复次数多，力量耐力好。

需要静力性力量耐力的运动项目多种多样，较典型的项目有射击、射箭、举重的支撑、吊环的十字支撑、摔跤的"桥"、速滑中的上体姿势等。要求动力性力量耐力的项目多集中在田径、球类、游泳和体操等项目。从肌肉物质交换的关系来看，在进行静力性力量练习时，肌肉紧张逐渐下降，从而限制了有氧物质和酶作用的供应，肌肉高度紧张时还会中断这种供应。在进行动力性力量耐力练习时，肌肉有节律地交替紧张和放松，短时间随血流供应有氧物质，可以加快消除疲劳的过程。

根据肌肉物质交换的关系，如要发展一般力量耐力，可采用持续间歇练习法、等动练习法、循环练习法。

（一）持续间歇练习法

持续间歇练习法的特点是负荷重量较小，每次应竭尽全力去达到极限，使肌肉长时间持续收缩工作到最大限度。力量耐力的增长主要表现在重复次数的增加上，每次练习要力争增加重复次数，当重复次数超过该项目特点的需要时，就应增加负荷重量。由于每个运动项目的特点不同，因此采用的负荷重量和次数应根据各项目的特点而定。

具体运用时，以下两种方法比较常见。第一种方法的负荷特征是，采用40%~60%的负荷强度，进行3~5组练习，每组练习用很快的速度重复10~20次，组间休息30~90 s；第二种方法的负荷特征是，采用25%~40%的负荷强度，进行4~6组练习，每组用快的动作速度重复30次以上，组间休息30~60

s。如果练习时间短（20~60 s），又必须使疲劳积累，应该在疲劳尚未恢复时进行下一组练习；若练习时间长（2~10 min），应该充分恢复到工作前的水平。

（二）等动练习法

等动练习法是利用一种专门器械（等动练习器）进行力量练习的方法。等动练习器的结构是在一个离心制动器上连一条尼龙绳，拉动尼龙绳时，由于离心制动作用，拉动绳的力量越大，器械产生的阻力也越大，器械所产生的阻力总是和用力大小相关。

肌肉用力大小与骨杠杆位置有着密切关系，即受到肌肉群的牵拉角度及每个杠杆的阻力臂与力臂的相对长度的影响。因此，当人体任何一个关节活动时，在它整个活动范围内，肌肉所表现的力量并不是均匀一致的。当我们作弯举时，总会明显地感觉到肘关节处于90°角左右时最吃力（阻力最大）。因此，在一般的动力性训练中，由于外加阻力是固定的，所以肌肉在屈肘关节的整个活动范围内，负担是不一样的，开始较小，90°角左右负担量最大，然后又逐渐减小。当肘关节处于不同角度时，屈肘肌群所受到的刺激作用也就不一样。用等动练习器进行训练，当骨杠杆处于有利位置时，肌肉如使劲用力比较大，器械产生的阻力也大；而当骨杠杆处于不当位置时，力量小，器械产生的阻力也就小。这样，实际上就等于在肘关节的整个活动范围内给予了屈肘肌群以不同的负荷（即不同的外加阻力），只要练习者尽力去拉，就能保证肌肉在整个活动范围内均能受到最大负荷。

等动练习主要用于发展力量耐力，如果改变负荷要求，亦可用于发展其他力量素质。等动练习可采用以下方法进行：将等动练习器固定在墙壁上、地板上或天花板上，运动员根据各自的专项特点，结合专项动作的方向和幅度，采用不同的负荷进行训练。慢速等动训练只增加做慢动作的力量耐力，快速等动训练能使快速和慢速动作力量耐力都得到提高。总之，进行快速等动训练提高的力量耐力比慢速等动训练提高力量耐力的效果好。

等动训练一般每周以2~4次为宜，每一种练习应保证做2~4组。若负荷较大时，每组做8~15次；若负荷较小时，每组做15次以上。等动训练时动作速度应尽可能和所从事的专项动作相一致。

（三）循环练习法

循环练习法是指根据训练的具体任务，建立若干练习站或点，运动员按照规定的顺序、路线、时间依次完成各站规定的练习内容和次数，周而复始地进行练习的方法。其特点是能轮流锻炼各个肌群，按先后顺序发展两臂、双肩、两腿、腹部、背部等部位肌群的力量耐力。

循环练习的内容组织需根据练习者的设想、训练目的而定，并且应该遵循"渐进负荷"或者"递增负荷"的原则安排训练，负荷强度必须针对个体具体情况而定。

根据国外资料报道，提高肌肉耐力一般采用以下两种不同的循环练习方式。

1. 高强度间歇循环练习

该方法运用时采用最大力量的50%~80%负荷，重复10~30次，重复速度要快，休息时间应是用力时间的2~3倍。这种方法主要用于短距离快速运动项目（如短跑、短距离游泳、短跑道速滑）、摔跤、拳击及其他球类项目的肌肉耐力训练。

2. 低强度间歇循环练习

该方法采用较低负荷（最大力量的30%~50%），重复次数增加至最高重复次数，完成动作的速度适中或较慢，休息时间比高强度的循环练习时间要短。这种方法主要用于发展周期性运动项目的肌肉耐力，如长跑、长距离游泳、越野滑雪、赛艇等。制订循环练习计划时，每组练习的时间短者可安排6种练习，时间适中者可安排9种练习，时间长者可安排12种练习，总持续时间在10~30 min之间，循环重复练习2~3组，但具体的练习持续时间、重复次数以及间歇时间，应该根据运动员的训练水平和准备发展的身体素质来确定。由于采用循环法练习时各"站"都是事先安排好的、固定的，所以可以组织与"站"同等数量的人同时参加练习，提高练习者的兴趣，活跃练习的气氛。发展力量素质，除了学习掌握必要的力量素质教学与训练的理论外，还应该掌握正确发展有关肌群力量的技术动作，并在实践中反复练习。只有这样，才能迅速促进力量素质的不断提高。

五、力量素质的具体练习方法

（一）徒手练习

1. 单人练习

（1）靠墙手倒立：面对墙，两手与肩同宽撑地，一脚蹬地，一腿后摆成背对墙的手倒立姿势；在靠手倒立的基础上做控倒立，保持静止15 s。

（2）反靠手倒立：面对墙站立，侧起成腹对墙的手倒立姿势，手距墙5~10 cm；在反靠手倒立的基础上做控倒立，保持静止15 s。

（3）靠手倒立单臂支撑：面对墙，两手与肩同宽撑地，一脚蹬地，一腿后摆成背对墙的手倒立姿势；一臂抬起，单臂支撑控倒立，保持静止15 s后换另一臂。

（4）倒立臂屈伸：面对墙，两手与肩同宽撑地，一脚后蹬，一腿后摆成背对墙的手倒立姿势；屈肘下落至肩部靠近支撑点，快速发力推起仍成手倒立，连续做10次（也可在倒立架上做）。

（5）俯卧撑：俯卧，两臂伸直撑地，肩部充分展开，颈部梗直身体保持挺直姿势；屈臂，胸部接近地面，然后快速推起至两臂伸直，连续做10~15次。

（6）俯卧撑推起击掌：俯卧，两臂伸直撑地，身体保持挺直。屈臂肘，胸部接近地面，然后两手快速推离地面，要求击掌一次，缓冲落地，连续做 10 ~ 15 次。

（7）俯撑提臀：俯撑，两臂伸直。两手固定不动。提臀，双腿伸直拉伸至靠近两臂处，静止 5 s 还原，连续做 10 ~ 15 次为一组。

（8）俯卧两头起：俯卧在垫子上，两臂前伸，两腿并拢伸直，两臂和两腿同时向上抬起，腹部着垫成背弓，然后还原，连续做 15 ~ 20 次。

（9）仰卧两头起：仰卧，两臂伸直置于两耳侧，两腿伸直，收腹，两臂和两腿同时向上抬起，手触脚背，保持静止 30 ~ 60 s，连续做 10 ~ 15 次。

（10）仰卧撑：仰卧，两臂伸直撑在约 50 cm 高的台上，屈臂，胸部贴近高台，然后快速推起至两臂伸直，连续做 10 ~ 15 次。

（11）静力半蹲：两脚开立，半蹲，两大腿与地面平行，胸腹挺直，两眼平视，保持静止 60 ~ 90 s。

（12）单腿蹲起：一腿支撑，另一腿向前平举，下蹲，然后起立至支撑腿完全伸直，连续做 15 ~ 20 次。初次做时可扶支撑物。

（13）直角坐撑腿屈伸：两手背后撑地坐，上体与大腿成直角，屈腿提起，腿快速向上伸直，绷脚背，然后积极还原，连续做 15 ~ 20 次。

（14）蹲起：两脚开立，下蹲，然后快速起立至两腿完全伸直，连续做 15 ~ 20 次为一组。

（15）单足跳：单脚着地，一腿收起，着地脚蹬地可做原地跳，也可做向前跳，或做双脚交替跳，重复 15 ~ 20 次。

（16）纵跳：两腿并拢站立，腿微屈，快速发力连续向上跳。可用双手触及篮板或单手向上触及目标。

（17）屈体跳：慢跑中双腿起跳，身体腾空后两腿左右分开，屈体收腹，两手触脚后缓冲落地，连续做 10 ~ 15 次为一组。

（18）侧向跳：双脚并拢站立，双脚同时蹬地向左或向右侧方向连续跳 10 ~ 15 次。跳的过程中，两腿始终并拢，不得分开。

（19）挺身跳：双脚并拢站立，两臂由后向前摆动的同时，双脚蹬地跳起，身体腾空后挺胸展腹，两臂同时向侧上方 45°方向上举，掌心相对，然后落地。连续进行 10 次为一组。

（20）弓箭步换腿：弓箭步站立，两脚同时蹬地向上跳起，腾空后交换腿，落地仍成弓箭步姿势，连续做 10 ~ 15 次为一组。

（21）立定三级跳：由半蹲姿势开始，双脚同时起跳，右腿前摆落地后起跳，左腿前摆落地后再起跳，最后双脚并拢落地，连续进行 10 ~ 15 次。注意三跳的连贯，动作要迅速、有力，可以增加远度要求。

（22）蛙跳：两腿并拢站立，两臂由后向前摆动的同时，双脚蹬地，腿蹬直，收腹，收腿向前落地，连续向前跳 10 ~ 15 次为一组。

(23) 跳起抱膝：双脚并拢站立，两脚蹬地向上跳起，空中收腿，使大小腿折叠，大腿尽可能贴近胸部，成双手抱膝姿势后缓冲落地，连续做 10~15 次为一组。

(24) 跳起转体：双脚并拢站立，双脚蹬地向上跳起，身体腾空后以臂、肩、头领先转体360°，缓冲落地，连续进行 5~10 次。可以从转体 90°开始，逐渐增加旋转角度。

(25) 跪跳起：垫上跪立，两臂由后向前上方摆动的同时双腿用力带动身体向上腾起，两小腿快速前摆，下落时成半蹲姿势，连续进行 10~15 次为一组。

2. 双人练习方法

(1) 牵拉：两人面对面站立，两腿前后分开，两人的同侧脚相对顶住，同一侧的手互握。两手同时用力牵拉对方，一方的脚先离地为失败。

(2) 抗阻力臂屈伸：两人面对面站立，两手交叉互握，做抗阻力的臂屈伸练习 20~30 次，练习时两人的脚均不得移动。

(3) 顶肩：两人面对面站立，两人的右（左）肩相互顶住，脚固定站稳，同时用力顶肩，哪一方脚先移动为失败，保持顶肩相持姿势 20 s。

(4) 顶背半蹲静力：两人背靠背半蹲立，两人同时相互用力顶背，做半蹲静力练习，保持静力姿势 30~50 s，半蹲时大、小腿之间的角度成 90°~100°。

(5) 推小车：练习者直臂俯撑，身体挺直，同伴握其双踝抬起他的身体，快速做双手撑地的向前爬行练习，行走 15~20 m 为一组。也可攀台阶，攀台阶 20~30 级为一组。

(6) 俯卧背屈伸：练习者俯卧，双手交叉置于头后，同伴双手按压住其双脚，做快速背向上屈伸动作，连续做 15~20 次为一组。要求胸部离开垫面至少 20 cm 高的距离。

(7) 俯卧背展伸转体：练习者俯卧，双手交叉置于头后，同伴双手按压住其双脚，做背向上屈的动作同时转体 45°，还原，连续做 10~15 次为一组，要求胸部离开垫子后开始做转体动作。

(8) 后振挺身：练习者俯卧，同伴前屈体两手交叉抱住练习者大腿，并用两腿夹住，练习者双臂伸直上摆，挺身后振，还原后连续做 10~15 次。

(9) 仰卧起坐：练习者仰卧，帮助者双手压住练习者的踝关节，做仰卧起坐，连续做 10~15 次为一组，要求练习者双手抱头，头触膝部为完成一次。

(10) 仰卧举腿：练习者仰卧，双手握住站在自己头部前同伴的双踝，收腹做腿部上举动作，同伴用双手快速推其双脚至开始姿势，连续做 15~20 次为一组。举腿时两腿并拢，不得弯曲，动作节奏要逐渐加快。

(11) 仰卧蹬伸：练习者仰卧，收腹屈腿，同伴俯卧，用双手握住他的脚掌给予协力。练习者做双腿抗阻力屈伸动作 10~15 次，双腿蹬伸的方向是 45°

角，完成一组后两人交换。

（12）仰卧推：练习者仰卧，屈臂，同伴俯卧双手撑在练习者的手掌上，两人手指交叉互握，练习者向上推举同伴至两臂伸直，还原。连续做 10~15 次为一组。

（13）驮人跑：肩负同伴跑至 25 m 处，两人交换后跑回，跑途中不得停顿，被驮者双脚不得接触地面。

（14）拖人跑：两人背对挂肘，一人两腿并拢伸直后屈体，另一人拖拉着他向前跑，15 m 处两人交换做。跑途中，被拖者可用两脚掌擦地，但不得给予拖人者助力。

（15）直腿下压静力：练习者单腿支撑，一腿前平举，双手扶一支撑物，同伴双手掌向上托住他平举的脚，练习者直腿下压与同伴对抗，保持对抗 15 s。

（16）小腿力量对抗：两人仰卧屈腿，脚掌相对顶住，两人同时用力向前蹬小腿，至一方腿蹬直为胜。蹬腿时双手可以在体后撑地或扶支撑物给予助力。

（17）拉手单足跳：两人面对面双手互握，单腿支撑，同时下蹲，快速向上跳起，缓冲落地后连续做 10~15 次换腿。

（18）侧弓步交换跳：两人面对面拉手站立，一人右侧弓步，另一人左侧弓步，同时用力蹬地向上跳，腾空后做换步动作，落地后连续做，10~15 次为一组。

（19）挂肘跳：两人背对挂肘，全蹲，两人同时协调用力蹬地向同一方向跳出，跳至 20 m 处返回。中途不得停顿，不得摆脱。

（20）跳"人马"：同伴屈背低头，双手扶膝关节成"横马"姿势，练习者助跑做分腿腾越，连续跳 20 次后交换。也可多人扮作"人马"，连续进行跳跃练习。

（二）器械练习

1. 吊球练习方法

（1）仰卧屈膝蹬球：垫上仰卧，双腿屈膝抬起于胸前，伸腿用脚去蹬悬挂于前上方的吊球，待球回落后接着做。连续完成 10~15 次为一组。

（2）仰卧挺腹触吊球：垫上仰卧，肩、脚用力撑垫，挺腹去触及腹部上方的吊球，挺腹时两手不得用力支撑。每组以 10~15 次为宜。

（3）仰卧举腿头前触球：吊球悬挂在仰卧练习者头前上方，做收腹举腿动作，双脚去触头前悬挂的吊球，触及后还原，连续做 15~20 次为一组。举腿时两腿必须伸直。

（4）助跑起跳头触球：吊球悬挂一定高度，采用 4~6 步助跑，单脚或双脚起跳均可，起跳后用头顶去触球。每次必须触到球，吊球的高度要适宜，练习时以 15~20 次为一组。

（5）助跑跳起手触球：吊球悬挂一定高度，采用 4~6 步助跑，单脚起跳用单手去触球，吊球高度接近练习者纵跳高度的最高限，起跳后身体应充分伸展，练习时以 10~15 次为一组。

（6）移动双手触球：帮助者持竹竿悬挂一吊球，使吊球前后、左右移动，练习者随吊球的移动做脚步移动跳起双手触球练习。每组以 20~25 次为宜。

（7）单脚起跳扣吊球：吊球悬挂一定高度，采用 4~6 步助跑，单脚起跳，用排球的扣球动作扣击球，扣球时必须按动作技术要求进行，每组扣 10~15 次为宜。

（8）单脚起跳摆动脚触球：吊球悬挂一定高度，采用 4~6 步助跑，单脚起跳，摆动腿积极向上摆动，用脚尖触球，每次必须触到球，触球时腿必须伸直，练习时以 10~15 次为一组。

（9）双脚起跳膝触球：吊球悬挂一定高度，双脚原地起跳，两腿屈膝上提，用膝部触球，触球后落地，连续做 10~15 次为一组，每次膝必须触到球，触球时上半身保持正直。

（10）起跳转体头触球：吊球悬挂一定高度，采用 4~6 步弧形助跑，起跳后转体90°用头触球。助跑时注意身体内倾，起跳时注意两臂的配合摆动，每次必须触到球，每组以 10~15 次为宜。

（11）纵跳扣吊球：吊球悬挂一定高度，原地从半蹲姿势开始做双脚起跳，用排球的扣球动作扣击球，扣球时必须按技术要求进行，每组扣 10~15 次为宜。

（12）纵跳触球：吊球悬挂一定高度，从半蹲姿势开始，连续向上跳起两手触球，连续进行 15~20 次为一组，要求每次均触到球。

（13）跳远腾空头顶球：吊球悬垂在沙坑上方适当位置，助跑踏板起跳后做跳远起跳动作，同时头上顶球。每次必须顶到球，每组以 10~15 次为宜。

（14）跳远腾空膝触球：吊球悬垂在沙坑上方适当位置，助跑踏板起跳后做跳远起跳动作，同时用膝去触球，每次必须触到球，每组练习以 10~15 次为宜。

（15）跳起后踢小腿触球：吊球悬挂一定高度，双脚起跳，空中小腿后踢，用脚跟触球，每次必须踢着球，每组以 10~15 次为宜。

（16）跳深触吊球：从跳箱上跳下，落地后迅速跳起双手触及空中的吊球，起跳动作必须快，两臂配合摆动，每组以 15~20 次为宜。

2. 吊绳练习方法

（1）悬垂引体：双手贴近握一吊绳悬垂，身体保持挺直，两臂同时用力连续做引体向上，练习 10~15 次为一组为宜，做动作时两腿不得进行蹬摆。

（2）悬垂举腿：双手握一吊绳悬垂，两腿伸直收腰上举至两脚背触手，还原后连续做 10~15 次为一组，做动作时两腿必须并拢，还原时摆动幅度尽量小些。

(3) 悬垂上举腿成倒立：双手握吊绳悬垂，两腿上摆成倒悬垂姿势，还原后连续做 10~15 次为一组为宜。做动作时两腿可稍弯曲，必须达到身体成倒垂直姿势后还原。

(4) 双绳引体向上：双手各握吊绳于头上两侧，成悬垂姿势，身体保持挺直，两臂同时用力引体向上，还原后连续做 10~15 次为一组，要求做动作时两腿并拢，不得有蹬腿动作。

(5) 双绳悬垂引体上爬：双手于头上各握一吊绳成悬垂，两臂交叉用力上引体，两手向上换握上爬一定高度滑下，做动作时两腿不得左右摆动和蹬腿，滑下时可在一侧绳上进行。

(6) 分腿悬垂爬上：双手握吊绳悬垂，两腿左右分开，两臂用力上引体，双手向上换握爬上，爬上 2~3 m 为一组，要求两腿分开不得摆动。

(7) 直角悬垂静力：双手握吊绳悬垂，直腿收腹上举成直角悬垂，保持静止状态 20~30 s 为一组。躯干与两腿之间的夹角不得大于 100°，两腿必须并拢。

(8) 直角悬垂爬上：双手握吊绳成直角悬垂，保持直角屈体悬垂姿势，两臂用力上引体，双手向上换握爬上，爬上 2~3 m 为一组，做动作时两腿可分开，但不得夹住吊绳借力。

(9) 直体悬垂爬上爬下：双手握吊绳成悬垂，身体保持挺直，两臂交替用力上引体，双手向上换握爬上，爬到适当高度，保持原姿势，再依次向下换握爬下，爬上高度 3~4 m 为宜，往返 2~3 次为一组。上、下时不得用两脚夹绳配合动作。

3. 肋木练习方法

(1) 握肋木两臂屈伸：面对肋木直立，两臂前平举握肋木，屈臂至胸部接近肋木，快速推撑至两臂伸直，连续做 20~25 次为一组，做动作时身体始终保持直立姿势，两脚跟可以离地。

(2) 仰卧撑：双手背后握肋木第 2~3 格仰卧斜躺，两脚跟着地，做两臂屈体的仰卧撑练习。连续做 15~20 次为一组，两臂屈时肩、背部要贴近肋木，两腿必须伸直。

(3) 脚勾肋木仰卧起坐：仰卧垫上，双脚勾住肋木最低一格，两臂伸直置于头两侧，收腹上体抬起至两手触及两脚为一次，连续做 15~20 次为一组。

(4) 脚勾肋木倒背垂上屈体：两脚向上勾住肋木成倒背悬垂，两臂伸直下垂，身体挺直。快速收腹向上屈体，同时两臂上摆至手触及脚勾的肋木后还原。连续做 3~5 次为一组。做动作时须有人加以保护。初次做时要求可低一些，手触及膝部即可。

(5) 扶肋木单腿蹲起：侧对肋木站立，内侧臂侧握肋木，内侧腿前平举。外侧腿屈膝下蹲至全蹲，支撑腿蹬伸成直立姿势，连续做腿屈伸练习 10 次后两腿交换，尽量少借助内侧臂拉肋木的力量。

（6）扶肋木蹲起：面对肋木直立，两臂前举握肋木，屈膝下蹲至全蹲，然后腿伸直成直立姿势，连续做10~20次为一组。做动作时躯干始终保持挺直。

（7）悬垂引体向上：面对肋木，两手于头上正握肋木成悬垂，屈臂上拉身体至下颌超过握点后还原，连续做5~10次为一组。做动作时两腿必须并拢，不得用力向下蹬摆。

（8）背悬垂直腿上举：两手于头上握肋木成背悬垂，两腿伸直并拢，快速收腹举腿至脚背触及手握的横木后还原，连续做5~10次为一组，举腿时腿不得弯曲。

（9）背悬垂屈腿上举：两手于头上握肋木成背悬垂，两腿并拢伸直，快速屈腿收腹上举至大腿触及胸部后还原，连续做10~15次为一组。

（10）背悬垂侧举腿：背靠肋木，双手于头上握肋木成背悬垂，双腿并拢，收腹向左或右侧上举，连续左、右各举3~5次为一组，举腿时不得屈腿。

（11）倒背垂上拉体：背对肋木，头向下，两手侧握肋木成倒背悬垂，两臂上拉身体至胸部接近握点后还原，连续做5~10次为一组。

（12）倒背垂双腿上下摆动：背靠肋木，头向下，双手侧握肋木成倒背悬垂。两腿并拢伸直，向下摆至折体脚背触肋木，向上摆至身体挺直，连续做5~10次为一组。

（13）负重提踵：面对肋木下蹲，同伴分腿骑坐在练习者颈部两侧肩上，两人均握肋木，练习者直立、上提踵，膝关节完全伸直后下落脚踝还原。连续做15~20次为一组，两人交换做。要求做动作时身体保持直立姿势。

（14）负重扶肋木蹲起：面对肋木下蹲，同伴分腿骑坐在练习者颈部两侧肩上，两人均握肋木，练习者腿伸直成直立，然后屈膝下蹲至全蹲，连续做10~15次为一组。尽量少借助双手拉肋木的力量。

（15）负重屈膝高抬大腿：面对肋木，距肋木1 m左右站立，一手向前握肋木，两腿系上重物，一腿向后摆动，借助同侧手的力量，使大腿以最快速度向前上方高抬，连续进行5~10次后两腿交换，负重以5~10 kg为宜。

（16）负重爬上：身体负重面对肋木站立，爬上肋木最高点即爬下，再爬上，连续做2~3次为一组，负重以5~10 kg为宜。

（17）扶肋木两腿负重交替跳：面对肋木，两臂前举握肋木，两腿负重交替向上跳，要求蹬地要充分，两腿交替速度快，负重以3~5 kg为宜，每组做10~15次。要求做动作时身体保持直立姿势。

4．沙背心、沙护腿练习方法

（1）俯撑静力：身穿沙背心，头、脚分别支撑在两个跳马上，成头、脚俯撑姿势，保持身体挺直姿势静止20~30 s。负重以10 kg为宜。开始练习时可以用两手帮助支撑进行过渡。

（2）俯卧撑：身穿沙背心、戴沙护腿俯卧，两臂伸直撑地，肩顶开，身体保持挺直，屈臂时胸部接近地面，然后快速推起至两臂伸直，连续做10~15次。沙背心以重5 kg为宜。

（3）背屈伸转体：身穿沙背心俯卧在横马上，双手交叉置于头后，脚勾肋木，体后屈同时做左或右侧的转体动作，每组练习10~12次，负重以5 kg为宜，必须有明显体后屈动作时进行转体。

（4）侧屈体：身穿沙背心侧卧在跳马上或体操凳上，两手置于头后交叉，双脚勾住肋木，身体侧向进行侧屈伸练习，连续做10~15次为一组，负重以5 kg为宜，侧屈伸时，身体不得有转体动作，以有明显侧屈动作出现为标准。

（5）引体向上：身穿沙背心、戴沙护腿，两手正握单杠悬垂，屈臂向上引体至下颌高于杠面后还原，连续做5~10次为一组，负重以5 kg为宜。练习时两腿不得有大幅度蹬踹动作。

（6）爬吊杆：身穿沙背心、戴沙护腿，两手上下握吊杆，拳心向内，两腿下垂，身体保持挺直，两手交替换握，屈臂上拉身体至顶端，往返3次为一组，负重以5 kg为宜，练习时两脚不得给予助力。

（7）仰卧撑静力：身穿沙背心，头和脚分别支撑在两个跳马上，成头、脚仰撑姿势，保持姿势静止20~30 s为一组，负重以5 kg为宜。开始练习时可用肩部帮助支撑给予助力。

（8）仰卧撑：身穿沙背心、戴沙护腿，双手扶低双杠仰卧，身体保持挺直，做两臂屈伸动作10~15次。沙背心重5~10 kg为宜，也可用倒立架进行。

（9）鞍马头仰卧举腿：背对鞍马头仰卧，双手在头前扶住鞍马，双腿戴沙护腿做收腹向上举腿动作练习，每组10~15次。腿负重以5 kg为宜。向上举腿时腿不得弯曲，腿要举至与躯干成垂直部位时为完成一次动作。

（10）斜板仰卧起坐：身穿沙背心仰卧在斜板上，双脚在上勾住肋木，收腹，上体向上抬起做体前屈动作，手触脚背后还原，连续做10~15次为一组。负重以5~10 kg为宜。也可以肩背不着斜板连续进行收腹起坐练习，以增加动作难度。

（11）仰卧举腿：戴沙护腿仰卧，双手握住站在头前另一人的踝关节，做收腹仰卧举腿练习，另一人快速用双手推其腿还原，连续做15~20次为一组，腿负重以5~10 kg为宜。动作速度愈快愈好，两腿始终保持伸直，不得弯曲。

（12）仰卧两头起：身穿沙背心、戴沙护腿，仰卧在垫子上，身体保持挺直，两臂和两腿同时上起至体前上方，手触脚背后还原，连续做15~20次为一组。负重以5 kg为宜。

（13）倒立推起：身穿沙背心、戴沙护腿，倒立（可以利用墙、肋木或他人的帮助），做两臂屈伸动作5~10次为一组。身体必须始终保持垂直倒立姿势，沙背心、沙护腿重以5~10 kg为宜。

（14）上坡跑：穿沙背心、戴沙护腿在斜坡道上进行上坡跑练习，上体稍前倾，大腿积极前摆、高抬，后蹬充分，身负重以 5～10 kg 为宜，练习时以 30 m 为一组。

（15）前踢腿跑：戴沙护腿，做前踢腿跑，要求在腿前踢时身体保持挺直，以前脚掌着地，负重以 5 kg 为宜，练习 30 m 为一组。

（16）后踢腿跑：戴沙护腿，做后踢腿跑，要求后踢小腿接触臀部，身体保持挺直，小腿以膝关节为轴运动，以前脚掌着地，负重以 5 kg 为宜。练习时以 30 m 为一组。

（17）侧踢腿跑：戴沙护腿做向左、右两侧踢腿跑，要求两手于体侧触及外脚背，前脚掌着地，身体保持挺直，负重以 5 kg 为宜。练习时以跑 30 m 为一组。

（18）跑楼梯台阶：身穿沙背心、戴沙护腿跑上下跑楼梯台阶。要求上楼梯时身体稍前倾，下楼梯时身体保持挺直，以前脚掌着地进行，负重以 10～15 kg 为宜。

（19）高抬腿跑：戴沙护腿，做高抬腿跑。要求躯干稍前倾，大腿积极高抬与躯干成直角，而后积极下压，用前脚掌着地，腿蹬直。负重以 5 kg 为宜。原地做 30～50 次为一组，行进间练习时以跑 30 m 为一组。

（20）后蹬跑：戴沙护腿，做后蹬跑。要求上体稍前倾，两臂自然摆动，蹬地腿充分蹬直，摆动腿屈膝高抬，落地腿大腿积极下压，用前脚掌趴地。负重以 5～10 kg 为宜，跑 30～50 m 为一组。

（21）立定跳远：身穿沙背心、戴沙护腿，两腿自然分开站立，两腿同时起跳，两臂前摆，收腹、举腿、小腿前伸，两脚同时落地。每组练习 10～15 次，可以连续做，负重以 5～10 kg 为宜。

（22）立定三级跳、多级跳：身穿沙背心、戴沙护腿，半蹲，双脚同时起跳，右腿快速前摆，右脚落地后迅速从支撑过渡到起跳，经左腿前摆，左脚起跳后两脚同时落地。多级跳动作同三级跳一样，次数可增加到 5～10 次，负重以 5～10 kg 为宜。动作要协调快速，可以做远度要求。

（23）单足跳：戴沙护腿连续用单腿支撑跳，不要求每一跳的远度，要求腾起高度 15～20 cm，身体基本保持挺直，两臂做配合摆动，负重以 5～10 kg 为宜。练习以 15～20 m 为一组。

（24）双脚跳高台：身穿沙背心、戴沙护腿，双脚同时起跳，两臂上摆跳上高台，不停顿地跳下后紧接着又跳上，跳上跳下连续做 15～20 次为一组，负重以 10～15 kg 为宜。台高 30～40 cm，要求跳起速度愈快愈好。

（25）纵跳：身穿沙背心、戴沙护腿，成半蹲姿势，两脚蹬地起跳，两臂上摆，腿充分蹬伸，头向上顶，缓冲落地后继续做。连续做 10～15 次为一组，负重以 10～15 kg 为宜，动作要求协调，可悬挂或标出高度目标，以两手触摸标志线或物体。

（26）跳起侧分腿：戴沙护腿，双脚同时起跳，空中分腿，两手分别拍击双脚背后并腿落地。连续做 10～15 次为一组，分腿时两臂伸直，负重以 5～10 kg 为宜。

（27）蛙跳：身穿沙背心、戴沙护腿，全蹲。两脚蹬地，腿蹬直向前上方跳起，腾空后挺胸收腹，快速屈腿前摆，以双脚掌落地后不停顿地连续做 10 次为一组，负重以 5～10 kg 为宜，要求快速起跳，身体充分伸展，可先不要求远度，逐渐增加远度要求。

（28）跨步跳：身穿沙背心，单脚蹬地腾空后，空中保持跨步姿势至最高点时，摆动腿快速前摆，向前伸小腿迈步落地不停顿地从支撑过渡到后蹬。重复做 20～30 次为一组。负重以 5～10 kg 为宜。强调摆动腿向前迈出去，以最快速度从支撑过渡到后蹬。

（29）两腿台上交替蹬伸：身穿沙背心、戴沙护腿，左脚迈上台阶，腿充分蹬伸，身体腾空，下落时，右腿屈膝脚落在台阶上，左脚落地，右腿再蹬伸，两腿交替做。连续做 15～20 次为一组。负重以 20～30 kg 为宜，迈上台阶的腿必须在台阶上蹬直，台阶高 30～40 cm。

（30）跳绳：身穿沙背心、戴沙护腿做单足跳、双足跳、左右侧跳、蹲跳、一摇两跳等跳绳动作。负重以 5 kg 为宜。做各种跳跃动作时可按 30 s、1 min、1.5 min 定量进行。

（31）原地弓步换腿：身穿沙背心、戴沙护腿，弓箭步站立，两腿同时蹬地向上跳起，空中做换腿动作，落地后不停顿地继续做。练习 15～20 次为一组，负重以 15～20 kg 为宜。要求身体腾空后做换腿动作。

（32）悬垂高抬腿：戴沙护腿在单杠上悬垂，两腿屈膝高抬至大腿触碰胸部后还原，连续做 10～15 次为一组，两腿同时做动作，下放腿时伸直膝关节，负重以 10 kg 为宜。

5. 实心球练习方法

（1）单手正面推掷实心球：两脚左右开立同肩宽，面对推球方向，实心球贴在持球臂一侧下颌部，将球向斜上方推出。两人一组对面练习，每人 10～15 次，球重 2 kg，推球时尽量模仿推铅球最后用力的技术动作进行。

（2）单手侧向推掷实心球：两脚前后开立，侧对推球方向，实心球贴在持球臂一侧下颌部，转体挺胸，将球向斜前上方推出。两人一组对面练习，每人 10～15 次，球重 2 kg。

（3）单手肩上前甩球：两脚前后开立，一手持球于肩上，肘朝上，小臂以肘关节为轴向前甩球。两人一组对面练习，每人 10～15 次，球重 1 kg。

（4）双手向后抛球：双脚并立，体前屈，双手持球直臂下垂。两臂后上摆，身体挺直后屈，将球经头上向后抛出，两人一组对练，每人 10～15 次为一组。球出手后双脚方可移动。

（5）双手侧抛球：两脚左右开立，侧对抛球方向，双手持球于体侧，侧摆臂将球经体侧向前抛出，两人一组对练，每人 10~15 次为一组。球重 2 kg。

（6）双手持球体前后屈：两脚并立，两臂向上伸直，双手持球，两腿保持挺直，做体前屈、后屈，每组练习各 5~8 次。前屈时，大腿与躯干的夹角要小于 90°；后屈时要有明显的背弓姿势。

（7）双手持球体侧屈：两脚开立，两臂向上伸直，双手持球，两腿保持挺直，做向左和向右的体侧屈，每组各做 5 次，球重 3 kg。

（8）双手持球转体：两脚开立，双手持球前平举，两腿保持挺直，骨盆固定，做向左、右方向的转体练习，每组向左、右方向各转体 5 次，球重 3 kg。

（9）双手持球髋关节绕环：两脚开立，两臂向上伸直，双手持球，两腿保持挺直，做向左和向右的髋关节绕环，实心球重 3 kg。

（10）双手持球俯卧背屈伸：一人俯卧，双手持球于头上，身体伸直，另一人压住练习者的双踝关节，做体后屈动作，每组做 10~15 次。球重 2 kg。

（11）双手持球仰卧起坐：仰卧，双手持球于头上，两脚并拢伸直，两臂持球上摆，上体抬起至球触脚背，还原后连续做。每组做 15~20 次，球重 2 kg。

（12）两臂体前交叉绕环：两脚左右开立同肩宽，双手各持一球于体侧，两臂经体前交叉绕环。每组做 10~15 次，球重 2 kg。

（13）两臂侧举绕环：两脚左右开立同肩宽，两手各持一球侧平举，以肩为轴做侧绕环。每组两臂各做绕环 10~15 次，球重 2 kg。

（14）两臂前后绕环：两脚左右开立同肩宽，两手各持一球上举，做两臂向前和向后的绕环。每组两臂各做 10~15 次，球重 2 kg。

（15）两臂前举手绕环：两脚左右开立同肩宽，两手各持一球前平举，以腕关节为轴，做手向内和向外的绕环 10~15 次，球重 1.5~2 kg。

（16）两臂前举绕环：两脚左右开立同肩宽，两手各持一球前平举，以肩为轴，做旋内和旋外练习。每组两臂各旋内和旋外 10 次，球重 2 kg。

（17）上推举：两脚左右分开同肩宽，双手各持一球屈臂于胸前，向上推举至两臂伸直，还原后连续做。每组 10~15 次，球重 3 kg。

（18）直臂扩胸：两脚左右开立同肩宽，双手各持一球前平举，两臂伸直做扩胸运动，双手向后超过肩，还原后连续做。每组 10~15 次，球重 1 kg。

（19）侧上举：两脚左右开立同肩宽，臂下垂，双手各持一球于体侧，两臂伸直外展经侧平举至上举，还原后连续做。每组 10~15 次，球重 2 kg，上举时两臂始终保持伸直。

（20）侧推：两脚左右开立，双手各持一球屈臂于肩侧，侧推，推至两臂完全伸直，还原后连续做。每组做 10~15 次，球重 1 kg，推时动作速度不要太快。

（21）前推：两脚左右开立，双手各持一球屈臂于胸前，肘关节向外，向前平推至两臂伸直，还原后连续做。每组做 10～15 次，球重 3 kg。

（22）交替提拉：两脚左右开立同肩宽，双手各持一球于体侧下垂，双手交替向上提拉至球接近腋窝，还原后连续做。每组两臂各做 10～15 次，球重 3 kg。

（23）投球：两脚前后开立，一手持实心球于肩上方，肘朝前，将球投出。两人一组对练，每人 10～15 次，球重 1 kg。

（24）俯卧双脚夹球后摆起：俯卧在横马上，双脚夹球，腿伸直下垂，双手抓横杠，两腿尽量向上摆起，连续做 10～15 次，球重 2 kg，摆腿时两腿始终保持伸直。

（25）仰卧两头起：仰卧，双手持球于头上，双脚夹球，臂和腿伸直，收腹用力，两臂和两腿同时上起至两球相触，还原后连续做 15～20 次，球重 2 kg，还原时要求控制动作速度。

（26）仰卧双脚夹球腿屈伸：双脚夹球仰卧上举，两腿伸直与上体保持垂直做大小腿的屈伸练习，每组连续屈伸 30 s，球重 2 kg。

（27）双脚夹球前抛：双脚夹球蹬地跳起，腾空中将球向前上方抛出，每组 10～15 次，球重 2 kg。

（28）双脚夹球后抛：双脚夹球，背对抛球方向，双脚跳起后腾空将球向后上方抛出。两人一组对练，每人练习 10～15 次为一组，球重 2 kg。

（29）双脚夹球侧抛：双脚夹球，跳起后将球向体侧上方抛出，每组练习 10～15 次，球重 1 kg。

（30）双脚夹球仰卧举腿：仰卧，两腿伸直并拢，双脚夹球，向上举腿至两腿与身体垂直，放下后连续做。每组举 10～15 次，球重 2 kg，腿下放时要控制速度。

（31）双脚夹球悬垂举腿：两手握单杠悬垂，双脚夹球，收腹向上举腿至球触杠面，还原后连续做。每组练习 5～10 次，球重 2 kg。

（32）双脚夹球悬垂转体：两手握单杠悬垂，双脚夹球，做以髋关节为轴的左、右转体练习。每组练习 30 s，球重 2 kg。

（33）双脚夹球向前蹲跳：双脚夹球，做向前跳练习，每组向前跳 10～15 m，球重 2 kg。蹲跳时大腿、小腿之间的夹角为 90°左右，球不得在途中接触地面。

（34）跳跃实心球：蹲姿，双脚蹬地，腾空跃过 10～15 个间隔 1 m 距离的实心球，可采用计时的方法练习。

6. 杠铃练习方法

（1）单臂上举：左右分腿站立，手握小杠铃于肩上，连续做上举动作练习。杠铃重 10～20 kg，每组两臂各做 8～10 次。

（2）站立推举：左右分腿站立，两手比肩稍宽握杠铃，举起杠铃屈肘置于胸前，快速发力向上推举至两臂伸直、肩部顶开。要求两腿保持挺直。第一组杠铃重 15～20 kg，举 8～10 次，以后各组酌加杠铃重量或推举次数。

（3）提铃上举：左右分腿站立，双手比肩宽握杠铃，挺胸收腹，提铃至胸，紧接着两臂上举至两臂完全伸直，还原后连续做。杠铃重 20～50 kg，每组练习 10～12 次，初练者重量可酌减。

（4）斜上推举：前后分腿站立，双手比肩宽握杠铃，举起杠铃置于胸前，连续向斜上方快速推举。要求上斜举两臂与上体夹角约 135°。杠铃重 20～30 kg，每组练习 8～10 次。

（5）颈后推举：左右分腿站立，两手比肩宽握杠铃，举起杠铃置于颈后，然后迅速推起，两臂伸直，肩部顶开，还原后连续做。第一组可用 20 kg 的杠铃举 6～8 次，以后各组每次加 5 kg。

（6）直臂前上举：左右分腿站立，两手比肩宽握杠铃直臂下垂，直臂从体前上举至头上，还原后连续做。杠铃重 20～30 kg，每组练习 10～12 次，初练者杠铃重量可酌减。

（7）体前平举：两腿前后分腿站立，两手比肩宽握杠铃，举置于胸前连续快速向前做平推练习，杠铃重 20 kg，每次练习 6～8 次。

（8）上举杠铃转体：左右分腿开立，两手比肩宽握杠铃，将杠铃向上举起，臂伸直，两脚固定不动，身体做向左、向右转体。杠铃重 10～30 kg，每组向左、向右转体 8～10 次。

（9）坐姿屈腕举：坐姿，两手反握小杠铃，两肘屈成 90°，小臂置于腹部，手腕最大幅度上伸，还原后连续做。小杠铃重 10～15 kg，每组练习 6～8 次。

（10）仰卧小臂前举：仰卧，大臂侧平举，屈肘成直角，两小臂在两耳侧，两手正握杠铃于头顶，大臂内旋使小臂前举至与地面平行。杠铃重 20 kg，每组练习 6～8 次。

（11）骑坐跳箱左右侧举铃：骑坐跳箱上，两脚着地，将杠铃置于跳箱右侧，两臂伸直握杠铃，然后将杠铃举头上，再将杠铃置于左侧，从左侧再次举至头上右侧，还原后连续做。杠铃重 20～30 kg，每组练习 8～10 次。

（12）蹲跳上举：两手持杠铃片于胸前成蹲姿，两腿用力蹬伸向上跳起，跳起的同时两臂向上举起杠铃片于头上，身体下落还原，连续做。杠铃片重 10～15 kg，每组练习 8～10 次。

（13）坐推：坐在体操凳上，两手比肩宽握杠铃，举起杠铃屈肘置于胸前，快速发力将杠铃推起至两臂伸直，肩部顶开，反复练习，要求背部保持挺直，第一组用 20 kg 杠铃举 6～8 次，以后各组每次加 5 kg。

（14）卧推：平躺在体操凳上或卧举架上，两手比肩宽握杠铃，将杠铃置于胸前,快速发力将杠铃推起至两臂伸直,肩全部顶开,第一组用 20 kg 杠铃举 8~10 次,以后各组每次加 5 kg。

(15) 左右抓举杠铃:将杠铃置于体侧,身体侧转屈体,双手比肩宽握杠铃,直接将杠铃抓举至头上,然后下放至另一侧,再从另一侧举起。杠铃重 20~40 kg,每组练习 8~10 次。

(16) 上提杠铃:左右分腿成蹲姿,双手比肩宽握杠铃,蹬腿伸膝将杠铃上提至身体完全挺直,还原后连续做。杠铃重 50~60 kg,每组练习 5~10 次。

(17) 提拉杠铃:并腿直立,上体前屈,双手比肩宽握杠铃,向上提拉杠铃至身体挺直,还原后连续做。要求两腿保持挺直,杠铃重 40~50 kg,每组练习 8~10 次。

(18) 提铃耸肩:左右分腿开立,两手比肩宽握杠铃,直臂将杠铃置于体前,直臂上拉杠铃至耸肩。杠铃重 20~30 kg,每组练习 8~10 次,杠铃下放时两腿不能屈。

(19) 背后拉铃:左右分腿×开立,两手比肩宽握杠铃,直臂将杠铃置于体后臀部位置,屈肘将杠铃上拉至髋关节还原后连续做。要求两腿保持挺直,身体不得前倾或后仰,杠铃重 20~40 kg,每组练习 8~10 次。

(20) 弓箭步提铃至胸:左右分腿蹲立,双手比肩宽握杠铃,挺胸收腹,两臂向上提拉杠铃,身体伸展,提杠铃至胸的同时两腿成弓箭步。杠铃重 30~40 kg,每组练习 8~10 次。

(21) 仰卧直臂拉铃:仰卧于凳上,双手比肩宽握杠铃,直臂置于头顶前,直臂上拉杠铃于胸前上方,还原后连续做。杠铃重 10~20 kg,每组练习 6~8 次。

(22) 体前屈提杠铃至胸:左右分腿站立,两手比肩宽提杠铃,体前屈两臂下垂,做连续提杠铃至胸练习。要求两腿保持挺直,上体与地面平行。杠铃重 40~50 kg,每组做 10~12 次。

(23) 体前屈提铃划船:左右分腿站立,双手比肩宽握杠铃,体前屈,两臂下垂,连续做提杠铃划船动作。杠铃重 20~25 kg,每组练习 8~10 次。

(24) 持铃臂屈伸:左右分腿站立,两手比肩宽握杠铃,直臂下垂将杠铃置于腹前,屈臂向上弯举杠铃于胸部,还原后连续做。杠铃重 15~30 kg,每组练习 10~12 次。

(25) 快速高翻:左右分腿站立,两手比肩宽握杠铃,直臂下垂将杠铃置于腹前,快速向上提拉杠铃,使杠铃高于肩部,翻腕至于胸前,还原后连续做。杠铃重 20~30 kg,每组练习 10~12 次,上翻的速度尽量快。

(26) 转动杠铃杆:左手正握,右手反握杠铃杆,右臂内旋做逆时针转动,使杠铃杆由体前横握转为垂直紧握,继续转动成交叉握,再顺时针转动还原,连续做。杠铃杆重 10~20 kg,每组练习 8~10 次,两手交换。

（27）持杠铃片腰绕环：两腿开立，双手持杠铃片于颈后，两脚固定不动，做向左和向右的腰绕环。杠铃片重2.5～5 kg，向左、向右绕环，各四周为一组，头部不得随之晃动。

（28）俯卧扩胸：平俯在体操凳上，两臂于体操凳两侧下垂，双手各持杠铃片，连续做臂上摆杠铃片扩胸练习。杠铃片重7.5～10 kg，每组练习8～10次。

（29）扩胸：左右分腿站立，双手各持一杠铃片，做直臂扩胸动作，要求两臂保持伸直。杠铃片重5～10 kg。每组练习10～12次。

（30）肩负杠铃体侧屈：肩负杠铃，左右分腿小开立，两腿保持挺直，向两侧交替做体侧屈练习。杠铃重20～30 kg，每组向两侧各做8～10次，侧屈时要有明显的屈体动作。

（31）肩负杠铃体屈伸：肩负杠铃，并腿站立，两腿保持挺直，上体前屈与地面平行后还原，连续做。杠铃重30～40 kg，每组练习8～10次。

（32）肩负杠铃转体：肩负杠铃，左、右分腿开立，两腿和上体保持挺直，做向左侧、右侧的转体动作练习，要求两脚固定不动。杠铃重20～30 kg，每组向左、向右各转体6～8次。

（33）肩负杠铃提踵：左右分腿开立，双手比肩宽握杠铃，将杠铃举起置于肩上，前脚掌踩在高物上，脚跟着地，做负重向上提脚跟的练习。杠铃重30～40 kg，每组练习10～15次，做动作时身体始终保持正直，提跟动作幅度越大越好，脚掌所踩高物一般以6～10 cm高度为宜。

（34）肩负杠铃蹲起：左右分腿开立，两手比肩宽握杠铃，将杠铃举起置于肩上。下蹲至全蹲姿势，挺胸塌腰，向上起时动作要快，至两腿充分伸直，连续做。杠铃重40～50 kg，每组练习5～10次。向下蹲时动作可慢一些，向上起时要抬头，一气呵成。

（35）肩负杠铃半蹲起：左右分腿开立，两手比肩宽握杠铃，将杠铃举起置于肩上。向下蹲至半蹲姿势，挺胸接向上起至两腿充分伸直，连续做，杠铃重50～60 kg，每组练习50～10次，动作速度越快越好。

（36）肩负杠铃背屈伸：俯卧垫子上，脚跟顶住肋木，两手比肩宽握杠铃片于肩上（同伴帮助），做背屈伸练习，杠铃片重10～15 kg，每组练习10～15次。

（37）肩负杠铃体前屈转体：肩负杠铃，左右分腿开立，上体前屈，两腿保持挺直，做向左和向右侧的转体练习。杠铃重20～30 kg，每组向左和向右侧各转体8～10次。

（38）肩负杠铃仰卧起坐：将木板或体操凳斜放在肋木上，练习者倒仰卧，两脚勾住肋木，两手比肩宽握杠铃于胸前，做仰卧起坐练习。杠铃重20～30 kg，每组练习5～10次。

（39）肩负重触凳蹲起：左右分腿小开立，两手握杠铃将杠铃举起置于肩上，一腿跨过板凳成分腿坐在板凳上，两腿向下蹬伸站起后还原，连续做。杠铃重 30～40 kg，每组练习 5～10 次。

（40）肩负杠铃弓箭步换腿：弓箭步站立，双手比肩宽握杠铃，将杠铃举起置于肩上，两脚同时蹬地向上跳起，身体腾空后两腿前后交换，落地仍成弓箭步，连续做。杠铃重 40～50 kg，每组练习 8～10 次，练习时上体保持挺直，换腿动作越快越好。

（41）肩负杠铃半蹲跳：左右分腿小开立，两手比肩宽握杠铃，将杠铃举起至于肩上，下蹲至半蹲时，两腿用力蹬伸向上跳起，落地时仍成半蹲姿势，连续做半蹲跳起。杠铃重 40～50 kg，每组练习 5～10 次。向上跳起时身体要充分伸展。

（42）肩负杠铃左、右跨跳：左右分腿小开立，两手比肩宽握杠铃，将杠铃举起置于肩上，用右脚掌内侧蹬地向左侧跨跳，再由左脚掌内侧蹬地，向右侧跨跳，连续做。杠铃重 30～40 kg，每组向左、向右各跨跳 3～5 次为一组。

（43）肩负杠铃前、后、左、右跳：左右分腿小开立，两手握杠铃比肩宽，将杠铃置于肩上，做向前、向后、向左、向右的双脚跳，杠铃重 30～40 kg，每组做向各个方向的跳 5～10 次，练习时不强调跳的远度，要求有一定高度。

（44）肩负杠铃弓箭步走：双手比肩宽握杠铃，将杠铃举起置于肩上，做大幅度弓箭步走。杠铃重 30～40 kg，每组练习走 10～15 m，练习时上体要保持挺直，动作幅度要大。

（45）肩负杠铃蹬上高台：两手握杠铃并置于肩上，单脚蹬上高台至腿完全伸直后下高台，另一脚再蹬上高台，两脚交替练习，台高 40～45 cm，杠铃重 40～60 kg，每组两腿各做 8～10 次，上、下高台时上体都保持伸直。

（46）颈后臂屈伸：左右分腿站立，双手握杠铃片置于颈后，两肘朝前，连续做臂屈伸动作，杠铃重 10～15 kg，每组练习 6～8 次。

7. 体操棒练习方法

（1）双人坐姿互拉：两人相对坐于垫上，双脚互相抵住，两人双手同握一根体操棒，准备好后两人同时用力后拉，对方臀部离开垫子为胜。如相持 30 s 未见胜负则为一组练习结束，练习时相互抵住的两脚不得离开。

（2）双人单手握棒较力：两人面对面站立，两腿前后分开，同侧脚相互抵住，同侧手均握体操棒的中部，准备好后两人同时用力，或前倾、或后拉，将对方的脚推动为胜。如相持达 30 s 即为一组。

（3）双人握棒蹲跳：两人面对面蹲立，双手同握体操棒，两人同时用力做蹲跳起练习。连续做 15～20 次为一组，行进间练习亦可。

（4）双人握棒上举对抗：两人面对面站立，直臂上举各握体操棒一端，准备好后，两人同时用力前推对抗，练习 20～30 s 为一组。

（5）拔河：两人面对面站立，分别握同一根体操棒的两端，二人同时用力拉对方，将对方拉过来为胜。如相持 30 s 为一组。可画好标记，拉过标记为胜。

8. 体操凳练习方法

（1）单臂持凳端侧平举：两腿左右中开立，一手于体侧持凳的一端，使另一端着地，做单手持凳侧平举练习，连续做 10～15 次为一组。

（2）持凳推举：两腿左右中开立，双手持体操凳屈臂置于胸前，两臂同时用力向上推举至臂完全伸直，还原后连续做 15～20 次为一组。

（3）持凳前平举：两腿左右中开立，双手持凳一端直臂置于腹部前，两臂向上抬起做持凳前平举练习，连续做 15～20 次为一组。

（4）持凳仰卧推举：在垫上仰卧，两手持体操凳屈臂置于胸前，两臂同时用力向上推举，至两臂完全伸直，还原后连续做 15～20 次为一组。

（5）持凳臂屈伸：两腿左右中开立，两手持凳的一端置于腹部前，以肘关节为轴，前臂向上做屈伸练习，还原后连续做 10～15 次为一组。

（6）持凳提拉：两腿左右中开立，上体前倾，两手持体操凳的一端，持凳于两腿间，另一端着地，两臂同时用力向上提拉体操凳至身体挺直。还原后连续做 15～20 次为一组。

（7）持凳蹲起：双手托凳直立，两腿左右中开立、下蹲，然后快速蹬伸腿成直立后再下蹲，反复做 15～20 次为一组。

（8）斜体仰卧起坐：将体操凳的一端置于高物上形成一个斜面，练习者仰卧在体操凳上做仰卧起坐。练习 15～20 次为一组，练习时，双手置于体侧，要求双手每一次都触到两脚。

（9）收腹举腿：坐在横放的体操凳上，以臀部为支点，两臂为辅助支撑，做收腹举腿动作，连续做 15～20 次为一组，举腿时上体不得后仰，两腿并拢伸直。

（10）弓箭步换腿跳：左腿屈膝，脚置于凳边，右腿蹬直脚着地，成弓箭步姿势，两脚同时蹬地向上跳起，空中换腿，右脚着凳成右弓箭步姿势，再起跳，连续进行 10～15 次为一组，练习时躯干始终保持挺直。

（11）分腿并腿跳：两腿跨立于体操凳两侧，两腿同时用力向上起跳，空中并腿落于体操凳上，再起跳后还原，反复做 15～20 次为一组。练习时身体腾空，两脚高于体操凳时才可并拢下落于凳上。凳高一般以 30 cm 为宜。

（12）交替蹬伸跳：左脚蹬凳边，右脚着地，充分蹬伸，向上跳起，空中换腿，右脚落于凳边，反复练习 15～20 次为一组，练习时两臂协调摆动，两腿充分蹬直，体操凳高以 30～40 cm 为宜。

（13）单腿前后跳越凳：单腿支撑站立于体操凳前，屈膝蹬地跳越过体操凳，紧接着蹬地跳回原处，反复做 15～20 次为一组。

（14）双腿前后跳越凳：双脚并立于体操凳前，屈膝蹬地跳越过体操凳，背向体操凳再跳回原处，反复做 15~20 次为一组。

（15）侧向跳越凳：侧对体操凳，双脚并立，屈膝蹬地侧向跳越过体操凳，落地后紧接着再起跳，侧向跳回原处，连续做 10~20 次为一组。

（16）侧向跳上跳下凳：侧对体操凳，双脚并立，屈膝蹬地跳起，侧向跳上体操凳，落凳后马上向另一侧跳上，再从另一侧跳下返回，连续进行 15~20 次为一组。

（17）连续跳越：将 10 个体操凳平行摆好，间隔适当，用单脚或双脚连续跳越过体操凳，连续跳越 10 个往返为一组。

9. 栏架练习方法

（1）单腿跳越栏架：单腿支撑，两臂屈于体前，单脚蹬地向上跳起，连续向前跳越 3~5 个栏架，跳越 3~5 次为一组，两腿交替跳练习，栏架高度以 50~60 cm 为宜，练习时注息两臂协调摆动。

（2）双腿跳越栏架：两脚并立，两臂屈于体侧，两脚同时用力蹬地，两臂前摆向上跳越栏架，连续不停顿跳越 6~7 个栏架为一组，以练习 5~10 组为宜。

（3）前后跳越栏架：栏架前并腿站立，双脚同时用力向前跳越栏架，落地后立即起跳，向后跳越栏架。反复跳 10~15 次为一组，栏架高度以 50~60 cm 为宜。

（4）左右跳越栏架：双脚并立，左、右侧各放 1 个栏架，双脚同时用力侧身向左侧跳越栏架，落地后立即跳回，接着从右侧跳越栏架，落地后再跳回，反复做 5~10 次为一组。

（5）跳"十"字栏：将 4 个栏架摆成一个"十"字形，从 1 个栏架前开始，双脚同时起跳，连续跳越 4 个栏架为一组，以练习 5~10 组为宜。

10. 哑铃练习方法

（1）两臂推举：两脚开立，臂下垂，双手各持哑铃于体侧下垂，将哑铃提至肩际，两臂同时将哑铃向上推举至两臂完全伸直，还原后连续做。要求身体保持挺直，两腿不得弯曲，每组做 10~15 次。

（2）两臂交替上推举：两脚开立，两手各持哑铃将哑铃提至肩际，两臂交替将哑铃上推举。要求上推举臂要完全伸直，身体保持挺直，每组两臂各做 8~10 次。

（3）两臂前平举：两脚并立，双手各持哑铃于体侧下垂，两臂伸直同时前平举至与肩平，还原后连续做。要求两臂举起时必须完全伸直，身体也应保持挺直，每组可做 10~15 次。

（4）两臂交替前平举：两脚开立，臂下垂，双手各持哑铃于体侧，两臂伸直交替前平举，至手与肩齐平。要求两臂始终保持伸直，身体也应保持挺直，每组两臂各做 10~15 次。

（5）蹲起两臂前平举：两脚开立，屈膝下蹲，双手各持哑铃，臂下垂，起立时双臂将哑铃前平举至肩际部位，还原后连续做。要求每组做10～15次。

（6）两臂前平推：两脚开立，双手各持哑铃于肩际，拳心向下，两臂同时做前平推至两臂完全伸直，还原后连续做。要求身体保持挺直，向前平推时，上身不得前倾，每组做10～15次。

（7）两臂交替前平推：两脚开立，双手各持哑铃于肩际，拳心朝下，两臂交替做前平推至臂完全伸直。要求身体保持挺直，向前平推时要送肩，但上身不得前倾，每组两臂各做8次，渐加至12次。

（8）两臂侧平举：两脚开立，双手各持哑铃于体侧下垂，两臂伸直用力向两侧平举至两手略高于肩，还原后连续做。要求身体保持挺直，每组做10～15次。

（9）两臂侧平举内外旋：两脚开立，双手各持哑铃侧平举，两臂伸直与肩齐平，拳眼朝前，做两臂的旋内旋外练习，使哑铃翻转180°，每组做10～12次。

（10）两臂臂上举提踵：两脚开立，臂下垂，双手各持哑铃于体侧，两臂伸直经体侧上举哑铃到头侧上方，同时双脚提踵，还原后连续做。要求身体保持挺直，两腿不得弯曲，每组做10～15次。

（11）弓步侧上举：弓箭步站立，双手各持哑铃于体侧，两臂伸直经体侧上举至头侧上方，还原后连续做。要求前腿弓，后腿绷直，上体保持挺直，每组做10～15次。

（12）两臂上拉：两脚开立，双手各持哑铃于体侧下垂，双臂同时屈肘将哑铃向上提拉至胸侧，还原后连续做。要求身体保持挺直，两臂同时向上提拉，每组做10～15次。

（13）两臂交替上拉：两脚开立，臂下垂，双手各持哑铃于体侧，双臂交替屈肘将哑铃向上提拉至胸侧。要求身体保持挺直，每组两臂各做8～10次。

（14）直臂提铃耸肩：两脚开立，臂下垂，双手各持哑铃于体侧。两肩用力向上耸起，直臂向上提哑铃，同时提踵，还原后连续做10～15次。

（15）两臂屈伸：两脚开立，双手各持哑铃于体侧下垂，两臂同时以肘关节为轴做屈伸，每组可做15～20次。

（16）体前屈两臂屈伸：两脚开立，体前屈，双手各持哑铃下垂，两臂交替屈伸，每组做10～15次。

（17）肩侧两臂屈伸：两脚开立，双手各持哑铃于肩上，两肘外展，两臂同时向两侧平举伸展，屈臂还原后连续做10～15次。

（18）下蹲单臂屈伸：屈膝下蹲，一手持哑铃下垂，另一手按在同侧大腿上，做单臂于体侧的屈伸练习，连续做10～15次后两臂交换。

（19）蹲起两臂屈伸：两脚开立，屈膝下蹲，臂下垂，双手持哑铃，两臂随着两腿的伸直而用力将哑铃屈臂弯举至肩际，还原后连续做，每组做 10 ~ 15 次。

（20）头后臂屈伸：两脚开立，双手各持哑铃屈臂将哑铃置于头的后侧，两肘朝前，拳背朝上，向上伸展两臂将哑铃举至头的侧上方，还原后连续做，每组做 10 ~ 15 次。

（21）腕关节屈伸：两脚开立，双手各持哑铃于体侧下垂，拳心朝前，做以腕关节为轴的屈伸练习。要求肘关节紧贴身体，两前臂固定不动，每组做 10 ~ 15 次。

（22）背屈伸：俯卧，双手握哑铃于肩上，同伴压其踝部，做背屈伸练习，还原后连续做，每组做 10 ~ 15 次。

（23）直臂扩胸：两脚开立，双手各持哑铃前平举，直臂做扩胸练习，两手超过两肩，还原后连续做，每组做 10 ~ 15 次。

（24）体前屈扩胸：两脚开立，上体前屈，双手各持哑铃下垂，做直臂扩胸练习，每组做 10 ~ 15 次。

（25）弓步扩胸：弓箭步站立，双手各持哑铃前平举，两臂伸直做扩胸练习，还原后连续做，每组做 10 ~ 15 次。

（26）仰卧扩胸：仰卧长凳上，两腿弯曲，两脚蹬稳，两手各持哑铃，两臂向上伸直，将哑铃向侧下摆至与肩齐平，还原后连续做，每组做 15 ~ 20 次。

（27）腕关节绕环：两脚开立，双手各持哑铃侧平举，以腕关节为轴做两手向前和向后的绕环各 15 ~ 20 次。

（28）肩关节绕环：两脚开立，臂下垂，双手各持铃于体侧，两臂伸直以肩关节为轴做向前和向后的绕环练习，每组做 15 ~ 20 次。

（29）肘关节绕环：两脚开立，双手各持哑铃侧平举，以肘关节为轴，两小臂做向前和向后的绕环练习，每组做 15 ~ 20 次。

（30）两臂交叉绕环：两脚开立，双手各持哑铃于体侧下垂，两臂侧上摆经头前上方至体前交叉，至腹前分开后继续侧上摆，做连续交叉绕环练习 15 ~ 20 次。

（31）直臂前后摆：两脚前后开立，双手各持哑铃于体侧，两臂稍屈交替后持哑铃前后摆动，前摆至与肩平行，后摆至与上体成 45°，连续做 15 ~ 20 次为一组。

（32）上下摆臂：两脚开立，臂下垂，双手各持哑铃于体侧，两臂伸直将哑铃向前上摆至头侧上方，摆回原处后继续做，每组两臂各做 15 ~ 20 次。

（33）侧平举转体：两脚开立，双手各持哑铃侧平举，两脚固定不动，以髋关节为轴做向左、向右转体 90°，每组做 10 ~ 15 次。

（34）前后屈：两脚并立，双手各持哑铃屈臂于颈后，做向前和向后的屈伸，每组做 10 ~ 15 次。

（35）腹背屈前后摆臂：两脚开立，双手各持哑铃于体侧下垂，两臂伸直向前上方摆，体后屈，然后快速收腹体前屈，两臂随之向体后上方摆，还原后连续做，每组做 10～15 次。

（36）体前屈两臂交替上拉：两脚开立，体前屈，双手各持哑铃下垂，双手将哑铃交替上拉至胸部，第一组可做 10 次，第二组换用加重的哑铃做 10 次。

（37）体前屈两手划船：上体前屈，双手各持哑铃下垂，屈肘拉起哑铃至最高限度，接着两臂向下推出，如划船动作，每组做 10～15 次。

（38）仰卧起坐：仰卧，双手握哑铃于两侧，收腹，上体抬起，胸部贴近大腿，还原后连续做，每组做 10～15 次。

（39）仰卧两头起：仰卧，双手持哑铃于头上，身体保持挺直，收腹，两臂和两腿同时上起，哑铃触脚背，还原后连续做，每组做 10～15 次。

（40）仰卧举腿：将哑铃固定在双踝上仰卧，两腿同时上举，还原后连续做。要求两腿保持挺直，上举至与身体成直角，每组做 15～20 次。

（41）仰卧交替举腿：将哑铃固定在双踝上仰卧，做两腿交替收腿上举腿练习。要求两腿保持挺直，腿上举至与上体成直角。每组两腿各做 10～15 次。

（42）小腿后踢摆：并立，一腿踝关节处系哑铃，小腿后踢上摆哑铃至接近臀部，还原后连续做 10～15 次，两腿交替练习。

（43）直腿交替前踢：开立，两腿伸直，双踝各系哑铃直腿交替前踢，踢过髋关节，每组两腿各做 10～15 次。

（44）直腿侧上摆：开立，一腿踝关节系哑铃，直腿侧上摆至髋高，还原后连续做 10～15 次，两腿交替练习。

（45）屈腿提举：并立，两腿伸直，一腿踝关节系哑铃，高抬膝向上提哑铃至大腿接近胸部，还原后连续做 10～15 次，两腿交换练习。

（46）半蹲跳：两脚开立，双手各持哑铃屈臂置于腰侧，半蹲，两脚同时蹬地向上跳起，缓冲落地后连续做，每组跳 15～20 次。

（47）深蹲起：两脚开立，两手各持哑铃于肩际，胸腹挺直，屈膝下蹲，两腿用力蹬起，两腿蹬直后还原，连续做 10～15 次。

（48）深蹲跳：两脚开立，双手各持哑铃于肩际，屈膝下蹲，两腿用力蹬地向上跳起，还原至下蹲姿势，连续跳 10～15 次。

（49）前、后、左、右跳跃：两脚并立，双手各持哑铃，两臂弯曲固定不动，两脚用力蹬地做向前、向后、向左、向右来回快速跳跃 10～15 次。

（50）体转：两脚开立，脚尖朝前，双手各持哑铃于肩上，以髋关节为轴做向左、向右的转体动作，每组可做 8～10 次。

11．壶铃练习方法

（1）单臂上推举：两脚开立，手持壶铃于肩际，拳心向前，将壶铃向上推举至臂完全伸直，还原后连续做。壶铃重 5～10 kg，每组两臂各做 5～10 次。

（2）双臂上推举：两脚开立，双手各持壶铃于肩际，拳心向前，将壶铃向上推举，至两臂完全伸直，还原后连续做。每组可做 8~10 次，用 5~10 kg 壶铃为宜。

（3）前上举：两脚开立，臂下垂，双手各持壶铃于体侧，两臂伸直至体前做上举，还原后连续做。壶铃重 5~10 kg，每组举 5~10 次。

（4）侧上举：两脚开立，双手各持壶铃于肩上，两臂同时向侧上方举起，至两臂完全伸直，还原后连续做。壶铃重 3 kg，每组举 8~10 次。

（5）侧上举提踵：两脚开立，臂下垂，双手各持壶铃于体侧，两臂伸直用力侧上举，同时提起脚踵，保持静止姿势 5 s，还原后连续做。壶铃重 5 kg，每组练习 3~5 次。

（6）单臂头后侧上举：两脚并立，单手持壶铃于头后侧，肘朝前将壶铃上举至臂完全伸直，还原后连续做。壶铃重 5 kg，每组两臂各举 5~10 次。

（7）双臂头后侧上举：两脚开立，双手各持壶铃于头后侧，双肘朝前将壶铃上举至臂完全伸直，还原后连续做。壶铃重 5 kg，每组做 5~10 次。

（8）前平举静力：两脚开立，双手各持壶铃前平举，拳心朝下做静力练习 5~10 s。

（9）前平举提踵：两脚开立，臂下垂，双手各持壶铃于体侧，两臂前平举壶铃的同时提起脚踵，还原后连续做。每组练习 10~12 次，壶铃重 5 kg。

（10）侧平推：两脚开立，双手持壶铃于肩侧，拳心朝两侧，两臂同时用力向两侧平行推出至两臂完全伸直，还原后连续做。壶铃重 5~10 kg，每组练习 6~10 次。

（11）侧平举静力：两脚开立，双手各持壶铃侧平举，拳心朝下做静力练习 5~10 s。

（12）胸前平推：两脚开立，双手各持壶铃于胸前，两臂交替向前推至臂完全伸直后还原。每组两臂各做 5~8 次，壶铃重 5~10 kg。

（13）肩上侧平举：两脚开立，双手各持壶铃于肩侧，两臂向体侧伸展至侧平举，还原后连续做。壶铃重 5 kg，每组做 8~10 次。

（14）仰卧推举：仰卧在矮凳上，两腿弯曲，双脚着地，双手各持壶铃于肩际，两臂同时用力将壶铃上推举至两臂完全伸直，还原后连续做。壶铃重 10~15 kg，每组做 10~15 次。

（15）坐姿交替上推举：坐在矮凳上，双手各持壶铃于肩际，一臂将壶铃上举至完全伸直后放下，另一臂接着上举，交替进行。壶铃重 10~15 kg，每组两臂做 10~15 次。

（16）体前屈直臂挺身上举：两腿分开，踏在两个高物上，双手持壶铃，臂伸直，身体尽量前屈，然后伸髋挺腹，将壶铃前上举至头上，还原后再做，壶铃重 10~15 kg，每组练习 8~10 次。

（17）下蹲单臂提拉上举：屈膝下蹲，一手握壶铃，另一手按在同侧的大腿上将壶铃往上提拉至肩际后上举，还原后连续做。每组一臂连续做 8～10 次，壶铃重 5～10 kg。

（18）直立两臂交替提拉：两脚开立，臂下垂，双手各持壶铃于体侧，拳心朝前，两臂交替用力将壶铃向肩际提拉。壶铃重 5 kg，每组两臂各举 8～10 次。

（19）双臂提拉：两脚开立，臂下垂，双手握壶铃于体侧，两臂同时用力将壶铃向肩际提拉，还原后连续做。壶铃重 5 kg，每组举 6～8 次。

（20）提壶铃转体：两脚开立，一臂下垂持壶铃于两腿间，直臂上提壶铃于头上的同时以左脚为轴身体向右转体 180°，持壶铃下落成原来姿势，还原后连续做。壶铃重 10～15 kg，每组向右、向左转体各做 8～10 次。

（21）直立扩胸：两脚开立，双手各持壶铃前平举做直立扩胸练习。壶铃重 5 kg，连续做 5～10 次。

（22）仰卧扩胸：仰卧在矮凳上，两腿弯曲，双脚着地，两手各持壶铃上举，拳心相对，两臂伸直向两侧落下做扩胸练习，还原后连续做。壶铃重 5 kg，每组做 10～15 次。

（23）体前屈扩胸：两脚开立，体前屈，臂下垂双手各持壶铃，拳心相对，两臂伸直做扩胸动作，还原后连续做。壶铃重 5 kg，每组 10～15 次。

（24）负重俯卧撑：背负壶铃俯撑，肩部充分顶开，身体保持挺立姿势，屈臂，胸部贴近地面，然后快速推起至两臂伸直。连续完成 8～10 次为一组，壶铃重 10～15 kg。

（25）负重屈膝上提：一手扶支撑物，一脚勾住壶铃，做单腿支撑屈膝上提壶铃练习。壶铃重 5 kg，两腿各做 8～10 次为一组。

（26）负重踝关节屈伸：一手扶支撑物，一脚勾住壶铃屈膝提起，支撑脚做踝关节屈伸动作。壶铃重 5 kg，每组双脚各做 10～15 次。

（27）负重仰卧起坐：仰卧垫上，双手持壶铃于头上，两腿伸直，两臂前上摆，收腹，上体前屈至壶铃接近脚背，还原后连续做。壶铃重 5 kg，每组做 12～15 次。

（30）负重俯卧背屈体：俯卧，双手持壶铃于头上，同伴压住其踝部，两臂上举、抬头，挺身并将上体向后屈伸，还原后连续做。壶铃重 5 kg。每组练习 8～10 次。

（31）负重体后屈静力：两脚开立，体前屈，两臂下垂，双手持一壶铃，两腿伸直，然后身体向上挺直，后屈成背弓姿势静止停 5～10 s，还原后再连续做，壶铃重 10 kg。

（32）两腿交替蹬伸：单脚蹬在 40～50 cm 高的台上，另一只脚踏在地上，两臂屈于体侧，双手各持一壶铃，两腿交替在高台上蹬伸，头向上顶。壶铃重

5 kg，每次两腿各做 10～15 次。

（33）前上抛：两脚开立，双手持壶铃成半蹲姿势，两臂用力将壶铃由两腿间向前上摆，同时两腿蹬伸，向前上方抛出。壶铃重 10 kg，连续抛 10 次为一组。

（34）头上前抛：两脚前后开立，双手持壶铃于头后，腰腹肌发力，两臂前摆将壶铃经头上向前抛出。壶铃重 5 kg，两人一组，每人做 10 次。

（35）跪姿前抛：跪立，双手持一壶铃于头后，借助腰腹肌力量，两臂前摆将壶铃经头上向前抛出。壶铃重 5 kg，两人一组，每人做 8～10 次。

（36）头后抛：两脚开立，双手持壶铃成半蹲姿势，两臂同时用力将壶铃经体前向头后摆，两腿蹬伸，身体后仰，直至在头上方将壶铃抛出。壶铃重 5～10 kg，两人一组各抛 10 次为一组。

（37）侧后抛：两脚开立，双手持一壶铃，转体，两脚固定，两臂用力将壶铃向侧后方抛出。壶铃重 5～10 kg，两人为一组各抛 8～10 次。

（38）分腿坐后抛：分腿坐，双手体前持一壶铃，腰腹肌发力，两臂由体前后上摆将壶铃由头上向后抛出。壶铃重 5～10 kg，两人为一组，每人各做 10 次。

（39）负重蹲跳：两腿分开，踏在两个高物上，双手持一壶铃于两腿之间，上体直立，半蹲，双脚用力蹬伸向上跳起，还原后连续做。壶铃重 10～15 kg，每组做 10～15 次。

12. 跳绳练习方法

（1）反摇双脚跳：双脚并立，双手持绳，由体前经头上向体后、脚下摇绳，待绳触地时两脚跳起让绳通过，可计时、计数连续练习。

（2）双人跳：两人相对站立，一人双手持绳由体后经两人头上向另一人体后摇绳，两人同时起跳使绳通过，连续跳。每次跳 1 min，每组跳 3～5 次，间歇 2 min。

（3）双人背对跳：两人背对站立，一人双手持绳由体前经两人头上向另一人体前摇绳，两人同时跳起使绳通过，连续练习。每次跳 1 min，每组跳 3～5 次，间歇 2 min。

（4）双脚交替跳：双脚并立，双手持绳正、反摇两脚交替做单脚跳绳。

（5）双脚跳绳栏：拉起 10 道 30 cm 高的绳栏，练习者用双脚连续跳越绳栏，往返 5 次为一组，重复进行 3～5 组，组间休息 3 min。绳栏间距为 40～50 cm，跳时不得碰触绳栏。

（6）正、反摇单脚跳：单脚支撑站立，两手持绳，从体前后或从体后前摇绳，待绳触地时支撑脚抬起让绳通过。可计数、计时，数次后两脚交换。

（7）正摇双脚跳：双脚并立，双手持绳，由体后经头上向体前摇绳，待绳触地时双脚起跳让绳通过，可计时、计数，连续进行。

(8) 负重双脚跳：双腿绑上沙袋或身穿沙背心，双脚并立，两手持绳由体后经头上向体前至脚下摇绳，双脚发力向上跳起让绳通过。每次跳 1 min，每组跳 3~5 次，间歇 3 min。

(9) 后踢腿跳：双脚并立，双手持绳由体后经头上向体前、脚下摇绳，持绳将触地时两小腿依次向后踢让绳通过。跳 1 min 为一次，每组跳 3~5 次，间歇 2 min。

(10) 两摇一跳：双脚并立，两手持绳由体后经头上向体前脚下摇绳，双脚跳起使绳通过两次，连续跳。每次跳 30 s，每组跳 3~5 次，组间休息 3 min。

(11) 屈体两摇一跳：双脚并立，两手持绳由体后经头上向体前、脚下摇绳，待绳将触地时双脚起跳，空中收腹举腿让绳通过，连续做。每次跳 30 s，每组跳 3~5 次，组间休息 3 min。

(12) 屈体跳：双脚并立，两手持绳由体后经头上向体前、脚下摇绳，待绳将触地时两脚发力向上起跳，空中收腹举腿让绳通过，连续做。跳 1 min 为一次，每组跳 3~5 次，间歇 3 min。

(13) 单脚跳绳栏：10 人拉起 5 道绳栏，绳栏高 30 cm，练习者单脚发力向上跳起连续跳越 5 道绳栏。往返 5 次为一组，重复 3~5 组，间歇 2~3 min。

(14) 前踢腿跳：双脚并立，两手持绳由体后向体前摇绳，待绳触地时双脚依次起跳，起跳时腿伸直，绷脚面前踢让绳通过，连续做 3 min 为一次，每组可进行 3~5 次，间歇 3 min。

(15) 俯撑跳绳：二人两侧摇绳，一人以俯撑预备，待绳要到身体前时，双手与双脚依次用力抬起，使绳从身体下面通过，连续做 10~15 次。

（三）组合练习方法

(1) 持哑铃绕环→跳体操凳：双手持哑铃做直臂向前、向后绕环 15~20 次→骑于体操凳跨上做并腿跳上，分腿跳下还原。跳上跳下为一次，连续做 10~15 次，重复练习 3 组。

(2) 立卧撑→蛙跳：立卧撑 5~10 次→蛙跳 5~10 次，连续做 2 遍为一组，做 3 组。

(3) 立卧撑→单脚跳：立卧撑 5~10 次→单脚跳 5~10 次，两脚交换练习。

(4) 负重弓箭步走→负重前平举：肩负 30~40 kg 杠铃做弓箭步走 8~10 步→双手持 20~25 kg 重的杠铃前平举 8~10 次，重复练习 3~4 组。

(5) 负重摆腿→持壶铃侧平举：负沙护腿做向前、向左、向右摆腿 10~20 次（两腿交替练习）→双手持 5~10 kg 壶铃侧平举 10~12 次，重复练习 3~4 组。

(6) 后抛壶铃→俯卧撑上体前屈：半蹲，双手握壶铃下垂，挺身后屈将重的壶铃（4~5 kg）向后抛出，练习 5~10 次→俯卧撑 10~15 次，重复练习 3~6 组。

（7）仰卧举腿→仰卧起坐：两人一组，一人仰卧做举腿练习，另一人推其脚背还原，连续做 20~30 次→仰卧起坐 20~30 次，两人各重复练习 3~4 组。

（8）坐推杠铃→仰推杠铃：坐于跳箱上推举杠铃 8~10 次→仰卧跳箱上，向上推举杠铃 8~10 次，重复练习 3~6 组。

（9）俯卧后抛球→屈小腿上抛实心球：俯卧垫上，在同伴帮助下身体后屈抛实心球（2 kg）10~15 次→双脚夹球跳起，空中屈小腿上抛实心球 10~15 次，重复练习 3~6 组。

（10）俯卧撑→俯撑接蹲撑：俯卧撑 5~8 次→俯撑收腿成蹲撑 10~12 次，重复练习 3~4 组。

（11）俯卧撑→蛙跳：俯卧撑 10 次→蛙跳 5 次，重复练习 3~6 组。

（12）俯卧撑→立卧撑：俯卧撑 5~8 次→立卧撑 8~10 次，重复练习 3 组。

（13）悬垂提膝→负重提踵：背对肋木悬垂，双脚系壶铃，交替提膝 10 次（壶铃重 3~5 kg）→接负重 40~50 kg 杠铃做提踵 10~15 次。重复练习 3~6 组。

（14）夹球后抛→持球前抛→跳绳跑：双脚夹 2 kg 实心球后抛 5~10 次→双手持实心球前抛 10~15 次→跳绳跑 30 m，重复练习 3 组。

（15）推举壶铃→跳绳→仰卧起坐：两臂同时上推举 5~10 kg 壶铃 8~10 次→跳绳 50~80 次→仰卧起坐 10~15 次，重复练习 2~3 组。

（16）交替蹬腿跳→引体向上→负铃体侧屈：两脚交替蹬上体操凳 20~30 次→引体向上 6~8 次→肩负重 20~30 kg 的杠铃向两侧屈 4~6 次，重复练习 3 组。

（17）负重弓箭步换腿跳→仰卧两头起→立定五级跳：肩负重 30~40 kg 的杠铃做弓箭步换腿跳 8~10 次→仰卧两头起 10~12 次→立定五级跳，重复练习 3 组。

（18）抓举→悬垂举腿绕环→跳越体操凳：连续抓举 30~40 kg 杠铃 6~8 次→悬垂举腿绕环向左、向右 6~8 周→连续侧向跳越体操凳 10~20 次，重复练习 3 组。

（19）负铃蹲起→俯卧背屈伸→蛙跳：肩负重 40~50 kg 的杠铃做蹲起 5~10 次→在同伴帮助下俯卧背屈伸 15~20 次→蛙跳 8~10 次，重复练习 3~6 组。

（20）负铃半蹲跳→持铃仰卧扩胸→负铃体转：肩负 30~40 kg 杠铃连续做半蹲跳 10~12 次→双手各持重 5~10 kg 的哑铃做仰卧扩胸 8~10 次→肩负重 20~30 kg 的杠铃做体转 6~8 次，重复练习 2~3 组。

（21）负铃侧向跳→肋木悬垂屈腿上举→提铃至胸：肩负 20~40 kg 杠铃连续做向左、向右的侧向跳 10~15 次→肋木上悬垂做屈腿上举 10~15 次→提铃至胸 8~10 次（杠铃重 40~50 kg），重复练习 3~4 组。

（22）俯卧背屈伸后抛球→夹球蹲跳→俯卧撑：练习者仰卧跳箱上，两脚勾住肋木，背屈后抛 2 kg 实心球 8~10 次→双脚夹实心球蹲跳 10~15 次→俯卧撑 8~10 次，重复练习 3~4 组。

（23）跳深→肋木悬垂举腿→单足跳：连续跳上跳下间隔 1 m 的跳箱 3~5 个→肋木上悬垂举腿 8~10 次→单足跳 10~20 次，重复练习 3~4 组。

（24）双人拉手跳→拉手转肩→俯卧后振挺身→抗阻力臂屈伸：两人对面拉手跳 10~15 次→两人同侧手互握同时转体后成反弓形，牵拉，两臂各做 5 次→两人各做 5~10 次俯卧后振挺身→两人对面双手互握做抗阻力臂屈伸 8~12 次，重复练习 2 组。

（25）负重蹲起→靠墙手倒立→负重蹲跳→俯卧撑击掌：肩负重 50~60 kg 杠铃蹲起 8~10 次→靠墙手倒立 20~30 s→负重 50~60 kg 的杠铃蹲跳 6~8 次→俯卧撑推起击掌 8~10 次，重复练习 2 组。

（26）坐姿胸前传球→仰卧起坐传球→双脚夹球前抛→夹球后上抛：坐姿胸前传实心球 10 次→仰卧起坐传实心球 10 次→双脚夹实心球跳起前抛 10 次→双脚夹球后屈小腿上抛 10 次，实心球重 2 kg，连续做 2 组。

（27）提铃左右划桨→仰卧直臂拉铃→原地纵跳：体前屈提 10~20 kg 的杠铃做左右划桨动作 8~10 次→仰卧直臂以肩为轴向上拉铃 6~8 次→原地纵跳 8~10 次，重复练习 3 组。

（28）纵跳→俯卧撑→上举哑铃→仰卧两头起：原地纵跳双手触吊球 10 次→俯卧撑 10 次→上举重 5~10 kg 的哑铃 10 次→仰卧两头起 20 次，重复练习 2 组。

（29）挂肘跳→拖人跑→仰卧蹬伸→仰卧推：两人背对挂肘跳 5~10 m→两人背对挂肘，一人拖拉同伴 20 m→一人仰卧，另一人握其双脚底俯卧，仰卧者连续做两脚蹬伸 15~20 次→仰卧向上推举同伴 5~10 次，两人交换做，每人重复练习 2 组。

（30）持铃腕屈伸→持铃侧平举转体→持铃蹲跳→持铃俯卧背屈伸：单手持 5 kg 哑铃，前臂放在跳箱上连续做腕关节屈伸 10~15 次→持哑铃侧平举左右转体 8~10 次→持哑铃蹲跳 10~15 次→持哑铃俯卧背屈伸 8~10 次，重复练习 2 组。

（31）跳栏架→推小车→负重提踵→仰卧举腿：双脚连续跳过 5~8 个栏架→练习者俯撑，另一人抬起其双腿，练习者两臂交替向前行进 10 m→肩负 30~50 kg 的杠铃提脚踵 10~15 次→仰卧举腿 15~20 次，重复练习 2 组。

（32）跪跳起→跳起转体→弹性跳触球→悬垂攀登肋木：跪跳起 5~6 次→跳起空中转体 360°3 次→双跳弹性跳触吊球 20 次→悬垂双手向上攀登肋木至最高点，重复练习 2 组。

六、力量素质训练应注意的问题

抗阻能力发展水平是影响体能训练效果的关键因素。为了在实施力量素质过程中达到优化控制，取得事半功倍的效果，必须注意如下几点：

1. 力量素质的发展要全面而又有重点

在发展力量素质的过程中，一方面应使四肢、腰、腹、背、臀部等部位的大肌肉群和主要肌肉群得到锻炼、提高，另一方面也要注意发展那些薄弱的小肌肉群的力量。因为体育运动中的动作是很复杂的，需要身体各部位大小不同的肌肉群协同工作才能完成，但发展不同类型的力量素质并不意味着要面面俱到，平均发展，应该在全面发展的基础上针对项目特点而有所侧重。

2. 练习时要使肌肉充分拉长和收缩，练习后要使肌肉充分放松

每次练习时，应使肌肉先充分伸展拉长，然后再收缩，动作的幅度要大。因为肌纤维被拉长后可以增大收缩的力量，同时又可保持肌肉良好的弹性和收缩速度。据肌电研究证明，肌肉越是工作到接近疲劳时其放电量越大。这说明此时肌肉受到了较大的刺激。这种刺激能促使机体发生良好的生理、生化反应，有助于超量恢复而使力量得到增长。所以，在进行力量练习时越是最困难的最后一两次动作，越是要坚持完成。力量练习以后，肌肉常会充血，胀得很硬，这时应做一些与力量练习动作相反的拉长动作，或者做一些按摩、抖动，使肌肉充分放松。这样既可加快疲劳的消除，促进恢复，又可防止关节柔韧性因力量训练而下降，同时也有助于保持肌肉良好的弹性和收缩速度。

3. 进行力量练习时，要全神贯注，念动一致，注意安全

肌肉活动总是在中枢神经系统的调节下进行的，练习时要全神贯注，练习哪里就想到哪里，使意念活动与练习动作紧密配合保持一致，这样有助于肌肉力量得到更好的发展。特别是进行大负荷练习时不能说说笑笑，注意力应高度集中，否则容易受伤。因为笑的时候肌肉最容易放松，而力量练习的负荷又大，不当心就易造成损伤。此外，为了安全练习，达到期望的效果，还应注意加强自我保护和互相保护，尤其在举或肩负极限重量时，更应该注意加强相互保护。

4. 紧密结合专项特点安排力量训练，注意正确的技术动作规格

不同的专项动作有各自不同的技术结构，要求参加工作的肌肉群力量也不同。如跑项目要求竭尽全力连续快速蹬地向前推进的力量；投掷项目要求竭尽全力使运动器械获得最大加速度的爆发力量；体操项目既有慢起用力动作，又有爆发力的推手、踏跳，还有回环力、翻转力等用力动作。因此，力量训练时首先要根据专项技术的动作结构来选择恰当的练习，以发展有关的肌肉群力量，其次要通过肌电研究了解主要肌群用力特点、工作方式、用力方向、关节角度等，来确定力量训练的方法。只有紧密结合专项特点来安排力量训练，才能收到更好的效果。

每一个力量练习动作都有各自的技术规格要求，练习者只有按照技术规格要求去操作，才能够真正发展肌肉群的力量。否则，技术动作变了样，参与活动的肌群发生改变，势必会影响力量训练的效果。例如，臂弯举的正确动作是身体直立，两臂贴于体侧，只依靠肘关节的充分屈伸来完成，保证屈肘肌群力量得到充分的发展。但是，很多练习者做弯举时，为了省力，举得重，往往依靠身体的前后摆动来帮助完成动作。这样表面看起来似乎举得重，但实际上发展肱二头肌的效果反而要差一些，因为身体摆动时腰背肌肉、臀部和大腿后面的肌群也参与了工作。更重要的是，掌握正确技术动作，还可以防止伤害事故。比如做深蹲练习，正确的动作要求挺胸直腰，腰背肌收紧以固定脊柱，主要依靠膝关节的屈伸，同时也伴随着髋关节的一定屈伸来完成动作。做这一练习时即使站不起来，腰背肌也要一直保持收紧，等待同伴的保护帮助。但很多练习者往往总是弓腰练习深蹲，尤其是当站不起来时，腰弓得更加厉害，这样就比较容易造成腰部损伤。

5. 进行力量训练时，要掌握正确的呼吸方法

由于憋气有利于固定胸廓，提高腰背肌紧张程度，因此可提高练习时的力量，所以极限用力往往要在憋气的情况下进行。有学者进行背力测定研究发现，如一人憋气时背力最大为 133 kg，在呼气时为 129 kg；而在吸气时力量最小，为 127 kg。虽然憋气可提高练习时的力量，但用力憋气会引起胸廓内压力的提高，使动脉的血液循环受阻，而导致脑贫血，甚至会产生休克。为避免产生不良后果，力量练习时必须注意以下几点：第一，当最大用力的时间很短，但有条件不憋气时就不要憋气，尤其在重复做用力不是很大的练习时应尽量不憋气；第二，为避免用憋气来完成练习，对刚开始训练的人，所给予的极限和次极限用力的练习不要太多，并让其学会在练习过程中完成呼吸；第三，在完成力量练习前不应做最深的吸气，因为力量练习时间短暂，吸的气并不会立即在练习中产生作用，相反，深度吸气增加了胸廓内的压力，此时如再憋气就可能产生不良变化；第四，用狭窄的声带进行呼气，几乎也可达到与憋气同样大的力量指标。因此，做最大用力时可采用慢呼气来协助最大用力练习的完成。

6. 训练中要采用大负荷与循序递增负荷

大负荷是指训练的负荷强度和训练总量，一般要用练习者所能承受的最大负荷或接近最大负荷来进行训练。因为采用大负荷能迫使肌肉进行最大收缩，能刺激人体产生一系列的生理适应性变化，从而导致肌肉力量的增加。为了达到大负荷，训练时无疑要保持较大的强度，或者要保持较大的数量（次数和组数）。在力量训练过程中，当力量增长后，原来的负荷（主要指重量）就逐渐地变为小负荷了，为了继续保持大负荷就必须循序渐进递增负荷。比如，训练开始时，某人用 20 kg 做臂弯举，反复举 8 次出现疲劳，而他能用 20 kg 连续举起 12 次时，这时就可以增加负荷至又能举起 8 次的重量，从而使其上升一个新

的负荷。这样，就可使有关的肌肉群始终在大负荷状态下工作。进行负重练习是力量训练的一个基本特征和基本要求。优秀运动员的力量训练是建立在超负荷训练的基础上的。所谓超负荷训练就是指要求肌肉完成超出平时的负荷。超负荷训练通常会引起肌肉成分特别是肌蛋白的分解。超负荷训练会导致超量恢复的产生。在超量恢复的整个过程中，肌肉的成分会重新组合，肌蛋白含量得到提高，从而使肌肉更加粗壮有力。因此，应不断有目的、有计划地安排超负荷训练以引起超量恢复，达到迅速发展力量素质的目的。

7. 力量素质训练要系统科学不间断

根据"用进废退"的原理，力量素质训练应全年系统安排，不能无故中断。科学研究表明，力量增长得快，停止训练后消退得也快。如果停止了力量训练，已获得的力量将会按增长速度的三分之一消退。通过训练获得的力量，停止训练后虽然会逐渐消退，但一部分力量会保持很久，甚至会永远保持下来。另外，发展力量素质练习不宜在疲劳的状态下进行，这种状态下的练习不是发展力量，而是发展耐力。力量素质练习应因人、因项、因不同训练周期和训练任务而异，负荷的安排应呈周期性、波浪式的变化。力量训练课的次数取决于一系列因素：训练课的主要任务，训练课所处的阶段和周期，各力量素质的发展水平及训练特点，运动员的年龄、性别、健康状况、身体素质能力及训练水平，等等。其中训练水平是最重要的因素之一。实验证明，对刚开始训练的人，每周3次课要比1~2次课或5次课的效果更好。而对训练有素的运动员来讲，训练课的次数则可安排得稍多一些，这是因为刚参加训练的人与训练有素的运动员相比，其恢复过程不同，适应性变化也不相同。根据优秀运动员的训练经验，每周进行1~2次力量训练，可保持已获得的力量；每周进行4~6次力量训练，力量可获得显著增长。

由于大肌肉群的工作能力恢复相对较慢，因此，在比赛前7~10天的训练中，不宜安排用极限负荷进行较大部位肌肉群的练习。在每个小周期中，尽量使各种不同性质的力量训练交替进行。在一堂课中，可先安排发展最大力量、速度力量的练习，最后安排发展力量耐力的练习。在进行发展力量素质的训练课中应使各肌肉群交替"进行工作"。例如训练课开始时，先进行下肢肌肉群的综合练习，之后是躯干肌肉群，然后进行上肢和肩带肌肉群的练习。在一堂课上安排发展某些肌肉群练习时，应先促进大量的肌肉群投入工作，然后才可以起动部分或局部肌肉群投入工作。

8. 注重摆动的动力性练习

在进行发展力量素质练习时，应偏重于摆动的动力性练习，尤其要注意动作的振幅。这样做可使练习者获得用力感和速度感，增强技术动作力量，培养快速完成动作的能力，同时也改进了关节的灵活性。为了增大动作的振幅，要注意结合肌肉的放松和伸展练习，以便使肌肉保持弹性。

第四章 耐力素质训练

第一节 ▶ 耐力素质概述

一、耐力素质的概念

耐力素质是指人体在进行长时间工作或运动中克服疲劳的能力,也是反映人体健康水平或体质强弱的一个重要标志。

疲劳是一种生理现象,有机体经过长时间的活动,必然会产生疲劳,使其工作能力下降,限制了运动的时间及水平的发挥,这是有机体的一种自我保护。但是,疲劳又是提高有机体工作能力所必需的,它是有机体机能恢复与提高的刺激因素,没有疲劳的刺激,机体机能就得不到提高。

疲劳产生的原因是由多方面的因素所造成的:长时间的活动后,体内能量物质大量被消耗,又得不到及时补充,于是产生疲劳;活动后某些代谢产物(如乳酸、二氧化碳等)在肌肉中大量堆积使肌肉收缩能力下降,造成肌肉疲劳;活动后血液中 pH 值下降,细胞外液水分和离子浓度以及渗透压发生变化,使内环境稳定性失调从而导致疲劳。由于以上因素的变化,使大脑皮层神经细胞活动能力降低,神经活动过程抑制占主导地位,形成大脑皮层的保护性抑制,出现疲劳。根据不同的工作特征,疲劳可分为脑力疲劳和体力疲劳。不过在体育运动中,更值得重视的是体力上的疲劳。当疲劳出现时,运动速度、力量以及神经肌肉的协调配合能力就会下降,从而导致灵敏性和动作准确性降低,妨碍技术水平的正常发挥,甚至会造成动作失败,影响运动成绩。因此,提高运动员在运动实践中克服疲劳的能力,非常重要。

耐力素质是人体的基本身体素质之一。耐力素质在超长跑、中长跑、长距离游泳、自行车、滑冰、滑雪、划船等周期性运动项目中的意义是不言而喻的。耐力素质对其他项目,如摔跤、柔道等非周期性项目也有重要意义。

(1) 通过耐力训练,提高运动员的呼吸系统、血液循环系统的功能,从而提高抗疲劳的能力。抗疲劳能力越强,有机体保持高水平运动的能力越强,这对创造优异成绩无疑是有利的。

(2) 通过耐力训练,呼吸及心血管系统机能得到发展,血氧供应充分,机体能量物质的贮备增多，有关生理、生化功能提高，这能促进及加速训练后疲劳的消除。机体快速恢复可以使训练间歇缩短，增加重复次数，有利于完成大强度大负荷的训练任务。

（3）经过合理的耐力训练，运动员提高了抗疲劳及疲劳后机体快速恢复的能力，使大脑皮层中兴奋与抑制过程有节奏的交替能力得到快速的恢复与提高，再加上有充足的能量物质供应，这都将成为其他素质（力量、速度、灵敏等）发展的物质基础，进而促进其他素质的发展。所以，现代的运动训练中，改变了以往的传统观点，在儿童、少年时期就逐步进行耐力素质的训练。

（4）耐力训练还可培养运动员坚毅、顽强、勇于克服困难的意志品质，这对运动员心理素质的培养及技术、战术的发挥极其重要。随着科学技术的发展，竞技场上人才辈出，运动竞赛更为紧张激烈，运动员消耗的体能比以往更多，所以比赛不仅仅是比技术、比战术，很大程度上也是比体力、比意志。所以说运动员如果没有良好的耐力素质，无论在体力上、心理上以及技战术的发挥上，都是很难适应比赛的需要。因此，对运动员耐力素质训练的认识应上升一个层次。

二、耐力素质的种类及特点

根据分类的方法、角度不同，耐力素质可划分成很多种类。

1. 根据活动持续的时间，耐力素质可分为短时间耐力、中等时间耐力和长时间耐力

（1）短时间耐力：主要指持续时间为 45 s～2 min 的运动项目（如 400 m 跑、800 m 跑）所要求的耐力。运动中的能量供应主要通过无氧过程提供，氧债很高。400 m 跑能量的 80% 由无氧系统提供，800 m 跑中能量的 60%～75% 由无氧系统提供。

（2）中等时间耐力：主要指持续时间为 2～8 min 的运动项目所需要的耐力。其强度小于短时间耐力项目但大于长时间运动项目，供氧不能全部满足需要会出现氧债。3 000 m 跑中无氧系统提供约 20% 的能量，1 500 m 跑中能量的 50% 由无氧系统提供。运动所需要的能量通过有氧和无氧的混合过程提供。

（3）长时间耐力：是指持续时间超过 8 min 的运动项目所需要的耐力。整个运动过程，人体心血管和呼吸系统高度动员，心率、每分钟心输出量、肺通气量都达到相当的程度，以保证运动的有氧过程。

2. 根据与专项运动的关系，耐力素质可分为一般耐力与专项耐力

（1）一般耐力：指运动员有机体各器官系统长时间协调工作的能力，并包括以下特征：工作持续时间长、不间断，大肌肉群参加工作，运动强度相对不大，心血管系统的功能与活动形式及时间相适应。

（2）专项耐力：指运动员有机体为了提高专项成绩，最大限度动员机能能

力,长时间地承受专项负荷,并保持工作的能力。专项耐力的主要特征是突出体现专项特点,满足专项运动的需求。如短跑项目需要保持较长时间快速跑的专项耐力,举重与体操项目则需要保持较长时间发挥力量能力的专项耐力。

一般耐力和专项耐力之间存在着密切的相互关系,由于一般耐力是在多肌群、多系统(中枢神经系统、心肺系统)长时间工作的条件下形成的,这为专项耐力的发展创造了良好的条件。无论专项特点如何,良好的一般耐力水平都有助于运动员在专项耐力的发展中获得成功。所以,也常把一般耐力看成是专项耐力发展的基础。

3. 根据器官系统的机能,耐力素质可分为心血管耐力和肌肉耐力

(1)心血管耐力:指循环系统保证机体长时间肌肉活动时营养和氧的供应以及运走代谢废物的能力。心血管耐力是影响耐力素质最重要的内在因素。根据运动时能量供应中氧参加的程度,心血管耐力可分为有氧耐力、无氧耐力、有氧无氧混合耐力和缺氧耐力。有氧耐力是指机体有氧供应比较充足的情况下的耐力。无氧耐力是机体在氧供应不足有氧债情况下的耐力。无氧耐力又可以分为乳酸供能无氧耐力(糖元无氧酵解供能)和非乳酸供能无氧耐力(ATP、CP分解供能)。有氧无氧混合耐力是指机体在具有有氧和无氧双重情况下的耐力。缺氧耐力是机体在严重缺氧或处于憋气状态下的耐力。

(2)肌肉耐力:指运动员肌肉系统在一定的内部与外部负荷的情况下,能坚持较长时间或重复较多次数的能力。肌肉耐力和力量水平的发展关系极为密切,发展肌肉的最大力量能有效地促进肌肉耐力水平的提高。根据运动时参与工作的肌肉群数量或身体活动部位,肌肉耐力可分为局部耐力和全身耐力。

4. 根据肌肉的工作方式,耐力素质可分为静力性耐力和动力性耐力

(1)静力性耐力:指有机体在较长时间的静力性肌肉工作中克服疲劳的能力。如射击、射箭、举重的支撑,吊环的十字支撑等过程中表现出的耐力水平。

(2)动力性耐力:指有机体在较长时间的动力性肌肉工作中克服疲劳的能力。

在上述耐力素质分类体系及有关运动项目的耐力素质练习中,最有意义的是有氧耐力、无氧耐力、肌肉耐力、一般耐力和专项耐力的分类体系及其训练。

三、决定耐力素质的因素

耐力素质与人体其他身体素质密切相关,是一种多因素的能力。因此,耐力素质的发展水平也受到以下多种因素的影响。

1. 中枢神经系统的功能

中枢神经系统的功能对耐力素质有很大的影响。在耐力练习中,神经系统的活动特点是兴奋与抑制保持长时间的、有节律的转换,这种转换是人体能够长时间工作的首要条件。其次,中枢神经系统通过交感神经对肌肉、内部器官

和各神经中枢起到适应与协调作用,如各神经中枢间的协调性程度、神经中枢与运动系统间的协调性程度、运动系统间的协调性程度等,对提高肌肉活动的耐力水平具有重要意义。

除此之外,中枢神经系统还能通过神经体液的调节,提高人体的耐力素质水平。如加强肾上腺素的分泌和肾上腺皮质激素的分泌,可使心血管系统和肌肉工作能力提高,从而提高耐力水平。

从上可知,中枢神经系统的功能对耐力素质有制约作用。反过来,耐力素质的练习又能促进神经系统有关方面功能的提高。这一点在发展耐力素质过程中要引起充分重视。

2. 个性心理特征

运动员的运动动机与兴趣,在运动活动中的心理稳定性以及主观努力程度、自持力和忍耐力等,都直接影响到耐力素质水平的发展。特别是忍耐力与耐力素质的关系最为密切。所谓忍耐力是指人体忍受有机体发生变化的能力。忍耐力的大小和有机体发生变化的程度以及对其忍受的时间长短有关。忍耐力越大,也就越能长时间忍受有机体发生的剧烈变化。如在以强度为主的长时间练习中,有机体就会发生很大的变化(如缺氧、酸性物质堆积等),在这种情况下如果运动员不能忍受这种变化,练习就将中止,耐力素质的发展也只能停留在较低的水平上。一般来说,耐力素质要得到最大限度的发展,就必须充分利用动员起来的忍耐力去克服耐力发展过程中一个又一个的"极点"。

3. 最大吸氧量

最大吸氧量是指在运动过程中,人体的呼吸和循环系统发挥出最大机能水平时,每分钟所能吸取的最大吸氧量。最大吸氧量的大小对耐力素质的影响十分明显。因为最大吸氧量本身就是反映有氧耐力水平的一个重要指标,最大吸氧量越大,有氧耐力水平也就越高。在有氧过程为主的运动项目中,运动员的最大吸氧量明显大于其他人(表4-1)。同样,最大吸氧量水平越高,耐力性运动项目的成绩就越好(表4-2)。

表4-1 不同专项运动项目男子最大吸氧量

专项	人体最大吸氧量	
	L/min	mL/kg/min
马拉松跑运动员	3.95	68.2
长跑运动员	4.10	68.7
中跑运动员	3.87	64.5
体育学院学生	3.66	55.06
体育爱好者	3.47	53.0

表 4-2 最大吸氧量与径赛成绩的相互关系

项目	100 m	200 m	400 m	800 m	1 500 m	5 000 m	10 000 m
相关系数/r	0.047	0.144	0.252	0.472	0.478	0.791	0.823

最大吸氧量在很大程度上受遗传影响。除此之外,最大吸氧量与肺的通气机能、氧从肺泡向血液弥散的能力、血液结合氧的能力、心脏的泵血功能、氧由血液向组织弥散的能力、组织的代谢能力等也有十分密切的关系。在以上诸多因素中,具有明显可控量化指标的是血液结合氧的能力。血液结合氧的能力可通过血液中血红蛋白的含量来反映。血液中血红蛋白含量越高,血液结合氧的能力越大。

4. 有机体的能量储备与供能能力

有机体活动时的能量供应和能量交换的程度,在某种意义上取决于各种能量储备的大小和能量交换过程的动员水平。能量储备越大,耐力发展的潜力也就越大。如肌肉中磷酸肌酸(CP)、糖元的含量增多,就有利于无氧耐力、有氧耐力水平的提高。肌肉中的 CP 储备能保证速度耐力活动中的能量供应,而肌肉中的糖元储备则是耐力活动中能量供应的主要方面。

能量供应的速度主要在于能量交换的速度,耐力水平高的运动员,其体内能量交换的速度也快,从而保证了能量供应在人体活动中不间断。能量交换的速度主要和各种酶系的活性有关,耐力训练能有效地提高各种酶系(如肌酸激酶、乳酸脱氢酶、氧化酶等)的活性,加快 ATP 的分解与合成速度。

5. 有机体机能的稳定性

有机体机能的稳定性是指有机体的各个系统在疲劳逐步发展、内环境产生变化时,机能积极性仍然保持在一个必要的水平上。由于耐力活动会产生大量乳酸,乳酸的逐步堆积也会引起肌肉组织和血液中的 pH 值(酸碱度)下降,因此造成一系列人体机能能力下降的现象。如神经肌肉接点处兴奋的传递受到阻碍,影响冲动传向肌肉;酶系的活性受到限制,使 ATP 合成速度减慢;钙离子浓度下降,肌肉收缩能力降低等。由此可见,有机体机能的稳定性往往取决于有机体的抗酸能力,抗酸能力越强,稳定的程度就越高,稳定的时间也越长。影响有机体抗酸能力的因素有很多,但主要和血液中的碱储备有关。碱储备是缓冲酸性的主要物质,习惯上以血浆中与碳酸结合的碱含量来表示。运动员的碱储备比未受过训练的人高出 10% 左右,这对提高运动员的抗酸能力,保持机能稳定性是有利的。

6. 有机体的机能节省化程度

耐力素质的水平还取决于有机体的机能节省化程度。机能节省化程度和有机体能量储备的利用率有很大关系。耐力活动过程中,各种协调性的完善、体力的合理分配都能有效地提高能量储备的利用率。如协调性的完善可以减少不必要的能量消耗；体力的合理分配则可以提高能量的合理利用程度（匀速能量消耗少，变速能量消耗大）。总之，高的机能节省化程度，能使人体在活动时单位时间内的能量消耗减少到一个最小的量，从而保证人体长时间的活动。

7. 红肌纤维数量

人体肌肉纤维的类型及数量对耐力素质也有影响。据研究，肌肉中红肌纤维因含血红蛋白多、线粒体多，有氧氧化本科含量高，供氧能力强，收缩速度虽慢但能持久，适宜有氧耐力训练。据测定，耐力性项目运动员肌肉中红肌纤维占的比重较大。优秀的长距离游泳运动员的三角肌中，红肌纤维可达90%左右。所以，红肌纤维占优势的人，给发展耐力素质提供了物质基础。

8. 速度的储备能力

速度储备即以较少的能量消耗保持一定速度的能力。这也是影响耐力特别是影响专项耐力的因素之一，在周期性运动项目中，其重要作用尤为突出。如一名100 m跑10.5 s的运动员，跑400 m成绩达到50 s是很容易的，他的速度储备指数是50 s/4～10.5 s～2 s；而一名100 m跑12 s的运动员，如400 m成绩要达到50 s是很困难的，因为他的速度储备指数只是50 s/4～12 s～0.5 s。这就是说，如果运动员能以极快的速度跑完一个短距离，也能更容易地以较低的速度跑完较长的距离。因为速度储备较高的运动员能以较少的能量消耗保持一定的速度，达到轻松持久的效果，这是中距离项目运动员所要求的专项耐力。除此之外，运动技能水平的高低、体型、性别、体温等因素也都会在不同程度上影响耐力素质的水平。

第二节 ▶ 耐力素质的训练方法与手段

一、耐力素质训练的基本方法

耐力素质训练的方法较多，而且各种练习方法都有其各自的特点。目前，常用的耐力素质练习手段主要有：持续练习、重复练习、间歇练习、变换练习、循环练习、比赛游戏练习、高原训练等方法。

1. 持续练习法

持续练习法是指在相对较长的时间里（不少于30 min），以较为恒定的强度持续地进行练习的方法。持续练习法具有持续刺激机体的作用，有利于改善大脑皮层神经过程的均衡性，提高心血管系统和呼吸系统的功能，能较经济地利用体内储备的能量，有利于发展有氧耐力和一般耐力。

持续练习法由于持续时间较长，又没有明显的间歇，所以总的练习负荷量较大。但是练习时的强度较小，而且强度变化不大，一般在60%的负荷强度上下波动。练习对机体产生累积性的刺激比较和缓。持续练习时，负荷心率一般控制在140~160次/min的范围内为宜，优秀运动员可达160~170次/min。

构成持续练习法基本要素是重复练习的方式、时间与强度，在方式固定的情况下，练习的时间与强度可作相应调整，如练习强度大，时间可缩短；练习强度小，则可适当延长练习时间。

2. 重复练习法

重复练习法是指不改变动作结构和外部负荷表面数据，在相对固定的条件下，按照既定间歇要求，在机体完全恢复的情况下反复进行练习的方法。重复练习法能使能量物质的代谢活动得到加强，并产生超量补偿与积累，既有利于发展有氧耐力，又有利于发展无氧耐力。

重复练习法每次练习的负荷量与练习强度可大可小，根据具体任务、目的而定。由于每次练习前均需恢复到原来开始练习前的水平，即心率在100~120次/min的水平上，故每次练习可以保证强度在中等偏大或极限强度（90%~100%）范围内，从而使有机体的耐力水平得到有效的提高。如长时间的重复练习，强度稍大于持续练习法，有利于有氧耐力的提高，而强度在90%以上的练习，则有利于无氧耐力的发展。

3. 间歇练习法

间歇练习法是指在一次（或一组）练习之后，按照严格规定的间歇负荷和积极性间歇方式，在机体未完全恢复的情况下从事下一次（或一组）练习的方法。间歇练习法与重复练习法较相似，主要区别在于间歇上的不同要求。重复练习法的间歇是采用完全恢复的间歇负荷和无严格规定的间歇方式（多以消极性的静息为主）进行的。而间歇练习法则是以未完全恢复的间歇负荷和积极性的间歇方式进行的，运动员总是在未完全恢复的状态下进行下一次练习，有明显的疲劳积累，对机体的刺激强度较大。间歇练习法间歇后心率一般在120~140次/min以上，明显高于重复练习法，但其练习强度因间歇负荷水平较高而无法达到重复练习法的水平。进行间歇练习时，一般心率在170~180次/min，负荷强度70%~80%，有利于提高机体的心肺功能和无氧代谢能力。

间歇练习法的持续时间与练习强度之间形成一种对应关系，强度大、时间少；强度小、时间稍长。据此，间歇练习法可分为低强度间歇练习法和高强度间歇练习法。低强度间歇练习法也称非强化间歇练习法，其负荷在周期性项目中一般为本人最大强度的60%~80%，在非周期性项目中为50%~60%，负荷持续时间为45 s至1.5 min。此方法有助于发展有氧无氧混合代谢能力和专项能力。高强度间歇练习法也称强化间歇训练法，其负荷强度在周期性项目中一般为本人最大强度的80%~90%，在非周期性项目中为70%~80%，每次练习的时间因强度较大而相对较短，约 15 s 到 1 min。这种方法对发展速度耐力和专项耐力均有较大作用。在周期性项目中运用时，有时也可用小段落和短间歇的方式进行安排，这有助于提高无氧非乳酸代谢能力。

在练习时要严格掌握间歇时间和间歇方式。当心率降低到 120~140 次/min 时，必须及时让运动员进入下一次练习。心率处于 120~140 次/min 时，心脏每搏输出量和耗氧量达到最大值，最有利于心肺功能的提高。心率降到 120~140 次/min 的时间，一般占练习后完全恢复时间的一半不到。如练习后完全恢复的时间为 3 min，那么未完全恢复的时间在 1.5 min 之内。至于积极性的间歇方式可采用走、慢跑、活动性体操等形式，采用积极性的休息方式能对肌肉中的毛细血管起到"按摩作用"，使血液尽快回流心脏，再重新分配到全身，由此迅速排除机体中堆积的酸性代谢产物，以利于下一次练习。

构成间歇练习法的基本要素有练习的数量、强度、间歇的时间与方式和重复次数等。不同的练习目的对这些要素的组合变化要求也不相同。如以周期性项目中跑的练习为例，发展一般耐力时，每次练习的距离要长，组数要多，中小强度；发展力量耐力时，负重量较轻、中等强度，练习次数和组数较多。又如，可在练习中提高每次练习的强度（适用于周期性短跑项目和举重项目），增加重复练习的次数（适用于周期性长跑项目和球类项目）和调整间歇时间等基本要素，加大对运动员机体的刺激，从而提高有机体的机能能力。

4. 变换练习法

变换练习法是在变换各种因素的条件下反复进行练习的方法。这种练习法通过提高运动员的练习兴趣和积极性，从而提高练习的效果。变换练习法所变换的因素一般有练习的形式、练习的时间、练习的次数、练习的条件、间歇的时间、方式与负荷等。以上因素只要改变其中一个因素，就会由于这一因素的变化对运动员机体造成负荷刺激的变化。因而，变换练习法的核心是变换运动负荷。变换运动负荷的形式一般有三种：不断增加负荷、不断减少负荷和负荷时增时减。在实际练习中究竟采用哪一种形式，应视具体情况而定。如要加大对机体的负荷刺激，就要增加负荷；如要提高机体对负荷刺激的适应能力，就应注意负荷的变化，时增时减。

法特莱克法是变换练习法的一种特殊形式，也可以理解为一种由持续练习法和变换练习法综合而成的组合练习法。其特点是在各种变换的外界自然环境条件下进行持续的变速跑练习，时间长达 1~2 h，强度可自我调节。如在草地、树林、小丘、小径等自然条件下，把快慢间歇跑、重复跑、加速跑和走等方法不规则地混合起来练习，跑的距离可为 5~15 km。法特莱克练习对练习的过程没有明确的限制，运动员可自由选择地形、确定速度和路线。因此，这种方法能使耐力练习变得更生动，运动员能在练习中主动投入，积极练习，有利于发展一般耐力。

变换练习法可以提高练习者的兴趣和积极性,但在运用时要注意贯彻循序渐进原则,各种因素的变换一开始不能太突然,以免机体一下子不能适应,造成受伤。

5. 游戏与比赛练习法

游戏与比赛练习法是指运用游戏与比赛的方式进行练习的方法。这种方法能较快地提高运动员练习的兴趣和积极性,并在练习中充分发挥主动精神,使机体能够承受较大强度的负荷,有利于提高有氧耐力和无氧耐力。比赛练习法是从游戏练习法发展而来的,但练习强度大于游戏练习法,故儿童少年时期发展耐力不宜用比赛练习法,一般由玩耍性的游戏练习逐步过渡到带有比赛性质的游戏练习。生长发育过程基本成熟后,就可采用比赛练习法来加大练习的强度,从而提高专项耐力水平。

发展耐力素质的游戏法有球类游戏法和田径游戏法,常用的比赛练习法有训练课中安排的练习赛和对抗性练习等。无论是游戏练习法还是比赛练习法,都容易激发运动员的练习激情,甚至难以控制自我。因此,采用游戏与比赛练习法时,应控制运动员的热情,掌握好运动负荷,以免因过于兴奋,体力消耗过大而造成有机体损伤或机体工作能力下降。

6. 高原训练法

高原训练法主要利用高原空气稀薄,在缺氧情况下进行训练。这有利于刺激机体,改善呼吸及循环系统的机能,提高最大吸氧能力,刺激造血功能,增加循环血液中红细胞和血红蛋白的数量,提高输氧能力。因而,高原训练法具有提高运动员对氧债的承受能力,进而提高有氧耐力和无氧耐力的水平。

7. 循环练习法

循环练习时的各站内容及编排,必须按专项特点的要求进行选择和设计,同时应根据渐进负荷或递增负荷的原则安排练习。以上所介绍的耐力练习方法基本上是单一类型。在实际发展耐力素质的练习过程中,往往还要采用综合练习法,即组合练习法和循环练习法。通过各种方法的综合排列,使得练习过程变化更大,更具选择性,从而有效提高耐力水平。

二、有氧耐力的训练

有氧耐力是一般耐力的基础,有氧耐力的发展水平主要取决于三方面的因素,即供给运动中所必需的能源物质的储存,为肌肉工作不断提供 ATP 所必需的有氧代谢能力以及肌肉、关节、韧带等支撑运动器官承受长时间耐力工作的能力(图 4-1)。因此,通过提高运动员的摄氧、输氧和用氧能力,保持体内适宜的糖元和脂肪含量,以及提高肌肉、关节、韧带等支撑运动器官承受长时间负荷的能力,是发展有氧耐力的基本途径。

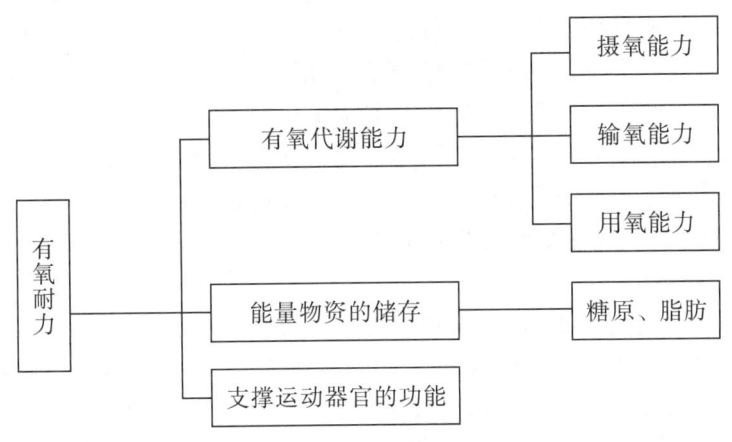

图 4-1　有氧耐力的决定因素

有氧代谢能力是有氧耐力代谢活动的重要基础，在一定程度上能决定有氧耐力的水平。然而，有氧代谢能力又直接受到最大吸氧量的制约。我国优秀中长跑运动员最大吸氧量可高达 70 ml/(kg·min) 左右，世界水平的运动员可高达 80 ml/(kg·min) 左右。由此可见，最大吸氧量和有氧耐力之间紧密相连。所以，要发展有氧耐力，首先要设法提高最大吸氧量。

在耐力练习中，提高最大吸氧量的主要训练手段是周期性练习，这些练习的强度必须控制在有氧代谢供能的幅度之内，这就涉及负荷安排问题。在有氧耐力练习的负荷安排中，最主要的两个因素是练习的强度与练习的时间。

1. 练习强度

单纯发展有氧耐力的练习强度相对要小，一般应低于最大强度的 70%，并以有氧系统供能为主。

练习强度通常可用心率负荷来控制，一般运动员练习时可控制在 140~160 次/min 之间，对训练有素的运动员可控制在 160~170 次/min 之间。根据这个强度进行长时间的工作，可使有氧系统供能得到改善，心肺系统的机能水平、肌肉供血和直接吸收氧气的能力得到提高。每个人的耐力水平都不同，但都存在一个适宜心率。发展有氧耐力的适宜心率可以用以下公式推算来确定：适宜心率 = 安静时心率 +（最大心率 - 安静时心率）×（60%~70%）。

心率控制在由上述公式确定的适宜心率水平，可使心血输出量增加，吸氧量达到最大值的 80% 左右。练习还能使心脏容量增大，有利于促进骨骼肌、心肌的毛细血管增生。如练习强度超过这一水平，心率达到 170 次/min 以上，就会产生氧债，从而使练习向无氧代谢方向转化。但练习强度过低，心率在 150 次/min 以下，提高有氧能力的有效性就会降低。

在径赛项目的有氧耐力练习中，练习强度的大小往往是由跑的速度来决定的，所以经常用无氧阈速度作为有氧练习的强度指标，用无氧阈速度进行练习可使人体有氧供能系统处于最大的负荷状态，对发展有氧耐力最为有利。目前，常用无氧阈速度的 70%～90% 作为发展有氧耐力的主要手段。不过，采用无氧阈速度进行练习时要注意两个方面：一是无氧阈速度具有个体化特点，这是由于训练程度、机能能力、代谢水平等个体化特征所决定的。二是无氧阈速度具有变化性，当训练水平得到提高，人体的适应性过程得到加强，与血乳酸值在 36 mg 时对应的无氧阈速度也会发生变化。

2. 练习时间

有氧耐力的练习时间一般可根据训练水平而定，受过训练的运动员可长达 2 h，但至少也要维持 20 min，时间越长，对机体有氧代谢过程的刺激也就越大。同样，有氧耐力练习只有维持较长时间，才能使全身血量和红血球增加，提高每搏输出量和机体的摄氧、输氧和用氧能力，达到发展有氧耐力的目的。

三、无氧耐力的训练

无氧耐力是专项耐力的基础。无氧耐力的发展水平主要取决于三个因素：第一是无氧代谢能力，这是构成无氧耐力的最重要因素。第二是能源物质（ATP、CP、糖元）的储备。第三是肌肉、关节、韧带等支撑运动器官承受大强度工作的能力（图 4-2）。因此，提高运动员的无氧代谢能力和肌肉活动时必需的能源物质储备以及支撑运动器官的功能，是发展无氧耐力的主要途径。

无氧耐力可分为非乳酸无氧耐力和乳酸无氧耐力，二者区别主要在于能量机制不同。非乳酸无氧耐力的供能机制是三磷酸腺苷（ATP）、磷酸肌酸（CP）的无氧分解，而乳酸无氧耐力的供能机制是糖酵解。

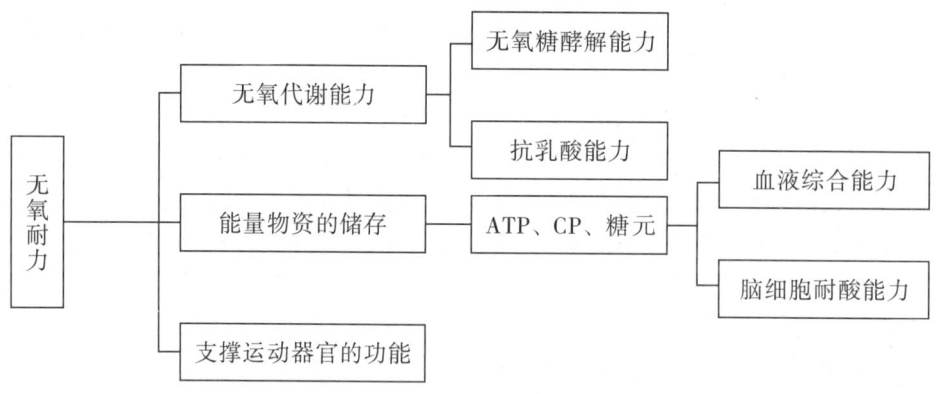

图 4-2 无氧耐力的决定因素

（一）发展非乳酸性无氧耐力训练

间歇练习法是提高非乳酸无氧耐力的一种有效手段，一般采用 90%～95% 左右的强度，心率可达 180 次/min 以上。这种强度可造成机体供氧、供能的很大困难，心舒张期明显缩短，冠状动脉供血不足，从而提高运动员承受"氧债"的能力。同时也能发展 ATP、CP 的有氧再合成水平和提高肌肉中肌红蛋白的含量。训练不采用 100% 的强度，这可保持一定的练习次数与组数，避免产生"速度障碍"，也有利于运动员掌握及改进技术。发展非乳酸性无氧耐力，一次负荷的持续时间一般为 3~8 s（20~70 m 的跑、8~20 m 的游泳等），负荷时间超过 8 s，代谢性质就要发生改变，达不到发展非乳酸性无氧耐力的目的。

对于发展非乳酸性无氧耐力训练，由于氧债的偿还速度相对较快，待机体氧债基本得到偿还时，就可进行下一次的练习，所以练习与练习间（次数间）的休息间歇时间可相对短些，如 2~3 min；组与组之间的休息间歇时间可相对长些，如 4~5 min，这是因为肌肉中的磷酸、肌酸的储备量有限，在 3~4 次重复练习中差不多已耗尽，组较长的间歇可促进能源物质的恢复。但间歇时间也不能太长，以免神经系统的兴奋性有本质的下降。

练习的重复次数与组数的确定，是以不降低中枢神经系统的兴奋性和工作的强度为原则，一般重复练习的次数比组数少些为宜，如重复练习 3~4 次，重复组数可达 5~6 组。

（二）乳酸性无氧耐力训练

运动员机体是以糖酵解方式供能，在糖酵解过程中产生乳酸。由于乳酸的产生，改变了血液的酸碱度，使血液向偏酸方向变化，这可刺激机体，特别是神经系统，从而提高无氧耐力水平。为达此目的可以采用间歇练习法和重复练习法，负荷的强度应低于非乳酸无氧耐力训练，高于有氧耐力训练的强度，这个界限大约处于本人可以承受的最大强度的 85%~90%，心率处于 160~180 次/min 之间。由于人体产生乳酸的时间大约是机体剧烈活动 35 s 以后，所以负荷时间应长于 35 s。为了使乳酸达到一定值，刺激机体能力的提高，应保持一定负荷的持续时间，这负荷时间可控制在 1~2 min 之间。

负荷间歇时间，有人做过试验，练习次数之间的间歇时间逐渐缩短比固定的间歇时间的效果要好。如第一次与第二次练习之间休息 7~8 min，第二次与第三次练习之间休息 5~6 min，其结果是乳酸不断增加。如果每次练习后都休息 4 min，结果乳酸上升比较少，甚至到后来还出现血乳酸下降现象。这是因为血乳酸的最高含量不是在练习刚结束时，而是在几分钟后才出现，随着练习一次次重复，乳酸的最高含量的出现就逐步靠近负荷结束阶段。练习间歇应越来越短，所以重复次数不可太多，重复次数过多，加之休息时间又短，就必定会降低负荷的强度，达不到训练的目的。一般对有训练基础的运动员可安排 4~5 次、4~5 组，对无训练基础的人要相对减少。组间的间歇时间应以能消除氧债为原则，15~20 min 左右。

（三）肌肉耐力的训练

发展肌肉耐力多采用克服自身体重或负重训练法，即让运动员承受一定的负荷,进行多次重复抗阻力的练习。影响肌肉耐力发展的因素主要是完成这些练习的负荷强度及重复次数或时间等。应根据各专项的要求,练习的方法可以采用动力性练习,也可采用静力性练习。对于耐力性运动专项,似乎与负荷强度大小关系不大,而与重复的次数或时间有着密切关系。即以小负荷强度,坚持较多的重复次数,也可以使肌肉耐力得到发展。所以发展肌肉耐力的原则是让运动员坚持达到不能再继续的极限次数为止。但是,在训练中应有一定强度要求,这是因为要有一定的负荷强度,以免由于负荷时间过长而浪费时间。在训练实践中常用中等负荷的强度,即能坚持重复 13~18 次练习的负荷。据有关资料,用最大力量的四分之一以下的负荷进行力量训练时,参与工作的是红肌纤维,影响着耐力的发展。根据各项肌肉工作的性质与方式不同,肌肉耐力练习的负荷特征也不同。具体安排可参考力量训练部分。

运动员承受某一负荷强度的重复次数,在某些情况下与本人力量有关。如用较大负荷训练时,力量较大的运动员要比力量较小的运动员完成的重复次数要多;用力量较小的负荷训练时,完成练习的重复次数多少与本人的力量关系不大。

肌肉耐力训练,一般要在提高循环系统机能和呼吸系统机能的基础上进行。因为肌肉耐力的发展与肌肉毛细血管网的扩展程度有很大关系。循环系统及呼吸系统机能的提高,肌肉毛细血管网的扩展,有利于肌肉耐力的发展。

四、发展耐力素质的一般方法

发展耐力素质练习的方法较多,而且各种方法都有其各自的特点。总的来说,这些特点基本上又体现在耐力素质练习过程中,在练习强度、持续时间、间歇时间与方式、重复次数等因素的组合与变化上。目前,常用的耐力练习方法主要有以下几种:耐力素质练习、持续练习法、重复练习法、间歇练习法、变换练习法、比赛与游戏练习法、循环练习法、高原训练法。常用的练习有:

(1) 1 分钟立卧撑:1 分钟立卧撑由直立姿势开始,下蹲两手撑地,伸直腿成俯撑,然后收腿成蹲撑,再还原成直立。每次做 1 min,4~6 组,间歇 5 min,强度为 50%~55%。要求动作规范,必须站起来才算完成一次练习。也可以穿上沙背心做该练习,或做立卧撑接蹲跳起,则强度稍大,做 30 次为一组,组间歇为 10 min。

(2) 重复爬坡跑:在 15°的斜坡道或 15°~20°的山坡上进行上坡跑,重复 5 次或更多些,跑距 250 m 或更多些,间歇 3~5 min,强度为 60%~70%。也可根据训练目的决定强度,可以通过心率控制运动强度,也可穿沙背心进行。

(3) 连续半蹲跑:成半蹲姿势(大小腿成 100°角左右),向前跑 50~70 m,重复 5~7 次,每组间歇 3~5 min,强度为 60%~65%,不规定速度,走回来时尽量放松,在进行下次练习前,可做 15 s 贴墙手倒立。

（4）连续跑台阶：在高 20 cm 的楼梯或高 50 cm 的看台上，连续跑 30 ~ 50 步，如跑 20 cm 高的楼梯，每步跳 2 级。重复 6 次，每次间歇 5 min，强度 55% ~ 65%。要求动作不能间断，但不能规定时间，向下走尽量放松，心率恢复到 100 次/min 时可开始下一次练习，也可穿沙背心做该练习。

（5）沙滩跑：在沙滩上做快慢交替自由跑，每组 500 ~ 1 000 m，也可穿沙背心跑，速度变化和要求可因人而异，做 4 ~ 6 组，每组间歇 10 min，强度为 50% ~ 55%。

（6）逆风跑或负重耐力跑：遇大风天气（风力不超过五级）可在场地或公路上做持续长距离逆风跑，也可做 1 000 m 以上的重复跑，重复次数 4 ~ 6 次，间歇 5 min，强度为 55% ~ 60%。可穿沙背心进行负重耐力跑，要求与重复跑相同。

（7）原地间歇高抬腿跑：原地或前支撑做高抬腿跑练习。每组 100 ~ 150 次，完成 6 ~ 8 组，每组间歇 2 ~ 4 min，强度为 55% ~ 60%。要求动作规范，不要求时间，但动作要不间断地完成，也可负重做练习，但每组练习次数及组数可适当减少。

（8）原地间歇车轮跑：原地做车轮跑，每组 50 ~ 70 次，完成 6 ~ 8 组，每组间歇 2 ~ 4 min，强度为 50% ~ 60%，也可扶墙借助支撑物完成。

（9）后蹬跑：后蹬跑每次 100 ~ 150 m 或负重后蹬跑 60 ~ 80 m，完成 6 ~ 8 组，每组间歇 3 ~ 5 min，强度为 50% ~ 60%。

（10）连续换腿跳平台：平台高度 30 ~ 45 cm，单脚放在平台上，另一脚在地上支撑，两脚交替跳上平台各 30 ~ 50 次，要求两臂协调配合，上体正直，重复 3 ~ 5 组，每组间歇 3 min，强度为 55% ~ 65%。

（11）长距离多级跳：在跑道上做多级跳，每组跳 80 ~ 100 m，30 ~ 40 次，完成 3 ~ 5 组，每组间歇 5 min，强度为 60% ~ 70%。如果规定完成时间，强度会大大提高，注意组间的恢复情况。

（12）半蹲连续跳：在草地上做连续向前双脚跳，落地成半蹲（膝关节成 90° ~ 100° 角），落地后迅速进行第二次。每组 20 ~ 30 次（也可 50 ~ 60 m），重复 3 ~ 5 组，每组间歇 5 min，强度为 55% ~ 60%。

（13）连续深蹲跳：原地分腿站立，连续做原地深蹲跳起或在草地上向前深蹲跳，要求落地即起。每组 20 ~ 30 次或 30 ~ 40 m，重复 3 ~ 5 组，每组间歇 5 ~ 7 min，强度为 55% ~ 65%。

（14）沙地负重走：沙滩上，肩负杠铃杆，或背人做负重走。每组 200 m，做 5 ~ 7 组，每组间歇 3 min，强度为 55% ~ 60%，注意心率指标保持在 130 ~ 160 次/min 之间。

（15）沙地竞走：沙滩或沙地上做竞走，每组 500 ~ 1 000 m，做 4 ~ 5 组，每组间歇 3 min，强度为 55% ~ 60%，要求动作规范，尽可能提高速度。

（16）沙地后蹬跑或跨步跳：沙滩或沙地上做后蹬跑或跨步跳，每组后蹬跑 80～100 m（跨步跳 50～60 m），重复 3～5 组，每组间歇 5 min，强度为 55%～70%。

（17）水中高抬腿跑：在 40～50 cm 深的浅水池中，做原地高抬腿跑，每组 100 次，完成 4～6 组，每组间歇 10 min，强度为 55%～60%，也可穿插进行行进间高抬腿跑，间歇时间则可长些。

（18）水中支撑高抬腿：在 40～50 cm 深的浅水池中，两手扶池壁前倾支撑做高抬腿练习，每组 50 次，做 4～6 组，每组间歇 5 min，强度为 55%～65%，也可在水中行进间后蹬跑穿插进行，间歇时间则应延长到 8～10 min。

（19）负重连续跳：肩负杠铃杆等轻器械做连续原地轻跳或提踵练习，每组 30～50 次，重复 6～8 组，每组间歇 3～5 min，强度为 40%～50%。

（20）连续跳推举：原地蹲立，双手握杠铃杆，提杠铃杆至胸后，连续做跳推举杠铃杆。每组 20～30 次，做 4～6 组，每组间歇 3 min，强度为 40%～60%。

（21）连续跳实心球：面对实心球站立，双脚正面跳过球后，迅速背对球跳回。往返连续跳，每组 60 次，完成 4～5 组，每组间歇 3 min，强度为 50%～55%。

（22）双摇跳绳：原地做正摇跳绳，跳一次摇两圈绳，连续进行。每组跳 30～40 次，做 4～6 组，每组间歇 5 min，强度为 55%～60%。该练习必须熟练掌握二摇一跳的技巧；心率必须在恢复到 120 次/min 以下时，方可进行下一组练习。

（23）连续跳深：站在 60～80 cm 高的台阶或跳箱上向下跳，落地后迅速接着向上跳上 30～50 cm 高的台阶或跳箱上。连续跳 20～30 次为一组，重复 3～5 组，每组间歇 5 min，强度为 60%～65%。

（24）连续纵跳摸高：在摸高器或篮球架下站立，连续纵跳双手摸高。每组 30 次，做 4～6 组，每组间歇 2 min，强度为 40%～60%。

（25）连续跳起投篮：在篮球架下持球站立，听口令后跳起投篮，接球后再投。每组 20～30 次，做 4～6 组，每组间歇 2 min，强度为 40%～55%。可以规定时间及必须进篮的次数。

（26）连续跳起传接篮板球：在篮球架下站立，双手持球跳起将球掷向篮板，待球弹回接球后再跳起掷球。连续 30 次为一组，做 4～6 组，每组间歇 3 min，强度为 40%～60%。不要求跳起高度，但动作必须连贯、协调不间断。

（27）连续反复传接实心球：用实心球做篮球传接球练习。每组 50 次，重复 3～5 组，每组间歇 5 min，强度为 50%～60%。可选用 1～2 kg 的实心球。

（28）连续跳起扣吊球：将 10～15 个吊球并排悬于空中，每个吊球间隔 1 m，高度为练习者跳起能扣球为宜。听口令后连续跳起扣球，每组扣一轮，完成 5~8 组，每组间歇 3 min，强度为 55%~60%。可以规定完成一组的时间。

（29）连续跳起网上击掌：排球场上两人隔网相对站立，两人同时跳起在网上双手击掌。每组 20~30 次，做 4~5 组，每组间歇 2 min，可在原地或移动中完成。

（30）连续跳栏架：纵向排列 20 个高 30~40 cm 的栏架，做双脚起跳连续过栏架练习。往返一次为一组，做 8~10 组，间歇 3 min，强度为 55%~60%。

（31）跳连环马：10~15 人，间隔 2 m 成纵队，每人俯背扶膝成"人马"，排尾开始连续跳过人马至排头即加入"人马"行列。每组一轮，做 6~8 组，间歇 3 min，强度为 50%~55%。

（32）划船练习：水中划小船，每次 10 min，做 4~5 次，间歇 10 min，强度为 55%~65%。可采用单桨和双桨交替进行，可规定 10 min 内划出去的距离。

（33）拉胶皮带结合专项练习或专门做连续拉胶皮带练习：如拉胶皮带扩胸或拉胶皮带作支撑高抬腿等。根据练习的用力程度及运动员水平决定强度和次数，一般强度为 55%~60%。

（34）连续引体向上或臂屈伸：连续在单杠上做引体向上或在双杠上做臂屈伸。每组 20~30 次，做 4~6 组，每组间歇 5 min，强度为 50%~60%。

（35）双杠支撑连续摆动：双杠上直臂支撑，以肩为轴做摆动，每组 40 次，做 4~5 组，每组间歇 3 min，强度为 40%~55%，前后摆两腿要摆出杠面水平线，两腿要并拢、伸直。

（36）双杠支撑前进：双杠上直臂支撑，两臂交替前移，每组往返 5 次，做 3~5 组，每组间歇 5 min，强度为 50%~55%。两臂各前移 5 次才返回。

（37）吊环或单杠悬垂摆体：握环（或单杠）成悬垂，做向前向后的悬垂摆体。每组 30 次，做 4~5 组，每组间歇 5 min，强度为 50%~55%。摆动时身体保持直立，摆动幅度越大越好。

（38）手倒立：独立完成手倒立或对墙做或在同伴帮助下完成。每组倒立静止 2~4 min，做 3~4 组，每组间歇 5 min，强度控制在 40%~50%。

（39）俯卧撑或俯卧撑移动：在垫上连续做俯卧撑，30 次为一组，重复 4~6 组；或成屈臂俯卧撑姿势，用双臂双脚力量左右移动，每组 20~30 次，重复 4~5 组，每组间歇 4 min，强度为 50%~55%。做俯卧撑时身体要保持伸直，移动时始终保持屈臂俯卧撑姿势。

（40）爬绳两手握绳，依次连续倒手向上攀爬（不能用脚）：每组两次，完成 5~10 组，间歇 5 min，强度为 40%~55%。下滑时可用脚协助，不限完成时间。

（41）攀爬横梯：两手握横梯横木，依次倒手攀爬前进。每组倒手 20 次，完成 3~5 组，间歇 5 min，强度为 40%~55%。

(42) 仰卧起坐：仰卧两手抱头起坐，连续做 50 次为一组，重复 4~6 组，每组间歇 3 min，强度 40%~50%。起坐时要快，仰卧时要缓和，连续不间断进行。也可在起坐同时两腿屈膝，抬成"元宝"状，收腹。

(43) 收腹举腿静力练习：在双杠、吊环或垫上做收腹举腿（直角支撑）动作，每次静止 1~2 min，重复 3~5 次，间歇 5 min，强度为 40%~50%。静止时躯干与大腿间的夹角不能大于 100°角，静止时间由 30 s 开始，逐渐增加。

(44) 半蹲静力练习：躯干伸直，屈膝约 90°成半蹲姿势后静止 30 s 至 1 min。重复 4~6 次，间歇 5 min，强度为 40%~50%。每次练习结束要放松肌肉，如做些按摩摆腿或放松跑活动。

(二) 无氧耐力练习

(1) 原地间歇高抬腿跑：原地做快速高抬腿练习，如发展非乳酸性无氧耐力，则可做每组 5 s、10 s、30 s 快速高抬腿练习，做 6~8 组，间歇 2~3 min，强度为 90%~95%，要求越快越好。发展乳酸性无氧耐力，则可做 1 min 练习，或 100~150 次为一组，完成 6~8 组，每组间歇 2~4 min，强度为 80%，要求动作规范。也可前支撑做高抬腿跑练习。

(2) 高抬腿跑转加速跑：行进间高抬腿跑 20 m 左右转加速跑 80 m。重复 5~8 次，间歇 2~4 min，强度为 80%~85%。

(3) 原地或行进间间歇车轮跑：原地或行进间做车轮跑，每组 50~70 次，完成 6~8 组，每组间歇 2~4 min，强度为 75%~80%。

(4) 间歇后蹬跑：行进间做后蹬跑，每组 30~40 次或 60~80 m，重复 6~8 次，间歇 2~3 min，强度为 80%。

(5) 反复起跑：蹲踞式或站立式起跑 30~60 m，每组 3~4 次，重复 3~4 组，每次间歇 1 min，每组间歇 3 min。

(6) 反复跑：跑距为 60 m、80 m、100 m、120 m、150 m 等。重复次数应根据距离的长短及运动员水平而定。一般每组 3~5 次，重复 4~6 组，组间歇 3~5 min。强度一般用心率控制，如短于专项的距离，练习时心率应达到 180 次/min，间歇恢复至 120 次/min 时，就可进行下次练习。如发展乳酸耐力，距离要长些，强度小些。

(7) 间歇行进间跑：行进间跑距为 30 m、60 m、80 m、100 m 等，计时进行。每组 2~3 次，重复 3~4 组，每一次间歇 2 min，每组间歇 3~5 min，强度为 80%~90%。

(8) 计时跑：可做短于专项距离的重复计时跑或长于专项距离的计时跑。重复次数 4~8 次（根据距离而定），间歇 3~5 min，强度为 70%~90%。根据运动员水平及跑距而定，距离短，强度大些。

(9) 间歇接力跑：跑道上，4 人成两组，相距 200 m 站立，听口令起跑，每人跑 200 m 交接棒，每人重复 8~10 次，根据运动员水平规定每棒跑的时间。

（10）迎面拉力反复跑：跑道上，两队相距100 m，每队4～5人，迎面接力跑，每人重复5～7次，根据运动员水平规定每棒时间，强度为70%～80%。

（11）反复加速跑：跑道上加速跑100 m或更长距离。跑完后放松走回再继续跑，反复8～12次，强度为70%～80%。

（12）反复超赶跑：在田径场跑道或公路上，10人左右成纵队慢跑或中等速度跑，听口令后，排尾加速跑至排头，每人重复循环6～8次，强度为65%～75%。

（13）变速跑：变速快跑与慢跑结合进行。快跑段与慢跑段距离，应根据运动员专项而定。如发展非乳酸性无氧耐力，则常采用50 m快、50 m慢或100 m快、100 m慢或直道快、弯道慢或弯道快、直道慢等。发展乳酸性无氧耐力，常采用400 m快、200 m慢，或300 m快、200 m慢，或600 m快、200 m慢等，强度为60%～80%。

（14）反复变向跑：在场地上听口令或看信号做向前、向后、向左、向右的变向跑。每次进行2 min，重复3～5组，每组间歇3～5 min，强度为65%～70%。变向跑的每一段落均为往返跑，即跑出去后，返回起跑位置，每一段落至少50 m。间歇后心率恢复到120次/min以下，再开始继续练习。

（15）变速越野跑：在公路、树林、草地、山坡等地进行越野跑，在越野跑中做50～150 m或更长些距离的加速跑或快跑段落。加速或快跑的距离为1 000～1 500 m，强度为60%～70%。

（16）反复连续跑台阶：在每组高20 cm的楼梯或高50 cm的看台上，连续跑30～40步台阶，每步2级，重复6次，每次间歇5 min，强度为65%～70%。要求动作不间断，也可定时完成。

（17）球场往返跑：篮球场端线站立，听口令起跑至对面端线后再转身跑回。每组往返4～6次，重复4～6组，强度为60%～70%。

（18）连续侧滑步跑：跑道上，身体侧对前进方向，做侧向滑步跑100～150 m。重复5～6组，每组间歇3～5 min，强度为60%～70%，每次心率达到160次/min。

（19）综合跑：在跑道上，做向前跑、倒退跑及左右滑步跑，每种方式跑50～100 m，每次跑400 m，重复3～5组，每组间歇3～5 min，强度为60%～70%。

（20）法特莱克跑：在场地、田野或公路上，用不同的速度跑3 000～4 000 m，强度为60%～70%。可以采用阶梯式变速方法，如50 m快、100 m慢、100 m快、150 m慢渐加式，等等。

（21）水中间歇高抬腿：在40～50 cm深的浅水中，做原地高抬腿，每组100次，重复4～6组，每组间歇3 min，强度为60%～65%。也可与水中行进间高抬腿跑交替进行，行进间练习的间歇为4～5 min。

（22）分段变速游泳：以 50 m 为一段落进行变速游泳，每组 250～300 m，重复 4～5 组，间歇 10 min，强度为 65%～75%。快速段落要达到本人最快速度的 70% 以上，放松段落的速度根据本人实际水平、要求而定。

（23）水中变姿变速游：以 50 m 为一段落进行变姿变速游泳，每组 250～300 m，但以各种姿势混合游泳，每组各种姿势各游 50 m，重复 3～5 组，间歇 10 min，强度为 65%～75%。

（24）水中短距离间歇游：50 m、100 m 或更长段落的反复游，或不同距离组合的间歇游。做 3～4 次为一组，重复 3～4 组，每次间歇 2～3 min，每组间歇 10 min，强度为 60%～70%。

（25）水中追逐游：两人相距 3～5 m，同时出发，进行追逐游，每次 50 m 往返，做 3～5 组，强度为 65%～75%，心率达到 160 次/min 以上。两人游泳的姿势必须一致。

（26）游泳接力：两人或四人 50 m 往返接力，也可混合姿势游。每人游 4 次为一组，做 3～4 组，组间歇 5～8 min，强度为 60%～70%。也可进行比赛。

（27）两人追逐跑：跑道上两人一组相距 10～20 m（根据水平不同）。听口令后起跑，后面人追赶前面人，800 m 内追上有效，间歇 3～5 min，下次交换位置。重复 4～6 次，强度为 65%～75%。也可以要求在最后 100 m 内追上方为有效。

（28）上下坡变速跑：在 7°～10° 的斜坡跑道上做上坡加速快跑 100～200 m，下坡放松慢跑回起点。每组 4～6 次，做 3～5 组，每组间歇 10 min，强度为 65%～75%。

（29）往返运球跑：在篮球场，由一端线运球至另一端线，然后换手运球跑回。往返 6 次为一组，做 4～6 组，每组间歇 2 min，强度为 60%～75%。

（30）往返运球投篮：在篮球场，由一端线运球至另一篮下投篮后，再运球返回投篮。每组往返 4 次，做 4～6 组，每组间歇 3 min，强度为 55%～60%。投篮不限方式，要投中后返回。

（31）运球绕障碍：篮球场上纵向放置 5 个障碍物，间距 2 m，听信号后做快速运球绕过障碍物往返跑，也可以竞赛方式计时，不得触碰障碍物。每组往返 3～5 次，做 3～5 组，每组间歇 5 min。

（32）全场跑动传接球：篮球场上两人一组，由一端线开始，跑至另一端线后再传球跑回。每组往返 4 次，做 4～6 组，组间歇 8～10 min，强度为 60%～70%。组间心率恢复到 100 次/min 以下，开始继续练习。

（33）跳绳跑：跑道上做两臂正摇跳绳跑，每次跑 200 m，做 5～8 次，间歇 5 min，强度为 60%～70%。要求每次结束时心率达到 160 次/min，间歇恢复到 120 次/min 以下时开始第二次练习，也可规定速度指标。

（34）跳绳接力跑：在跑道上，两组相距 100 m，做往返跳绳接力跑。每组往返4次,做4~6组,组间歇5 min,强度为60%~65%,应有一定的速度要求。

(35)双脚或两脚交替跳藤圈:两手握藤圈,原地双脚连续跳藤圈或双脚交替连续跳。双脚跳每组50~60次,交替跳每组100次,做4~5组,每组间歇3 min,强度为50%~60%。

(36)两人踢传球→绕障碍运球→跑动射门的组合练习:在足球场两人从底线开始向前跑动踢传球,过半场后,两人交叉运球,传接绕障碍物(10个实心球,相距2 m),然后跑动射门。往返2次为一组,做4~6组,每组间歇5 min,强度为60%~65%。射门时由一人传球,一人射门。未射门的人,取球后两人向反方向再做上述练习。

(37)两人跑动传接球→抢断球→连续射门:在足球场,两人跑动传接球,100 m往返3次→两人一组抢断球3 min→连续射门10次,完成2~3组,每组间歇3 min,强度为55%~70%。跑动传球时尽量不丢球,从中圈开始运球跑动射门。

(38)连续滑步→侧倒体垫球→滚翻:在排球场上,根据教练员的手势及抛球动作做连续滑步移动→侧倒体垫球→接滚翻动作。连续做8~10次为一组,完成3~4组,每组间歇8~10 min,强度为65%~75%。

(39)沙坑纵跳→途中跑→双杠臂屈伸→双杠支撑前进:沙坑中纵跳20次→途中跑50 m→双杠臂屈伸10次→双杠支撑前进,往返3次为一组,完成3~5组,每组间歇5 min,强度为60%~70%。沙坑纵跳为全蹲跳起,途中跑为70%速度,双杠臂屈伸符合标准,支撑前进不能间断或掉下杠来。

(40)结合各专项动作循环练习:以各专项的专门练习或辅助练习等组成一套练习,反复循环进行,强度为65%左右。

(三)有氧耐力练习

(1)定时跑:在场地、公路或树林中做10~20 min或更长时间的定时跑,强度为50%~55%。

(2)定时定距跑:在场地或公路上做定时跑完固定距离的练习。如要求在14~20 min内跑3 600~4 600 m,强度为50%~60%。

(3)变速跑:在场地上进行,快跑段、慢跑段距离应根据专项任务与要求决定,一般常以400 m、600 m、800 m、1 000 m等段落进行。例如中距离跑运动员常用400 m快跑,200 m慢跑的变速或600 m快跑、200~400 m慢跑等变速;长跑运动员常采用1 000 m快跑、400 m慢跑等变速。重复次数一般4~8次为一组,做1~2组,每组间歇10~12 min。一般以心率控制,快跑段落心率控制在140次/min左右,慢跑段心率恢复到120次/min以下,间歇时心率恢复到100次/min以下时,开始下一组练习。

(4)重复跑:在跑道上进行,重复跑的距离、次数与强度也应根据专项任务与要求而定。发展有氧耐力重复跑强度不应大，跑距应较长些。一般重复跑距为 600 m、800 m、1 000 m、1 200 m 等，重复次数一般为 4～10 次，强度为 50%～60%。

（5）越野跑：在公路、树林、草地、山坡等场地进行。跑的距离要求一般在 4 000 m 以上，多可达 10 000～20 000 m。如以时间计算，一般在 20 min 以上，多可达 1 h 以上，强度为 40%～50%。

（6）法特莱克跑：在场地、田野、公路上进行，自由变速的越野跑或越野性游戏。最好在公园、树林中进行，30 min 左右，也可更长些时间，强度为 50% 左右。

（7）定时走：在场地、公路或其他自然环境中按规定时间做自然走或稍快些自然走。一般走 30 min 左右，强度为 40%～50%。

（8）大步走、交叉步走或竞走：在场地、公路或其他自然环境中做大步快走，交叉步走或几种走交替进行。每组 1 000 m 左右，完成 4～6 组，间歇 3～4 min，强度为 40%～50%。

（9）沙地连续走或负重走：海滩沙地徒手快走或负重（杠铃杆或背人）走。徒手快走每组 400～800 m，负重走每组 200 m，做 5～7 组，间歇 3 min，强度为 45%～60%，心率控制在 160 次/min 以下。

（10）沙地竞走：海滩沙地上竞走练习，每组 500～1 000 m，重复 4～5 组，间歇 3 min，强度为 55%～60%。

（11）竞走追逐：在跑道上，两人前后相距 10 m，听口令开始竞走，后者追赶前者，每组 400～600 m，重复 4～6 组，强度为 50%～60%。必须按竞走技术标准的要求，不能犯规，每组结束后放松慢跑 2 min。

（12）水中定时游：不规定游泳姿势及速度，规定在水中游一定的时间，如不间断地游 15 min、20 min 等，强度为 40%～50%。

（13）水中快走或大步走：在深 30～40 cm 的浅水池中，做快速走或大步走练习。每组 200～300 m 或 100～150 步，完成 4～5 组，间歇 5 min，强度为 50%～55%。

（14）连续踩水：在游泳池深水区，手臂露出水面做踩水练习。每次 2～4 min，做 4～5 次，间歇 3 min，强度为 45%～60%。也可以要求肩部露出水面，加大难度。

（15）5 min 运球跑：篮球场内，以单手或双手交替运球跑动 5 min，重复 3～5 次，间歇 2 min，强度为 45%～60%。要求不间断进行，或要求一定距离。

（16）10 min 带球跑：足球场内不限区域，中速带球运球跑 10 min，完成 2～3 组，组间歇 5 min，强度为 40%～50%。要求不间断跑动，不能静止运球。

（17）3 min 以上跳绳或跳绳跑：在跑道上做两臂正摇原地跳绳 3 min 或跳绳跑 2 min。重复 4～6 次，间歇 5 min，强度为 45%～60%。每次结束时，心率在 140~150 次/min，恢复至 120 次/min 以下开始下一次练习。

（18）登山游戏或比赛：在山脚下听口令起动，规定山上终点的标记，可以自选路线登山或规定路线登山，可进行登山比赛或途中安排些游戏，如埋些"地雷"，规定各队要找出几个"地雷"后集体到达终点，早者为胜等。强度为 40%~60%。

（19）长时间滑雪、滑冰：连续不间断地进行 15 min 以上的滑雪及滑冰活动。强度为 40%~60%。

（20）长时间划船：连续不间断地进行 20 min 以上的划船。强度为 50%~60%。

（21）30 min 以上的足球游戏：在足球场或手球场打比赛性游戏。

（22）篮球"斗牛"游戏：篮球场上打半场或全场比赛性"斗牛"，持续时间应达到 30 min 以上。强度为 45%~60%。

（23）5 min 以上的循环练习：根据专项选择 8~10 个练习，组成一套循环练习，反复循环进行 5 min 以上。完成 3~5 组，组间歇 5~10 min。心率在活动结束时控制在 140~160 次/min，休息恢复到 120 次/min 以下，开始下一组练习。强度为 40%~60%。

（24）5 min 以上的跳舞：如健美操、迪斯科舞蹈等，不间断地跳 5 min 以上。完成 4~6 组，每组间歇 5~8 min，强度为 40%~60%，心率控制在 160 次/min 以下。

五、耐力素质的具体练习方法

（一）徒手练习

1. 单人练习

（1）1 min 立卧撑：由直立姿势开始，下蹲两手撑地，伸直腿成俯撑，然后收腿成蹲撑，再还原成直立，连续做 1 min。做 2~3 组，每组间歇 5 min。

（2）立卧撑接蹲跳起：原地做立卧撑后接向上跳起动作，每组 30 次，做 2~3 组，每组间歇 10 min。

（3）10~15 min 定时跑：在场地、公路或树林中跑步 10~15 min。

（4）5 次变速赶超：在场地或公路上，10 人一路纵队慢跑，听口令排尾突然加速跑至排头，所有人依次跟进做加速跑，重复 5 个循环。

（5）5 min 变速跑：在场地内，以 50 m 分段做变速跑，可 50 m 快、50 m 慢，或 50 m 慢、100 m 快。

（6）5 min 重复跑：在跑道上做 50 m、100 m 或更长距离的重复跑，跑完放松走回起点继续练习 8~10 次。

（7）30 min 越野跑：在公路、树林、草地、山坡等场地跑步 30 min。

（8）中速往返跑：利用篮球场地进行，沿端线站立，听口令起跑至对面端线后再转身跑回。每组往返 4~6 次，重复 4~6 组。也可以采用侧身滑步跑或交叉步跑的方式进行。

（9）反复变向跑：听口令或声音信号做向前、向后、向左、向右的交换方向跑，每次进行 2 min，重复 3~5 组。每组间歇 3~5 min。变向跑的每一个段落均为往返跑，每一段距离 50 m。

（10）连续侧滑步跑：身体侧对前进方向，做侧向滑步跑 100~150 m，重复 3~5 组，每组间隔 5 min。

（11）连续跑台阶：连续跑台阶 30~50 步，每步 2 级，重复 5 次，组间休息 5 min。

（12）间歇侧向交叉步跑：做侧向交叉步跑 100 m，放松走回后间歇 3 min 换另一侧继续练习，连续练习 3~6 组。

（13）沙滩跑：在沙滩上做快慢交替自由跑，每组 500~1 000 m，可以中速跑 100 m，放松跑 50 m，快速跑 50 m，放松跑 100 m，冲刺跑 30 m，放松跑 70 m。做 3~4 组，每组间歇 10 min。

（14）定时定距跑：定时跑完固定距离，如在 15~20 min 之内跑 3 600~4 600 m。

（15）法特莱克跑：在场地、田野、公路上用不同的速度跑 3 000~4 000 m。

（16）绕篮球场跑：沿球场边线跑进至底线 4 m 处做助跑起跳摸篮球框或网，落地后继续沿边线向另一球篮跑进并重复摸触球篮练习，往返一次为一组，连续做 4~6 组。

（17）绕、钻障碍物跑：在体操区内进行，5 人一路纵队跑进，分别钻越过双杠、单杠、跳箱等器械，持续练习 3 min，做 3~4 组，每组间歇 2 min。

（18）逆风跑：逆风方向跑 2 000~3 000 m。

（19）原地间歇高抬腿跑：原地做高抬腿跑，每组 50~100 次，做 3~4 组，每组间歇 3 min。

（20）原地间歇小步跑：原地做小步跑，每组 80~120 次，做 3~4 组，每组间歇 3 min。

（21）原地间歇车轮跑：原地做车轮跑，每组做 50~70 次，做 3~4 组，每组间歇 3 min。

（22）综合跑：做向前跑、倒跑、左右侧滑步跑，每种方式跑 50~100 m，每次跑完 400 m，重复 2~3 组，每组间歇 5 min。

（23）蹬冰模仿跑：模仿速度滑冰动作向前跑进 100~150 m，重复 3~4 次，每次间歇 5 min。

（24）水中高抬腿跑：在 40~50 cm 深的淡水池中做原地高抬腿跑，每组 80 次，做 3~4 组，每组间歇 4 min。

(25) 水中后蹬跑：在 40～50 cm 深的水池中做扶池壁的后蹬跑，每组 50 次，做 3～4 组，每组间歇 5 min。

(26) 水中侧身滑步跑：在 30～40 cm 深的浅水池中做侧身滑步跑 50～100 m，做 3～4 组，每组间歇 5 min。

(27) 正、倒交替跑：跑 200 m 后，接做倒退跑（背对跑进方向）100 m，反复练习 3～4 次。

(28) 手足着地连续走：两手两脚着地向前连续爬走 50 步（可用手抓住踝关节做此练习），做 3～4 组，每组间歇 3 min。

(29) 水平交叉步走：在 30～50 cm 深的浅水池中做左右侧交叉步走（左腿向右腿外侧交叉，右腿向左腿外侧交叉），每组做 30 次，做 3～4 组，每组间歇 3 min。

(30) 水中快走：在 30～50 cm 深的浅水池中做快走练习，每组 200 m，做 3～4 组，每组间歇 5 min。

(31) 水中大步走：在 20～30 cm 深的浅水池中做大步走，每组 50 步，做 3～4 组，每组间歇 5 min。

(32) 计时走：自然走 30 min，最好在有坡度的路面上进行。

(33) 左、右侧交叉步走：连续做向左右两侧的交叉步走（左腿向右侧交叉，右腿向左侧交叉），每组交替做 50 次，做 3～4 组，每组间歇 5 min。

(34) 连续大步走：连续大步走 400 m，做 3～4 组，每组间歇 5 min。

(35) 连续半蹲走：两手扶膝成半蹲姿势，向前连续行走 100 步，做 3～4 组，每组间歇 5 min。

(36) 沙地半蹲走：在海边沙滩上或沙地上做半蹲走 100 m，做 3～4 组，每组间歇 5 min。

(37) 沙地负重走：在海边沙滩上肩负杠铃或背人走 200 m，做 3～4 组，每组间歇 5 min。

(38) 沙地竞走：在海边沙滩上或沙地上竞走 500～1000 m，做 3～4 组，每组间歇 5 min。

(39) 左、右跨步跳：两脚开立，左腿蹬地，右腿向右跨步，然后右腿蹬地，左腿向左跨步，依次连续进行 30 次，做 3～4 组，每组间歇 5 min。

(40) 长距离多级跳：连续多级跳 80～100 m，做 3～4 组，每组间歇 5 min。

(41) 连续侧跳：原地站立，做向左、右侧跳动作 30 次，做 3～4 组，每组间歇 5 min。

(42) 连续跳起摸脚：原地站立，跳起后空中做收腹动作，两手在身体两侧触摸脚背，落地后连续跳 20 次，做 3～4 组，每组间歇 5 min。

(43) 连续跪跳起：垫上成跪立姿势，然后跳起成蹲立，连续进行 15 次，做3~4组，每组间歇5 min。

（44）连续跨步跳：连续向前跨步跳30次，做3~4组，每组间歇5 min。

（45）连续跳高台：在楼梯或看台上做双脚连续跳上20~25次，做3~4组，每组间歇5 min。

（46）连续跳深：面对25~35 cm高的台阶或跳箱，做双脚连续跳上跳下25~40次，做3~4组，每组间歇5 min。

（47）连续蹲跳起：在垫上两手扶垫成蹲立，然后跳起空中展体，落垫后还原成蹲立，连续进行15次，做3~4组，每组间歇5 min。

（48）沙坑半蹲连续跳：沙坑中分腿半蹲站立，做连续向上跳跃30次，做3~4组，间歇5 min。

（49）单腿连续跳跃：原地单腿站立，做连续向上跳跃30次，做3~4组，每组间歇5 min，两腿变换练习。

（50）变换分腿跳：原地并腿站立，跳起后左右分腿，并腿落地，接做跳起前后分腿动作，依次变换连续进行，每一组跳30次，做3~4组，每组间歇5 min。

（51）垫上蛙跳：在垫上做蛙跳20次，做4~6组，每组间歇5 min。

（52）深蹲跳：原地分腿站立，做连续深蹲跳起30次，做3~4组，每组间歇5 min。

（53）仰卧举腿：静力仰卧于垫上做收腹举腿静力练习，双腿伸直，双脚距垫面20~40 cm，每次坚持2 min，做3~4组，每组间歇5 min。

（54）仰卧后撑：静力垫上坐姿两臂体后直臂支撑，抬头向上展髋成仰卧撑姿势，保持2 min，做4~6组，每组间歇5 min。

（55）连续俯撑击掌：垫上成屈臂俯撑姿势，双臂将身体推起后双手击掌，20~30次为一组，做3~4组，每组间歇5 min。

（56）坐姿双腿屈伸：在垫上成坐姿，两臂体后撑垫，收腹举腿后做双腿屈伸动作30次，做3~4组，每组间歇5 min。

（57）坐姿收腹举腿：静力垫上成坐姿，两臂体后撑垫，做收腹举腿静止3 min，做3~4次，每组间歇5 min。

（58）俯卧撑移动：垫上成屈臂俯卧撑姿势，用双臂双脚力量左右移动各20次，做4~5组，每组间歇5 min，移动时保持屈臂俯卧撑姿势。

（59）手倒立：面对墙或由同伴帮助做手倒立停2 min，做3~4组，每组间歇5 min。

（60）头手倒立：垫上做头手倒立停3 min，做3~4组，每组间歇5 min。

（61）肩肘倒立：垫上做肩肘倒立停3 min，做3~4组，每组间歇5 min。

（62）陆地爬泳模仿：原地站立，两脚不动，两臂模仿爬泳划水动作，100~150次为一组，做3~4组，每组间歇5 min。

（63）分段变速游泳：在游泳池中进行50 m为一段落的变速游泳（可用各种技术姿势），每组250～300 m，做3～4组，每组间歇10 min。

（64）水中蹬腿练习：在游泳池中俯卧漂浮于水面，两臂向前伸展不动，两腿做蛙泳蹬腿动作100次，做3～4组，每组间歇5 min。

（65）水中漂浮打水：在游泳池中双手扶池壁浮于水面，腿依次打水100次，做3～4组，每组间歇5 min。

（66）水中变姿变速游：在游泳池中用各种姿势进行混合游泳，各种姿势游50 m为一组，游3～4组，每组间歇10 min。

（67）半蹲：静力背靠墙，两腿与肩同宽成半蹲姿势静力停2 min，做3～4组，每组间歇5 min。

（68）连续提踵：原地站立，两手插腰，做连续提踵50次，做3～4组，每组间歇3 min。两前脚掌可踩在5 cm高的物体上练习。

（69）单腿半蹲跳：原地站立，一腿抬起，另一腿支撑做单腿连续半蹲跳，两腿各做20次为一组，做3～4组，每组间歇5 min。

（70）爬山：爬山攀登，用"心率130"调整爬山速度，即心率低于130次/min，可加快速度；高于130次/min，则放慢速度。

2. 双人练习

（1）两人追拍跑：两人一组相距20 m，听口令后起跑，后者追赶前面的人，800 m内追上有效。返回后间歇5 min，交换位置重复练习，重复4次。

（2）水中追逐游：在游泳池中，两人相距3 m，同时出发，进行追逐游。每次往返50 m，做3～4组，每组间歇5 min。两人游的姿势必须一致。

（3）交替追逐跑：两人前后相距30 m，同时起跑，在1 000～2 000 m距离内后者追赶前者，赶上后两人放松慢跑200 m，然后交换位置进行第二轮练习。

（4）竞走追逐：两人前后相距10 m，听口令开始做竞走追逐练习。每组400 m，做3～4组，必须按竞走技术标准要求练习，每组结束后放松跑2 min。

（二）器械练习

1. 单人练习方法

（1）5 min双手交替运球：原地双手交替运球（也可以做行进、跑进运球），每次5 min，做3～4次，每组间歇2 min。

（2）头后连续上举实心球：原地双脚开立，双手持实心球置于头后，连续上举50次，实心球重5 kg，做3～4组，每组间歇5 min。

（3）实心球上举练习：原地站立，双手持实心球于胸前连续上举，两臂各举50次，实心球重5 kg，做3～4组，每组间歇5 min。

（4）实心球连续水平前推：原地站立，双手持实心球于胸前做连续向前水平推50次，实心球重5 kg，做3～4组，每组间歇5 min。

（5）双膝夹球走：两膝夹实心球，直立向前行走40步，做3～4组，每组间歇 3 min。

（6）3 min 圈内中速运球跑：在足球场中圈内做中速运球跑 3 min，做 3~4 组，每组间歇 3 min。

（7）5 min 运球跑：在足球场，沿端线、边线进行运球跑 5 min，做 3~4 组，每组间歇 5 min。

（8）托球跑：单手握乒乓球拍或羽毛球拍托球跑 200 m 后换手托球，至 400 m 为一组，完成 3~4 组，每组间歇 5 min。

（9）扶肋木后蹬跑：两手扶肋木，身体前倾做后蹬腿跑 50~80 次，做 3~4 组，每组间歇 5 min。不要求动作频率，注意动作幅度。

（10）扶肋木高抬腿跑：双手扶肋木，上体挺直做原地高抬腿跑 50~80 次，做 3~4 组，每组间歇 5 min。不要求动作频率，注意动作幅度。

（11）前抛实心球跑：双手或单手向前抛滚 2 kg 的实心球，跑追实心球，捡起后继续前抛，完成 400 m 为一组，做 3~4 组，每组间歇 5 min。

（12）运球往返投篮：由端线运球至另一篮下投篮，投中后再运球返回，往返练习 4 次，练习 3~4 组，每组间歇 5 min。

（13）运球绕障碍跑：在足球场排列 15~20 个实心球（或插 15~20 支竹竿），每球（竿）相距 2 m，运球绕过每一个球（竿），往返练习 3~4 次为一组，做 3~4 组，每组间歇 5 min。

（14）往返运篮球跑：由端线运球至另一端线，然后换手运球跑回，往返 3~4 次为一组，做 3~4 组，每组间歇 5 min。

（15）持重物耐力跑：两手握小哑铃跑 400~600 m，做 3~4 组，每组间歇 5 min。

（16）跑步机计时跑：在跑步机上跑步 4~6 min，练习 3~4 组，每组间歇 5 min。

（17）跳绳跑：两臂正摇跳绳跑 400 m，做 3~4 次，每组间歇 5 min。

（18）双脚连续跳绳：手握跳绳两端，原地做双脚连续跳 60 次，做 3~4 组，每组间歇 5 min。

（19）双脚交替跳藤圈：两手握藤圈，原地做双脚交替连续跳藤圈 100 次，做 3~4 组，每组间歇 5 min。

（20）双臂交叉摇绳跳：原地连续做双臂交叉摇绳跳 2 min，做 3~4 组，每组间歇 5 min。

（21）双脚连续跳越实心球：面对实心球站立，双脚正面跳过球后迅速背对球跳回，往返连续跳越 30 次，做 3~4 组，每组间歇 5 min。

（22）双膝夹球连续跳：原地站立，双膝关节夹实心球，做连续跳起 50 次，做 3~4 组，每组间歇 5 min。

（23）双踝夹球连续跳：双踝夹实心球站立，做连续跳起 50 次，做 3~4

组，每组间歇 5 min。

（24）半蹲连续跳绳：原地半蹲，两手摇绳，做半蹲连续跳绳 40 次，做 3~4 组，每组间歇 5 min。

（25）半蹲双脚连续跳"扫绳"：一手持对折跳绳，沿地面扫绳，身体成半蹲姿势双脚跳过扫过来的跳绳 30 次，做 3~4 组，每组间歇 5 min。

（26）负重连续半蹲跳：负杠铃片成半蹲姿势，做连续向上跳起 30 次，做 3~4 组，每组间歇 5 min。

（27）两摇一跳：原地两手摇绳，做正摇跳，跳起一次，摇两圈绳，每组跳 30 次，做 3~4 组，每组间歇 5 min。

（28）连续正摇双脚跳绳：原地两手握绳，做正摇双脚跳绳 1 min，做 3~4 组，每组间歇 5 min。

（29）连续跳起扣球：连续跳起做扣排球动作 10~15 次，做 3~4 组，每组间歇 5 min。

（30）连续纵跳摸高：在摸高器或篮球架下站立，做连续双脚纵跳摸高练习 30 次，做 3~4 组，每组间歇 3 min。

（31）连续跳推举：原地蹲立，双手握杠铃杆，提杠铃至肩上做连续跳推举杠铃（杠铃重 10~25 kg）20 次，做 3~4 组，每组间歇 5 min。

（32）连续跳起投篮：在篮球场球篮下持球站立，听口令后跳投、接球再跳投 20 次，做 3~4 组，每组间歇 5 min。可计算投进的次数。

（33）连续跳起触板传接球：双手头上持球跳起将球掷向篮板，待球弹回接球后再跳起向篮板掷球，连续做 20 次，做 3~4 组，每组间歇 5 min。

（34）连续跳越栏架：纵向排列 15~20 个高 30~40 cm 的栏架，练习者做双脚起跳连续跳过栏架练习，往返一次为一组，做 5~8 组，每组间歇 3 min。

（35）变换脚跳绳：原地左脚、右脚、双脚支撑各跳 40 次为一组，做 3~4 组，每组间歇 3 min。

（36）单脚跳绳：单脚连续跳绳 50 次，重复练习 3~4 组，每组间歇 3 min。

（37）持壶铃连续深蹲跳：双手持壶铃（壶铃重 5 kg）深蹲，做连续深蹲跳起 20 次，做 3~4 组，每组间歇 5 min。

（38）累计跳绳：跳绳方法不限，每组跳 2 min，做 3~4 组，累计跳绳次数，每组间歇 3 min。

（39）双杠支撑前进：在双杠上直臂支撑，两臂交替前移，每组往返 3 次，做 3~4 组，每组间歇 5 min。

（40）双杠支撑连续摆动：在双杠上直臂支撑，以肩为轴做摆动练习 40 次，做 3~4 组，每组间歇 3 min。后摆两腿摆出杠面，两腿保持并拢、伸直。

（41）划船练习：在水中进行划小船练习，每次 10 min，做 3~4 次，每组间歇 10 min。可以采取划单桨和双桨交替的方法进行。

（42）负重物半蹲：静力肩负 10 kg 杠铃片半蹲静力停 1 min，做 3~4 组，每组间歇 5 min。

（43）连续抛接实心球：两手持实心球连续向上抛、接球 40 次，做 3~4 组，每组间歇 3 min。

（44）拉胶带扩胸：胶带长 8 m，对折中心固定，双手各握胶带两端，做扩胸练习 30 次，做 3~4 组，每组间歇 5 min。

（45）拉胶带臂屈伸：两脚踩住胶带，两手各握胶带两端做臂屈伸 50 次，做 3~4 组，每组间歇 5 min。

（46）爬绳：两手握绳，依次连续倒手向上攀爬，每组上下两次，做 3~4 组，每组间歇 5 min。

（47）双杠连续收腹举腿：在双杠上成挂臂支撑悬垂动作，连续做收腹举腿 20 次，做 3~4 组，每组间歇 5 min。举腿时两腿伸直，臀部要向上超过双杠杠面水平。

（48）双杠连续收腹静力举腿：静力在双杠上成直臂直角支撑停 3 min，做 3~4 次，每组间歇 5 min。

（49）仰卧传接球：仰卧于垫上，固定两腿，收腿抬起上体，用双手接同伴传球后迅速再传出还原姿势。每组 40 次，做 3~4 组，每组间歇 5 min。

（50）杠上收腹举腿：在双杠上两臂支撑悬垂，做连续收腹举腿 30 次，做 3~4 组，每组间歇 5 min。

（51）双杠支撑模仿骑车：在双杠上直臂支撑，两腿做模仿骑自行车动作 40 次，做 3~4 组，每组间歇 5 min。练习时，大腿向上抬出杠面，向下充分伸直。

（52）自行车骑行模仿：在自行车练习器或功率自行车上做骑行练习，每次 5~15 min，做 3~4 次，每组间歇 5 min。

（53）骑自行车远行：在公路上以每小时 30 km 的速度骑行，每组 30 min，做 3~4 组，每组间歇 10 min。

（54）滑冰：在冰上做速度滑冰 1 000 m，做 3~4 组，每组间歇 5 min。

2. 双人练习方法

（1）5 min 抢断足球：一人运球一人抢球，做 3~4 组，每组间歇 3 min，在 5 min 之内，谁抢到球就成为运球者，可限制在半场内进行。

（2）5 min 攻防：二人做运球攻防练习 5 min（一人运球，一人抢球），做 3~4 组，每组间歇 3 min，练习时也可以结合运球上篮或急停投篮等内容进行。

（3）传接球投篮：二人一组由端线向另一端线做传接球跑进，至篮下时一人投篮，另一人抢篮板球后再继续进行跑动传接球练习。每组往返 4 次，做 3~4 组，每组间歇 5 min。要求必须将球投进篮框（允许补投）。

（4）传接足球：二人相距 5 m，由端线开始跑动传接球至另一端线，每组往返 2 次，做 3~4 组，每组间歇 5 min。接球后只准运球 3~5 步即将球传出，可结合停球动作和射门一同练习。

（5）传球触人游戏：在半个篮球场地内进行，由二人传球触及他人，其他人利用跑动躲闪，凡被触及者加入传球者行列，直至跑动人全部被触及。要求传球人不准持球走、跑，被触者不能出场地。

（三）组合练习

（1）二人踢传球→绕障碍运球→跑动射门：在足球场上二人踢传球 10 min→运球绕相距 2~3 m 障碍物 10 个，往返 6 次→跑动射门 20 次，做 3~4 组，每组间歇 5 min。跑动射门时，由一人传球，练习者由中圈附近起跑在禁区前接传球后射门。

（2）二人跑动传接球→抢断球→连续射门：在足球场上二人跑动传接球 100 m 往返 3 次→二人一组抢断球 3 min→连续跑动射门 10 次，做 2~3 组，每组间歇 5 min。跑动传接球时尽量不丢球，跑动射门从中圈位置开始运球。

（3）二人挂肘蹲跳→互背→拖人跑：二人背对挂肘蹲跳前进，往返 20 m→原地站立互背各 10 次→双人挂肘拖人跑，往返 30 m，做 3~4 组，每组间歇 10 min。

（4）双脚侧跳→途中跑→立卧撑：两腿并立，做向左向右侧跳 30 次→途中跑 100 m→立卧撑 30 次，做 3~4 组，每组间歇 5 min。

（5）双杠挂臂摆动→单足跳跑→加速跑：在双杠上做挂臂支撑摆动 30 次→单足跳跑，左、右脚各跳 50 m→加速跑 100 m 为一组，做 3~4 组，每组间歇 5 min。

（6）双人手拉手蹲跳→移动跳起网上击掌→变向移动摸边跑：在排球场上二人拉手蹲跳 20 次→网前移动跳起网上击掌 20 次→变向移动摸边线往返 10 次，做 3~4 组，每组间歇 5 min。

（7）仰卧推举→前、后滚翻→纵跳：仰卧推举 10~20 kg 杠铃 20 次→垫上前、后滚翻各 10 次→原地纵跳 25 次，做 3~4 组，每组间歇 5 min。

（8）负重弓箭步走→原地跳转体→跳绳跑：肩负 20~30 kg 杠铃杆做弓箭步走 50 m→原地徒手跳转体 180°、360°各 10 次→跳绳跑 100 m，做 3~4 组，每组间歇 5 min。

（9）肋木悬垂举腿→跳深→加速跑：肋木悬垂举腿 15 次→跳深 20 次（可利用跳箱）→加速跑 100 m，做 3~4 组，每组间歇 5 min。

（10）肋木悬垂举腿→拉重物跑→跳绳：两手上举抓握肋木做收腹举腿 20 次→拉重物（车轮胎）跑 300 m→原地跳绳 100 次，做 3~4 组，每组间歇 5 min。

（11）坐姿胸前平推球→双脚夹球腿屈伸→双脚夹球前滚翻：垫上成坐姿，双手持实心球做胸前平推球 20 次→坐姿两手后撑垫，双脚夹实心球腿屈伸 10

次→垫上双脚夹球前滚翻 5 次，做 3~4 组，每组间歇 3 min。

（12）肩负杠铃半蹲走→跳绳→推举杠铃：肩负 20~30 kg 杠铃半蹲走 50 m→跳绳跑 200 m→原地向上推举杠铃 20 次，做 3~4 组，每组间歇 5 min。

（13）屈臂悬垂静力→负重半蹲起→双臂夹球跑：单杠或肋木上做悬垂屈臂静力 1 min→肩负 50 kg 杠铃半蹲起 15 次→双臂夹球 2 个实心球跑 200 m，做 3~4 组，每组间歇 10 min。

（14）前抛实心球→后抛实心球→背后持球前抛球：二人一组，相距 10~15 m 对面站立，做向前抛掷实心球 20 次→背对后抛实心球 20 次→背后双手持球向前抛掷实心球 20 次，做 3~4 组，每组间歇 5 min。实心球重 2 kg，抛掷时尽可能抛出最远距离。

（15）前滚翻→仰卧起坐→俯卧撑：在垫上做 4 个前滚翻→仰卧起坐 20 次→连续俯卧撑 10 次，做 3~4 组，每组间歇 5 min。

（16）哑铃上举→持哑铃转体→蹲跳：原地双手持哑铃上举 20 次→双手持哑铃前平举向左右转体各 10 次→持哑铃跨跳 10 级，做 3~4 组，每组间歇 10 min。

（17）背人走→推小车→蛙跳：二人做背人走 100 m→双人推小车走 50 m→双人蛙跳 15 m，做 3~4 组，每组间歇 5 min。练习时二人往返互换位置，背人时须使背上的人双脚离地。推小车时，不要求速度，蛙跳时二人背对背挂肘全蹲进行。

（18）高抬腿跑→跳越栏架→快速竞走：高抬腿跑 50 m→双脚连续跳越栏架 10 个→快速竞走 150 m，做 3~4 组，每组间歇 5 min。

（19）推举实心球→持球前滚翻→持球纵跳：原地做双手持 2 kg 实心球胸前上举 30 次→垫上双手持实心球前滚翻 3 次→持实心球纵跳 10 次，做 3~4 组，每组间歇 5 min。

（20）跳绳跑→翻越肋木→转髋跳：跳绳跑 100 m→翻越肋木往返 3 次→扶肋木转髋跳 20 次，做 3~4 组，每组间歇 5 min。

（21）小步跑→高抬腿跑→后踢腿跑→加速跑：小步跑 50~100 m→高抬腿 50~100 m→后踢腿 50~100 m→加速跑 50 m。做 3~4 组，每组间歇 5 min。

（22）后滚翻→立卧撑→小步跑→途中跑：在垫上连续做 5 个后滚翻→立卧撑 20 次→小步跑 50 m→途中跑 100 m。做 3~4 组，每组间歇 5 min。

（23）负重体侧屈→负重体转→负重体前屈→负重高抬腿走：原地肩负 20 kg 杠铃做体侧屈左右各 10 次→肩负杠铃体转 90°左右转动各 10 次→肩负杠铃直立、前屈 90°各 10 次→肩负杠铃高抬腿走 50 m。做 3~4 组，每组间歇 5 min。

（24）负重蹲起→手倒立推起→负重蹲跳→放松跑：负重蹲起 10 次→手倒立推起（靠墙或用同伴保护）5 次→负重蹲跳 10 次→放松跑 400 m。做 3~4

组,每组间歇 5 min。负重重量要适宜。

(25) 推举→高抬腿跑→钻栏架→纵跳:原地做推举 20 kg 杠铃 15 次→高抬腿跑 50 m→连续钻栏架 10 个→原地纵跳 15 次。做 3~4 组,每组间歇 5 min。

(26) 沙坑纵跳→途中跑→双杠臂屈伸→双杠支撑前进:沙坑纵跳 15 次→途中跑 50 m→双杠上做臂屈伸 10 次→双杠支撑前进往返 3 次。做 3~4 组,每组间歇 5 min。

(27) 单足跳→爬绳→持哑铃竞走→肋木悬垂举腿:原地单足跳左右脚各 20 次→爬绳往返 2 次→持哑铃竞走 100 m→肋木挂臂悬垂举腿 5 次。做 3~4 组,每组间歇 5 min。吊绳长度 4~5 m,哑铃重 2 kg。

(28) 单杠悬垂摆动→负重蹲起→沙坑半蹲纵跳→原地高抬腿跑:单杠悬垂摆动 10 次→肩负 20 kg 杠铃蹲起 5 次→沙坑半蹲纵跳 10 次→原地高抬腿跑 50 次。做 3~4 组,每组间歇 5 min。

(29) 持哑铃臂屈伸→扩胸→振臂→体转原地:双手各持 2 kg 哑铃做双臂屈伸 30 次→直臂扩胸 20 次→两臂交替直臂上下后振 20 次→直臂胸前举哑铃向左向右转体 20 次。做 3~4 组,每组间歇 5 min。

(30) 持哑铃摆臂→持哑铃马步冲拳→上举哑铃→蹲跳:原地弓箭步做双手持哑铃模仿跑步摆 50 次→双手持哑铃马步前冲拳 20 次→站立持哑铃上举 20 次→持哑铃蹲跳 10 次。做 3~4 组,每组间歇 5 min。

(31) 原地跳绳→俯卧撑→仰卧举腿→单足跳:原地双脚跳绳 100 次→俯卧撑 15 次→垫上仰卧举腿 20 次→左、右脚单足跳各 30 次。做 3~4 组,每组间歇 5 min。

(32) 提铃至胸→悬垂前、后摆体→负重蹲起→放松跑:原地做提 40 kg 杠铃至胸 10 次→单杠悬垂前后摆体 20 次→肩负 20 kg 杠铃蹲起 10 次→放松跑 400 m。做 3~4 组,每组间歇 5 min。

(33) 跨步跳→肋木悬垂举腿→纵跳→推举杠铃:跨步跳 50 m→肋木悬垂举腿 10 次→原地向上纵跳 10 次→推举 20 kg 杠铃 20 次。做 3~4 组,每组间歇 5 min。

(34) 跳栏架→钻栏架→深蹲走→加速跑:连续跳过间隔 3 m 的栏架 10 个→钻过栏架 10 个→深蹲走 30 m→加速跑 50 m。做 3~4 组,每组间歇 5 min。

(35) 跳绳→侧身跑→立卧撑→竞走:原地双脚跳绳 50 次→侧身跑 50 m→立卧撑 10 次→竞走 50 m。做 3~4 组,每组间歇 5 min。

(36) 跳深→仰卧举腿静力→原地高抬腿跑→加速跑:利用跳箱盖做跳深练习 10 次→垫上仰卧举腿静力 1 min→原地高抬腿跑 30 次→加速跑 30 m。做 3~4 组,每组间歇 5 min。

(37) 篮球定点跳投篮→往返运球跑→连续跳起摸高→原地运球:定点跳起投篮 20 次→20 m 往返运球跑 5 次→原地双脚跳摸篮板 15 次→原地运球 100 次。做 3~4 组,每组间歇 5 min。

六、耐力素质训练应注意的问题

耐力素质是持续训练动作（运动）能力的基础，耐力素质的关键是提高耐力素质。因此，耐力素质训练必须注意以下问题：

1. 耐力素质练习应遵循人体生长发育的规律

耐力素质的发展水平与其他素质一样，在相当程度上受到人体生长发育水平的影响。如果耐力水平与生长发育水平不相一致，非但不能收到良好的练习效果，还可能会严重地损害人体健康。因此，应根据运动员的身体发育水平，合理地安排耐力练习。一般来说，儿童少年时期正处于一般耐力和有氧耐力的敏感发展期，在这期间可进行一般耐力和有氧耐力的练习。男 14～16 岁，女 13～14 岁以后进入无氧耐力的敏感发展期，这时就可安排无氧耐力的练习。另外，耐力练习时的负荷安排也是一个重要因素，通常以 130 次/min、150 次/min、170 次/min 的心率指标作为儿童少年小、中、大的适宜负荷强度标准。青春期后，负荷要求就要大得多。此外，耐力练习方法与手段的采用，也要根据不同对象的生理心理特点，从实际出发。

2. 注意在耐力素质练习中体现个体化特点

要最大限度地发展耐力水平，就必须在练习中体现大负荷练习的原则。然而，由于运动员之间训练程度、机能水平、项目要求等方面都存在着不同的差异，因此，耐力练习的方法与手段应有所不同，而且练习的强度、练习的持续时间、间歇的时间与方式以及重复练习的次数也应根据实际情况具有差异性。

3. 耐力练习中应注重呼吸方法、节奏和深度

发展耐力素质，特别是发展有氧耐力水平，正确的呼吸是十分重要的。呼吸的作用在于摄取发展耐力的必要氧气。机体摄取氧气是通过呼吸频率和加深呼吸深度来实现的，两者之间后者更为重要。耐力训练对氧气的需求量大，运动员更应重视呼吸问题。经过训练的运动员的呼吸，并不是加快呼吸的频率，而是加深呼吸的深度，特别是呼气的深度。只有呼气深，呼吸道中的二氧化碳吐得多，才能吸进更多的氧气。同时，应培养运动员用鼻子呼吸的习惯（游泳除外），因为鼻腔有黏膜可以净化空气，也可以使氧气暖和一些再吸入气管，还可减少尘埃和冷气进入肺部。有人还认为用嘴呼吸会出现以横膈膜升降的浅呼吸，用鼻呼吸就可避免这种现象。对各项目的运动员都应注意练习他们呼吸的节奏与动作节奏的协调一致，呼吸节奏紊乱，就会使动作节奏遭到破坏，也会使能量物质的消耗增加，不利于耐力水平的提高。

4. 耐力练习中注意激发练习者的主动性

运动员在练习中是否主动投入，对练习的效果有很大的影响。主动投入时，中枢神经系统、内脏系统和肌肉系统等都能处于一个良性状态，为机体承受较大的运动负荷创造了良好的条件，有利于耐力水平的提高。耐力练习中影响练习主动性的因素较多，主要是和兴趣、意志品质、目标追求、思想认识等有关。

所以，耐力练习除了采用多种多样的方法与手段激发运动员的兴趣外，还要注意培养运动员刻苦耐劳、坚韧不拔的意志。另外，也可用生动的例子说明耐力水平与运动成绩之间的关系，使运动员从思想上加深对耐力练习的认识，并融于行动之中。提高运动员的练习主动性还可通过建立逐级目标来达到，根据运动员的实际情况，制定合理的逐级目标，每当运动员达到一个目标，就及时给予表扬和鼓励。这样做能有效地提高运动员的练习信心，会使运动员以更大的热情主动投入到耐力练习之中。

5. 注意有氧耐力练习与无氧耐力练习相结合

有氧耐力和无氧耐力虽然在代谢过程中表现出较大差异，但是两者存在着非常密切的关系。有氧耐力是基础，无氧耐力的发展是建立在有氧耐力提高的基础上。通过有氧耐力练习能使心脏体积增大，每搏输出量提高，从而为无氧耐力的发展打下了坚实的基础。如一开始便是无氧耐力练习，就很难提高每搏输出量，还会影响全身血液的供给，对今后发展不利。反过来，发展有氧耐力过程中，穿插一些无氧耐力练习，能改善运动员的呼吸能力和循环系统的功能，这有利于提高机体输送氧气的能力，对提高有氧耐力水平极为有利。由此可见，有氧耐力和无氧耐力之间是相互联系，相互促进的。所以，在耐力练习中要注意两者的结合，至于有氧耐力练习和无氧耐力练习的比例，应视实际情况而定。

6. 耐力训练要根据各专项的特点要求，科学地安排运动负荷，有的放矢地进行训练

实践证明，不同强度的负荷对发展某一代谢能力作用不同。如短跑运动员必须在有氧代谢能力的基础上，重点发展无氧代谢能力，以短距离大强度负荷为主。马拉松运动员必须重点发展有氧代谢能力，以强度不大的慢跑为主。不同强度的负荷对人体内有氧代谢及无氧代谢供能上比例不同（表4-3、表4-4、表4-5、表4-6）。

表4-3　不同的持续时间最大负荷练习时无氧代谢和有氧代谢所占能量输出的比例

最大负荷练习时不同持续时间	能量输出/kcal		合计/kcal	所占能量输出的比例/%	
	无氧代谢	有氧代谢		无氧代谢	有氧代谢
10 s	20	4	24	83	17
1 min	30	20	50	60	40
2 min	30	45	75	40	60
5 min	30	120	150	20	80
10 min	25	245	270	9	91
30 min	20	675	695	3	97
1 h	15	1 200	1 215	1	99

表 4-4 不同距离游泳时的有氧代谢和无氧代谢

不同游泳距离/m	时间/min	有氧代谢/%	无氧代谢/%
100	1	25	75
200	2~2.5	40	60
400	4~5	50	50
500	16~18	85	15

表 4-5 不同距离跑的有氧代谢和无氧代谢

不同距离跑/m	时间	有氧代谢/%	无氧代谢/%
100		0	100
200		5~10	90~95
400	45 s	18.50	81.50
800	2 min	33.33	66.67
1 500	3.40 min	52.50	47.50
10 000	29 min	90	10
马拉松	2.15 h	97.50	2.50

表 4-6 不同距离速度滑冰的有氧代谢和无氧代谢

不同距离速度滑冰/m	时间	有氧代谢/%	无氧代谢/%
200	20 s	15	85
500	40 s	30	70
1 000	1.30 min	40	60
1 500	2.05 min	50	50
3 000	4.5 min	70	30
10 000	16 min	90	10

7. 发展耐力素质，应严格按照技术要求进行

长时间进行有氧耐力训练时，对运动员的技术动作有严格要求。使之保持正确、协调、运用自如、准确。这可使神经系统的兴奋与抑制过程合理、稳定，有节律地交替，从而延迟疲劳的产生。

8. 耐力练习后应注意消除疲劳，使其尽快恢复

耐力练习时间长，消耗的能量大，所以训练后积极补充能量物质很重要，它能使练习者机体更快地恢复及获得超量能源的储备。另外还要采取有效的措

施和手段，使疲劳的肌肉及神经系统得以放松，以及早消除疲劳，为下次练习创造条件，这对耐力性项目的运动员极为重要。

9. 在耐力练习中要注意加强医务监督

由于耐力练习时间较长，运动负荷较大，对人体各系统的影响也较深。如果运动员在健康水平不佳或者机能能力有障碍的情况下进行大负荷的耐力练习，就容易对人体各系统的功能造成严重的损害，所以在耐力练习时加强医务监督就非常必要。耐力练习中的医务监督一般包括两方面的内容：一是练习前的机能评定，如简单的有血压、心率情况以及运动员的自我感觉等；二是练习时运动员对负荷安排的承受情况，如重复动作的变异程度、运动员练习时的面部表情等。一旦发现异常就应根据实际情况，减量或中止练习，以防不测。

第五章 速度素质训练

第一节 ▶ 速度素质概述

一、速度素质的概念

速度素质是指人体或人体某部位快速运动的能力,也即人体或人体某一部位快速做出运动反应、快速完成动作、快速移动的能力。

对于速度素质的内涵,人们有着不同认识。以往,很多人认为速度就是跑得快、游得快,"速度是指尽快向前运动的能力"。近几年,对速度的认识逐步趋于全面。如苏联的普拉诺夫认为"速度是指运动员保证在最短时间内完成动作的综合功能"。原民主德国的盖·施莫林斯基提出"所谓速度是指在神经系统和肌肉组织运动过程的可变性的基础上,以一定的速度来完成动作的能力"。加拿大的图多·博姆帕将速度的内涵定得更为简明:速度是人体"快速运动的能力"。我国的过家兴教授提出"速度素质是人体快速完成动作的能力和动作反应时间的总称,也可理解为人体(或身体的某一部分)进行快速运动的能力"。董国珍教授指出"速度素质是指人体快速运动的能力,这里包括人体快速完成动作的能力和对外界信号刺激快速反应的能力"。上述专家学者对速度内涵所表达的语言文字虽有差异,但其含义基本上是一致的,速度素质包括三个方面,即运动时人体对各种信号刺激的快速反应能力、快速完成动作的能力、快速通过一定距离的能力。

速度素质是人体的基本身体素质之一,在身体训练中占有重要的地位。原民主德国的著名训练专家 D. 哈雷博士在《速度及速度训练理论》一文中提出:"在田径的短跑和跳跃以及短距离自行车等项目中,速度对成绩起决定性作用。此外,速度还是短时间耐力项目和大多数球类运动的重要基础。"曾培养过一批世界级优秀运动员的加拿大图多·博姆帕博士在《运动训练理论与方法》一书中指出:"体育运动中最重要的生物运动能力之一是速度。在短跑、拳击、击剑、冰球、球类运动等多种运动项目中,速度都起着重要的作用。在不以速度为主的运动项目中,也可以将速度训练作为提高训练强度的手段。因此,速度训练几乎与所有运动项目有关。"我国的田麦久博士在《运动训练科学化探索》

一书中提到：在现代体育运动中速度的作用更为突出，如"短跑强调不充分后蹬的快速摆动，长跑多采用高步频技术，跳跃以可控速度助跑变成以最快速度助跑，投掷则要求最后出手速度尽量快"；"中国排球各种各样的快攻战术有力地推动排球运动的发展，体操中空翻周数与转体度数越来越多，要求动作速度越来越快。可以说，所有竞技体育项目的运动员训练都应结合专项特点及技术变化，高度重视快速能力的训练"。

1. 速度素质是决定运动成绩的重要因素

在体育比赛中，有些项目比赛的成绩直接受到速度素质的制约，如田径中的短跑、短距离游泳、划船、自行车、滑冰、滑雪等项目其本身就是比运动员快速运动的能力，通过一定距离所用速度的快慢来决定胜负。有一些项目虽然本身不是比速度，但速度素质的好坏对运动成绩产生直接的影响，如跳远，首先要有快速的助跑产生良好的水平速度，然后要在 0.1 s 左右的时间内完成起跳，将身体抛出 8 m 多远的距离；跳高运动员要在 0.2 s 内完成起跳，将身体腾起 2 m 多高；铅球运动员要在 0.2 s 左右的时间内发挥全身力量，将 7.26 kg 的铅球推出 20 m 以外。这说明动作的初速度决定了这些项目的运动成绩。又如拳击、击剑等项目，要在不停的运动中伺机快速出击，既要击准对方，又要防止被对方击中，这要求敏捷的动作及快速的反应速度。球类运动中的快攻与快防，突然起动，快速改变方向，及时堵、截、抢、断等都要求速度领先一步，方能取得主动。

随着现代运动技术的发展，时间因素起着越来越重要的作用，在研究构成技术诸多因素中，也更重视时间因素的研究。一方面研究在完成各种复杂的技术中如何缩短动作的时间，提高完成动作的速度；另一方面在创新技术的研究中，力求完成技术动作的迅速性和动作技术的突然性，能出其不意而取得胜利。与此同时，在现代训练中，教练员们也以提高速度来增大训练的难度与强度，提高专项能力，适应当今竞争激烈的竞赛要求。所以，速度素质的培养是各运动项目竞技能力的重要内容，直接决定或影响运动员技术、战术水平的发挥，是竞争能力的强弱与比赛胜负的重要因素。

2. 速度素质训练能提高人体中枢神经过程灵活性

速度素质是重要的身体素质之一，是衡量身体训练水平、竞技能力高低的客观依据。速度素质直接反映运动过程中的效果，提供改进技术、提高运动成绩的客观数据。竞技体育技术动作大多要求快速完成，良好的速度素质有助于运动员更好地掌握合理而有效的运动技巧。

速度素质练习不仅能提高人体的快速运动能力，而且能提高人体中枢神经过程灵活性及兴奋与抑制的转换能力。

3. 速度素质对身体素质发展有着积极的影响

速度素质不但是某些运动项目作为选材的客观依据之一，而且良好的速度素质对其他身体素质发展有着积极的影响。

肌肉快速收缩能够产生更大的力量，高度发展的速度素质能为耐力的发展提供更大的空间。

二、速度素质的种类与特点

速度素质是人体进行快速运动的一种能力，基本的表现形式有：反应速度、动作速度和周期性运动中的位移速度（见图5-1）。

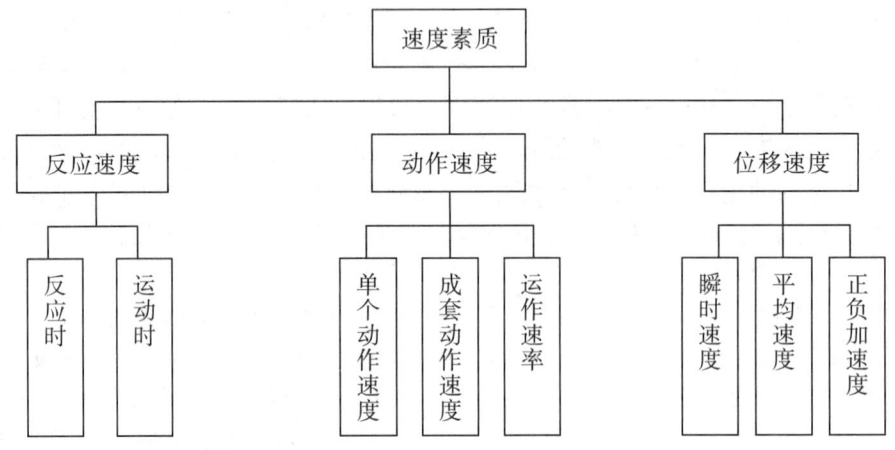

图5-1　运动素质的表现形式

1．反应速度的概念与特点

反应速度是指人体对各种信号刺激（如声、光、触等）的快速应答能力。这种能力取决于信号通过神经传导所需时间的长短，即机体的感受器感受到刺激时，由感觉神经元传入至中枢神经，由中枢神经发出指令，经运动神经元传出至肌肉效应器，肌肉产生运动。这在运动中又称为反应时，反应时长则反应速度慢，反应时短则反应速度快。如短跑运动员听到枪声后快速反应到起动；乒乓球运动员能在0.15 s内根据对方的击球动作和击球声音（通过视觉和听觉），非常迅速、准确地判断来球的落点和旋转性能，同时做出相应的技术回击。这就是良好的反应速度的表现。

反应速度以神经过程的反应时（其中包括感觉时间、思维判别时间和动作始动时间）为基础。反应时受遗传的因素影响较大，遗传力高达75%以上。另外，反应时的长短与刺激信号的强度和注意的集中程度及指向有关。

运动时的反应速度是指在具体的运动过程中，运动员对各种信号刺激的快速应答能力。这不仅受遗传因素的影响，而且取决于具体的运动项目。

2．动作速度的概念及特点

动作速度是指人体或人体的某一部分完成单个动作或成套动作的快慢以及

单位时间内重复动作次数的能力。因此，动作速度又分为单个动作速度、成套动作速度及动作速率三种。如投掷运动员掷出器械的速度，排球运动员的扣球速度，跳高运动员的起跳速度，体操和武术运动员完成成套动作的速度以及拳击运动员在单位时间内的出拳速率等。

动作速度除了决定于信号在各环节中神经传递的速度之外，还与神经系统对人体运动器官的指挥能力关系密切。如果兴奋冲动强度大，加之传递速度快，协调性好，即指挥的能力强，动作速度必然快。此外，动作速度的快慢，还与人体各器官系统的准备状态、快速力量与速度耐力水平以及动作熟练程度有关。

在技术动作中，动作速度可分为瞬时速度（其速度产生于一瞬间，如跳远的起跳速度）和角速度（运动时人体在单位时间内旋转的角度，如体操中的"旋"）等。

3. 位移速度的概念及特点

位移速度是指在周期性运动中，单位时间内人体快速位移的能力。通常用通过一定距离的时间或单位时间内所通过的距离来表示，如短跑运动员的跑速、跳高运动员的助跑速度等。从物理学上讲，位移速度是表示物体运动快慢的物理量，它是距离（s）与通过该距离的时间（t）之比，可用公式 $v=s/t$ 表示。

位移速度与人的神经过程的灵活性关系密切，神经兴奋与抑制过程灵活性越高，转换能力越强，人体两腿交换频率越高，位移速度也就越快。运动员的跑速与其步幅、步频及二者的比例，肌肉放松能力和运动技能巩固程度有关。位移速度也受到遗传因素影响，有资料表明，50 m 跑速的遗传力为 78%。

构成速度素质的反应速度、动作速度、位移速度之间，既有联系，又有区别。位移速度是由各个单个动作速度和动作速率组合而成，如途中跑的后蹬速度、前摆腿动作速度、摆臂速度和重复次数的组合。反应速度又往往是位移速度的开始（如起跑），反应速度在运动时已经成为反应后的第一个动作速度。因此，在发展位移速度中，要考虑三者之间的相互关系，就位移速度而言，反应速度是前提条件，动作速度则是基础。

反应速度、动作速度与位移速度，三者之间既有联系又有区别。特别是在内部机制方面，反应速度和动作速度、位移速度具有较大的差异，前者着重表现在神经活动方面，而后两者则着重表现在肌肉活动方面。

三、决定速度素质的因素分析

（一）决定反应速度的因素分析

反应时是决定反应速度快慢的基础。反应时也称反应潜伏期，是指运动员接受刺激与做出肌肉动作之间的应答时间。反应潜伏期的存在涉及以下过程：第一，某些感觉器官被刺激而唤起兴奋；第二，兴奋沿传入神经传到大脑中枢；第三，一旦兴奋冲动传到大脑中枢，就要根据过去的经验进行分析，刺激方式越复杂,在大脑中枢分析的时间就越长;第四,沿着传出神经,把大脑中枢所发出的冲动传到相应的肌肉群;第五,肌肉群根据刺激的特点与要求,做出相应的回答。整个过程都有时间延搁,其中以在大脑皮层内延搁的时间最长。由于反应潜伏期具有以上特征,所以,反应时间的长短主要取决于以下因素:

1. 感受器(视、听、触觉等)的敏感程度

感受器越敏感,越能缩短对各种信号刺激的感受时间。感受器的敏感程度在相当程度上受到注意力集中程度与指向,以及感受器疲劳程度的制约。如射击运动员长时间地进行瞄准练习后产生视觉疲劳,反应时就会延长。

2. 中枢神经系统机能

中枢神经延搁是大脑中枢对刺激信号分析的结果。刺激信号的选择性越大,反射活动就越复杂,历经的突触也越多,分析的时间也就越长。中枢神经对刺激信号的分析时间主要和两个因素有关:其一是中枢神经系统的兴奋性,其二是条件反射建立的巩固程度。例如,中枢系统兴奋性高时反应时就缩短,疲劳时反应时则延长。又如,随着动作技能的日益成熟,反应时就会明显缩短。简单反应时平均可以缩短 11% ~ 18%,而复杂反应时则平均可以缩短 15% ~ 20%,并且反应的稳定性也有很大程度的提高。

3. 效应器(肌纤维)的兴奋性

有材料表明,肌肉紧张时比放松时反应时要缩短 7% 左右,另外,肌肉疲劳时反应时间明显延长。根据以上分析,注意力的集中程度与指向、疲劳程度和反应过程的巩固程度对反应速度有相当大的影响,在反应速度的教学与训练中要引起充分的重视。

(二)决定动作速度、位移速度的因素分析

动作速度与位移速度的主要特点都是通过肌肉系统最大限度的快速活动形式,在最短的单位时间内完成动作。由于人体肌肉活动的形式与质量受到形态、生理、心理、力学、技术等方面的影响,故影响动作速度、位移速度的因素也表现为多方面。

1. 人体形态

人体形态对速度的影响,主要在于四肢的长度。在其他条件相等的情况下,上、下肢的长度与该部位的运动速度成正比。上、下肢的长度越长,该部位的运动速度就越快。人体四肢的运动形式是肢体绕关节轴的转动,效应部位(手或脚)离轴心的距离越远,运动速度就越大。拳击和击剑运动员手臂越长,出拳与出剑的速度就越快;径赛运动员下肢的长度也是影响运动成绩的重要因素。所以,对运动速度要求较高的体育竞技项目,都把人体形态作为一个重要的选材指标。

2. 神经活动过程的灵活性

神经活动过程的灵活性主要指运动神经中枢兴奋与抑制之间的快速转换能

力以及神经与肌肉之间的协调能力。人体各部位各种形式的快速运动，都是神经中枢活动高度协调的表现。只有这种高度协调，才能保证在快速运动时迅速募集所有必要的肌肉协作参与活动，并抑制对抗肌的消极影响，发挥出最高速度。另外，神经活动过程的灵活性不仅能影响肌肉的猛烈收缩，而且对肌肉随意放松的能力也有直接的作用。随意放松肌肉是神经中枢在合适的抑制状态下进行的。运动员在发展位移速度时，如果能充分放松肌肉，就能维持较长时间的高速运动。

中枢神经系统兴奋与抑制转换的持续时间，与转换速度的快慢有关，转换速度越快，转换的持续时间越短。在进行高速度活动时，中枢神经很快就会疲劳，从而降低运动速度，甚至会使运动完全停止。所以，发展最高速度时要考虑中枢神经系统的特点，时间不能过长，否则就会适得其反。

（三）力量的发展水平与技术

在很多运动项目中，力量的发展水平与技术因素是影响动作速度和位移速度的重要因素。从力学公式中可以知道，力量等于人体质量与加速度的乘积，力量是引起人体加速度的原因，力量越大则加速度也越大；加速度越大，人体运动速度就越快。由于人体质量与人体加速度成反比，故要最大限度地提高人体加速度，对力量的要求更偏重于相对力量。相对力量越大，肌肉就越容易在运动时克服内、外部阻力，产生快速的收缩速度。

另外，动作速度和位移速度往往也要受到技术的影响，运动员的快速能力在很大程度上取决于完善的运动技术。动作的幅度与半径大小、工作距离的长短与时间、动作的方向、角度及部位等，均与速度的快慢有密切关系。合理、有效的技术可以通过缩短运动杠杆、正确摆正重心、有效地使用能量等作用而快速完成动作，并能使动作完成更省力、更协调。

（四）肌纤维的类型和肌肉用力的协调性

肌肉的快速收缩是速度素质的基础。从肌肉的结构来看，人体骨骼肌分为快肌纤维（白肌纤维）和慢肌纤维（红肌纤维）。快肌纤维主要靠糖酵解供能，并具有较高的脂肪、三磷酸腺苷（ATP）、磷酸肌酸（CP）含量，但活动时容易疲劳。不同的人体内，快、慢肌纤维占的百分比是不同的，这种百分比受遗传影响，后天不可能相互转化。人体肌肉快肌纤维百分比越高，快速运动的能力也越强。例如，速度性项目优秀运动员的快肌纤维比耐力性项目运动员多得多。世界大赛短跑项目的前几名基本上都是黑人，原因之一也是黑人的快肌纤维比其他人种多的缘故。

另外，良好的肌肉弹性以及主动肌和对抗肌之间的协调交替能力，也是实现快速运动、准确完成动作技术的重要保证。关节的柔韧性对大幅度完成动作（如步幅）的作用十分明显，这对要求快速奔跑的项目十分重要。因此，在发展速度（特别是位移速度）的过程中，安排适量的柔韧练习，对速度素质的提高有积极意义。

（五）肌肉中能量物质的储备与能量物质分解以及再合成的速度

肌肉收缩的速度首先决定于肌纤维中动用化学能的速度与强度，以及化学能转变为收缩机械能的速度与强度。这在很大程度上取决于兴奋从神经向肌肉传导的速度与强度，以及释放和分解三磷酸腺苷（ATP）的数量和速度。所以，速度与肌肉中三磷酸腺苷的含量有关，与神经冲动传入肌肉时三磷酸腺苷的分解速度有关。其次，快速能力是以肌肉收缩和舒张的迅速转换为前提的，要使肌肉舒张，并能进行下一次收缩，必须使它收缩时消耗的三磷酸腺苷有比较完全的恢复和再合成。如果三磷酸腺苷完全耗尽，肌肉就不能继续工作。因此，速度又取决于肌肉收缩的间歇中三磷酸腺苷再合成的速度。

肌肉快速收缩中，三磷酸腺苷的再合成是靠肌肉中磷酸肌酸（CP）分解释放出能量来完成的。因此，磷酸肌酸也是速度素质的物质基础，人体快速运动的能力越强，其肌肉中磷酸肌酸的含量就越高，同时肌肉中糖酵解的活动能力也越强。同样，速度训练除了能增强三磷酸腺苷的再合成能力外，还能增加肌肉中能量物质的储备和能量物质迅速被利用的能力。

（六）注意力的集中程度

动作速度、位移速度除受以上所述因素影响之外，还和运动员注意力的集中程度有很大关系。注意力的集中程度实际上是一种心理定向能力，这种能力不仅能影响中枢神经系统兴奋与抑制快速转换的速度，而且对肌纤维的紧张程度与收缩效果有重大作用。另外，注意力集中程度的作用，还表现为人体对快速随意运动的感觉与控制，这对发展人体快速能力十分重要。因此，在发展速度素质的练习中，千万不能忽视运动员的注意力训练。此外，运动员是否有勇敢顽强的精神，是否有坚定不移的信心与意志以及果断的性格，能否保持适度的兴奋和稳定的情绪等心理素质的能力，都能影响运动员速度素质的提高和发展。

除上述影响速度素质的内在因素外，速度素质的提高还受到一些外部因素的影响，如气候、温度、环境等。在发展速度素质的过程中，这些因素都应引起充分的重视。

第二节 速度素质的训练方法与手段

一、速度素质的训练基本方法与手段

通过一定的方法手段提高速度素质,对发展快速动作能力意义重大。由于速度素质包括反应速度、动作速度、位移速度三个方面,而这三个方面既有联系又有区别,故速度能力提高的途径也具有多方面的特点(图5-2)。

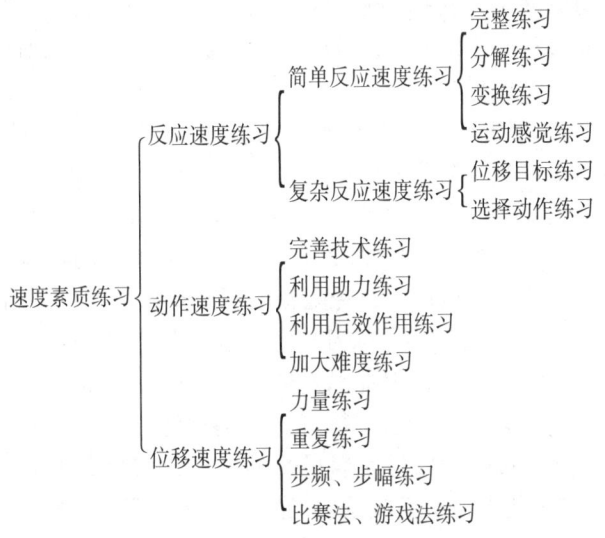

图5-2 速度素质的训练基本方法、手段

(一)反应速度的练习

反应速度的练习包括简单反应速度的练习和复杂反应速度的练习。简单反应速度练习的特点是通过练习尽量缩短感觉(视、听、触)——动作反应的时间。复杂反应速度练习的特点则是尽量缩短感觉(视、听、触)——中枢分析选择判别动作反应的时间。

1. 简单反应速度的练习

在体育运动实践中,简单反应速度往往受到中枢神经系统的兴奋程度、注意力的集中程度、肌肉组织的准备状态、动作技术的掌握程度,以及对信号特征、时间特征的感觉与辨别能力和遗传因素等的制约。如果要把简单反应速度提高到一定程度,就必须针对上述原因(除遗传因素外)采用相应的方法与手

段。简单反应速度练习的方法一般有以下几种:

(1) 完整练习。利用已经掌握的完整的单个动作或组合动作,尽可能快地对突然出现的信号或突然改变的信号做出应答反应,以提高反应能力。例如,反复完成蹲踞式起跑,根据特定信号改变动作方向,对已知对手的运动做出不同的反应动作,对快速运动目标做出迅速反应等,这些对信号反应的完整练习,在运动员初级水平阶段的作用比较明显。

(2) 分解练习。由于简单动作反应是通过具体的、有目的的运动动作及其组合来完成的,因此采用分解练习能充分利用动作速度向简单反应速度的转移效果。分解练习是相对完整练习而言,就是分解应答反应的动作,使之处于较容易或更为简单的条件,通过提高分解动作的速度来提高简单反应速度。如田径运动员采用蹲踞式低姿起跑的反应时间较站立式高姿起跑慢的原因,主要是蹲踞式起跑时运动员的手臂支撑力较大。练习时,可先用高姿起跑或手扶其他物体的形式单独练习对起跑信号的反应速度,然后再逐步过渡到低姿起跑练习,这样将会取得好的练习效果。

(3) 变换练习。即通过改变练习的形式让运动员在变化的情况下完成练习。改变练习的形式主要包括两方面内容:第一,改变对刺激信号的接收形式,如由视觉接收的刺激信号改变成听觉、触觉的形式;第二,改变应答反应的动作形式。利用变换练习,既能有效地提高人体各感觉器官的功能,缩短简单反应的时间,又能提高练习积极性,避免兴奋的不必要扩散,提高训练的效果。

(4) 运动感觉练习。运动感觉练习是身体训练与心理训练相结合的一种方法。这种练习可在人体反应过程中提高对微小时间辨别的时间知觉,从而发展反应速度,对运动实践具有一定的实际意义。运动感觉练习一般要经过三个阶段:第一阶段是运动员接收到信号后以最快的速度对信号做出应答反应(例如做 5 m 的起跑),然后获得该次反应练习的实际时间;第二阶段是运动员自己估计反应练习的所用时间,而后与实际时间对照比较,由此提高运动员对时间感觉的准确性;第三阶段是当运动员的估计时间与实际时间在大多数情况下吻合时,运动员就能较准确地判断反应时间的变化,在练习中按所要求的时间完成一次反应过程,运动员辨别时间差的能力越强,越精细,就越能自由地掌握反应速度,并使反应速度得到提高。

另外,运动员的注意力指向也与反应速度能力有关。在练习中应要求运动员把注意力集中在将要进行的动作上,因为注意力集中在动作比集中在信号反应的速度要快一些。注意力的指向和肌肉紧张度有关,注意力集中在动作上,完成该动作有关的肌肉群紧张度就会升高,从而加快动作的完成。

2. 复杂反应速度的练习

复杂反应在运动中大部分属于选择反应。选择反应一般包含两种形式:一是对移动目标的反应,即指对运动客体的变化做出反应;二是选择动作的反应,主要指根据对手动作变化做出相应动作反应。所以，复杂反应速度的练习包括移动目标练习和选择动作练习。

（1）移动目标练习。对移动目标产生反应并做出选择，一般要经历四个阶段，如对球类运动中的运动客体——球的反应，一要看到球，二是判断球的速度与方向，三是选择自己的动作方案，四是实现这个方案。这四个阶段组成了复杂的反应过程，整个过程时间一般为 0.25 s 到 1 s。实践表明，前两个阶段的时间大约要耗费整个反应时间的一半以上，而在这两个阶段中，时间分配并不平均，绝大部分时间用在第一阶段，第二阶段只占极少部分，约 0.05 s。因此，在移动目标练习中，要特别考虑到反应时间分配的特点。

首先，要重视视觉观察、移动物体能力的练习。通过不同的位置、方向，以不同的速度传球，能使这种能力得到提高；不过在练习中要注意注意力的指向与分配。其次，加强"预料"能力的培养，培养在视野中预先"观察到"和"盯住"运动物体，以及预先确定运动物体可能移动的方向和速度的能力，这种能力要在技术和战术动作的提高过程中得到相应的提高。再次，有意识地引入和增加外部刺激因素，如可以在专项训练练习时增加球的数量、采用多球的游戏法练习、安排一对二的训练等，还可采用带有程序设计装置的练习器和其他专门设备，如乒乓球发球机、排球发球机、射击中移动靶等。

（2）选择动作练习。根据对手动作变化做出相应的动作反应是人体反应与专项运动密切结合的一种形式。这种练习专项化程度很高，对专项运动的作用也十分明显。选择动作练习内容包括两部分：其一，在专项训练中使需要选择的情况复杂化，例如在练习中提供更多的需做出反应的动作，由此增加反应过程中的选择面和难度，促进中枢神经系统的分析辨别能力，缩短反应的时间；其二，练习中努力教会运动员合理利用对手可能做出动作变化的"预先信息"，这种预先信息可从观察对手的姿态、面部表情、眼神、准备动作、总体风格中得到，一旦能准确意识到对手可能采用的动作变化，就可以快速、准确地选择相应的动作来应答。

（二）动作速度的练习

动作速度寓于具体的动作之中。在动作速度的练习中，专项要求不同，动作速度练习的任务和内容也有区别，因此，动作速度和动作技术的完善程度紧密联系在一起。另外，动作速度直接受到力量、柔韧性、灵敏性等其他身体素质发展水平的制约，所以动作速度的练习与其他素质的发展也密切相关。动作速度的培养，必须通过技术水平的巩固与提高，以及有关身体素质的发展才能实现。

1. 完善技术练习

动作速度的提高，在很大程度上首先取决于完善的运动技术，因为动作幅度的大小、工作距离的长短、工作时间的多少以及动作的方向、角度与部位等，都与动作速度的大小有着极为密切的关系。其次,在技术练习中,人体协调性会得到相应的提高。那么,完成动作时,人体各肌肉群之间、肌肉活动与内脏活动之间、各内脏活动之间就会表现出同时或前后配合协作一致的现象,在发展动作速度时这将有利于最大限度地减少人体内部的阻力(如被动肌肉群的阻力、人体运动时内脏器官的阻力等),从而提高动作速度。

2. 利用助力练习

利用助力练习是指在动作速度练习中,利用外界自然条件的助力和人为因素的助力来发展动作速度。外界自然条件的助力是指利用风的方向或水的流向,如自行车运动员顺风骑、速滑运动员顺风滑、短跑运动员顺风跑和游泳运动员顺水游等。这种方法对提高动作速度既经济又有效。人为因素的助力可分为机械助力和人工助力,机械助力是由专门机械设备的牵引形成的,如摩托车的牵引、牵引机的牵引等;人工助力是教练员或他人直接或间接施加给运动员顺运动方向的力,帮助运动员提高动作速度或完成某一技术环节的动作速度。如短跑项目一带一、快带慢的牵引跑;体操项目教练员直接给予运动员助力,帮助其提高动作速度。不论是哪一种助力形式,运用时都应循序渐进。以提高动作速度为主的练习,助力应逐渐加大;以提高单个动作为主的练习,助力应逐渐减小。

3. 利用后效作用练习

利用后效作用练习是利用动作加速和器械重量变化而获得的后效作用来提高动作速度。如在跳高训练中,先穿沙背心或沙袋进行负重跳可获得重量减轻后的后效作用;利用下坡跑可获得加速的后效作用;在推标准铅球之前可先用加重铅球做练习而获得重量减轻后的后效作用。这是由于在第一次动作完成后,神经中枢剩余的兴奋在随后的动作过程中仍然保持着运动指令,从而可以大大缩短动作进行的时间,提高动作速度。但是,这种后效作用的产生取决于负荷量的大小、随后减轻的情况,以及练习重量的重复次数和不同重量的练习交换次数与比例。例如,用增加重量的铅球练习后,再用标准重量的铅球进行练习,两者合理比例应为1∶2~1∶3;而在用标准重量铅球练习后,再进行减轻重量的铅球练习,两者比例应为1∶1。在同一次课中,把3种重量的速度练习组合在一起,顺序安排应是加重—标准—减轻;在短跑练习中,应该是上坡跑—水平跑—下坡跑。这种由重到轻的安排,就是要利用动作的后效作用。

4. 加大难度练习

加大难度练习主要是通过缩小练习完成的空间与时间界限,用特定的要求来促进动作速度的发展,如球类小场地快速完成练习。因为运动活动中动作速度表现的平均水平和快速动作的完成,在相当程度上受专项活动的持续时间和活动场地等影响,因此,在动作速度的练习中可以通过限制练习的时间、空间条件,使运动员以最大速度完成动作,从而提高训练效果。

（三）位移速度的练习

位移速度在某种意义上可看成是一种人体综合运动能力。位移速度的快慢不仅和动作技术水平有关，而且与力量、柔韧性、速度耐力以及协调性的发展也有着十分密切的关系。从另外一个角度，也可把位移速度看成是动作速度、速度耐力与意志力的组合。所以，位移速度练习可采用以下方法：

1. 力量练习

力量练习是提高位移速度的基本方法之一。常用的发展位移速度的力量练习有负重杠铃、各种负重单双足跳、多级跳和跳深等形式。力量水平特别是爆发力水平的提高对位移速度的提高具有相当重要的意义。在力量练习中应注意以下几点：

（1）力量练习时，以提高速度力量为主，通常是强调负重力量练习的速度，力争快速完成。

（2）注意采用极限和次极限负荷强度，以提高快肌纤维的功能。练习的次数与组数不宜过多。

（3）通过力量练习提高肌肉、韧带的坚韧性，防止在速度训练中受伤。

（4）力量练习后，应有 2~6 周的减量练习阶段，以便通过"延缓转化"把所提高的力量能力转移到速度能力上去。

（5）多做一些超等长的力量练习（如多级跳、跳深等），以提高肌肉收缩时的快速力量。

2. 重复练习

重复练习是指以一定的速度，多次重复一定距离的练习。这种方法对提高人体在快速移动中克服各种内外阻力以及速度耐力十分重要。采用重复练习时，要重视以下问题：

（1）练习强度。练习强度是提高运动员快速移动能力的主导因素。位移速度属极限强度，是以高强度进行位移速度的练习，强度一般可控制在 90%~95%。在此之前，要安排一些中等或中高强度的练习作为适应练习。在高强度的练习中，运动员要高度集中注意力，最大限度地动员肌肉力量，并加大动作速度与幅度，发挥最高速度水平。高强度练习一般持续时间控制在 20 s 以内，距离在 30~60 m，其中游泳以 10~15 m 为宜，速滑以 100~200 m 为宜。次数和组数的确定应根据运动员高速度出现、保持的时间，以及克服疲劳和机体的恢复能力来决定。一般来说，极限负荷时间短，一组 6~7 次，重复 5~6 组；非极限负荷时间长，重复次数与组数减少。

（2）间歇安排。应以运动员机体相对得到恢复为标准。即运动员在下一次练习开始前，中枢神经系统又再度兴奋，机体内物理化学变化在很大程度上已经中和，能保证下次练习的能量供应。间歇时间的长短主要和练习持续时间有关。一般来说，练习持续时间 5~10 s，各次练习间休息 1~2 min，每组间歇

2～5 min；若练习持续时间10～15 s，各次练习间休息3～5 min，每组间歇10～20 min。

（3）肌肉的放松能力。在重复练习中，肌肉在极限强度负荷下完成最快的收缩功能，容易疲劳，恢复较慢。所以在练习中要重视提高肌肉的放松能力，也就是肌肉主动消除疲劳的能力。大量的材料表明，放松能力对速度运动项目的影响越来越大。

3. 步频、步幅练习

步频和步幅是影响位移速度的两个主要因素。步频受肌纤维类型和神经活动灵活性的制约，步幅受腿的长度、柔韧性、后蹬技术力量的制约。这五个因素中，只有柔韧性和后蹬技术通过训练能得到改善，其他三个因素受遗传的影响，后天改善的程度有限。因此，对有一定训练水平的运动员，主要是通过提高步幅来提高移动速度。目前，通过人为条件发展步频、步幅的手段很多，如牵引机、加吊架的领先装置、转动跑道、惯性跑道等。

4. 比赛法、游戏法练习

比赛法是速度训练中经常采用的方法。由于移动速度练习时间短，经常采用比赛法是可行的。采用比赛法能促使运动员情绪高涨，表现最大速度的可能性就会增加。通过比速度、比技术、比成绩等可以起到激励斗志、鼓舞士气的作用。在比赛的条件下，往往能比平时更快地做出反应，完成快速移动。游戏法同比赛法作用一样，可以激起运动员高涨的情绪。同时，由于游戏过程能引起各种动作变化，还可以防止因经常安排最大速度练习而引起的"速度障碍"形成。

二、速度素质的具体练习方法

（一）徒手练习

1. 单人练习

（1）摆臂：两脚前后开立，根据教师信号做有节奏的前后摆臂练习20 s。要求节奏快速，动作有力，重复练习2～3组，组间休息3 min。

（2）计时摆臂：两脚前后站立，做原地快速前后摆臂10～15 s。计算每次练习的摆臂次数，重复练习3～5次，每次间歇5 min。

（3）摆臂接冲刺跑：两脚前后开立，原地做快速前后摆臂练习10～15 s，接做30 m冲刺跑。要求起动快速，跑出最高速度。每组练习2～3次，重复进行2～3组，每组间歇5 min。

（4）跑动振臂：中速跑或垫步跑，两臂伸直交替上下振动。要求动作快速有力，随着跑动节奏振臂。每组跑动20～30 m，重复练习3～4次，组间休息5 min。

（5）行进间臂绕环：在行进间跑或垫步跑动过程中两臂成直臂或屈臂向前

（后）做快速臂绕环练习。两臂摆动与跑动节奏一致。跑 20~30 m 距离，重复 3~4 次，每次间休息 5 min。

（6）行进间臂依次绕环：两臂成直臂，以肩为轴依次向前做快速臂绕环跑进 20~30 m。重复练习 3~4 次，每次间歇 5 min。

（7）后踢腿跑：以膝关节为轴向后快速踢腿跑 20~30 m 或 20~30 s。练习时上体保持挺直，腿后踢脚跟触及臀部，两臂协调配合摆动，重复练习 2~3 次，每组间歇休息 1 min。

（8）原地高抬腿跑：站立，听信号开始做原地高抬腿跑 20~40 s。重复练习 3~4 次，每次间休息 5 min。

（9）快速高抬腿：单腿支撑，另一腿连续快速高抬大腿 20~40 s，两腿交替练习。重复练习 2~3 组，组间休息 5 min。

（10）快速后蹬跑：慢跑 5~7 步后，做行进间快速后蹬跑 20 m。后蹬跑时，腿充分蹬伸，两臂协调配合。每组练习 3~4 次，重复进行 2~3 组，组间休息 10 min。

（11）快速车轮跑：以最快速度做行进间车轮跑 30 m。练习时身体不得后仰，动作节奏清晰，频率快。每组练习 2~3 次，重复进行 2~3 组，组间休息 10 min。

（12）小步跑变高抬腿跑：小步跑 5 m 后变高抬腿跑 10 m，绕 400 m 场地一周为一组。动作要快速有力。重复练习 2~3 组，每组间歇 10 min。

（13）小步跑变后蹬跑：放松跑 5 m，接着做快速后蹬跑 20 m，绕 400 m 场地一周为一组。后蹬跑时腿蹬伸，两臂协调摆动，动作快速有力，重复 2~3 组，每组间歇 10 min。

（14）小步跑变加速跑：快频率行进间小步跑，听到信号后变加速跑 20 m。每组练习 2~3 次，重复进行 2~3 组，组间休息 5 min。

（15）小步跑臂绕环：在快速小步跑中两臂成直臂做向前、向后快速绕环。练习距离 20~30 m，重复练习 3~4 次，每次间歇 5 min。

（16）行进间小步跑：快频率行进间小步跑 10 m。每组练习 3~4 次，重复进行 2~3 组，组间休息 5 min。

（17）快走接小步跑：提踵快速行走，逐渐过渡到行进间小步跑 10 m。要求走速逐渐加快，小步跑步频越快越好。重复练习 2~3 次为一组，连续进行 2~3 组，每组间歇 5 min。

（18）后蹬跑接加速跑：行进间快速后蹬跑 20 m 过渡为加速跑 20 m。重复练习 2~3 次为一组，重复进行 2~3 组，每组休息 5 min。

（19）车轮跑接加速跑：车轮跑 10 m 后过渡为加速跑 15 m。每组练习 3~4 次，重复进行 2~3 组，组间休息 5 min。

（20）蹲踞式起动后蹬跑：蹲踞式起动做后蹬跑 20 m。每组练习 2~3 次，重复进行 3~4 组，组间休息 5 min。

（21）慢跑接后蹬跑：慢跑 15 m 过渡为后蹬跑 20 m，重复练习 10 次为一组，练习 3~4 组，每组间歇 10 min。

（22）慢跑接高抬腿跑：慢跑 10 m，接做行进间高抬腿跑 15 m，绕 400 m 场地一周为一组，重复练习 3~4 组，每组间歇 10 min。

（23）高抬腿跑跳步：慢跑 5 步后开始做快速高抬腿跑跳步 20 m，练习 2~3 次为一组，重复进行 2~3 组，每组间歇 10 min。

（24）高抬腿接加速跑：快速行进间高抬腿，听到信号后迅速加速跑 20 m，每组练习 3~4 次，重复进行 2~3 组，每组间歇 5 min。

（25）高抬腿跑接后蹬跑：快速高抬腿跑 10 m，接后蹬跑 20 m，绕 400 m 场地一周为一组，重复 2~3 组，每组间歇 10 min。

（26）原地高抬腿接车轮跑：原地快频率高抬腿跑 10 s，接车轮跑 15 m 练习。重复 3 次为一组，练习 2~3 组，每组间歇 5 min。

（27）交叉步接加速跑：交叉步跑 15 m，然后转体接做正面加速跑 15 m，慢走返回继续练习。每组练习 2~3 次，重复进行 2~3 组，每组间歇 5 min。

（28）侧滑步接加速跑：侧滑步 5 m 至标志线后接加速跑 20 m，重复进行 3~4 组，组间休息 5 min。

（29）倒退跑接侧滑步：快速倒退跑 10 m 过渡为侧滑步返回，重复练习 3~4 次，每次间歇 5 min。

（30）倒退跑接疾跑：倒退跑 10 m，转身向前疾跑 10 m，每组练习 3~4 次，重复 3~4 组，每组间歇 5 min。

（31）跨步跳接后蹬跑：跨步跳 20 m，后接快速后蹬跑练习 20 m，每组练习 2~3 次，重复练习 2~3 组，每组间歇 5 min。

（32）疾跑接交叉步跑：疾跑 10 m 后急停，紧接侧交叉步跑回，重复练习 3~4 次，每次休息 3 min。

（33）高速竞走：用最快速度竞走 30 m，每组走 3 次，重复练习 2~3 组，组间休息 10 min。

（34）快速高抬腿走：两腿交替高抬大腿迅速行走 30 m，每组练习 2~3 次，重复 2~3 组，组间休息 5 min。

（35）垫步车轮走：单腿支撑，一腿高抬大腿，小腿前伸做下落积极"扒地"动作，落地后垫一步换腿做，两腿交替进行。要求快速准确地完成动作，两臂协调配合。每组练习 15~20 m，重复进行 3~5 组，组间休息 5 min。

（36）碎步起跑：半蹲立，上体前倾（以手指能触地为宜），原地快速碎步跑（踩脚）10 s，听到信号后迅速起动疾跑 20 m，每组练习 2~3 次，重复 2~3 组，组间休息 5 min。

（37）跨步起跑：两手撑地，一腿向后伸直，另一腿膝关节尽量靠近胸部成跨步,听信号后迅速起跑接疾跑20 m,每组练习2~3次,重复2~3组,每组间歇5 min。

(38)变向起跑:背向蹲立,听到信号后迅速转体起动疾跑20~30 m。每组练习2~3次,重复2~3组,组间休息5 min。

(39)高抬腿接起跑:原地快速高抬腿,听到信号后迅速起跑接疾跑20 m。每组练习2~3次,重复2~3组,每组间歇5 min。

(40)转身疾跑:背对前方站立,听到信号后迅速转体疾跑20 m。每组练习2~3次,重复2~3组,每组间歇5 min。

(41)前倒起跑:两脚前后小开立,身体自然向前倾倒至重心前倾失控时迅速起跑20~30 m。每组练习2~3次,重复2~3组,每组间歇5 min。

(42)俯撑起跑:从俯撑开始,听到信号后迅速收腿成蹲踞式起跑20~30 m。每组练习2~3次,重复2~3组,每组间歇5 min。

(43)前滚翻起跑:前滚翻接蹲踞式起跑20~30 m,每组练习2~3次,重复2~3组,每组间歇5 min。

(44)仰卧起跑:在垫上仰卧,听到信号后迅速转体成俯撑后做蹲踞式起跑接疾跑30 m。每组练习2~3次,重复3组,组间休息5 min。

(45)重复跑:运用站立式起跑以最快速度跑120 m。间歇10 min后再跑,重复练习3~4次。

(46)变速跑:起跑后站立,听到信号后全速跑30 m后顺惯性跑40 m,再接全速跑30 m。绕400 m场地一周为一组,重复练习2~3组,组间休息10 min。

(47)匀变速跑:从匀速跑开始,见标志物或听到信号后加速跑30 m。绕400 m场地一周为一组,重复2~3组,每组间歇5 min。

(48)间歇变速跑:慢跑开始,听到信号做加速跑15 m后间歇慢跑15 s,再做加速跑。循环进行,以400 m为一循环。连续做2~3个循环,间隔休息5 min。

(49)定时跑:全速跑15 s,留下距离标记,充分恢复后再跑,重复练习3~5次为一组,组间休息5 min。

(50)变向跑:慢跑开始,听到信号后突然转身做加速跑20 m,每组练习2~3次,重复练习2~3组,组间休息10 min。

(51)上下坡跑:蹲踞式起跑后全速上坡跑30 m,接转身下坡跑30 m返回为一组。重复练习3~5组,组间休息5 min。

(52)快速弧线跑:沿背跃式跳高助跑弧线快速跑。每组跑3次,重复练习2~3组,组间休息2 min。

(53)直道变弯道跑:在直道上加速跑10 m后进入弯道跑15 m。重复练习3~5次为一组,连续跑2~3组,组间休息5 min。

(54) 直道加速跑：直、弯道交接处做高抬腿 10 m，后接弯道加速跑 20 m，每组练习 2~3 次，重复练习 2~3 组，每组休息 5 min。

(55) 弯道加速跑：直道慢跑 10 m，到弯道标志物处做弯道加速跑 20 m，每组练习 3~5 次，重复 2~3 组，组间休息 5 min。

(56) 30 m 计时跑：蹲踞式起跑，听到信号后再做全速 30 m 计时跑，重复练习 5~8 次，每次间歇 2 min。

(57) 踏标记跑：用海绵砖在跑道分步做好标记（间距可根据需要而定），全速踏标记跑 20~40 m。每组练习 2~3 次，重复 2~3 组，每组间歇 5 min。

(58) 起跑撞线：蹲踞式起跑，听到信号后疾跑 20~30 m，接做冲刺撞线动作。每组练习 2~3 次，重复 2~3 组，组间休息 10 min。

(59) 原地疾跑接冲刺跑：原地疾跑 20 s，听到信号后向前冲刺跑 20~30 m。重复 3 次为一组，练习 2~3 组，每组间歇 5 min。

(60) 跑动冲刺：练习中途跑 120 m，每跑 10 m 做一次冲刺动作，每组练习 2~3 次，重复 2 组，每组间歇 10 min。

(61) 上坡小步跑：在斜坡跑道上做高频率小步跑 10 m，听到信号接加速跑 10 m。每组练习 2~3 次，重复 2~3 组，组间休息 5 min。

(62) 上坡高抬腿跑：在斜坡跑道上做快速高抬腿跑 10 m，听到信号接加速跑 10 m。每组练习 2~3 次，重复练习 2~3 组，组间休息 5 min。

(63) 起跑接下坡跑：在斜坡跑道上蹲踞式起跑向下跑 30~50 m。重复练习 3~5 次，每次间歇 3 min。

(64) 全速跑楼梯：全速往返跑 4 层楼的楼梯，每组往返 3~5 次，重复进行 2~3 组，组间休息 3 min。

(65) 仰卧高抬腿：在垫上仰卧，一腿屈膝高抬，另一腿伸直，两腿交替做仰卧高抬腿跑模仿运动。15~20 s 为一组，重复练习 3 组，每组间歇 10 min。

(66) 仰卧交叉摆腿：在垫上仰卧，收腹举起两腿做左右快速交叉摆腿。15~20 s 为一组，重复练习 3 组，组间休息 10 min。

(67) 仰卧上下摆腿：在垫上仰卧，两腿伸直做前后交替快速摆腿动作。15~20 s 为一组，重复练习 3 组，组间休息 10 min。

(68) 仰卧车轮跑：在垫上仰卧成肩肘倒立，模仿车轮跑的前伸小腿和积极"扒地"动作 15~20 s，重复练习 3 组，组间休息 10 min。

(69) 俯撑换腿：俯撑，两腿伸直做快速交替前跨成前腿靠近胸、后腿蹬直姿势，每次练习 15~20 s，重复进行 3 次，每组间歇 10 min。

(70) 腾空剪腿：快速助跑三步起跳，腾空后摆动腿的大腿高抬至髋关节水平位置，积极下压，同时起跳腿向上抬起，两腿在空中做快速交叉换腿动作，以摆动腿落地。每组练习 5~8 次，重复练习 2~3 组，组间休息 3 min。

(71) 快速滑步：手臂自然平举，膝部弯曲，看手势变化，快速滑步移动，每组向前、向后、向左、向右方向各滑行 10 m，重复练习 2~3 组，组间休息 5 min。

（72）快速弓箭步：站立，上体保持直立，原地向上跳起交换跳弓箭步，做弓箭步快速交换腿跳练习 15~20 s，重复练习 3 组，组间休息 5 min。

（73）跨步跳接跑台阶：跨步跳台阶，听信号后变成快速跑台阶练习。要求跑动时一步一台阶，速度越快越好。每组 5 次，重复练习 2~3 组，组间休息 5 min。

（74）单足起跳接加速跑：做 5 m 单足跳（两脚交替进行）后接做加速跑 20 m，每组练习 3 次，重复练习 3 组，组间休息 5 min。

2. 双人或多人练习

（1）下坡牵引跑：两人一组前后分开站在斜坡跑道上，一根绳子套在前面人身上，牵引后面的人跑 25 m。每组练习 2~3 次，重复 2~3 组，组间休息 10 min。

（2）抗阻力跑：同伴在对面用手顶住练习者两肩，听到信号后练习者全力向前跑，同伴给予阻力后退跑 10~20 m，每组练习 2~3 组，两人交换进行，组间休息 5 min。

（3）起动追拍：两人前后相距 3 m 同时向前慢跑，听到信号开始做加速跑，后者追赶前者，在 20 m 内拍击前者的背部，两人交换位置重复练习 3 次为一组，可练习 3 组，组间休息 5 min。

（4）追逐跑：两人前后相距 5 m，听到信号立即起跑，在 50 m 内后者追赶前者，两人交换位置重复练习 3 次为一组，可练习 3 组，组间休息 10 min。

（5）贴人跑：20 名学生围成直径 15 m 的圆圈，两人在圈外沿圈跑动追逐，被追者可贴人替换，如后面的人追上前面的人，两人交换追逐。被追者如未被追上，跑够 2 圈后必须换人。连续进行 10 min 为一组，重复练习 2~3 组。

（6）圆圈接力跑：两组各 5 人成对角线于 20 m 直径圆圈内站立，听到信号后 1 人按逆时针方向跑一圈，将接力棒传给本组第 2 人，依次进行接力跑，要求赶超时必须从外圈跑过。重复练习 3 组。

（7）排尾变排头跑：10 人一列纵队以慢跑开始，纵队排尾者向前加速跑至排头，循环往复，全队做两个循环为一组，重复练习 3 组，组间休息 5 min。

（8）短距离接力跑：分成 4 组，每组 4 人各相距 30 m，听信号各组同时做 4 人接力跑，重复进行 3 次，每次间歇 3 min。

（二）器械练习

（1）扶竿接力：距起跑线 6 m 处一人扶竖立着的竹竿或标枪，听见信号后一人起跑前去扶竿，与此同时扶竿人回跑至起跑线后拍击第 2 人手掌，依次连续进行。要求竹竿始终不能倒地，10 人一组循环进行，3 个循环为一组，重复练习 2~3 组，组间休息 3 min。

（2）助跑踏跳上箱：10 m 快速助跑起跳，起跳腿踏上跳箱盖，接迅速单脚起跳，腾空后两腿成蹲踞式跳远落在沙坑内。要求踏上跳箱盖时不能停顿，立即接起跳。重复练习 5~10 次，重复练习 2~3 组，组间休息 5 min。

（3）双人拉胶带摆臂：两人前后站立，同侧手各握同一胶带以最快速度做前后摆臂练习。要求以最大幅度摆臂，速度越快越好。每组练习 30 次，重复做 2~4 组，每组间休息 5 min。

（4）倒退跑跳绳：两手持绳做向后摇绳快速倒退跳绳跑 30 m。重复练习 3 次，每次间休息 5 min。

（5）高抬腿跳绳：两手持绳做快速原地高抬腿跳绳跑 15 s。重复练习 2~3 次，每次间休息 5 min。

（6）小步跑跳绳：两手持绳做向前小步跳绳跑 15 s。重复练习 2~3 次，每次间歇 5 min。

（7）牵引跑：用绳子拴住练习者的腰部，另一端挂在轮胎上，做全速跑练习 20~30 m。每组练习 2~3 次，重复 2~3 组，组间休息 5 min。

（8）拉胶带：小腿屈伸"扒地"双手撑栏杆单脚撑地，胶带一端固定，另一端拴住踝关节，大腿带动小腿做快速屈伸"扒地"动作，每组练习 30~40 次，重复练习 2~4 组，组间休息 5 min。

（9）仰卧高抬腿拉胶带：仰卧，两条橡皮筋的两端分别固定在栏杆上和两踝关节处，做快速仰卧高抬腿跑动作 30~40 次，重复练习 3~5 组，组间休息 5 min。

（10）悬垂高抬腿：两手握单杠成悬垂，两腿快速交替做屈膝高抬和下蹲伸直动作 30 次，重复 2~3 组，每组间歇 5 min。

（11）双臂支撑"扒地"：站立于低双杠间，直臂支撑，脚能触地为宜，两脚交替做前脚掌快速"扒地"动作 20~30 s，重复练习 3 组，组间休息 3 min。

（12）负重高抬腿跑：两腿分别捆绑沙袋做原地快速高抬腿跑 20 s。重复练习 3~4 次，每次间歇 5 min。

（13）捆沙袋加速跑：两腿分别捆绑沙袋，由慢跑开始，听到信号后做加速跑 20~30 m，慢走返回。重复练习 3~5 次，每次间歇 5 min。

（14）穿沙背心上下坡跑：身穿沙背心，20 m 上坡跑后立即转身下坡冲刺跑 30 m。重复练习 3~5 次，每次间歇 5 min。

（15）拳击沙袋：两脚前后开立，站在悬挂的重沙袋前，以最快的频率做前后摆臂动作，快速拳击沙袋 15~30 s。重复练习 3 次，每次休息 5 min。

（16）脚传沙袋：两人相对站立，两脚夹住沙袋原地跳起将沙袋传给对方。每组对传 20 次，重复 2~3 组，组间休息 3 min。

（17）投掷沙袋：两脚前后开立，一手持小沙袋做原地肩上向后引臂，然后快速挥臂将沙袋掷出。连续做 10~20 次，重复练习 3 组，每组间歇 5 min。

（18）对墙掷棒球：手持棒球，运用掷标枪交叉步助跑，快速挥臂将球向墙上掷出。连续做 10~20 次为一组，重复练习 3 组，每组间歇 5 min。

（19）快速挥臂：站立，头上方悬吊重沙袋，以原地扣排球动作快速挥臂拍击沙袋 10~20 次。强调挥臂速度及鞭打动作。重复练习 3 组，每组间歇 5 min。

（20）投掷小球：手持球，直臂置于体后，成掷标枪的引枪姿势，向前行走三步将小球快速掷出。每组练习 6 次，重复 2~3 组，组间休息 5 min。

（21）上两步转身推实心球：背对投掷方向站立，右手持实心球，左腿向前迈一步，接着右腿前迈屈膝重心移到右腿，迅速蹬转右腿，向左转体将球推出。实心球重 2~3 kg，每组练习 5~6 次，重复 2~3 组，组间休息 3 min。

（22）转髋推铅球：侧对投掷方向，两脚平行开立，右手持铅球于肩上，开始上体直立向右转动预摆后快速向左转动腰迅速将球推出。铅球重 3 kg，每组练习 5~6 次，重复 2~3 组，组间休息 3 min。

（23）走步推铅球：面对投掷方向，手持铅球于肩上，右腿向前迈出，重心放在左腿上，同时身体右转，将球向前方快速推出。铅球重 2~3 kg，每组练习 5~6 次，重复 2~3 组，组间休息 3 min。

（24）交叉步推铅球：侧对投掷方向，右手持铅球于肩上，右腿向左前方迈出，做快速交叉步推铅球练习。铅球重 2~3 kg，每组练习 5~6 次，重复 2~3 组。

（25）滚铁饼：两腿成弓箭步站立，左腿在前，右手持铁饼于体侧，前后摆动一次，手指、腕部突然发力，快速挥臂，由手指依次用力将铁饼向前拨出，使铁饼平稳向前滚动。重复练习 10 次，做了 2~3 组，组间休息 3 min。

（26）快速拨铁饼：站立，一侧臂前举，另一侧臂手持铁饼，右臂往后摆动 1 次，运用掷铁饼技术将铁饼快速掷出。重复练习 10 次为一组，做 2~3 组，组间休息 3 min。

（27）原地掷铁饼：面对投掷方向，两脚开立，右手持轻铁饼两臂侧平举，身体向右后转动做预摆，摆回后转髋直臂将铁饼掷出。每组练习 5~10 次，重复进行 2~3 组，组间休息 3 min。

（28）弓步掷铁饼：脚前后分立成弓步，上体前倾，手持轻铁饼前后摆动一次，手将接触地时快速投铁饼，使铁饼平行地面向前掷出。练习时强调出手速度，重复练习 5~10 次，重复练习 2~3 组，组间休息 3 min。

（29）后撤步掷铁饼：背对投掷方向站立，左腿快速向后撤步同时转体将铁饼掷出。要求转体速度快，爆发力强，每组练习 5~10 次，重复进行 2~3 组，组间休息 3 min。

（30）扶肋木摆腿：侧对肋木站立，手扶肋木，一腿支撑另一腿屈膝上举，同时前伸小腿做快速下摆"扒地"动作 20 次，重复 2~4 组，每组间歇 3 min，两腿交替练习。

（31）单腿高抬摆动：身体前倾双臂伸直前撑肋木（栏杆），一腿支撑，另一腿做屈膝高抬大腿快速摆动20次，两腿交换练习，重复练习3~5组，每组间歇3 min。

（32）扶肋木（栏杆）小步跑：身体前倾双臂伸直前撑肋木（栏杆），两腿交替屈膝抬起小腿顺势前摆，前脚掌做积极"扒地"10~20 s，重复练习3~5组，组间休息5 min。

（33）扶肋木（栏杆）后踢腿跑：身体前倾双臂伸直前撑肋木（栏杆），做后踢腿跑动作10~20 s。重复练习3组，组间休息5 min。

（34）扶肋木（栏杆）后蹬跑：身体前倾双臂伸直前撑肋木（栏杆），做后蹬跑动作10~20 s。重复练习3组，每组间歇5 min。

（35）扶肋木（栏杆）高抬腿跑：身体前倾双臂伸直前撑肋木（栏杆），做高抬腿10~20 s。重复练习3组，每组间歇5 min。

（36）扶肋木（栏杆）快节奏跑：身体前倾双臂伸直前撑肋木（栏杆），原地快节奏跑10~20 s。重复练习3组，每组间歇5 min。

（37）摆动腿踏上肋木：面对肋木站立，支撑腿积极有力蹬伸，摆动腿屈膝高抬，脚掌向前上方踏上肋木，同时身体前倾，双手抓住肋木。连续练习10~15次为一组，重复练习2~3组，组间休息5 min。

（38）扶肋木跨栏角：肋木前放置一个栏架，面对肋木站立，手扶肋木做快速提拉起跨腿从栏侧跨栏角动作10~15次，重复练习3组，组间休息5 min。

（39）扶肋木提拉起跨腿：身体前倾双臂伸直前撑肋木（栏杆），摆动腿提踵高支撑，起跨腿屈膝折叠做快速提拉过栏动作10~20次，重复练习3组，组间休息5 min。

（40）跑动起跳用头触球：悬挂3个吊球，球间距10 m，快速跑动中单脚起跳用头触及吊球。重复练习3~5组，组间休息5 min。

（41）快速挥臂击球：原地站立，连续挥臂以"鞭打"动作用手掌拍击吊球10~15次。重复练习2~3组，组间休息5 min。

（42）高抬腿触球：悬挂两个重吊球，高度适宜，原地高抬腿跑用膝关节交替触球，每组练习15~20 s，重复练习2~3组，组间休息5 min。

（43）助跑起跳头触吊球：4~6步弧线助跑起跳头触吊球5次，重复练习3组，组间休息5 min。

（44）对墙踢球：距墙4~6 m站立，以脚内侧或正足背连续踢从墙反弹回来的球20次，也可以两人交替踢球练习，重复练习3~5组，组间休息5 min。

（45）对墙跑动踢球：侧对墙5 m站立，听到信号后，平行于墙做快速跑动中对墙踢球，向左跑动用左脚踢球5次，向右跑动用右脚踢球5次，重复练习3~4组，组间休息5 min。

（46）后退跑传球：两人一球，面对站立，相距 10 m，一人做快速后退跑，另一人向前跑，两人跑动中相互传接球，跑动传接球距离 60 m，两人交换位置练习 2 轮为一组，重复练习 3 组，组间休息 10 min。

（47）自抛顶球：手持足球站立，在规定的起点线后向上抛球，然后跳起，快速摆头顶球，每组练习 5~10 次，重复 2~3 组，每组间歇 5 min。

（48）曲线带球：每人一球，在 30 m 距离内插上 10 根旗杆，用脚内、外侧快速带球依次绕过旗杆返回起点。重复练习 3~5 次，每次间歇 5 min。

（49）两脚间交替踢球：两脚间放置一个足球，用脚内侧做两脚间不停顿踢球前进 30 m，重复练习 4~8 次，每次间歇 5 min。

（50）快速跑动停球：两人一球，相距 10~15 m，甲向乙的周围抛高度不同的球，乙快速跑动用脚停球后回传给甲。连续进行 1 min，两人交换进行，重复练习 3~6 次，每次间歇 3 min。

（51）变向带球跑：6 人站成一排，间隔 5 m，每人一球，根据教师的手势做向前后、左右变换方向带球，最后急停转身带球跑 20 m，重复练习 3~5 次，每次间歇 5 min。

（52）带球急起：足球场站成一排，间距 5 m，开始两脚交替带球快速推进，听到信号后急停，再听到信号快速推进，连续进行 10~20 次为一组，重复练习 3 组，组间休息 5 min。

（53）停球接运球：手持足球向前方抛出，立即往前跑停反弹球，接做快速带球跑 30 m。重复练习 5 次，每次休息 3 min。

（54）移动踢空中球：3 人一组，甲、乙两人各持一球相距 6 m，交替向前方抛出高球，丙在对面 10 m 处向左右两侧往返移动，依次将甲、乙抛来的球用脚内侧传回。持续练习 30 s 为一组，重复练习 2~3 组，每组休息 5 min。

（55）跑动推进传球：两人相距 10 m，同时快速向前跑进，在跑进中相互踢接传球 60 m。重复练习 3~5 次，每次休息 5 min。

（56）跑动射门：足球场门前站立，听到信号后快速疾跑 30 m 后急停，转身跑踢定位球射门。重复练习 5 次，每次休息 5 min。

（57）双手掷实心球：两腿前后开立成弓箭步，双手举实心球于头后上方，运用腰腹快速摆振动作将球向前掷出。实心球重 1 kg，每组练习 5 次，重复 2~3 组，组间休息 5 min。

（58）坐姿推球：手持实心球于肩上成"跨栏"坐姿势，迅速转动腰部将球向后侧方推出。每组练习 5 次，重复练习 2~3 组，组间休息 5 min。

（59）持球往返跑：在相距 10 m 处各放置一个实心球，练习者手持另一实心球，听到信号后向前疾跑与地上实心球交换后返回。连续往返 2 次为一组，重复练习 3 组，每组间歇 5 min。

（60）起跨腿过栏角：在 10 m 距离内放置 6 个低栏架，在栏侧做高抬腿跑，到栏架处做摆动腿快速过栏，起跨腿从栏角上跨过。每组往返3~5次，重复练习2~3组，组间休息5 min。

（61）摆动腿跨栏角：按5 m间距放置3个栏架，在栏侧小步跑动作中做摆动腿过栏角动作，跨过3个栏后做加速跑10 m，每组练习5~7次，重复练习2~3组，组间休息5 min。

（62）高抬腿跑跨栏：放置3个栏架，栏间距5 m，做栏间快速高抬腿跑动中跨栏练习，每组练习3~5次，重复进行2~3组，组间休息5 min。

（63）起跨腿过栏：栏架侧面站立，摆动腿前伸做过栏下压动作，同时提拉起跨腿过栏。每组练习10次，重复练习2~3组，组间休息5 min。

（64）五步过栏跑：按标准栏间距放置5个栏，快速跑动中过栏，栏间跑5步，每组练习3~4次，重复练习2~3组，组间休息5 min。

（65）连续跨栏跑：放置6个低栏架，栏间距1 m，做快速连续过栏练习。每组练习往返3次，重复练习2~3组，组间休息5 min。

（66）栏间标记跑：按标准栏间距放置5个栏架，栏间按步点放置海绵块，按标记快速跨栏跑5次为一组，重复2~3组，组间休息5 min。

（67）加长栏间距跨栏跑：在跑道上摆放5个栏架，适当加长栏间距离，放低栏架高度，做全速跨栏跑练习。要求栏间跑3步，跑动节奏轻快，每组练习3次，重复进行2~3组，组间休息10 min。

（68）起跑接跨栏跑：放置3个栏架，栏间距40 m，起跑后快速疾跑接连续跨过栏架。每组练习3次，重复2~3组，组间休息10 min。

（69）连续跳栏：放置3个栏架，分别高40 cm、60 cm、80 cm，连续双脚起跳越过3个不同高度的栏架。每组练习5次，重复进行3组，组间休息5 min。

（70）单腿跳栏：放置5个间距相同低栏架，3步助跑摆动腿快速上摆，起跳腿起跳越过栏架，连续进行。重复练习3次为一组，练习3组，组间休息5 min。

（71）扣快球：一人网前站立，按一定节奏上抛排球，另一人连续起跳扣快球8次，突出扣球挥臂速度，尽量加快扣球的速度，缩短每次间隔时间，可降低网高度。重复进行2~3组，组间休息10 min。

（72）接反弹球：面对墙3 m处站立，准备排球10个，一人在练习者背后向墙上掷出高、低、左、右各种变化球，练习者双手接从墙上反弹回来的球。要求反应迅速，球不得落地，两人交换练习，重复进行2~3组，组间休息5 min。

（73）抛球比远：手持篮球，向前上方抛出球后立即往前跑，必须不等球落地接球，看谁移动的距离远。每组练习3~4次，重复进行3~4组，组间休息5 min。

（74）往返移动：按正方形放置4个球，各相距5 m，从一角开始依次用手去触各角的球，每次触球后都要返回起始点，重新开始向下一个球跑去。每组练习3个循环，重复进行2~3组，组间休息5 min。

（75）快速移动起跳：篮板左下角站立，跳起手摸篮板，落地后迅速移动到篮板右下角起跳摸篮板，连续移动起跳10次为一组，重复进行2~3组，组间休息5 min。

（76）滚球接力：篮球场端线站立，球放在地上，听信号开始用手滚动球到另一端后返回，手递球将球传给第二人，依次进行。每组往返3~5次，重复练习2~3组，组间休息5 min。

（77）起跳冲刺跑：篮下站立，连续起跳手摸篮板5次，后接冲刺跑到中线折回。每组练习3~4次，重复进行2~3组，组间休息5 min。

（78）全场防守冲刺跑：练习者在罚球线附近，看手势指令滑步移动，听到信号后连续起跳3次，接着冲刺跑到另半场罚球线处，变后退跑返回。重复3~4次为一组，连续进行2~3组，组间休息5 min。

（79）运球绕障碍：篮球场上纵向放置5个间距2 m的障碍物，快速运球绕过障碍物往返跑练习，每组往返3~5次，重复进行2~3组，组间休息5 min。

（80）运球追逐跑：以10 m为半径画一个圆圈，两人在圈外相距4 m做原地运球，听信号开始做转身沿弧线运球追逐跑，后面的人如追上前面的人用手拍击其背部，则两人同时转身运球交换追逐。持续练习30 s为一组，重复进行3组，组间休息5 min。

（81）运球接力：篮球场端线站立，听信号开始做快速运球跑到另一端线折回，手递球将球传给第2人。两人循环往返4~6次为一组，重复练习3组，组间休息3 min。

（82）起动运球跑：背对球场手持篮球在端线蹲立，听到信号后立即转身做全速运球跑，到中线后折回到端线。每组练习3~5次，重复进行2~3组，组间休息5 min。

（83）全场运球上篮：从端线开始做全场运球上篮投中后运球返回练习，连续往返5次为一组，重复练习3~5组，组间休息5 min。

（84）攻防转换：两人端线站立，听到信号后疾跑向中圈抢球，得球者向对方篮下运球投篮，无球者立即防守阻截。要求进攻时双方不要有身体接触，如投篮不中对方抢到球即为结束。每组练习2~3次，重复进行3~5组，组间休息5 min。

（85）迎面传球接力：分成甲、乙两个小组，在相距15 m的对面成纵队站立。甲组第一人将球传给迎面乙组第一人后，快速跑向乙组队尾，乙组队员把球再传回给甲组，同样跑向甲组队尾。连续进行5次为一组，重复练习2~3组，组间休息5 min。

（三）组合练习

（1）疾跑→下坡跑：蹲踞式起跑疾跑 30 m→50 m 下坡跑 3 次。组合练习重复 2~3 次，每组间歇 10 min。

（2）加速跑→变速跑：做原地高抬腿跑 10 s，听到信号后做加速跑 20 m→站立式起跑 30 m 加速跑后惯性跑 40 m，再接 30 m 加速跑。组合练习重复 3 次，每组间歇 10 min。

（3）快速俯卧撑→原地摆臂：快速俯卧撑 5~10 次→原地站立两臂前后摆动 50 次。组合练习重复 2~3 次，每次间歇 5 min。

（4）牵引上坡跑→下坡跑：牵引轮胎做全速上坡跑 20 m，放松走回→快速下坡跑 30 m。组合练习重复 3 次，每组间歇 5 min。

（5）俯撑交替蹬跨腿→起跑接疾跑：俯撑，两腿前后开立成弓箭步，前腿靠近胸部，后腿蹬直，两腿交替做俯撑前后快速蹬跨步动作，连续练习 20 次→俯撑蹬跨腿开始姿势，听到信号后快速疾跑 20 m。组合练习重复 2~3 次，每次间歇 5 min。

（6）悬垂高抬腿→后蹬跑：正握单杠成体悬垂，做快速高抬腿跑动，两腿交替 20~30 次→后蹬跑 20 m。组合练习重复 3~5 组，每组间歇 5 min。

（7）扶肋木摆腿→疾跑：侧对肋木站立，一腿支撑，另一腿自上而下做大幅度快速摆腿练习，两腿交替进行 20 次→30 m 疾跑 3 次。组合练习重复 2~3 次，每次间歇 5 min。

（8）小步跑变加速跑→计时跑：高步频小步跑 10 m 变加速跑 20 m→跑到标志物后做加速跑 30 m，计时进行。组合练习重复 3 组，每组间歇 5 min。

（9）弓箭步走→快速跨步跳：站立，两腿交替成弓箭步向前快速行走 20 m→再以最大步幅做快速跨步跳 10~15 步。组合练习重复 2 次，每次间歇 3 min。

（10）跨步跑台阶→侧交叉步跑台阶：以大跨步跑上台阶，然后快速下。→侧对台阶，做侧交叉步快速跑上台阶侧交叉步跑下。组合练习 2 组，每组间歇 5 min。

（11）连续跳栏→助跑起跳触球：双脚快速起跳过 5 个栏架，重复练习 2 次→在沙坑上方悬挂高度适宜的吊球，20 m 加速跑起跳，腾空后摆动腿屈膝高抬，用膝部触吊球，重复练习 2 次，每次间歇 5 min。组合练习重复 2 组，每组间歇 10 min。

（12）卧跳→折回跑：篮板下站立，起跳手触篮板→仰卧于地上，接着迅速起立跳起手触篮板，连续进行 6 次→迅速冲跑到球场中场后立即返回跑到端线。全组重复练习 3~5 组，每组间歇 10 min。

（13）俯撑起跑→后蹬跑→冲刺跑：双手撑地，两腿后伸蹬直，成俯撑姿势，迅速起跑 10 m→快速后蹬跑 20 m→慢跑开始，踏标记线后冲刺跑 20 m。组合练习重复 3 组，组间休息 5 min。

（14）快节奏跑→跨步跳→加速跑：原地快节奏跑 10～15 s→快节奏跨步跳 10～15 步→加速跑 60 m。组合练习重复 2～3 组，每组间歇 5 min。

（15）垫步车轮走→行进间高抬腿跑→跑跳步：两腿交替快速做垫步车轮走 15 m→行进间高抬腿跑 15 m→快速行进间跑跳步 20 m。组合练习重复 2～3 组，每组间歇 5 min。

（16）高速竞走→加速跑→跨步跳：快速竞走 50 m→加速跑 30 m→跨步跳 20 次。组合重复练习 3 组，每组间歇 5 min。

（17）拉绳摆臂→计时跳绳→倒退跑跳绳：两人面对站立，两手分别各握一条绳的一端，一人做原地快速摆臂练习，另一人持绳给予适当的阻力，连续摆臂 30 次→原地跳绳 30 s→手持跳绳，做快速倒退跳绳跑 30 m。组合练习重复 2 组，每组间歇 10 min。

（18）原地高抬腿跑→助跑起跳：原地快速高抬腿跑 5～10 s→全速助跑起跳入沙坑。组合练习重复 5 组，每组间歇 10 min。

（19）下蹲跑→摆腿单脚跳→高抬腿跑跳步→后蹬跑：下蹲快速跑 20 m→摆腿单脚跳 10 次，跳动时摆动腿屈膝高抬快速下摆→高抬腿跑跳步 30 m→快速后蹬跑 20 m。组合练习重复 3 组，每组间歇 5 min。

（20）行进间振臂→行进间两臂绕环→高抬腿走→下蹲跑：垫步跑中交替上下振臂跑 30 m→垫步跑中两臂同时向前做快速绕环跑 30 m→快速高抬腿行走 30 m→快速下蹲跑 20 m。组合练习重复 3 组，组间休息 10 min。

（21）仰卧车轮跑→侧滑步→前交叉步跑→变速跑：仰卧车轮跑 20 s→快速侧滑步移动 15 m 往返→侧对行进方向交叉步跑 20 m→加速跑 20 m，慢跑 20 m 接加速跑 20 m。组合练习重复 2 组，组间休息 10 min。

三、发展速度素质应注意的问题

速度素质是快速动作能力的基础，发展快速动作能力必须优先发展速度素质。由于速度素质受多种因素的影响，为了有效地提高快速动作能力，必须注意以下要求：

（一）发展速度素质应注意年龄特征

事实已经充分证明，速度素质的发展水平在相当程度上受到人体生长发育水平的制约。在速度练习中考虑到这个特征，加上合理的措施，速度素质才能得到快速地、稳定地发展。如 7～13 岁的少年儿童处在速度素质的快速增长期（敏感期），这与神经系统、协调能力在这期间发展快速有关。紧抓这一阶段的速度素质练习，有助于促进动作频率、单个动作速度及反应速度的快速发展。一般的做法是，13 岁之前重点放在单个动作速度和步频上，并在练习中充分利用一切能提高单个动作速度和步频的方法与手段，针对少年儿童的生理和心理特点，提高和稳定少年儿童对练习的兴趣和积极性，防止练习过程中因疲劳而产生的不良影响。13岁以后，在保持已经获得的单个动作速度和步频的基础上，采用提高速度力量和肌肉最大力量的方法来增大步幅，从而提高移动速度。

（二）注意合理安排速度素质练习的顺序与时间

各种身体素质与运动能力之间具有相互联系、相互促进和相互制约的关系，在发展某一素质的同时，都会或多或少、直接或间接地引起其他素质的变化。因此，发展速度素质时应从系统论的角度出发，处理好同其他素质的关系，合理安排练习的顺序，促使素质间的互相促进和良性转移。在速度练习中，常使用发展力量的手段来促进速度，但力量素质要求神经过程强度大，肌肉收缩用力也大，尤其是静力性力量练习，由于动作缓慢，会降低神经过程和肌肉活动的灵活性。而速度素质要求神经过程的灵活性高，兴奋与抑制迅速转换，肌肉收缩轻松协调。因此，速度练习应放在力量练习之前进行，力量练习也应以动力性力量为主。在力量练习过程中，应交替安排一些轻松、快速的跑跳练习或一些协调性和柔韧性练习，这对发展速度素质十分必要。速度素质练习的时间，在一个大周期中主要放在准备期的后期和比赛期的前期；在一周中最好安排在小强度训练或调整训练后的第一天进行；在一天或一次训练课中，一般放在上午或课的前半部分，最好安排在运动员身心状态最佳、精力最充沛的时候进行。因为人体疲劳后神经过程的灵活性降低，兴奋与抑制的快速转换不可能建立，在这时发展速度素质效果不佳。

（三）注意以发展力量和柔韧性等来促进速度素质

力量特别是快速力量和柔韧性，是影响速度素质的重要因素。所以，在发展速度素质中，首先要注意发展快速力量。如采用40%～60%的强度多次重复快速负重练习，使肌肉横断面和肌肉力量增大，并提高肌肉活动的灵活性；适当采用75%以上的大强度练习，使肌肉用力时能够最大限度地动员更多的肌纤维同时进行收缩，提高肌肉的收缩功效。其次，通过各种手段提高柔韧性素质。柔韧性提高后可以增加力的作用范围和时间，同时能使肌肉协调性得到改善，从而减少肌肉阻力，增大肌肉合力，最终促进运动速度的提高。

（四）速度练习时人体应处在适宜的工作状态

人体适宜的工作状态对发展速度素质是十分必要的，其中包括神经系统的适宜状态、内脏系统的适宜状态和肌肉系统的适宜状态。这种适宜状态可以通过集中注意力和速度练习前短时间、小强度的活动得到满足。运动员注意力集中，可使神经系统处于适宜的兴奋状态，并使肌肉保持一定的紧张度。而短时间、小强度的活动能提高运动性和植物性功能活动，使内脏系统与肌肉系统间形成适宜的相互关系，对改善肌肉协调性有良好的作用。

（五）发展速度素质应重视肌肉放松

肌肉放松对速度的提高非常重要。肌肉放松，张弛有度，能够减少肌肉本身的内阻力，增大肌肉合力，使血液循环通畅。如肌肉紧张度达到60%～

80%，血液流动就会严重受阻，时间稍长，动作就会失去协调性，已有的快速能力也无从发挥。肌肉放松时，肌肉中血液流动情况大为改善，比紧张时提高15~16倍。血液循环通畅，能给参加活动的肌肉输送大量氧气，加快三磷酸腺苷（ATP）再合成速度，并能节省能量物质，使能量物质得到合理利用，还可增加肌肉收缩前的初长度，从而提高运动素质。

（六）正确预防和消除"速度障碍"

速度素质发展到一定水平，常会出现提高缓慢，甚至停滞不前的现象，人们称之为"速度障碍"。这是由于神经—肌肉系统发展到一个高峰，练习中常用一些不变化的手段使训练量与训练强度，对人体没有新的刺激作用或刺激作用不大，使频率、节奏、技术等都只停留在一个相对稳定的状态所致。因此，为了克服这种现象，使速度继续提高，就应做到以下几点：

（1）加强基础训练，使运动员掌握好基本技术，全面提高身体素质水平，扩大机体能力，为提高专项能力打下扎实的基础。这样，可使"速度障碍"来得迟些。

（2）训练手段多样化，以不同的节奏和频率完成动作，建立中枢神经系统灵活多样的条件反射，可以防止、缓解"速度障碍"。

（3）如果已经出现"速度障碍"现象，就应有计划、有针对性地发展身体素质，改进技术，加大训练量和训练强度，加大刺激，利用自然条件或人工器械等手段与"速度障碍"做斗争。如简化练习投掷轻、重器械，利用斜坡跑道短助跑起跳、上下坡跑、变速跑、顺风跑、牵引跑等，改变已习惯的动力定型，改变中枢神经系统的反射联系，建立新的条件反射。

（七）速度素质训练应结合运动员的专项进行

一般人的视、听、触觉中，触觉反应最快，听觉反应次之，视觉反应较慢。短跑运动员的反应速度训练应着重提高听觉的反应能力，球类运动员应着重提高视觉的反应能力，体操运动员应着重提高皮肤触觉的反应能力。动作速度训练应与各专项的技术相结合，让运动员在速度训练中能感觉到躯干等各部位的协调配合及在空间、时间方面的速度节奏，发展专项技术所需要的动作速度的能力。为此，必须正确选择与专项技术在结构上相似的训练手段及练习。

第六章 柔韧素质训练

第一节 柔韧素质概述

一、柔韧素质的概念

柔韧素质是指人体关节活动幅度的大小以及跨过关节的韧带、肌腱、肌肉、皮肤及其他组织的弹性和伸展能力。柔韧素质包括两个方面的含义：一个是关节活动幅度的大小，一个是跨过关节的肌肉、肌腱、韧带等软组织的伸展性。关节的活动幅度主要取决于关节本身的装置结构。跨过关节的肌肉、肌腱、韧带等软组织的伸展性，则主要通过合理的训练获得。

关节是指骨关节，它是骨杠杆转动的枢纽，是肢体灵活和赖以活动的部位。因为人体运动是通过关节角度的变化来传力、受力，从而使人体产生复杂多变的运动形式，所以关节是人体固有的解剖结构。虽然骨关节结构具有解剖特点，并有其自然的生理生长规律，但如不经锻炼，其关节活动不能适应体育运动的需要。同样，跨过关节的肌肉、肌腱、韧带也有其自然生理生长规律，如不训练也只能维持其自然生长情况下的活动能力。因此，只有通过体育锻炼，跨过关节的肌肉、肌腱、韧带及所跨的关节，在中枢神经支配下共同改变其功能，以适应体育运动所需要的形式、方向、范围和幅度。

关节幅度是指构成关节的骨骼在其关节结构内屈、伸、旋内、旋外，旋转的最大可能范围，是遵循生理解剖规律且固定的，不从事体育运动时，一般没有必要达到最大范围。但体育运动中大部分动作需要尽可能地达到其最大范围以利于技术的发挥，因此只有通过合理的柔韧训练才能使关节的活动幅度逐渐加大以适应体育运动的需要。

中枢神经支配下的肌肉、韧带力量的增长必须与所控制的关节活动范围相适应，不能因肌肉过分增大而影响关节活动幅度，也不能因肌肉、韧带过分伸展而造成关节的松弛无力。可见，体育运动中的"柔"是指肌肉、韧带拉长的范围，"韧"是指肌肉韧带发挥的力量、控制关节不受损伤的最大活动幅度，柔和韧的结合便是柔韧，发挥的能力便是柔韧素质。

根据人体生理解剖结构，柔韧包括四肢和躯干各关节的柔韧，其主要关节有肩、肘、腕、胯、膝、踝及脊柱等。柔韧的训练就是对上述各关节灵活性的练习。

在体育运动中，因项目不同对各关节活动幅度要求的程度也就不同。但各关节柔韧的全面发展是基础，只有在全面发展的基础上，才能突出专项需要的关节部位柔韧的重要作用。如投掷、体操、举重、游泳等项目需要肩关节柔韧性较高，投掷标枪时肩部柔韧性差就不能满弓；游泳运动员肩部柔韧性差将被列入淘汰之列；举重运动员肩部柔韧性差将不能从事举重运动；体操运动员肩部柔韧性差大量动作不能到位，会因技术发展受到限制而被淘汰。但这些项目的运动员必须以全面发展各关节柔韧性并适应本专项需要为前提，才能突出肩部柔韧的重要性。篮球、排球、小球项目对腕部柔韧性要求较高。如排球运动员的扣球动作，最重要的是腕部的柔韧性，因为它是控制球的关键部位，可控制球的方向、速度。但扣球力量需要肩、胸、腰、胯的柔韧性都好，才有利于体前肌群的拉长，然后发力传递于手使球扣得更有力；下肢柔韧性好，将充分发挥弹跳力以赢得空中发力的时间。如果腕部柔韧性差，扣球时将使球失去方向，且不能充分运用好全身传递于手的力量。因此对任何一个具体项目来说，全身各关节的柔韧在每一个动作中都有其具体的作用，哪一个部位差都会影响动作的掌握和技术的发挥。因此，各关节柔韧的发展是相互交替、相互促进的。

有的项目因专项技术的需要，对全身各关节的柔韧要求都很高。如竞技体操、技巧、艺术体操、跳水等项目，不仅对肩、腰、胸、胯、腿有较高的柔韧性要求，甚至对脚面的柔韧性也有较高的要求。可见，柔韧素质对各项运动技术的掌握和发挥具有重要的作用，其具体作用如下：

（1）加大运动幅度，有利于肌力和速度的发挥。

（2）提高关节的灵活性，增加动作的协调优美感，可获得最佳的机能水平。

（3）加速动作掌握进程，有利于技术水平的提高，使技术动作显得轻巧、灵活，更加协调和准确。

（4）防止、减少伤害事故的发生，延长运动寿命。

（5）柔韧素质是各项运动选材的重要依据之一。

二、柔韧素质的种类及特点

人们通常把柔韧素质简称为柔韧性。但不能把柔韧性和柔软性混为一谈，虽然两者都可用肢体活动幅度的大小来衡量，可是他们在实质上是有区别的：从字义上讲，柔韧是既柔和又坚韧，即柔中有刚，刚柔相济；而柔软只是柔、不硬，或且柔中无刚，刚柔不济。从性能上看，柔韧在幅度中还含有速度和力量的因素，即在做大幅度动作时，肌肉仍能快速有力地收缩，就像钢丝一样，既能弯曲又能迅速伸直。而柔软只是幅度大，却缺乏速度和力量，做动作时软绵绵的，打得开却收不拢。体育运动中需要的是柔韧性而不是柔软性。

柔韧素质的种类如图6-1所示，从其与专项的关系看，可分为一般柔韧性与专项柔韧性。一般柔韧性是指为适应一般技能发展所需要的柔韧素质。专项柔韧性是指适应专项运动特殊需要的柔韧性，由于专项柔韧性具有较强选择性，因此，身体同一部位具有的柔韧性由于项目的需求不同，在幅度、方向等表现上也有差异。

从用力的性质看，可分为动力性柔韧性和静力性柔韧性。动力性柔韧性是指肌肉、肌腱、韧带根据动力性技术动作的需要，拉伸到解剖学允许的最大限度的能力，随即利用强有力的弹性回缩力来完成所要完成的动作。所有爆发力前的拉伸均属于动力性柔韧性。静力性柔韧性是指肌肉、肌腱、韧带根据静力性技术动作的需要，拉伸到动作所需要的位置角度，控制其停留一定时间所表现出来的能力。如体操中的控腿、俯平衡动作、"桥"、劈叉，体育舞蹈中的各种造型，跳水运动员保持体前屈的姿势等，就是这种能力的体现。动力性柔韧性建立在静力性柔韧性的基础上，但必须要有力量素质作为基础。静力性柔韧性好，动力性柔韧性不一定好。

从用力的形式看，可分为主动柔韧性和被动柔韧性。主动柔韧性是从主动运动中表现出来的柔韧素质水平。被动柔韧性则是在一定外力协助下完成或在外力作用下表现出来的柔韧水平，主动柔韧性不仅反映对抗肌的可伸展程度，而且也可反映主动肌的收缩力量。

从柔韧素质在身体不同部位的表现看，又可分为上肢柔韧性、下肢柔韧性、腰部柔韧性、肩部柔韧性，等等。

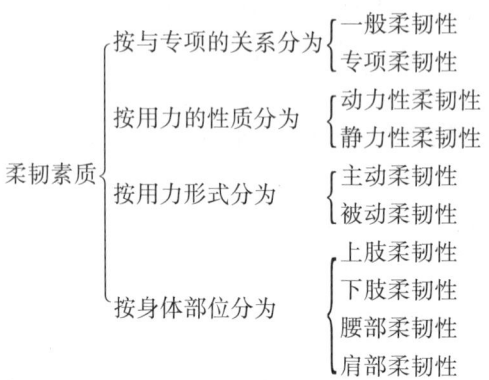

图6-1 柔韧素质的分类

三、决定柔韧素质的因素

通过研究人体结构及其他有关情况得知，影响柔韧素质的因素是多方面的，主要有骨关节结构，跨过关节的肌肉、肌腱、韧带等伸展性，关节周围组织的大小，年龄及性别，以及活动水平、温度、疲劳程度等。了解这些因素，能掌握发展柔韧素质的规律，正确运用发展柔韧素质的练习方法、手段，可以预防受伤。影响柔韧的主要因素如下：

（一）骨关节结构

骨关节结构是依据人体生理生长规律需要而形成的，这种结构装置是被限定的。因此，关节运动幅度被限定在一定范围之内，通过训练是难以改变的。它们的活动范围是根据关节头和关节窝两个关节面之差所决定的，两个关节面之差越大，关节活动幅度也就越大。但骨关节结构因人而异，如肘关节中的肱尺关节，它可使肘屈伸幅度被固定在140°范围。如果鹰咀突较长会致使肘关节不能完全伸直，其伸展受到一定影响；如果鹰咀突较短，又会使肘关节过分伸展出现倒弯。骨关节结构的生长是先天的，通过训练是难以改变的，但通过训练可以使各个关节达到最大的活动范围，充分挖掘其潜力；而不训练的人，各关节所具有的活动潜力非但不能发挥，并且还会消退。

关节运动轴决定关节的灵活性。如指关节是单轴关节，只能屈伸；腕关节是多轴关节，可屈伸、内收、外旋、绕环。可见，腕关节比指关节灵活。

（二）跨过关节的肌肉、肌腱、韧带

关节的加固主要是肌腱和韧带，肌肉从关节外部补充加固关节力量，控制关节活动幅度。韧带本身是抗拉性很强的组织，它主要的作用是加固关节，限制关节在一定范围内运动，从而保护关节不因超出解剖允许的限度而受伤。在一般活动中，很少达到这种关节面所允许的解剖限度，这是因为与运动方向相反的对抗肌伸展不足造成进一步的限制所致。如屈膝伸膝，当举腿在水平面时可任意屈膝伸膝，可当大腿贴胸开始时屈膝仍自如，但伸膝感到困难，这是因为大腿后侧肌群及韧带伸展不足所致。可见，要发展某一关节的柔韧，主要是训练限制关节活动幅度的对抗肌，使其主动受到牵拉伸展，逐渐增加它们的伸展度，从而扩大关节的运动幅度。为力求达到解剖的最大限度，就必须完全克服对抗肌的阻力以后仍然拉伸，从而牵拉到肌腱，此时肌腱的拉伸完全受外力拉伸力和对抗肌回缩力的作用而拉伸，能进一步增强肌肉、肌腱的弹性和伸展性。

具体发展某一关节的柔韧性时，主要发展控制关节屈、伸的肌群伸展性及协调能力。如发展膝关节的伸膝能力，主要发展大腿后部肌群及小腿后部肌群的伸展性；发展屈膝能力，主要发展大腿、小腿前部肌群的伸展性。再如发展体前屈的柔韧性，主要发展腰背肌群及大、小腿后部肌群的伸展性；发展体后仰的柔韧性，主要发展肩部肌群、胸大肌、腹肌及大腿前部肌群的伸展性。可见，在发展某一部位的柔韧素质时，应让屈、伸肌相互协调发展才能提高其关节的柔韧性。因此，增进跨过关节的肌肉、肌腱、韧带等伸展性是提高柔韧性的重要途径，应予以足够的重视。

（三）关节周围组织的大小

关节周围的肌肉块过大或脂肪过多，都影响着柔韧性的提高。如肩部三角肌过大，会影响肩关节的活动范围；肱二头肌过大，影响肘关节的弯曲程度等。因此，在练完三角肌和肱二头肌的力量后，要做肩肘部的伸展和放松练习，尽量拉长肌纤维，增强肌肉弹性，既能使肩肘部力量加大，又能增强肩肘部的柔韧性。此外，皮下脂肪过多且大腹便便者，很难做体前屈手触地动作，只有减少了腹部的脂肪，前屈的幅度才会增大。

（四）年龄与性别

1. 年龄

根据人的生理自然生长规律，初生的婴儿柔性最好。随着年龄的递增、骨的骨化过程、肌肉的增长，韧性逐渐加强。柔韧性的增长在 10 岁以前是自然发展，10 岁以后随年龄的增长，柔韧性相对降低。特别是髋关节，由于腿的前后活动多，加之肌肉组织增大，使左右开胯幅度明显下降。因此，在 10 岁以前就应给予应有的柔韧练习，使其自然增长的柔韧性得到提高。在 10～13 岁这个年龄应充分发展柔韧练习，因这个年龄是性成熟前期，骨的弹性增强，肌肉韧带的弹性、伸展性仍有较大的可塑性，此时给予充分的柔韧练习，使各关节活动幅度达到最大解剖限度，充分提高肌肉韧带的伸展性，这不仅能提高各关节的柔韧性，而且对青春期的身高增长也是有利的。如果在 10 岁以前柔韧性未得到发展，在 10～13 岁这个时期仍可做柔韧发展的弥补，仍可获得应有的柔韧效果，超过这个年龄再进行训练，将会使运动员经受较大痛苦、费时长、收效慢，且易受伤。13～15 岁为生长期，骨骼生长速度超过肌肉的生长，因此柔韧性有所下降。在这个时期，要特别注意身体发育的匀称性，多做全身性的伸展练习，巩固已获得的柔韧效果，但不要过分进行柔韧性练习以免拉伤。如果 13 岁以前获得了良好的柔韧效果，在 16～20 岁青春期柔韧性虽有些下降，但在该年龄段整个身体发育趋向成熟，可加大柔韧训练的负荷和难度，从而在已获得的柔韧基础上进一步获得专项所需要的柔韧素质。

2. 性别

根据生理解剖特点，男子的肌纤维长，横断面积大于女子，伸缩度较大，全部肌纤维的 3/4 强而有力；女子的肌纤维细长，横断面积小于男子，伸展性好，对关节活动限制小，全身仅有 1/2 的肌纤维强而有力，因此女子关节的灵活性好于男子。

（五）疲劳程度

当肌肉由于长时间工作产生疲劳时，其弹性、伸展性、兴奋性均降低，造成肌肉收缩与放松不完善，各肌群不能协调工作，从而导致关节柔韧性降低。

（六）温度

当肌肉温度升高时，新陈代谢加强，供血增多，肌肉的黏滞性减少，从而提高肌肉的弹性和伸展性，柔韧性得以提高。影响柔韧性的温度有外界环境温度和体内温度，体内温度的调节用于补偿外界环境对机体产生的不适应。当外界环境温度低时，必须做好充分的准备活动，提高肌肉温度，增加柔韧性；当外界环境温度高时，机体排出一定量的汗液以降低温度，以免肌肉过早出现疲劳降低关节的柔韧性。柔韧性与外界温度有关，但更重要的是人体的机能状态不同，导致柔韧性产生一定的变化，例如刚睡醒后柔韧性较差，早晨柔韧性明显下降，中午的柔韧性好于早晨。

（七）神经过程转换的灵活性

神经系统兴奋与抑制过程转换的灵活性与运动活动中肌肉的基本张力有关。特别是中枢神经系统调节对抗肌之间的协调性的改善，以及对肌肉紧张和放松的调节能力的提高。神经过程灵活性高，则肌肉兴奋性强，肌肉、肌腱、韧带的弹性和伸展性好，支配肌肉收缩与放松的能力强，使参与工作的诸多肌肉协调活动，从而使柔韧性提高。

（八）活动水平

不爱活动的人比经常活动的人柔韧性差，其原因是长期坐着不动，膝、髋关节等老是处于特定的位置，使相应肌群变短、僵硬，导致肌肉韧带的正常伸展性丧失，关节活动范围缩小。另外，不爱活动的人易造成体内的脂肪堆积，也会限制柔韧性的发挥；即使是参加活动的人，中断活动后，柔韧性也会降低。同样是经常参加活动的人，由于活动的方法、手段、量和强度不同，其柔韧性能也有所差异。所以说，活动水平对柔韧性的影响很大。

（九）心理因素

心理紧张度可通过中枢神经系统影响到人体各部位的工作状况，心理紧张度过强、紧张的时间过长会使神经过程由兴奋转为抑制，严重影响身体各部位的协调能力，从而影响柔韧性。柔韧素质要经过长期艰苦的训练才能逐步发展，停止练习后又容易消退，而且练习过程中经常伴有疼痛感，因此，发展柔韧性需要毅力和耐心。只有意志坚强的人，忍耐住疼痛，坚持不懈地练习，才能取得良好的效果。一个意志薄弱的人，遇到困难和疼痛就退缩，或者"三天打鱼，两天晒网"式的练习，是很难提高其柔韧素质的。

第二节 ▶ 柔韧素质的训练方法与手段

一、柔韧素质的训练方法与手段

（一）发展柔韧素质的基本方法

1. 主动或被动的静力性拉伸方法

这是缓慢地将肌肉、肌腱、韧带拉伸到一定位置并略有超过，然后停留一段时间的练习方法。这种方法可减少或消除超过关节伸展能力的危险性，防止拉伤。由于拉伸缓慢不会激发牵张反射，故一般可要求在酸、胀、痛的位置停留6~8秒，重复6~8次。

2. 主动或被动的动力性拉伸方法

这是有节奏、速度较快、幅度逐渐加大、多次重复一个动作的拉伸方法。在运用该方法时，用力不宜过猛，幅度一定要由小到大，先做几次小幅度的预备拉长，然后加大幅度，从而避免拉伤。每个练习重复5~10次（重复次数可根据专项技术需要而定）。主动的动力性拉伸方法是靠自己的力量拉伸，被动的动力性拉伸方法是靠同伴的帮助或负重借助外力的拉伸，但外力应与运动员被拉伸的可能伸展能力相适应。

上述基本方法可单独采用亦可混合运用，练习时间根据需要而定。

（二）发展柔韧素质的基本手段

（1）在器械上的练习：利用肋木、平衡木、跳马、把杆、吊环、单杠等。

（2）利用轻器械的练习：利用木棍、绳、橡皮筋等。

（3）利用外部的阻力练习：同伴的助力、负重等。

（4）利用自身助力或自身体重的练习：如压腿时双手用力压同时上体前压；在吊环或单杠上做悬垂动作等。

（5）发展各关节柔韧性所采用的动作：压、踢、摆、搬、劈、绕环、前屈、后仰、吊、转等。

（三）发展各关节柔韧性的基本练习方法

1. 肩关节

肩关节是由半球形的肱骨头和肩胛骨的关节盂构成的球窝关节，所以肩关节是关节中最灵活、活动幅度最大的关节。它的加固主要靠上肢韧带和三角肌，因此该关节的练习，即可以增加肩部肌肉力量，同时又可以增加肩部柔韧性。发展肩关节的柔韧性练习主要有主动或被动地压肩、拉肩、吊肩、转肩等。如手扶肋木的体前屈压肩、背对肋木双手上握向前的拉肩，在单杠或吊环上做各种握法的悬垂、借助绳或木棍的转肩等练习。

2. 肘关节

肘关节由肱尺关节、桡尺关节、肱桡关节构成，由内侧、外侧副韧带及桡骨环状韧带加固。肘关节在运动时屈伸动作较多，所以可在发展屈肌力量练习的同时配以屈肌的伸展性练习，主要采用压肘、旋内、旋外、绕环练习。

3. 腕关节

腕关节由桡腕关节（使手屈伸、内收外展）及腕间关节（使手旋转）构成。体操运动员主要发展背屈能力，可采用俯卧撑推手、倒立爬行等练习；篮球、排球、乒乓球、手球、网球等项目对手腕的灵活性要求较高，既要发展屈伸、内收外展，又要发展旋转的能力，主要通过基本动作、基本技术来发展；举重运动员应发展手背后屈柔韧等。

4. 膝关节、髋关节

（1）膝关节：由股骨远端、胫骨近端、髌骨后的关节面以及半月板构成，由内外侧副韧带、胫骨韧带、交叉韧带加固。膝关节的柔韧主要发展腿部后面肌群（股二头肌、半腱肌、半膜肌、小腿三头肌）的伸展性；发展屈膝能力主要发展腿部前面肌群（股四头肌、缝匠肌、胫骨前肌、姆长伸肌）的伸展性。

（2）髋关节：由球形的股骨头与髋骨的髋臼构成。由于髋臼较深，并有软骨形成的关节盂加大与股骨头的稳固适应，虽然它是球窝关节，但运动幅度受到限制。髋关节的柔韧主要发展前后、左右开胯的能力。发展膝关节、髋关节柔韧常结合在一起训练，称为腿部柔韧练习。经常采用的练习有主动或被动的压腿、踢腿、摆腿、劈腿等。

5. 踝关节

踝关节又称距小腿关节或距上关节，由胫骨下关节面和胫、腓骨的内、外踝关节面与距骨滑车构成屈戍关节。踝关节前后韧带薄弱，而两侧的内、外侧副韧带较强。踝关节主要发展背屈、背伸及内、外翻的能力。体操运动员主要发展足背的绷脚面能力，常采用各种伸足背的练习；足球运动员主要发展内、外翻的能力；举重运动员主要发展背屈的能力等。

6. 脊柱

脊柱由26块椎骨组成，椎骨之间靠椎间盘连在一起。其中有23块椎体有椎间盘，椎骨之间由于椎间盘的弹性有少许转动，当肌肉牵动椎骨时，每一个椎骨少许转动的总和就使脊柱有了相当大的运动幅度。因此脊柱能前屈、后倾、向右侧屈、向左侧屈及转动。脊柱的柔韧包括颈椎、胸椎、腰椎的柔韧。

颈椎柔韧主要采用头前后屈、左右侧屈、左右转动及绕环的练习。

胸腰椎柔韧常结合在一起练习，主要采用下腰、甩腰、体前屈等练习。

二、柔韧素质的具体练习方法

（一）徒手练习

（1）头部绕环：两脚开立，两臂于体后屈肘互抱，头部围绕纵轴向前、向左、向后、向右依次做绕环动作。

（2）头部屈动：两脚开立，两手叉腰，头依次向前、向后、向左、向右屈后还原。重复练习3轮。

（3）左右转头：两脚开立，两手叉腰，头向左转，还原，再向右转，还原。反复练习。要求头要平转，不能抬头或低头。

（4）肩绕环：两脚开立，两臂置于身体两侧不动，双肩同时向前、向后绕环。

（5）反拉肩：两脚开立宽于肩，两手背后互握，上体前屈，两臂后抱，静止20 s。

（6）侧拉肩：两脚开立，两臂屈肘互抱于头后，一手拉引另一臂的上臂，用力侧屈，侧拉至极限后静止20 s。左右侧交换。练习时上体不可前倾。

（7）跪姿压肩：并脚跪立，两臂向前伸直，手扶地做压肩动作，压到极限静止20 s。

（8）仰撑拉肩：直脚坐于垫上，手指朝后直臂后侧撑垫做屈腿身体前移的拉肩动作，拉至极限静止20 s，反复练习。

（9）分腿半蹲转肩：两脚开立宽于肩，屈膝外展成半蹲，两手扶膝盖向左转肩90°，还原后再向右转肩90°。反复练习。练习时两腿静止不动，转肩要充分。

（10）胸部合展：两脚开立，两手垂于身体两侧，做含胸、挺胸动作。

（11）胸部侧转：两脚并立，两手插腰，胸部向左、右侧转动至最大极限静止20 s。反复练习。要求髋部和下肢不动，以胸带肩转动。

（12）上下振臂：两脚并立，一臂上举，另一臂下举，同时用力做后振动作。两臂交换练习，要求振臂时挺胸，臂不要弯曲，振幅逐渐加大。

（13）扩胸振臂：两脚开立，两臂胸前平屈，手心朝下用力后振，然后两臂前伸，手心向上翻转，用力向两侧后振。反复练习。

（14）双手背后互勾：两脚开立，两臂屈肘互抱于头后，一臂肩下后屈，两手互勾，勾住后静止15 s。两臂交换方向做。

（15）小臂绕环：两脚开立，两臂侧平举，大臂不动，小臂以肘关节为轴做向内、向外绕环动作。反复练习。

（16）手腕绕环：两脚开立，两臂在胸前屈臂，两手指交叉做向内、向外的绕环动作。

（17）压指练习：两臂胸前屈，两手交叉互握，两臂向下、向前、向上屈伸臂同时做翻掌动作，至极限时静止 20 s。

（18）体前屈加转体：分腿站立，两臂侧平举，上体前屈转体 90°，一手臂触异侧脚尖，另一手臂后上举。交替练习。

（19）体侧屈：两脚开立，两手腹前五指交叉反掌上举，同时重心侧移，一腿站立，一腿脚尖侧点地，上体侧屈至最大幅度静止 20 s。左右侧交换练习。

（20）屈直臂绕环：两脚开立，两臂侧屈于肩上，两手于肩上做向前、向后绕环；两臂伸直，以肩关节为轴做向前、向后绕环。

（21）直臂内外绕环：两脚开立，两臂侧平举，直臂向内绕环，数次后换做向外绕环。

（22）臂绕环加体转：两脚并立，两臂由左侧绕至上举时身体右转 90°，再向右下绕环至右侧，反复练习数次后换反方向，动作相同。

（23）双手互握振臂：两脚开立，双手体前交叉，翻掌上举，同时用力后振，数次后拉到极限时臂上举不动，静止 20 s。

（24）两臂依次绕环：两脚开立，一臂经前向后绕至头上时另一臂开始经前向后绕环。连续进行。

（25）两臂前后绕环：两脚开立，两臂上举，一臂直臂向前，另一臂直臂向后同时绕环。数次后两臂交换方向练习。

（26）体后屈：两脚开立，"上"体后屈，脚跟提起，双手触及脚后跟后还原成直立。反复练习。

（27）侧弓步体侧屈：左脚向左迈出一步，重心左移成左弓步，左臂上举，右手叉腰，做向右侧振动作，振到最大角度时静止 20 s，然后左右交换进行。

（28）跪立体侧屈：右腿跪立，左腿侧伸于垫上，左臂在腹前屈臂，右臂上举微屈做向左侧振动作。左右侧交换练习。

（29）跪立半劈腿：体后屈一腿跪立，另一腿伸直向后滑动，两手叉腰，做体后屈静止 10 s。两腿交换练习。

（30）跪立体后屈：分腿跪立于垫上，上体后屈，两手触及脚跟后还原。反复练习。体后屈时胸、腹前挺。

（31）俯卧体后屈：俯卧，挺胸抬头后屈体，双手握双踝关节尽力使身体后屈静止 20 s。

（32）并腿体前屈：两脚并立，两手抱住踝关节，上体下振，振到一定程度时，上体贴住两腿停留 20 s。

（33）并腿坐体前屈：并腿坐，两臂上举做下振动作，手触脚，振动数次后两手抱脚，上体贴近腿停留 20 s。

（34）分腿体前屈：两脚开立，两臂由上举开始向下、向两腿间的后方振动，反复进行。练习时膝关节伸直，下振时手触地，后振时，手尽量向腿后伸。

（35）抱头转体：两脚开立，两手交叉抱于头后，向左转体 90°还原。再做向右转体 90°。左右转体交替进行。

（36）侧弓步加转体：分腿站立，两臂侧平举，重心移至左腿成左弓步，上体向左转体 90°，同时右臂屈肘用肘关节触及左膝盖，左臂侧后举，还原，换移右侧，动作相同，方向相反。

（37）跪立转体：分腿跪立于垫上，上体向右扭转，右手触左脚跟停留 20 s，然后上体向左转，左手触右脚跟停留 20 s。

（38）双腿盘坐转体：双腿盘坐于地上，两臂屈臂于体侧，上体向一侧转体 90°，一臂触及异侧腿的膝盖还原。左右转体交换进行。

（39）分腿坐撑挺腹：分腿坐，两臂侧平举，然后左手后撑，右臂由侧经前摆至异侧头上举，同时做挺腹、挺胸动作。还原后换方向练习。

（40）仰卧成"桥"：仰卧于垫上，两手翻掌于肩上撑垫，抬头挺起胸腹，两臂、两腿伸直，肩拉开成"桥"形。练习时胸腹用力上顶，腿尽量蹬直，成桥后静止 15 s。

（41）下"桥"挺腰起：分腿站立，两臂上举，体后屈下腰，手触垫或不触垫，停留片刻后用力挺腰起。

（42）腰绕环：两脚开立，两手反托腰，做逆时针或顺时针绕环，反复练习。

（43）跪立腰绕环：分腿跪立于垫上，两臂由左向后、向右、向前做腰绕环动作。

（44）髋关节绕环：两腿开立微屈，两手扶于髋旁，上体不动，髋关节做顺时针、逆时针绕环。

（45）顶髋练习：两腿左右开立微屈，两手扶于髋旁，做向前、向后的顶髋动作，数次后，两腿前后站立，重心落至后腿，向左前顶髋。还原后再做向右前顶髋。

（46）前压腿：一腿半蹲，另一腿前伸勾脚，两手按于前伸腿的膝盖，上体做下压动作至最大限度静止 20 s。两腿交换练习。

（47）侧压腿：左腿侧伸，右腿全蹲，两手扶于膝盖，做下压动作至最大限度静止 20 s，两腿交换练习。

（48）前弓步压腿：两腿成前弓步姿势，两手扶膝下压，至最大限度静止 20 s。两腿交换练习。

（49）分腿坐压腿：分腿坐于地上，两腿伸直尽量向两侧分开，两臂前伸至最大限度静止 20 s。

（50）屈腿坐压腿：屈腿坐，脚心相对，两手扶膝用力压住膝关节停留 20 s。

（51）屈直腿坐压腿：左腿向前伸直，右腿侧后屈坐于地上，上体前屈下压，两手握前伸腿踝关节，静止 20 s，两腿交换练习。

（52）竖叉下压：两脚前后开立，向前后滑开，双手体侧撑地，至最大限度静止 20 s，两腿交换练习。

（53）横叉下压：两腿向两侧滑开，成横劈腿，两手在体前撑地，至最大限度静止 20 s。

（54）行进间正踢腿：站立，两臂侧平举，左腿上一步，右腿伸直上踢，右脚落地后左腿伸直上踢，两腿在行进间交换进行。

（55）行进间侧踢腿：两脚并立，两臂侧平举，左脚上步转体 90°，左臂上举手心向上，右臂腹前屈臂，同时踢右腿，下落后右腿再上半步转体踢左腿，动作相同，方向相反。

（56）行进间后踢腿：站立，左腿上一步，右腿前伸，手臂前摆，手心相对，接着右腿后踢，同时两臂上举后振，两腿交换进行。

（57）前上踢腿胯下击掌：两臂侧平举，一腿支撑，另一腿直腿前上踢的同时双手胯下击掌，两腿交换练习。

（58）蹲起后踢腿：由蹲立开始，起立同时做两臂上举，单腿后踢动作，两腿交换进行。

（59）蹲撑前举腿：全蹲，双手侧后撑地，一腿上举，臀部前移，两腿交换上举。

（60）跪撑侧踢腿：跪撑于垫上，一腿侧踢，同时抬头，两腿交替进行。要求侧踢时腿要伸直。

（61）跪撑后踢腿：跪撑于垫上，一腿后踢，同时抬头挺胸，两腿交替进行。

（62）俯撑后踢腿：两手扶地，身体成俯撑姿势，一腿后上摆同时两臂弯曲，两腿交替练习。

（63）仰卧上踢腿：仰卧于垫上，两手体侧扶垫，两腿交替连续上踢腿。

（64）仰卧斜踢腿：仰卧于垫上，两臂于体侧扶垫，一腿朝异侧肩方向踢腿，还原后另一腿做同样动作。

（65）双腿屈伸：两腿并拢，两手扶膝反复做下蹲动作。练习时膝关节放松，动作速度缓慢均匀，逐渐加大幅度。

（66）膝关节绕环：双手扶膝成半蹲左右旋转绕环，或开合加旋转绕环。练习时膝关节放松，速度缓慢均匀，逐渐加大转动幅度。

（67）踝关节屈伸：站立，两手叉腰，一腿前举做踝关节屈伸动作。两腿交换练习。

（68）踝关节绕环：直立，两手叉腰，重心移至一脚，另一脚脚尖着地，做踝关节绕环动作。两脚交替练习。练习时踝关节放松，逐渐加大幅度。

（69）跪坐压脚背：跪坐，两手在两侧扶垫，臀部后坐压脚背静停 20 s。休息后连续练习 2~3 次。

(70) 抱膝站立：单腿站立，一腿屈膝于胸前，两手分别抱于膝盖和脚背，使大腿贴于胸前静停 15 s。

(71) 单足贴臀站立：单腿直立，另一腿的小腿后屈，两手在体后握其足背，使脚掌紧贴于臀部，静停 15 s。两腿交换练习。

(72) 双人压肩：两人面对分腿站立体前屈，两人双臂各按对方的肩上，做上体同时下压或左右侧压至最大限度，静停 20 s 后还原。

(73) 分腿坐压肩：分腿坐，上体前屈，两臂前伸，手掌触地，同伴于体后双手按压其肩胛骨部位，使其胸、腹、双臂紧贴地面，并保持该姿势 20 s。还原后重复练习 3 次。两人交换。按压时要缓慢用力。

(74) 半劈腿压肩：两手撑地成半劈腿坐，上体后屈同伴向后推压练习者的肩，练习者挺胸抬头，静停 20 s 后还原，连续进行 3 次。两人交换做练习。

(75) 双人拉肩：二人背对背，相距一步，两脚开立，两手上举头后相互紧握，各自用力前拉，臂与肩齐平时静停 20 s。

(76) 助力拉肩：直腿坐，两臂后伸，同伴于体后握其双腕缓慢用力，使其前臂后举至最大限度静停 20 s。

(77) 双人顶拉肩：练习者两脚前后开立，两臂上举两手互握，同伴在体后一手向后拉臂，另一手向前上方推肩，拉至极限静停 20 s。

(78) 拉肩练习：一人俯卧垫上，抬头挺胸，两臂上举，另一人站其身后，分腿站立向后方拉练习者双手。用力要柔和，防止用力过猛。

(79) 坐姿背伸展：并腿坐，两臂上举，十指交叉挂住身后同伴的肘部，同伴一腿膝部抵住练习者的背部两臂用力上提，使练习者臀部离地后静停 20 s。

(80) 双人体侧屈：二人肩并肩站立，内侧手互握，外侧手头顶互握，同时两人外侧腿向侧迈一步，成侧弓步，做体侧屈至最大限度静停 10 s。还原后交换位置重复练习。也可做两人背对背站立，两臂侧平举，两手互握，同时向左右侧屈体练习。

(81) 分腿坐体侧屈：直腿分腿坐，上体右侧屈，右臂前伸，左手经头上扶右脚尖，同伴站在练习者的背后两手按压练习者的背和肩部，使肩部贴近大腿保持该姿势 20 s。还原后换方向练习。

(82) 双人贴背：直臂体后屈双人背贴背站立，直臂上举互勾，一人前屈勾住另一人的双手，另一人做体后屈至最大幅度静停 20 s。两人交换练习。

(83) 俯卧体后屈：练习者俯卧，两臂上举，同伴双手抓住练习者的手腕，后拉成背屈至最大限度静停 15 s。

(84) 双人体转：二人背对分腿站立，两臂侧平举，同侧手互握同时做转体动作。

(85) 下腰练习：二人面对站立，助力者两手扶练习者腰部，练习者向后屈体，两手撑地成"桥"形保持 10 s。

(86) 握手翻身：二人面对，交叉手相拉分腿站立，同时做转体 360°动作，连续进行，左右各做 5 次。

(87) 二人互背：二人背对背分腿站立，两手上举互握，一人前屈体将另一人背起，静止 10 s 后轮换反复练习。被背者身体应充分放松。

(88) 助力前压腿：练习者仰卧于垫上，两臂侧平举贴于垫上，一腿上举，另一腿在垫上伸直，助力者一手握住练习者上举腿的小腿部位，推压至极限程度后静停 20 s。还原后换腿练习。

(89) 助力压膝：仰卧屈膝，两足相对，同伴两手分别压练习者双膝内侧，使其两腿屈膝外翻，至最大限度静停 20 s。

(90) 助力压脚背：练习者坐于垫上，助力者背对练习者坐在练习者的膝关节，同时两手向下按压练习者的脚背，至最大限度静停 20 s。

(91) 助力压足：肘撑俯卧，并腿屈膝，同伴双手握其双脚用力将足向臀部下压，使其足贴紧臀部并保持该姿势 15 s。

(二) 器械练习

(1) 肋木压肩：面对肋木站立，上体前屈，两臂前伸握肋木，含胸低头，躯干用力下压使肩拉开，幅度逐渐加大至最大限度静停 20 s。

(2) 拉肩练习：背对肋木，两腿开立下蹲，两臂上举正握肋木，胸腹前挺做拉肩动作，连续做 5~10 次。

(3) 屈腿拉肩：仰撑，两脚勾住肋木 2~3 格上，两臂伸直撑地，两腿并拢做膝关节屈伸动作。

(4) 侧拉转肩：侧对肋木，内侧手反握肋木，做两腿蹬地转体向前拉肩动作，反复练习。

(5) 握肋木腰绕环：面对肋木，两脚开立，两臂前举手握肋木，两脚固定不动，腰向左至右方向依次做绕环动作，反复练习。

(6) 握肋木前挺腰：背对肋木，两脚开立成半蹲姿势，双手上举反握肋木，两腿向前上蹬地，同时做挺胸收腹、拉肩动作，还原后反复练习。

(7) 握肋木甩腰：侧对肋木，内侧臂握肋木，两腿开立同肩宽，外侧臂前摆，上体前屈，接着外侧臂做上摆、后摆动作，同时上体挺胸挺腹，抬头后屈做甩腰动作，当身体后屈到最大限度时静止 15 s。

(8) 扶肋木下"桥"：背对肋木，两手上举正握肋木，接着两手逐渐向下移动，尽量使身体成桥形。

(9) 握肋木左右转髋：面对肋木站立，两臂前举手握肋木，两腿开立稍比肩宽，以两脚掌为轴，左右转动髋关节，两臂保持伸直，两肩保持正对肋木，转髋充分。

(10) 体前展：面向肋木站立，两臂前举手握肋木，两脚站在最低一级肋木上，身体前屈，两手向下换握至最低一级肋木上，静停 20 s，练习时腿不要弯曲。

（11）单腿站立体前屈：侧对肋木，将一腿屈膝顺放在齐髋高的肋木上，另一腿直立，向前屈体做下压动作，下压至最大限度静停20 s。

（12）背靠肋木体前屈：两腿伸直背部紧靠肋木，两手在两侧握肋木，逐渐向下换握，上体前屈至头部接触小腿时保持静停20 s。练习时腿不要弯曲，双脚跟不要离地。

（13）体前屈后拉肋木：背贴肋木两脚并立，体前屈手握最低肋木，静停20 s。

（14）体侧屈：侧对肋木站立，外侧臂上举，手于头上握住肋木，内侧臂于体侧手握肋木，两腿伸直，躯干做内侧屈动作，侧屈幅度逐渐加大，至最大限度静停20 s。左右侧交换练习。

（15）直角坐挺身：背靠肋木直角坐，两臂直臂上举握肋木，两脚不动做躯干向前上方挺起至最大限度静停10 s。

（16）勾肋木俯撑提臀：俯撑，双脚勾住肋木与肩同高做提臀练习。练习时双手支撑点不要移动。连续提臀5次为一组。

（17）正压腿：面对肋木站立约一步距离，一腿搭在与髋齐平或比髋稍高的肋木上，支撑脚尖朝肋木方向，上体正直向下压至最大限度静停20 s。两腿交换练习。

（18）正压腿转体：左腿上举搭在齐腰高肋木上，右腿伸直支撑，上体下压的同时向左转体，右肘贴于左膝外侧，左臂自然下垂，保持该姿势20 s。两腿交替进行。

（19）侧压腿：侧对肋木，内侧腿平举放于肋木上，外侧臂上举向侧压腿至最大限度静停20 s。两腿交换练习。

（20）弓步压腿：面对肋木站立，两手握肋木，一腿支撑另一腿的脚蹬在肋木上成弓步，支撑腿保持挺直向下压腿至最大限度静停20 s。两腿交换练习。

（21）后压腿：背对肋木站立，双手叉腰一腿后伸，脚搭在与髋齐平的肋木上，支撑腿伸直，挺胸，上体后仰压腿至最大限度静停20 s。两腿交换练习。

（22）前后摆腿：一手扶肋木成侧立姿势，一腿做前后摆动动作，数次后两腿交换，反复练习。

（23）握肋木侧踢腿：面对肋木，两臂前伸握肋木，一腿侧踢，数次后，换另一腿练习。

（24）握肋木后摆腿：面对肋木站立，双手扶肋木，上体前屈，一腿向后上方做摆腿练习，练习时挺胸抬头，腿不要弯曲。摆数次后，两腿交换。

（25）握肋木大腿内收外展：面对肋木站立，两臂前平举手握肋木，一腿支撑，另一腿屈膝提起做外展内收动作，数次后两腿交换进行。

（26）悬垂伸展：背对或面对肋木，双手紧握头上肋木悬垂，双手的距离可与肩宽或窄于肩宽，全身充分伸展保持静止 20 s。

（27）持棒转肩：两脚开立，两手握体操棒两端，直臂经体前、上、后方向做转肩动作，将体操棒置于体后再还原。

（28）持棒腰绕环：两脚开立，两手持棒两端上举至腰部经左、前、右、后方向依次做腰绕环动作。左右交替进行。

（29）扶棒甩腰：两脚开立，一手于体侧扶直立地面的体操棒，然后做体前、体后的甩腰练习。

（30）持棒体前屈：两脚左右开立，两手持棒两端，直臂上举后做体前屈至最大限度静停 20 s。

（31）体后持棒体前屈：两脚开立，两手在体后持棒两端，上体前屈，棒同时滑至脚后跟，当上体贴于大腿时静止 20 s。

（32）直角坐体前屈：直角坐，两手持棒两端上举，上体前屈，用棒勾住脚心静止 20 s。

（33）持棒体侧屈：两脚开立，两手持棒前平举，重心右移向左侧屈，两臂向左旋转成竖棒还原。左右交替练习。

（34）持棒体后屈：两脚开立，两手握棒上举，上体后仰成"桥"形。

（35）跪立体后屈：分腿跪立，两手持棒的两端上举，上体后屈，当身体后屈至最大限度静停 20 s，练习时挺胸收腹、抬头臂伸直。

（36）持棒转体：两脚开立，两手持棒两端前平举，向左右大幅度转体。

（37）持棒弓步转体：两手握棒前平举，做行进间弓步转体动作。左脚在前，向左转体；右脚在前，向右转体。

（38）跪姿转体：跪立，两手握棒置于肩上，然后以髋关节为轴，做向左、右大幅度转体动作。

（39）单手持棒展体：两脚开立，左手握体操棒的一端，上体后展，将棒举至体后撑地，同时右臂前举保持站立姿势 20 s 后还原。两手交换握棒重复练习。

（40）单腿摆越过棒：站立，单手扶直立于体前地面上的体操棒，一腿摆越过棒，同时将手放开，当腿摆过棒后，再立即将棒扶住。两腿交换进行。

（41）脚勾棒后举腿：两手在体后握棒两端，一脚背勾住棒上举，身体成燕式平衡姿势，静止 15 s 后还原，换另一腿练习。

（42）双人握棒体侧屈：二人平行站立，同时两人的手于肩侧交叉同握一根棒，然后两人同时向一侧迈出一步，做侧屈提拉动作，上体不要前倾，侧拉至最大限度静止 20 s，还原后交换位置练习。

（43）双人前后屈体：二人背对成直角坐，两臂上举同握一根棒，一人做体前屈，另一人则挺胸收腹，二人交替进行练习。

（44）双人握棒成"满弓"：两人背对站立，手臂上举同握一根棒，二人同时将左脚向前迈出一步成弓箭步，并使身体拉成"满弓"动作，静停20 s。还原后重复练习。

（45）手指拨球：两脚开立，两臂屈于胸前持实心球，做手指左、右拨球的动作。练习时小臂垂直，用手指拨球。

（46）持球前后摆臂：两脚前后开立，一手持球后侧举，另一手臂前举，做向前、向后持球摆臂动作，两手交换练习。

（47）持球体前后屈：两脚开立，双手于头上持实心球，做体前屈，球触地后静止15 s（触地时手不得离开球），接着再做体后屈至最大限度静停15 s，还原后反复进行。练习时动作幅度大且动作速度要缓慢均匀。

（48）直角坐体前屈：垫上并腿直角坐，两踝下垫一实心球，体前屈至最大限度时两手抱住球，持续20 s后还原，可重复练习。

（49）坐姿前屈体：垫上成直角坐，双手于头上持实心球，随着体前屈，双手将球放于两脚之间夹住静止20 s后还原。

（50）持球体侧屈：两脚开立，两臂上举持实心球，重心右移，左脚侧点地，向左侧屈体振动数次，换另一方向，左右反复练习。

（51）侧屈体球触地：直立，双手于头上持球，躯干转体90°，成侧屈体同时将实心球置于脚侧。左、右交替进行。

（52）跪姿后仰：分腿成跪立，双手于头后持球，上体做后伸动作，将实心球触及垫子。反复练习。

（53）直脚坐地滚球：直脚坐开始，右手将实心球于体侧地面沿腿旁向前滚球至脚尖，左手接球继续滚动至体后交右手滚动还原，左右手交换练习。

（54）叠体球触地：仰卧于垫上，两臂侧举手扶垫上，两脚夹球上举过头触地，成叠体姿势静止20 s。还原后反复练习。

（55）双人体侧传球：二人背对站立，做向左、右方向转体动作同时在体侧传递实心球。反复练习。

（56）双人坐姿转体传球：二人背对成坐姿，相距1 m，二人同向一个方向转体做传球动作，然后再向反方向转体传球。

（57）双人跪立拧转传球：二人背对成分腿跪立，一人持实心球向左拧转身体，用右手传球，另一人用异侧方向的手接球。左、右侧交换练习。

（58）双人头上胯下传球：二人背对站立，两脚左右分开，通过前后屈体做头上和胯下的传接实心球练习。

（59）持绳转肩：两脚开立，双手持四折或二折绳上举，两手持绳依次向后摆至体后，再向上转肩摆至体前。反复练习。

（60）持绳腰绕环：双手体前持绳，以髋关节为轴，双臂从左向后、向右、向前方向依次做绕环运动。可交换方向进行。

（61）持绳转体：两脚开立，两手持四折绳前平举，同时向左转体90°，两臂平举至左侧后方，还原，再向右转体，动作相同、方向相反。

（62）反弓拉绳：将绳套在立柱或肋木上，两手上举拉绳，身体成反弓形拉绳姿势。可稍加振动以加强练习的幅度。

（63）分腿坐体前屈：垫上分腿坐，双手于体后持绳，上体前屈同时两臂直臂从体后向前做持绳转肩并将绳置于两脚掌之前，静止20 s后还原。反复进行练习。

（64）持绳体侧屈：两脚开立，双手持四折绳上举，重心右移并向左侧屈体，振动数次后还原再向另一侧屈体。反复进行练习。

（65）跪立体侧屈：单腿侧跪立，双手持绳同肩宽，两臂上举做体侧屈，左右交替进行。手触脚尖时静止20 s还原。

（66）持绳前后屈体：两脚开立，双手持四折绳，双臂上举做体后屈，还原后接做体前屈。反复练习数次。

（67）持绳前踢腿：两手持四折绳于腹前，一腿上步，两臂上举，另一腿用力上踢，脚触绳，还原，换另一腿练习。重复进行数次。

（68）仰卧蹬绳：在垫上成仰卧，双手持绳于体前，屈髋关节举腿，用双脚掌蹬住折绳，继续举腿至头上静停20 s。

（69）仰撑拉肩：手握倒立架成仰撑姿势，同时屈腿收腹身体重心逐渐前移，使两臂尽量后拉，至最大限度静停20 s。重复练习数次。

（70）倒立拉肩：手握倒立架做靠墙手倒立，立稳后，手逐渐移开倒立架，加大倒立架与墙的距离，做挺胸抬头拉肩练习。

（71）下腰扶架：背对倒立架成分腿站立，然后两臂上举，抬头挺胸下腰，两手握架成"桥"形，可在同伴帮助下练习。

（72）坐撑展腹：手握倒立架成坐撑姿势，挺胸抬头，挺腹成仰撑姿势。还原后重复5次。

（73）前弓步压腿：背对倒立架约1 m，一腿弯曲，另一腿脚搭在倒立架横杠上，两手叉腰，重心下沉，向下压腿至最大幅度静停20 s。还原后两腿交换练习。

（74）侧弓步压腿：侧对倒立架约1 m，一腿侧举脚搭在倒立架横杠上，另一腿弯曲，两手叉腰，重心下沉，向下压腿至最大幅度静停20 s。还原后两腿交换练习。

（75）支撑竖叉：于倒立架中站立，两手于体侧握倒立架，两腿前后分开，躯干向下压使两腿逐渐加大分腿角度，当两腿之间的开度为极限时静停20 s。

（76）仰撑举腿：手握倒立架成仰撑姿势，两腿交替直腿向上摆起。反复练习。

（77）俯撑后摆腿：手握倒立架做俯卧撑，一腿向后上方摆起。两腿交换进行。

(78）俯撑转体成侧撑：手握倒立架成俯撑，右手推起，同时向右转体90°成单臂侧撑姿势，还原后换方向反复练习。

三、发展柔韧素质应注意的问题

柔韧素质是协调素质的基础，因此，提高柔韧素质对发展协调素质至关重要。鉴于柔韧素质练习的特点，在发展柔韧素质过程中应注意以下问题：

（一）循序渐进，持之以恒

发展柔韧素质的练习，痛感强，见效慢，停止练习便有所消退，因此应持之以恒才能见效。初次练习时易见效，第二天再练习有痛感，这是由于肌肉被拉长回缩力增加的缘故，因此应继续慢慢将其拉开，消除痛感。经过一段时间的练习，该长度的伸展已适应，应进一步拉长肌肉、牵拉肌腱，进一步增强回缩力。因为柔韧练习本身就是由不适应到适应的逐步提高过程。

由于肌肉、韧带等软组织的伸展性并不是一朝一夕就能得到提高的，所以练习应逐步提高要求，做到循序渐进，不能急于求成。根据停止柔韧练习一段时间，已获得的柔韧效果便会有所消退的特点，柔韧性练习要做到系统化、经常化。特别是当某一部位因伤停止练习后，该部位所获得的柔韧效果将全部消退，其恢复期相对延长。因此，在某一部位受伤后，其他部位仍应适当练习，否则柔韧性会因停练而消退。

（二）柔韧性练习要因项因人而异

柔韧性练习必须根据专项特点和练习者的具体情况安排，例如，跳跃项目的运动员主要要求腿部和髋部的柔韧性；游泳运动员主要要求踝关节和躯干的柔韧性；体操运动员主要要求肩、髋、腰、腿部的柔韧性。因此，在全面发展身体各部位柔韧性的基础上，要重点练习本专项所需要的几个部位的柔韧性。另外，由于练习者的具体情况不一样，在进行柔韧素质练习过程中必须区别对待，突出针对性、应用性，这样才能收到良好的练习效果。在运动训练中，虽然各专项对柔韧性都有一定的要求，但一般来说，没有必要使柔韧性的发展达到最大限度，柔韧性的发展程度只要能满足专项运动技术的需要就可以了。

（三）柔韧素质的发展应与力量素质发展相适应

柔韧素质的发展应是在肌力增长下的发展，而肌力的增长决不能因体积的增长而影响关节活动幅度。力量练习是发展肌肉的收缩能力，柔韧练习能发展肌肉的伸展能力，因此力量练习结合柔韧练习对提高肌肉质量最为有效，即既能使力量和柔韧同时增长，又能保证关节的灵活性和稳固。

（四）柔韧素质的发展要兼顾相互关联的身体各个部位

在有些动作中，柔韧性的表现不仅仅是在一个关节或某个身体部位，而是牵涉几个相互关联的部位。如为了发展腰部柔韧性而采用"桥"的练习，就是由肩、脊柱、髋等部位的关节所决定的。因此，在练习过程中应同时对这几个部位进行训练，倘若忽视某一部位就有可能出现运动拉伤。如果发现某一部位稍差，就应立即采取措施使其得到改善。另外，也可通过其他部位的有效发展使其得到补偿。这样做可以使各部位的柔韧性得到发展，满足专项运动训练的需要。

（五）柔韧素质练习要注意外界温度与练习的时间

外界温度过高或过低，都会影响到肌肉的状态，影响到肌肉的伸展能力。一般来说，当外界温度在18℃时，有利于柔韧的发展，因为肌肉在这个温度下伸展能力较好。温度过高、肌肉紧张或无力都会影响其伸展能力。如跳高运动员每做完试跳之后，总要穿上衣服，目的在于保持体温，使肌肉处于良好的状态，以便迎接下次试跳。一天之内，任何时间都可以进行柔韧性练习，只是效果不同。早晨柔韧性会明显降低，所以早晨可做一些强度不大的"拉韧带"练习；在10：00—18：00，人体能表现出良好的柔韧性，此时可进行一些强度较大的柔韧性练习。

（六）柔韧性练习之后应结合放松练习

每个伸展练习之后，应做相反方向的练习，使供血、供能机能加强，加快肌群的放松和恢复。如压腿之后做几次屈膝练习，体前屈练习之后做几次挺腹挺脖动作，下腰后做几次体前屈或团身抱膝动作等。

（七）柔韧素质的发展要从小培养

我国体操界、武术界、技巧界柔韧性练习都是从小开始的，并在这方面积累了丰富的经验。从小发展的柔韧素质，由于是在人体自然生长发育的过程中实现的，因此能得到保持和巩固，不易消退。此外，柔韧素质发展的敏感期是5~10岁，所以在此期间要抓紧练习，并在10岁以前使柔韧素质得到较好发展。

（八）柔韧练习时要防止受伤

柔韧练习主要是运用各种方法拉长人体关节肌肉、韧带的长度，但如不注意方法，非常容易出现肌肉拉伤事故。因此，要提高柔韧练习的最终效果，必须防止在练习时受伤。在柔韧练习前，一般可做一些热身活动，减少肌肉的黏滞性；在拉长肌肉的过程中，不宜用力过猛，特别是在被动柔韧练习时，教练员施加的外力要循序渐进，要了解运动员的个性特征，还要及时注意运动员的练习反应，以便合理地加力与减力，保证柔韧练习的正常进行。

第七章 灵敏素质训练

第一节 ▶ 灵敏素质概述

几乎所有的体育运动项目都要求运动员能在时空急剧变化的条件下迅速表现出对动作的准确判断、灵活应变、快速敏捷的反应速度，以及高度的自我操纵能力和迅速改变身体或身体某部位运动方向的能力。这些都是灵敏素质的表现，因此灵敏素质的提高与发展在体育运动项目中极为重要。

一、灵敏素质的概念

灵敏素质是指人体在各种突然变换的条件下，快速、协调、敏捷、准确地完成动作的能力。它是人的运动技能、神经反应和各种身体素质的综合表现。

灵敏素质之所以是运动技能、神经反应和各种素质的综合表现，是因为各专项的每一个动作都不同程度地体现了力量、速度、耐力、柔韧等素质。通过力量特别是爆发力，控制身体的加速或减速；通过速度，特别是爆发速度，控制身体移动、躲闪、变换方向的快慢；通过柔韧保证力量、速度的发挥；通过耐力保证持久的工作能力。这些素质综合运用才能保证动作的娴熟，而所有动作都是在中枢神经支配下进行的，所以神经反应决定反应速度的快慢，决定判断是否准确，决定随机应变及时作出应答动作的快慢。因此，反应迅速、判断准确、及时作出应答动作是灵敏素质的先决条件，各素质协同配合是完成应答动作的基础，应答动作的熟练程度直接体现了灵敏素质的高低。

灵敏素质没有客观衡量标准，只有通过动作的熟练程度来显示灵敏素质的高低。它不像其他素质有客观衡量标准来测定其素质的优劣，如力量用重量的大小来衡量，单位是 kg；速度用距离和时间的比来衡量，单位是 m/s；耐力用时间的长短或重复次数的多少来衡量，柔韧用角度、幅度的大小来衡量；而灵敏素质只有用迅速、准确、协调完成动作的能力来衡量，例如运动员的躲闪能力，必须通过躲闪动作来体现，而躲闪的快慢就表现了灵敏程度的高低，但完成躲闪动作是以各素质为基础的，反应判断的快慢决定相应躲闪动作的快慢，速度力量又决定了反应动作的快慢。因此，运动员在没有作出躲闪动作之前无法衡量运动员在躲闪方面的灵敏素质，诸如急跑急停、转体、平衡等动作都是如此。身体素质越好，完成动作越熟练，所表现的灵敏素质就越好。但离开其他素质和运动技能根本谈不上灵敏素质，故灵敏素质只有通过熟练的动作才能表现出来，单纯的灵敏素质是不存在的。灵敏素质的发展水平主要从以下三个方面进行评价：

（1）是否具有快速的反应、判断、躲闪、转身、翻转、维持平衡和随机应变的能力。

（2）在完成动作时，是否能自如地操控自己的身体，是否在任何不同的条件下都能准确熟练地完成动作。

（3）是否能把力量（爆发力）、速度（反应速度）、耐力、协调性、节奏感等综合素质和技能通过熟练的动作表现出来。

客观实践证明，具有高度灵敏素质的人，他可以随心所欲地控制自己的运动器官，准确而熟练地完成动作。

二、灵敏素质的种类及特点

灵敏素质可分为一般灵敏素质和专项灵敏素质。一般灵敏素质是指人在各种活动中，在突然变换的条件下，迅速、合理、准确地完成各种动作的能力。它是专项灵敏素质发展的基础。专项灵敏素质是在专项运动中，运动员迅速、准确、协调自如地完成本专项各种技术动作的能力。它是在一般灵敏素质的基础上，多次重复专项技术，提高专项技能的结果。

不同的体育运动项目对灵敏素质有不同的要求，球类和一些其他对抗性项目要求判断、反应、躲闪、随机应变等方面的灵敏素质。因球类项目的动作技巧变化多样，身体的位置变化迅速，动作结构变异大，反应敏捷，不像体操、武术、田径等项目是按程序进行的，所以球类项目没有一种动作技巧是固定不变的，要时刻根据比赛时的复杂条件而灵活地改变动作的方向、速度、身体的姿势。这就要求球类运动员在球场上要有广阔的视野，敏锐的球感，多变的战术，协调的配合，才能适应球类运动的需要，因此没有良好的灵敏素质很难成为一名优秀的球类运动员。

篮球一般要求躲闪、突然起动、急停、迅速改变身体位置、运球过人、切入、跳起空中投篮、争夺篮板球等方面所表现的灵敏素质。足球要求急跑急停、铲球、过人、射门、头及身体控制球等方面所表现的灵敏素质，特别是守门员要求较高的反应、判断能力。排球要求跳起扣球、倒地滚动、鱼跃救球、反应判断等方面所表现的灵敏素质。乒乓球、羽毛球、网球的技术动作变化迅速，要求脚的快速移动、身体姿势变化、反应判断等方面所表现的灵敏素质。体操、跳水等项目要求身体位置迅速改变，空中翻转、控制身体平衡等方面所表现的灵敏素质。滑雪、滑冰等项目要求迅速调整身体位置平衡，迅速改变运动方向等方面所表现的灵敏素质。

由于各体育项目所表现的运动技能不同，所以对各素质及神经反应的要求也就不同，对灵敏素质的要求也不一样，因此在不同的体育项目中灵敏素质的特点各异。例如优秀的篮球运动员在篮球场上灵巧多变，可在体操器械上却显得力不从心，因为他们不具备体操运动员所需要的运动技能，自然不能熟练地完成体操动作，体现不出体操方面的灵敏素质。而体操运动员在器械上能轻松自如地完成动作，但在篮球场上控制空间方面的灵敏性不如篮球运动员。同样，其他专项的运动员在本专项上是能手，在其他项目上并不一定是能手。因此，有经验的教练员和运动员非常重视发展本专项所需要的灵敏素质。

三、影响灵敏素质的因素

影响灵敏素质的因素是多种多样的，其中主要有解剖、生理、心理、运动经验及其他身体素质发展水平等。

（一）解剖因素

1. 体型

由于各体育项目不同，对运动员的体型要求也就不同，所以从身体形态来看每个项目的运动员都有其显著的项目特点。如体操运动员的形态特点是个矮、体轻躯短、腿长、肩宽臂粗长，之所以需要这样的体型是因为体操运动员在完成动作时要克服自身体重来完成，个矮体轻则省力，肩宽臂粗长则有利于用上肢完成大部分动作，躯短腿长有利于动作幅度，这样的体型无疑是从事体操运动的最佳体型。再如举重运动员要求矮、粗、宽、厚的体型，有利于用强大的爆发力控制杠铃，维持身体平衡。篮球、排球由于篮高、网高的限定，要求身材高大的运动员。足球运动员由于场地大、范围广，要求速度快、耐力强、动作灵活、反应快，并能充分利用合理冲撞，所以选身高、体重在中上等的、下肢有力的运动员（身材高大、体重大且灵活性好）。跳高运动员则要求瘦高、躯短、下肢长的运动员，下肢长、重心高，摆动半径大获得的反作用力大，身瘦体轻有利于空中控制身体顺利过竿。

从以上例子来看，不同的项目要求不同的体型，体型必须有利于本专项技术的发挥，能在本专项中表现出高度的灵敏素质。因此不好说哪一种体型的人灵敏素质好，哪一种体型的人灵敏素质差，但就一般人而言，过高而瘦长的、过胖或梨形体型的人缺乏灵敏性，"O"形腿、"X"形腿的人缺乏灵活性；肌肉发达的中等或中等以下身高的人，往往有高度的控制力，表现得非常灵活。

2. 体重

体重 = 脂肪 + 肌细胞 + 水 + 矿物质。其中以脂肪和肌细胞的增长最为显著，脂肪的增长是每日进食超过一天所需能量，其多余部分转变为脂肪，而肌细胞的增长是通过锻炼获得的，因为锻炼能促进肌细胞增长。脂肪过多影响肌肉收缩效率，增加了不必要的体重等于增加了运动时的阻力，从而影响了身体的灵活性，因此必须通过合理的训练增加肌肉比重，再配以低卡路里（cal）进食逐渐减少脂肪。

（二）生理因素

1. 大脑皮质神经过程的灵活性

高度的灵敏素质是在其巩固的运动技能基础上表现出来的，也就是在大脑皮层分析综合能力高度发展的情况下体现的。大脑皮层的分析综合能力是在时间和空间上紧密结合下进行的，因此在学习每一个动作时都要按一定顺序进行，大脑皮层概括动作的难易度所给予的刺激也按一定顺序正确地反应出来，经多次重复形成熟练动作。如三步上篮，视觉判断上篮时的距离及篮的高度、位觉、感觉，起跳后身体的空间方位，皮肤触觉感知地面硬度及手投篮的力量，这些刺激所引起的兴奋传到大脑皮层相应区，都按严格的时间和顺序产生兴奋、抑制，经过多次强化，各感觉中枢与运动中枢的动觉细胞发生暂时联系而形成运动技能。通过各种动作的大量练习形成熟练的运动技能，这些动作在不断变化的环境中完成，使大脑皮层兴奋和抑制的转换能力加强，从而提高大脑皮层神经过程的灵活性，确保机体在任何条件下、任何环境中都能熟练地把这些动作表现出来。

运动实践证明，每一项体育运动都需要某些专门的技能（如篮球的传球、运球、投篮，足球的传递、带球、闪射、射门，体操的空翻、回环、倒立、全旋等），只有掌握了这些专门的技能，并且运用自如，才能成为本专项的优秀运动员。而灵敏素质寓于这些运动技能之中，通过动作形式灵活熟练地表现出来。因此，基本动作、基本技术掌握得越多越熟练，不仅学习新动作快，而且在战术运用中也更富有创造力，人也显得灵活，随机应变能力更强，从而表现的灵敏素质也更高。

2. 运动分析器的功能

人体在完成动作时，肌肉产生收缩，通过肌肉肌梭（感知肌纤维长度、张力变化）、腱梭（感知牵张变化）产生的兴奋，传入神经中枢通过分析综合，感知身体在空间的位置、姿势以及身体各部位的运动情况，并与视觉、位觉、触觉以及内感受器相互作用，实现空间方位感觉。在肌肉感觉及空间方位感觉的基础上，大脑皮层才能随环境变化调节肌紧张，以保证实现各种协调精确的动作。运动分析越完善，则运动员对肌肉活动用力大小、快慢的分析能力越强，完成动作时间的判断越精确。有些运动员即使闭上眼睛，也能完成某些动作，这就是运动分析器的作用。

在运动实践中，有的运动员脚表现灵活，有的手表现灵活，这是因为经常使用这些部位。如乒乓球运动员用右手的则右手灵活，经常用左手的则左手灵活。篮球运动员要求左右手运球、投篮都应灵活，足球运动中要求左右脚射门、带球都应灵活，体操运动员习惯一个方向的转体、一个方向的全旋等，这是因为支配该部位运动器官的神经中枢的分析综合能力高度完善的结果。

3. 前庭分析器的机能

前庭分析器对空翻转体、维持身体平衡、变换身体方向和位置的灵活性有很大作用。前庭分析器包括耳蜗装置和三个半规管。下面主要介绍三个半规管的作用。

三个半规管在颅内相互垂直，所以当身体朝任何方向旋转时，半规管都能接受刺激，调整身体的平衡，但三个半规管接受的刺激是不一样的，横轴（向前或向后）翻转，水平面和横面内的半规管的内淋巴液在翻转开始和结束时，对壶腹内毛细胞起作用；而纵面内的半规管的内淋巴液作圆的滚动，由于翻转惯性，内淋巴液在整个翻转过程中起作用，所以作横轴翻转时纵面内的半规管（上半规管）起主要作用。同样，围绕纵轴转体时，水平面内的半规管（外半规管）起主要作用。作矢状轴翻转时，横面内的半规管（后半规管）起主要作用。如果要完成空翻转体动作，则要求三个半规管的转换能力都要强。由于前庭分析器的作用，身体在翻转时才能感知身体在空间位置的变化，并借助各种反射来调节肌紧张以完成翻转动作。

体操动作、跳水动作对前庭分析器的要求较高，所以体操练习中的绷床、小弹板等练习能提高前庭分析器的机能，因此体操中的一些练习可用作提高其他项目运动员的灵敏素质的辅助练习。

（三）年龄、性别

1. 年龄

从幼儿学走路开始到六七岁，平衡器官得到充分发展。从7岁到12岁，灵敏素质稳定提高，该年龄段有利于提高动作频率、反应速度及单个动作速度，体操运动员应尽量多体会一些难度较大的翻转动作。13到15岁为青春期，身高增长较快，灵敏素质相对有所下降，以后随年龄增长，又会稳定提高直至成年。

2. 性别

在儿童期，男子女子灵活性差不多；在青春期，男子比女子稍灵活些；在青春期以后，男子的灵敏素质高于女子。女子进入青春期，由于体重增加，有氧能力下降，内分泌系统变化，灵敏素质会一度出现明显的生理性下降趋势。根据这一变化规律，在青春期以前就应加强女子的灵敏素质练习，使之得到较好发展。

（四）疲劳程度

疲劳会导致中枢神经系统的灵活性与机体活动能力降低。由于大脑皮质的能源供应不足（缺乏三磷酸腺苷），从而产生保护性抑制，使肌肉力量无法正常发挥，出现反应迟钝、速度下降、动作不协调等现象，灵敏性显著降低。因此，在发展灵敏素质练习中和练习后都要注意恢复，及时消除疲劳。在兴奋性比较高、体力充沛时，发展灵敏素质的效果最好。

（五）情绪

情绪高涨时，人显得特别灵敏，而情绪低落时，灵敏性也会降低。由于练习、比赛环境的变化及其他生理、心理原因会导致情绪的变化，可能会过度兴奋，使兴奋扩散不能集中，造成身体失控；也可能过度抑制，精神不振，造成动作无力、不协调。因此，一个优秀的运动员应学会自我情绪的调节，使自己在竞技状态中具有适宜的情绪。当运动员处于这种状态时，头脑清醒，身体充满力量，对要完成的动作充满信心，身体轻快灵活。如篮球运动员怎么投篮怎么进，体操运动员无论完成什么动作都感到控制自如，足球运动员感到球在自己脚下随心所欲等，达到这种状态除身体素质好、技术熟练外，情绪的作用不可忽视。但这种状态有时不是人的意识所能控制的，应加强心理训练，提高对环境的适应能力，学会调节自我情绪等方法。

（六）其他身体素质发展水平

灵敏素质是人体的力量、速度、耐力、柔韧性以及协调性等能力的综合表现。上述在神经中枢调控下的肌肉活动能力与灵敏素质有密切关系，其中任何一种身体素质较差，对灵敏素质的提高都会造成不利影响。

（七）运动技术的熟练及运动经验的丰富程度

实践证明，掌握基本技术越多、越熟练，不仅学习新的运动技能快，而且技术运用也显得更灵活，更富有创造力，表现出的灵敏素质也就越高。长期学习、运用各种技术动作，提高运动技能，可以丰富人的运动实践经验，增加身体素质和技术动作"储备"，从而促进灵敏素质水平的不断提高。

（八）气温

气候阴雨潮湿，天冷温度太低，都会降低关节的灵活性与肌肉韧带的伸展性，造成灵敏性下降。

第二节 灵敏素质的训练方法与手段

灵敏素质是人体综合能力的反映，受遗传因素的影响较大。为了提高灵敏素质，教练员应尽可能采取逐渐增加复杂程度的练习方式，也可以通过改变条件、器械、器材等方式增加技术动作的复杂性和难度。同时，还应着重培养和提高运动员掌握动作的能力、反应能力、平衡能力、观察能力、节奏感等。

一、发展灵敏素质的训练方法与手段

（一）发展灵敏素质的训练方法

（1）在跑、跳中做迅速改变方向的各种跑、躲闪、突然起动以及各种快速急停和迅速转体练习等。

（2）做各种调整身体方位的练习。

（3）做专门设计的各种复杂多变的练习。如用"之字跑"、"躲闪跑"、"穿梭跑"和"立卧撑"四项组成的综合性练习。

（4）以非常规姿势完成动作的练习。如侧向或倒退跳远、跳深等。

（5）限制完成动作的空间练习。如在缩小的球类运动场地进行练习。

（6）改变完成动作的速度或速率的练习。如变换动作频率或逐步增加动作的频率。

（7）做各种变换方向的追逐性游戏和对各种信号做出应答反应的游戏等。

（二）发展灵敏素质的基本手段

灵敏素质是运动能力不可或缺的一部分，在发展灵敏素质过程中，应该注意：提高力量、速度、耐力、柔韧素质等是发展灵敏素质的基础；竞技体操、武术、技巧、滑冰、滑雪、各种球类运动等项目都是发展灵敏素质的有效项目；在专项练习复杂化的条件下反复练习与专项运动性质相似的动作，是发展专项灵敏素质的有效途径。发展灵敏素质的途径主要包括徒手练习、器械练习、组合练习和游戏等。

1. 徒手练习（包括单人练习和双人练习两类）

（1）单人练习：主要有弓箭步转体、立卧撑跳转体、前后滑跳、屈体跳、腾空飞脚、跳起转体、快速后退跑、快速折回跑等练习。

（2）双人练习：主要有躲闪摸肩、手触膝、过人、模仿跑、撞拐、巧用力等双人练习。

2. 器械练习（包括单人练习和双人练习两类）

（1）单人练习：主要包括各种形式的个人运球、传球、顶球、颠球、托球等多种练习，单杠悬垂摆动、双扭转体跳下、挂撑前滚翻、翻越肋木、钻栏架、钻山羊，以及各种球类运动、技巧运动、体操运动的专项技术动作的个人练习等。

（2）双人练习：主要包括各种形式的传球、接球、运球中抢球，双杠端支撑跳下换位追逐、肋木穿越追逐等双人练习。

3. 组合练习（包括两个动作组合、三个动作组合和多个动作组合的练习）

（1）两个动作组合练习：主要有交叉步→后退跑，后踢腿跑→圆圈跑，侧手翻→前滚翻，转体俯卧→膝触胸，变换跳转髋→交叉步跑，立卧撑→原地高抬腿跑等。

（2）三个动作组合练习：主要有交叉步→侧跨步→滑步→障碍跑，旋风脚→侧手翻→前滚翻，弹腿→腾空飞脚→鱼跃前滚翻，滑跳→交叉步跑→转身滑步跑等练习。

（3）多个动作组合练习：主要有倒立前滚翻→单肩后滚翻→侧滚→跪跳起，悬垂摆动→双杠跳下→钻山羊→走平衡木，跨栏→钻栏→跳栏→滚翻，摆腿→后退跑→鱼跃前滚翻→立卧撑等练习。

4. 游戏

发展灵敏素质的游戏具有综合性、趣味性、竞争性的特点，能引起练习者的极大兴趣，使人全力以赴地投入活动，既能集中注意力、积极思维、巧妙应对复杂多变的活动场面，又能锻炼提高神经系统的灵活性和反应过程，有效地发展身体素质和运动技能。发展灵敏素质的游戏很多，主要包括各种应答性游戏、追逐性游戏和集体游戏等。

二、发展灵敏素质的具体练习方法

（一）徒手练习

1. 单人练习

（1）丁字平衡：前后滚翻各一次接丁字平衡10 s。重复3次。

（2）十字交换跳：双脚起跳，在地面上做前后左右十字交换跳。练习时频率要快，连续跳10 s为一组，重复3组。

（3）俯卧撑接仰撑：下蹲两手放于两腿前面地上，两腿尽量向后伸展以足尖触地，两臂支撑成为俯卧撑，两腿屈起从两臂中间穿过成仰撑，两腿屈起再从两臂中间穿过恢复成俯卧撑。快速连续完成5次为一组，重复3组。

（4）分腿跳：原地双脚跳起，腾空后分腿，双手触脚尖，落地时还原。连续跳5次为一组，重复2组。

（5）弓箭步转体：两腿成左弓箭步姿势，两臂弯曲置于体侧，身体大幅度向右旋转，成右弓箭步姿势，再向左转成左弓箭步。反复练习数次。

（6）双手快速移位：两膝弯曲，上体稍前倾，两臂分开，手掌与肩齐平，抬头看教师发出的手指信号，并按手指信号的暗示，用双手同时准确拍击信号暗示的身体某个部位后迅速还原。重复练习数次。

（7）立卧撑跳转体：完成一次立卧撑动作，接原地纵跳转体180°。连续做8次为一组，重复练习3组。

（8）闪躲跑：画两条平行线，距离30 m，每隔6 m设一把椅子，练习者俯卧在起跑线处，头向正前方，两腿伸直，屈肘，两手放在两肩外侧，发出起跑信号后，练习者起立快跑30 m，触及或跑过另一线，转身再跑回来，然后闪躲跑过4把椅子。练习3次一组，重复2组。

（9）正踢腿转体：一腿支撑站立不动，另一腿从下向前上方踢起至最高点时以支撑腿为轴向后转体180°，两腿交替进行。

（10）左右滑跳：两脚左右开立，屈膝，上体稍前倾，两臂微屈放于体侧，左脚向侧蹬地，右脚向右跨出，身体随之向右移动，当右脚落地时迅速蹬地，左脚向左跨出，身体随之向左移动，重复练习数次。

（11）四面踢毽：原地两手叉腰做前、后、左、右的踢毽动作。

（12）四段跑：按篮球场端线、罚球线、中线、罚球线四段距离依次做侧身跑、疾跑、交叉步跑、后退跑，重复练习3组。

（13）并腿坐接肩肘倒立：前滚翻并腿坐接肩肘倒立，重复练习数次。

（14）冲、转、滚练习：两脚开立，两膝微屈，上体前倾，臂自然下垂，听口令向前快跑、急停，同时转体180°接做前滚翻一次，转体方向可左右交替。

（15）过绳区：10 m内安排三对摇绳，依次从每一摇动的绳下穿过，重复练习10次。

（16）交替换脚：画一条约1 m长的直线，两脚平行立于线侧，左脚移过线至右脚前着地，而后收回原位，随即右脚移过线至左脚前着地，而后收回原位。以最快速度反复练习。

（17）交叉步跑：两脚体前左右跨步交叉跑30 m，重复练习3次。

（18）交叉步跑接后退跑：两脚左右交叉前跑20 m接后退跑返回，重复练习3次。

（19）交叉步移动：在地上画三条相互间距为1.2 m的平行线，两脚分别站于中线的两侧，成半蹲姿势，左脚向右交叉移至两脚分别于右侧线两侧，返回中线后，右脚向左侧交叉移动至两脚横跨左侧线两侧。反复多次进行。

（20）后跑变前跑：听到信号做后退快跑，再听到信号立即向前加速跑，反复练习。

（21）后滚翻接转体：后滚翻接跳起转体180°，重复练习5次。

（22）后扫腿：左脚向前开步，左腿屈膝半蹲，右腿挺膝伸直成弓步，左脚尖内扣，左腿屈膝全蹲成右扑步姿势，同时上体前俯并右转，两手随体右转在右腿内侧撑地，右手在前，随着两手撑地上体向右后拧转的惯性力量，以左脚前脚掌为轴，右脚贴地面向后扫转一周。重复数次练习。

（23）后屈体跳：原地双脚跳起，腾空后两腿后屈，双臂向后振，落地还原。重复练习数次。

（24）走、跑、跳：手足着地走5 m，接单足跳5 m，加速跑返回。连续练习3组。

（25）两次交叉步转髋：两脚开立，两腿稍屈，上体稍前倾，重心在两脚之间，开始右腿向左腿前方跨一大步，两腿交叉，重心在身体左侧后方，髋轴与肩轴成十字交叉，随之左腿向右腿前方迈一大步，两腿交叉，右腿向左侧跨一步，回到原来姿势。重复练习数次。

（26）快速后退跑：蹲踞式起跑，听信号后迅速转体180°快速后退跑10 m，重复练习5次。

（27）"乌龙绞柱"：侧卧，左腿略屈贴地，右腿伸直，右腿由左向右贴身平扫，身体随之翻仰，两腿上举相绞。交换方向重复练习数次。

（28）屈体跳：原地双脚跳起，腾空后收腹举腿，双手由上向前摆触双脚，落地还原。连跳5次为一组，重复练习3组。

（29）空中抱腿：原地双脚跳起，腾空后两腿屈膝上收，双手抱膝，下落时还原。连跳5次为一组，重复练习3组。

（30）变换跳转髋：直立，两臂前后平举，右脚支撑轻跳动，左腿抬起，随之左脚落地支撑，同时右脚迅速蹬地高抬大腿向左转髋，上体、头和两臂不动，形成肩和髋的紧扭状态，还原后交换退腿换方向作同样练习。交替练习10次为一组，重复3组。

（31）肩肘倒立摆腿：肩肘倒立后两腿做左右的交叉摆动数次，重复练习3组。

（32）单肩后滚翻：单肩后滚翻转体再接一个单肩后滚翻。重复练习3次。

（33）单跳双落助跑：3步单脚起跳，腾空后双腿屈膝成团身后双脚同时落地，向前连续跳5次后转身快速跑回。

（34）单腿鱼跃前滚翻接后滚翻：两脚前后开立，左脚从后向上摆动，右脚蹬地跳起，空中团身后做向前滚翻→转体180°再接做一次后滚翻。

（35）转身交叉步跑：向前侧滑步5 m，接转身交叉步跑10 m。重复练习3次。

（36）转体接后滚翻：向前转体180°，立即下蹲团身做后滚翻，起立后重复这一动作返回起始处。

（37）转髋练习：双手扶肋木，两腿中开立，做向左、向右方向的转髋练习。

（38）侧踢腿绕环：一腿支撑，另一腿伸直由下向前侧方踢起后接做侧绕环动作。还原后两腿交替练习。

（39）鱼跃前滚翻接匍匐前进：鱼跃前滚翻后立即匍匐前进5 m。重复练习3次。

（40）连续鱼跃前滚翻：连续做3次鱼跃前滚翻。重复练习3次。

（41）鱼跃前滚翻直腿起：鱼跃前滚翻接做直角直腿起立。重复练习5次。

（42）前滚翻接转体：前滚翻接转体180°后接前滚翻返回。重复练习3次。

（43）前滚翻接跳跃：前滚翻接挺身跳、分腿跳、屈腿跳。重复练习3次。

（44）前后跑：后退跑5 m，跳起转体180°接快跑10 m。重复练习3次。

（45）前后移动：两腿屈膝前后开立，两臂自然微屈置于体侧，上体稍前倾，当身体重心移动至前脚后迅速蹬地，腰后送使身体重心移向后脚。反复练习数次。

（46）前、后滚翻：2个前滚翻接做1个后滚翻。重复练习3次。

（47）前后滑跳：两脚前后开立，屈膝，上体稍前倾，两臂屈置于体侧，后脚向后蹬地，前脚向前跨出，身体随之向前移动，当前脚落地瞬间即向后蹬地，后脚向后跳，身体随之向后移动。重复练习数次。

（48）侧滑步接退跑变疾跑：向前侧滑步5 m后转身做后退跑5 m，以疾跑返回。重复练习3次。

（49）急跑急停：从篮球场端线快跑至中线急停，原地转身接滑步跑至篮下急停跳起。重复练习3次。

（50）变换跑：在地上画两条相距10 m的平行线，练习者站在线后，做原地高抬腿10次→原地脚尖小步幅快跑10次→加速跑至另一线并用双手摸线。重复练习3次。

（51）高频跑：原地高频率跑20次，突然起动跑15 m，后退跑返回。重复练习3次。

（52）拳击步：移动两脚前后开立，上体稍前倾，两臂屈肘于体侧，如左脚在前，则右脚蹬地随即右髋前送，左脚向前移出一脚，左脚落地后髋关节主动用力使重心移向后脚，右脚在左脚前移时随之向前滑动，前移10 m后换右脚在前。重复练习数次。

（53）原地各种闪动练习：两脚左右开立，膝微屈，上体稍前倾，两臂自然下垂，按顺序完成上下起落动作、左右闪晃动作、旋转、蹬出跨回动作、单足起落闪晃动作。每个动作重复数次，按顺序完成3组。

（54）圆周障碍跑：画一直径4 m的圆，在圆周线上放6~8个等距离的实心球，听信号后快速绕过每个球，然后用同样的方法后退跑返回。重复练习3次。

（55）俯卧蛙跳：俯卧，两肘关节和两膝关节撑地，同时向上发力做向前和原地的蛙跳数次。

（56）保护手倒立：在同伴保护下做手倒立，身体平衡后静停10 s。重复练习3次。

（57）倒立前滚翻：手倒立接前滚翻2次，重复练习3组。

（58）绕前：在立柱或跳高架或树木旁，练习者从后绕前并从另一侧返回。重复数次后，换方向练习。

（59）旋子：开步站立，身体右转，左脚离地，左臂前平举，右臂向下，接着左脚落地，身体平俯向左甩腰摆动，同时两臂伸直随身体向左摆动，紧接左脚蹬地，身体悬空，两腿随身体向左平旋，然后右脚先落地，左脚随之落地。练习时挺胸抬头，身体成水平旋转，两腿要高过水平。

（60）旋风脚：开步站立，两腿稍屈，两臂向体右（左）斜下方平行伸出，此时左脚由左侧迅速提起向上高摆，上体左转，两臂上摆，右脚迅速蹬地充分伸直后腾空，上体从左后前围绕身体的垂直轴旋转一周，右腿上摆后由外侧随旋转大腿内收向里摆动，左手于体前上方拍击右脚底，然后左脚先落地并维持身体平衡。

（61）移动触线：在地上画两条相间距3 m的平行线，练习者从中间开始左右移动并用手触线，反复练习数次。

（62）移重心：两腿屈膝前后开立，两臂微屈置于体侧，上体稍前倾，利用腰部力量使身体重心移向前脚，当重心移向前脚后立即移向后脚，两脚交换位置反复练习。

（63）连续提踵：用前脚掌站在台阶上，双手扶墙，脚跟空出连续提踵30次，重复练习3组。

（64）弹腿：一腿支撑，另一腿屈膝上提，脚面绷直，当提膝接近水平时，小腿迅速猛力弹出，力达脚尖。连续弹腿5次，交换腿重复练习。

（65）"8"字绕环跑：以2 m为半径，画两个相切的圆成"8"字，练习者可沿曲线做向前、侧身、倒退、转身等快跑。练习时身体向内倾斜，步频快速。可重复练习3次。

（66）跑"五角星"：画一个五角星，五角的每一线段均为5 m，插上角旗，起跑后用最快速度，依次跑完五角返回，重复练习3次。

（67）循环练习：快跑10 m后急停→后退跑10 m返回→向左右变向快跑各5 m返回→原地跳起2次转体360°→双手插腰髋关节左右绕环各4次→立卧撑8次。

（68）滑步急停接立卧撑：滑步5 m急停→原地做立卧撑3次→继续滑步5 m急停→再做立卧撑3次，重复练习3次。

（69）滑步：在篮球场罚球线上，两脚左右开立，上体稍前倾，两臂张开，左脚蹬地，右脚向右滑出，左脚随之跟上，由罚球线一端滑至另一端，反复练习数次。

（70）跳起转体：双脚起跳，腾空后转体180°，落地后双脚再次起跳，腾空后再转体360°，重复练习数次。

（71）跳"十"字：在地上画两条横竖各4 m的直线，使其相交成"十"字，练习者从两线交会处沿"十"字做前、后、左、右连续往返跳跃练习，每次跳跃必须从"十"字交汇处开始，双脚、单脚交替练习。

（72）手触地走：左右手依次触地与左右脚同步向前快走10 m往返。重复练习3次。

（73）绕杆跑：在地上插杆10支，间距2 m，起跑后蛇形绕过杆，后退绕杆返回。重复练习3次。

（74）跨线跳：画两条相距1 m、长20 m的平行线，练习者在一端后两线中间做向左右跨越线的向前跳跃练习,跳至线的另一端后放松走回来,重复练习 3 组。

(75) 腾空转身飞脚:并步开立,右脚上步,左腿从后向前摆踢,随即右脚蹬地跳起,身体悬空立即从右向后转身,右脚踢出,脚尖绷直,右手击拍右脚面,左手成勾手侧举。重复练习 5 次。

(76) 腾空飞脚:右脚上步,左脚向前摆踢,同时右脚蹬地跃起并向前上方弹踢,脚面绷直,右手迎击右脚面,左腿屈膝,右脚弹踢回收控制于右腿侧,脚面绷直,脚尖向下。重复练习 10 次。

(77) 膝触胸:练习者成俯卧撑式,两腿膝部交替触胸部后伸直,练习时逐渐加快动作速度。连续做 20 次为一组,重复 3 组。

(78) 前滚翻燕式平衡:前滚翻接燕式平衡 10 s。重复 3 次。

2. 双人和多人练习

(1) 反弓转:两人一组,右手相握同时身体各向左转使身体成反弓形,换握左手各向右转使身体成反弓形。反复练习数次。

(2) 反抓脚尖:二人背靠背坐在地上,二人同时朝一个方向做体前屈、后倒动作,后倒者用双手反抓对方脚尖。交替练习数次。

(3) 手触膝:二人一组面相对站立,双方在移动中伺机用手触对方膝盖部位。持续练习 20 s 为一组,重复 3 组,每组间歇 30 s。

(4) 压肩转体:一人两腿开立体前屈双手触地,另一人压住肩部向下至最大动作幅度时静停 10 s,随之躯干向左、右各转体 2 周。重复练习 2 次。两人交换进行。

(5) 坐姿跨栏:两人均坐在地上成"跨栏"姿势,分别用脚顶住对方起跨腿膝关节,两手拉住对方双手,一人后仰使对方上体尽量前屈,交替重复练习数次。

(6) 拍背:二人一组,面相对站立,距离 1 m,一攻一防,攻者设法用手拍防者的后背,防者灵活躲闪,手拍到背后,立即攻防转换继续重复练习。

(7) 拦网击掌:二人隔排球网面对,向左右移动中跳起,二人双手在网上拍击。连续练习 6 次为一组,重复 3 组,每组间歇 20 s。

(8) 背对转体:两人背对站立,相互拉手,一人向左一人向右做转体运动,交替重复练习数次。

(9) 前屈、后倒、侧屈:二人对坐,两脚互蹬腿分开,互相拉手,一人体向前屈,一人体向后倒,还原后向左右两侧做体侧屈。交替重复练习数次。

(10) 摆脱:在篮球场或排球场的半场,一对一徒手空切,利用起动、变向、转身、急停等动作摆脱防守。二人交替练习 4 次。

(11) 模仿练习:二人一组相距 3 m 前后站立,前者在快跑中做出变向、急停、转身等不同动作,后者在跑动中模仿前者做出的各种动作。持续 15 s 后二人交换练习。

(二) 器械练习

(1) "8"字耍球：双手持球于胸前，将球交给右手，右手持球向下经体侧至侧后方，再向前上方做绕环后还原，将球交给左手，此时两腿开立，体前屈，左手在两腿间将球交右手，使球在两腿之间做"8"字绕环，重复练习数次。

(2) 串联：快速完成传球、扣球、拦网动作各数次。连续做3次为一组，重复3组。

(3) 支撑转体：在双杠上做支撑摆动，后摆转体180°成分腿骑坐。重复练习3次。

(4) 单手抄球：一手持球，臂上举伸直，快速抄下还原，臂向右（左）侧平举，快速还原，重复练习数次后两手交替练习。

(5) 手拨球后退跑：运球绕过10根间距2 m的立柱后手拨球后退跑返回。重复练习3次。

(6) 双杠跳下：两人站于双杠两端前，听信号开始握杠跳起前摆向左或右侧做并腿跳下，然后至另一端，在追逐中重复同样动作。

(7) 头顶球绕杆：头顶足球绕过5根间距1 m的立杆后头顶球直线返回，重复练习3次。

(8) 对墙传接：两手各持一球，对墙依次连续传接球。练习时逐渐提高传球速度。连续练习20 s为一组，重复3组。

(9) 对墙垫球：对墙连续垫排球30次，重复练习3组。

(10) 对墙踢球：距墙或障碍4 m，用各种脚法连续对墙踢球30次。重复练习3组。

(11) 追反弹球：同伴距墙10 m站立，并向墙抛出地滚球，练习者靠墙半蹲，当球碰墙返回时，练习者迅速起跑在10 m距离内追球，两人交换重复练习数次。

(12) 交替运球：在场地上放置若干距离不等的标志物，练习者两手交替运篮球绕过标志物，重复练习数次。

(13) 过障碍：助跑5 m跳过山羊→钻过鞍马→双杠间绕过→返回。重复练习3次。

(14) 双手运球：双手各持一篮球同时或依次向前、向后、向左、向右连续运球，连续练习1 min。重复练习2次。

(15) 压线运球：在20 m长的直线上用脚控球压线运球跑过，重复练习3次。

(16) 曲线足弓运球：在20 m长的蛇形线上用足弓运球通过，重复练习3次。

(17) 多种运球：在小范围内反复做多种变向、变速运球，持续练习30 s

为一组，重复练习3组。

（18）垫球：用头、肩、胸、大腿、脚背等部位垫足球，持续练习30 s。重复练习3次。

（19）胯下抛球接转身接球：背对墙壁5 m处双手持球两腿开立，将球自胯下向后对墙抛出，抛出球后迅速转身接反弹球。重复练习数次。

（20）快速投篮：10 s内在罚球线上投篮6次，要求计算投中次数。重复练习3次。

（21）快速上篮：练习者快速跑动接同伴抛在空中落地反弹球上篮或运球上篮5次，两人交换练习。

（22）抢篮板球：练习者在端线前3 m处背向篮板目视同伴投篮，球出手后立即转身抢篮板球传给同伴，重复练习10次，两人交换练习。

（23）投篮：站在篮下以各种方式连续自投、自抢10次，反复练习3组。

（24）连续跨栏角：摆6个低栏，间距2 m，做起跨腿连续过栏角动作，左右腿交换练习。

（25）听声接球：练习者坐地上或俯卧或仰卧在地上，同伴在其背后将球抛向地面，练习者听到声音后迅速起身抢球。连续练习10次，两人交换练习。

（26）跳起胯下击反弹球接转身抢球：持球向上做分腿跳跃同时从两腿间向后击出反弹球，落地后迅速转身抢反弹起的球。重复练习8次。

（27）顶球走：从中线开始，手足着地走同时用头顶篮球，使球进入端线上设定的门内。重复练习3次。

（28）拨球：放5个间距2 m的实心球，手握体操棒拨排球蛇形绕过实心球，直线拨球返回。重复练习3次。

（29）追球上篮：从端线开始抛地滚球，人、球同时出发，追上球后用单手将球拍起后运球上篮。重复练习5次。

（30）持棒翻肩：两脚开立，两手握体操棒于体前，以肩关节为轴，将体操棒由体前经头顶绕至背后，再由背后经头顶还原。重复8次为一组，练习3组。

（31）分腿上箱接挺身跳下：助跑4步，手扶横箱双脚起跳后分腿站上箱，接挺身跳下。重复练习数次。

（32）钻栏架：快跑5 m，连续钻过3个间距1 m低栏架返回。重复练习3次。

（33）钻"山羊"：连续跳过两只间隔1 m的"山羊"，然后以最快的速度从两只"山羊"下钻过返回。重复练习3次。

（34）深蹲接托球起立：双手持排球于胸前，原地做快速深蹲，下蹲的同时双手持球上举，起立时双手持球还原。快速连续练习数次。

（35）球绕身体：双手持球于体前，右手接球将球经体侧绕到体后交给左手,左手在体后接球经体侧绕向体前交给右手。反方向重复练习,反复数次。

(36) 胯下运球上篮:从中线开始连续胯下运球接突破上篮,重复练习5次。

(37) 悬垂举腿绕环:在单杠上悬垂,以髋关节为轴举腿做绕环动作,左右交替练习数次,重复2组。

(38) 悬垂摆动:在单杠上做两腿悬垂自由交叉摆动练习,交叉时髋关节与上体成交叉状。持续练习30 s为一组,重复2组。

(39) 移动接、传球:两人相距3 m面对面站立,一人任意将球向对方的前、后、左、右等不同方向、距离、高度传出,对方迅速移动将球接住并传回。反复数次后两人交换练习。

(40) 转体跳下:手撑双杠跳上成撑,直体连续摆动两次后向内转体180°跳下。重复练习数次。

(41) 跳箱接前、后滚翻:屈腿跳上横箱,挺身跳下接前、后滚翻各一次,重复3次。

(42) 跳栏:摆3个低栏架,相距3~4 m,跑动中用单脚或双脚做各种不同跳、跨的动作。重复练习8次。

(43) 滚翻接球:将球向上抛起,迅速做前滚翻将球接住,再向上抛起,做后滚翻接球。反复练习数次。

(44) 跨栏、钻栏:连续跨过3个间距5 m的低栏,转身依次钻过3个低栏返回。重复练习3次。

(三) 组合练习

(1) 交叉步→后退跑:交叉步跑10 m→转身后退跑10 m,重复练习3次。

(2) 交叉移动→跑小"8"字:在地上画三条间距为1.2 m的平行线,前面画两个相切的直径均为3.6 m的圆,两脚分别站在中间的直线两侧,成半蹲姿势,左脚开始向右侧横向移动至两脚分别于右直线两侧,然后返回中间直线,再以同样方法向左边做交叉步移动,反复练习中听或看到信号→沿相切的两个圆跑小"8"字返回。重复练习3次。

(3) 后踢腿跑→圆圈跑:后踢腿跑10 m→在直径4 m的圆上快跑中连续绕过等距离实心球6个。重复练习3次。

(4) 快速交叉→后退跑:快速交叉跑15 m→听或看信号迅速后退跑15 m,重复练习3次。

(5) 坐撑举腿→俯撑起跑:两手后撑成坐姿,上体尽量前屈,再后倒两腿伸直上举,两脚尽量接近头部→放下两腿转身成仰卧撑,听信号后迅速起跑冲出去10 m。重复练习3次。

(6) 侧手翻→前滚翻:连续做2个侧手翻→向前做2个前滚翻后走回。重复练习3次。

（7）转体→跨步跳：两脚左右开立，膝微屈，两臂弯曲置于体侧，上体向左右转体→听信号后做跨步跳 10 m。重复练习 3 次。

（8）转体俯卧→膝触胸：仰卧→身体向右翻转成俯卧→向左翻转成仰卧→向右翻转成俯卧→双臂撑起身体两膝交替触胸 10 次后起立。重复练习 3 次。

（9）拳击步→转身跑：两腿前后开立约与肩宽，上体稍前倾，两臂屈肘于体侧，左脚在前，右脚蹬地，随即向前送腰，左脚向前→脚后立即向后蹬地，重心迅速后移至右脚，不断重复→听或看信号转身快跑 10 m。重复练习 3 次。

（10）跪撑压肩→空中抱腿跪撑：上体前屈，双臂前伸手撑地，抬头挺胸塌腰肩部下压，听信号→成半蹲双脚原地跳起并屈膝上收，双手抱膝，落地后还原。重复练习 5 次。

（11）高频跑→左右交叉步跑：原地高频率跑 20 次→两脚体前左右交叉步跑 15 m。重复练习 3 次。

（12）躯干绕环→后屈体跳：两脚开立，两臂自然上举，以髋关节为轴做躯干绕环，听信号→原地双脚跳起，腾空后两腿后屈，双臂后振，落地还原。重复练习 3 次。

（13）移脚→螺旋跑：画一条约 1 m 长的线，两脚平行于线外，左脚移过线至右脚前落地，而后收回还原，不断重复→听信号迅速起动，沿地上画的螺旋形线快速跑动。重复练习 3 次。

（14）触线→跳圈：在地上画两条间距 3 m 的平行线，练习者从中间开始向左、右移动并用手触线各 5 次→连续双脚左右跳上画在地上的两排 16 个直径 30 cm 的圆，跳出最后一个圆圈后用倒退跑返回。重复练习 3 次。

（15）触胸→躲闪跑：练习者成俯卧撑姿势，两腿屈膝上收交替触胸 10 次后伸直→躲闪跑（画两条平行线，间距 5 m，长 30 m，从距起点 6 m 处开始每隔 3 m 放一把椅子，躲闪跑过 8 把椅子）。重复练习 3 次。

（16）左右移重心→交叉步跑：两脚左右开立，腿微屈，上体稍前倾，两臂自然下垂，腰部主动用力将身体重心移至右脚，再移至左脚，交替进行→听信号做交叉步跑 10 m。重复练习 3 次。

（17）左右移重心→原地高频跑：两脚左右开立，膝微屈，上体稍前倾，两臂自然下垂，腰部主动用力将身体重心移至右脚，再移至左脚，交替进行→听信号在原地做快速高频率跑动 20 s。重复练习 3 次。

（18）左右移重心→障碍跑：两脚左右开立，腿微屈，上体稍前倾，两臂自然下垂，腰部主动用力将身体重心移至右脚，再移至左脚，交替进行→听信号起跑，蛇形穿过插在地上间隔 1 m 的 10 个小旗。重复练习 3 次。

（19）"十"字交换跳套圈→推铁环"8"字跑：连续做双脚前后左右开合"十"字跳，前进中依次将 3 个相距 1 m 的藤圈由头上套至脚下→拉起铁环沿两个直径 4 m 的相切的圆做"8"字推环跑，直线推环返回。重复练习 3 组。

（20）立卧撑→高频跑→跑圆圈：由直立开始做3个立卧撑→原地高频率跑20次→沿直径7 m的圆快速跑一圈。重复练习3组。

（21）交叉侧跨步→滑步→障碍跑：两脚左右开立，两腿微屈，上体稍前倾，开始右腿向左腿前方跨大一步、两腿交叉，重心在身体左侧后方，随之左腿向右腿前方跨一大步，两腿交叉，右腿向侧跨一步，还原后反复练习→看手势向不同方向滑步20 s→通过在10 m距离内放置的10个障碍。重复练习3组。

（22）俯撑振动→钻栏架→过山羊：俯卧撑姿势，腰部向下连续振动，听信号→起跑快速钻过3个相距3 m低栏架→跳过距低栏10 m的"山羊"返回。重复练习3组。

（23）踢腿转体→腰绕环→肩绕环：一脚支撑，另腿由下向前上方踢起至最高点转体180°，两腿交替进行各10次→两脚开立，两手插腰，髋关节从右向左或从左向右绕环10次→两脚开立，两手持体操棒于体前，两手相距一肩半宽，两臂以肩关节为轴将体操棒由体前经头顶绕至背后，再由背后经头顶还原，反复4次。重复练习3组。

（24）旋风脚→侧手翻→前滚翻：开步站立，两腿稍屈，两臂向体右（左）斜下方平行伸出，左脚由左侧迅速向上高摆，上体左转，两臂上摆，右脚迅速蹬地跳起，上体从左后向前围绕身体的垂直轴旋转一周，右腿上摆后由外侧随旋转大腿内收向里摆动，左手于体前拍击右脚底后落地，紧接重复练习1次→侧手翻2次→前滚翻2次。反复练习3组。

（25）弹腿→腾空飞脚→鱼跃前滚翻：右腿屈膝抬起，大腿与腰平，右脚绷直，提膝接近水平时迅速猛力向前平弹踢小腿，力达脚尖，大腿与小腿成一直线，左腿伸直或微屈支撑，两腿交替练习4次→右脚上步，左腿向前向上摆踢，右脚蹬地跃起，身体腾空，右腿向前上方弹踢，脚面绷直，右手迎击右脚面，同时左腿屈膝，左脚收控于右腿侧，脚面绷直脚尖向下→右脚在前左脚在后，左脚从后向上摆起，右脚蹬地跳起腾空团身向前滚翻。重复练习3组。

（26）左右移重心→拳击步→跨步跳：两脚左右开立，膝微屈，上体稍前倾，两臂自然下垂，腰部主动用力将身体重心移至右脚，以同样方法将重心移至左腿，交替反复进行→两脚前后开立，上体稍前倾，两臂屈肘于体侧，左脚在前，右脚蹬地腰前送，左脚向前移出一脚，左脚落地后立即后蹬，腰随之后送，重心移向后脚，反复练习数次→左右跨步跳10 m。重复练习3组。

（27）滑跳→交叉步跑→转身滑步跑：两脚左右开立，屈膝，上身稍前倾，两臂微屈置于体侧，左脚向左侧蹬地，右腿向右侧跨出，身体随之向右移动，当右脚落地时迅即蹬地，左脚向左跨出，重复练习数次→向左或向右侧交叉步跑10 m→转身滑步跑返回。重复练习3组。

（28）交替移脚→跳球→仰卧、俯卧→单跳双落：画一条约1 m长的直线，两脚平行立于线外，左脚移过线至右脚前落地，而后收回原位，随即右脚移过线至左脚前着地后收回，快速重复练习数次→双脚起跳做向前、向后、向左、向右跳过实心球练习数次→向前跑 5 m 后仰卧并右转体成俯卧，再向左转体成仰卧→单脚起跳双脚落地，左右脚交替练习 10 次。重复练习 3 组。

（29）坐地接球→倒地接球→俯卧接球→滚翻接球：二人一组，一人坐在垫上，一人抛球，坐在垫上的人接前、后、左、右来球数次→接抛在头上、身体两侧、身体后方的半高球同时倒地，连续练习数次→俯卧在垫上，接抛向头上方球并迅速传出数次→迅速做前滚翻接抛向前上方球。两人交换重复练习各 3 组。

（30）拍背→模仿跑→追拍：二人一组，距离 1 m，面相对，一攻一守，攻者利用身体的假动作摆脱防守并用手拍守者后背，守方利用移动、躲闪等动作防守，拍到对方的背部后转身迅速前跑→在跑动中做变向、急停、转身等动作，被拍者紧随其后模仿其每一个动作，听信号→被拍者立即向原处跑回，对方迅速追赶，并用手拍其后背。重复练习 3 组。

（31）转体对肩→闪躲→伺机触膝：二人背对站立，同时向左转体用左肘触对方左肩，向右转相互触右肩，反复练习数次→二人面对间隔 1 m 站立，做在躲闪中巧摸对方肩部练习数次→双方做在躲闪移动中伺机手触对方膝部练习数次。重复练习 3 组。

（32）前屈后倒→躯干翻转→跨栏坐→背对转体：两人对坐，两腿分开，两脚互蹬，互拉双手，一人体前屈，一人后倒，交替进行数次→两人对坐，两腿伸直分开，两脚互蹬，双手互相拉紧，二人同时翻转躯干数次→成跨栏坐，用脚顶住对方膝关节，拉住对方双手做躯干交替前屈后仰练习数次。重复练习 3 组。

（33）倒立前滚翻→单肩后滚翻→跪跳：倒立接前滚翻 2 次→单肩后滚翻 2 次→跪跳起。重复练习 3 组。

（34）悬垂摆动→双杠跳下→钻山羊：双手握单杠悬垂自由摆动，听口令→迅速跳下跑至双杠一端，握杠跳起支撑前摆跳下，迅速跑至另一端重复同样动作→以最快速度连续钻过两只相距 1 m 的"山羊"。重复练习 3 组。

（35）跨栏→钻栏→跳栏→前滚翻：听口令连续跨过 3 个相距 2 m 的低栏架→返回依次钻过 3 个栏架→返回双脚连续跳过 3 个栏架→垫上前滚翻两次返回。重复练习 3 组。

三、发展灵敏素质应注意的问题

（一）练习方法、手段应多样化并经常改变

灵敏素质的发展与各种分析器和运动器官机能的改善有密切的关系。人体能否在运动中表现出准确的定向定时能力和动作准确、迅速变换的能力，都取决于各种分析器和运动器官功能的提高。而人体一旦对某一动作技能熟练到自

动化程度时，再用该动作去发展灵敏素质的意义就不大了。为此，发展灵敏素质练习的方法应是多种多样的，并且要经常改变。这样不仅可以使人掌握多种多样的运动技能，还可以提高人体内各种分析器的功能，在运动中能够表现出时空三维立体中的准确定向定时能力，还能表现出动作准确、变换迅速的能力。

（二）掌握本专项一定数量的基本动作

运动技能本质是条件反射，这种在大脑皮层中建立的条件反射暂时联系的数量越多，临场及时变换动作的暂时联系就越迅速准确，在已掌握的运动技能的基础上，可以快速形成新的应答性动作来应付突然发生的情况。因此，应尽量多掌握一些基本的动作、基本技术及战术等，这样做有利于提高灵敏素质。由于灵敏素质是人体综合能力的表现，发展灵敏素质还必须从培养人的各种能力入手，在练习中广泛采用发展其他身体素质的方法来发展灵敏素质，并培养掌握动作的能力、反应能力、平衡能力，等等。

（三）抓住发展灵敏素质的最佳时期

灵敏素质是在中枢神经系统的指挥下各种能力的综合表现。少年儿童的神经系统是人体发育最早、最快的系统，他们具有较好的反应能力、动作速度、平衡能力、节奏感等方面的发展潜力，这些都为发展灵敏素质提供了有利的条件，因此应抓紧这一时期进行灵敏素质练习。

（四）发展灵敏素质时应注意消除练习者的紧张心理状态

在发展灵敏素质时，教师（教练员）应采用各种有效的方法与手段，消除练习者紧张的心理状态和恐惧心理。因为人在心理紧张时，肌肉等运动器官也必然紧张，会导致反应迟钝，动作的协调性下降，影响练习的效果。

（五）合理安排训练时间

发展灵敏素质的练习在整个训练过程中都应该适当安排，使之系统化。但训练时间不宜过长，练习重复次数不宜过多，因为机体疲劳时运动员力量水平会下降，速度将减慢，节奏感被破坏，平衡能力会降低，这些都不利于灵敏素质的发展。有经验的教练员都是根据不同训练过程的特点来安排灵敏素质训练的。如随着比赛临近，技术训练比重增加，协调能力的训练应相应加强；准备期以一般灵敏素质训练为主；比赛期以专项灵敏性训练为主。在一次训练课中应把灵敏素质的训练安排在课的前半部分，让运动员处在体力充沛、精神饱满、运动欲望强的状态下进行练习。

（六）灵敏素质的练习应有足够的间歇时间

在进行灵敏素质的练习过程中应有足够的间歇时间，以保证氧债的偿还和肌肉中三磷酸腺苷能量物质的合成。但休息时间又不可过长，休息时间过长会使中枢神经系统的兴奋性大幅度下降，在下次练习中就会减弱对运动器官的指挥能力，使动作协调性下降、速度减慢、反应迟钝，这必然影响练习的效果。一般地讲，练习时间和休息时间可控制在1：3的比例。

（七）应结合专项要求进行训练

灵敏素质具有专项化的特点，经验丰富的教练员都针对本专项对灵敏素质的特殊要求安排灵敏素质训练，使训练效果与专项要求相一致。例如篮球运动员多做发展手的专门灵敏性训练，以提高其手感和控球能力；足球运动员多做一些脚步移动和用脚控球的练习；体操、技巧等项目运动员多做一些移动身体方位的练习；等等。此外，还应注意控制练习者的体重。

第八章 体能训练中各种运动素质的转移

人体抗阻能力、快速动作能力、持续工作能力、协调运动能力和敏捷准确的动作能力在人的活动和运动中并不是孤立存在和发展的,即力量、速度、耐力、柔韧性和灵敏性等基础体能之间互为影响、相互促进、相互制约、紧密联系,综合性和转移性是各项运动素质之间相互关系的集中体现。

综合性:在体育活动中,很少有一种活动形式只要求某一项运动能力参与工作,一般都是两种或两种以上运动素质综合发挥作用。例如,田径运动中的跳跃和投掷项目,排球运动中的扣球动作,既需要力量,又需要速度,这种能力的综合就是爆发力;体操中的空翻,需要力量、速度、柔韧性和灵敏性综合而成的爆发力和灵活性。另外,力量与耐力的组合,综合成力量耐力;速度与耐力的组合,综合成速度耐力;速度与协调性的组合,综合成灵敏性;灵敏性与柔韧性组合,则综合成灵活性。

转移性:在发展体能的过程中,各种运动素质之间表现出相互转移的特征。各种体能间的相互转移是指发展某一项运动素质的同时,会对同类素质或其他素质的发展产生某种影响。运动素质的转移主要是由有机体的整体性、动作结构的相似性和能量供应来源的同一性决定的。其一,人体各器官系统是相互协同、相互联系、相互促进和相互制约的。运动员在运动中表现出来的某种运动素质并不是只依靠某一个器官和系统,而是在中枢神经系统统一支配下,各器官系统机能综合作用的结果。其二,运动动作结构和机体肌肉工作特征的相似程度,相似程度越大,运动素质之间良性转移的可能性也就越大。其三,能量供应来源的同一性,体能提高的一个主要原因,是通过训练使有机体能量供应的状态得到改善。由于某些素质能量来源基本相同,运动素质之间的转移就比较容易发生。

促使运动素质转移的内在机制是生理生化基础。如果两种运动素质发展的生理、生化基础相同,则会产生良好转移;反之,就不产生转移,或产生不良转移。各种运动素质之间的转移可分为不同类型。

按运动素质转移的方式分,可分为直接转移和间接转移。直接转移是指一种运动素质的发展会直接引起另一种运动素质的改变,或在同一种运动素质中产生直接的变化。例如,腿部伸肌动力性力量水平的提高,会直接使跑速或跳跃速率得到有效的提高。直接转移对提高运动训练质量起着重要的作用。在专项体能训练之前,必须先进行一系列的一般体能训练,其目的和作用就在于各运动素质之间会发生直接转移，从而为专项运动素质的提高创造前提条件。间接转移是指一种运动素质的改变，不能直接促使另一些运动素质的提高，只是为它们提供了变化的先决条件，或在同一种运动素质中起间接的作用。例如，用静力方式发展的腿部力量，虽然不可能直接引起跑速的提高，但静力性力量训练能有效地提高肌肉的最大力量，并可以逐步转化为动力性力量，进而导致跑速的提高。与直接转移相比，间接转移要取得明显的效果所需时间相对较长。

　　按各运动素质间的相互关系分，可分为同类转移和异类转移。同类转移是指同一种运动素质在各种不同运动项目或不同动作中的转移。如进行举重项目的力量练习，可以使田径中的投掷、体操中的支撑等所需的力量水平得到发展。又如，耐力素质转移在长距离的跑和游泳之间作用十分明显，虽然两者的运动形式不同，但耐力基础则是相同的，在跑的过程中所提高的耐力素质，同样能使游泳成绩得到提高。异类转移是指存在于各种运动素质之间的不同运动素质的转移。例如，力量和耐力素质之间的转移，耐力和速度素质之间的转移，力量和速度素质之间的转移等。一般来说，异类转移的良好效果在体能程度较低的情况下作用比较明显，但体能程度到了比较高的水平，这种转移的效果就明显降低。

　　按运动素质转移产生的效果分，可将其分为良性转移和不良转移。良性转移是指当一种运动素质得到发展时，会引起另一种运动素质的相应提高，或在同一种素质中，从一种表现形式的发展转移为另一种形式，而且同时得到良好的发展。例如，运动员最大速度的提高，可促进速度耐力的发展；动力性力量的提高，可促进速度和灵敏素质的发展等。不良转移是指当一种运动素质得到发展时，会引起另一种运动素质的相应下降，或在同一种素质中某一种表现形式的发展妨碍了另一种表现形式的提高。例如，力量与柔韧、速度与耐力的关系，力量增加会引起肌肉、关节韧带伸展度的相应下降，速度提高会使耐力素质下降，反之亦然。静力性力量增加，也会引起动力性力量的功能减弱。不良转移会对体能的提高产生不良影响，是提高运动成绩的潜在威胁，因此应尽量避免。

　　按运动素质转移产生效果的可能性分，可分为可逆转移和不可逆转移。可逆转移是指发生转移的运动素质之间，可以产生相互转移的效果。而不可逆转移，则是指单方面的影响和作用。例如，力量和速度之间的转移是可逆的；在速度素质的发展中，动作速度的提高可以提高反应速度，而反应速度的提高却无论如何都不可能使动作速度得到提高，这时就表现为转移不可逆。

　　上述运动素质转移中的直接转移和间接转移，可以是同类的，也可以是异类的。在同类转移和异类转移中，也可能有良好的和不良好的转移。在良好的和不良的转移中，也有可逆转移和不可逆的转移。

　　运动素质转移的基本原理已在运动训练实践中得到广泛运用，在训练中充分发挥各种运动素质之间的良性转移，尽量防止不良转移，能使实际训练取得事半功倍之效。因此，在引发体能能力之间互为转移的过程中必须注意以下问题：

（1）要使运动素质之间的积极转移得以实现并取得良好的效果，就必须通过一定数量和一定强度的练习。一般来说，运动素质之间的转移在一定限度内与练习的负荷成正比。练习的负荷量越大，转移的效果就越明显。反之，转移的可能性和转移的效果就小。另外，发展某种运动素质时，要考虑周到，多安排一些能够产生良性转移的练习，利用这些练习产生的良性转移来促进相应体能的提高。如果某些练习会产生不良转移，就必须认真考虑安排的时机、次数或采用适宜的其他练习手段与方法来弥补其不足。例如：短跑运动员在适当训练耐力能力时，就应考虑到耐力对速度的不良转移影响。因此，练习次数不宜过多，时间不能过长，练习应安排在运动员精力充沛时进行。又如，柔韧能力实际上是柔和韧组合的综合能力，柔对韧会产生不良转移，在柔的练习完成后应以韧的练习来弥补，才能收到好的效果。用良性转移和不良转移的原理来指导训练，有经验的教练员会更注重后者，因为后者在训练中的实际意义远远超过前者。

（2）随着运动员训练水平的提高，运动员有机体的生物学改造日趋完善，有机体的可塑性相应降低，良性转移会变得更有选择性。例如，运动员刚开始进入专项训练时，一般力量练习会引起速度的相应提高。但是对高水平的运动员再进行一般力量训练，就很难再促进其速度提高。因此，在运动员训练的初、中级阶段应充分运用各种手段与方法，使良性转移的效果达到最佳化。在运动员训练的高级阶段，尽量运用直接转移来提高良性转移的效果。

（3）利用运动素质转移原理来有效地发展身体活动能力，首先要认清主体与客体的地位和相互关系，即直接联系的一类体能是主体，受到影响的一类体能是客体。保证主体是发展方向的主要方面，在有效发展主体的同时，分析对客体的影响程度，是良性转移就加以巩固，若是不良转移就要设法弥补。

第九章 体能训练与营养

第一节 ▶ 营养概述

一、营养和营养素的概念

营养是人体不断从外界摄取食物,经过消化、吸收、代谢和利用食物中身体需要的物质(养分或养料)来维持生命活动的全过程,它是一种全面的生理过程。

人类为维持生命活动必须从外界摄取食物,食物中的养分称为营养素,营养素是维持人类生命活动和健康最根本的物质,其摄入不均衡不但会影响人体的健康水平,而且会影响人体的活动能力。人体需要的营养素归纳起来可分成六大类,即蛋白质、脂肪、糖类、矿物质、维生素和水。

二、营养素及其作用

1. 糖类

糖由碳、氢、氧三种元素组成,其中氢和氧的比例为2∶1,与水分子中氢和氧的比例相同,故有碳水化合物之称。糖的来源较为广泛,平常我们吃的主食如米、面、谷物等都属于糖类物质,因此日常膳食供应要充足。当然,也可直接合理摄取糖果及饮用含糖饮料,提高肝糖元、肌糖元的含量储备。一般情况下,日常膳食即可满足机体对糖的需求,非特殊情况不需要大量补充。

糖类在人体内的主要作用是供给机体能量,是人体内来源最广泛、最经济的能量来源。其次,人体的大脑和红细胞必须依靠血糖供给能量,糖元还有保肝解毒的作用。

2. 蛋白质

蛋白质与生命及各种形式的生命活动联系紧密,是一切生命的物质基础。可以说没有蛋白质就没有生命,由此可见蛋白质对人体的重要性。蛋白质约占人体总质量的16%～19%,一个体重为60 kg的大学生身体约含有9.8 kg的蛋白质。

人体内蛋白质的种类很多,性质、功能各异,但都是由20多种氨基酸按不同比例组合而成的，并在体内不断进行代谢。其中一部分可以由人体自身合成，并能满足人体需要，称为非必需氨基酸；而另外约有 8 种氨基酸必须由食物供给，称为必需氨基酸。食物中如含有齐全的必需氨基酸，而且数量又多，这种食物蛋白质营养价值就高。如牛肉、鸡蛋、鱼、乳制品等，其完全蛋白质的含量较丰富，所以营养价值就高，又称优质蛋白质；米、面等食物所含的蛋白质为不完全蛋白质，所以营养价值就低些。因此，饮食单调就会造成营养失衡。如果把玉米、小米及大豆三种植物蛋白质混合后组成面食，其营养价值则明显提高。几种食物混食，由于必需氨基酸的种类和数量互相补充，更接近人体需要量的比值，使生物价值得到相应的提高，这种现象称为蛋白质的互补作用。

蛋白质在人体内的主要作用是构成机体组织，促进生长发育；构成酶和激素成分，调节酸碱平衡及全身生理机能；增强机体抗病免疫能力；供给机体热能等。

3. 脂肪

脂肪是脂类中的一种，脂类按来源可分为动物油脂和植物油脂两大类。按化学结构又可分为脂肪（又称中性脂肪）和类脂两大类。

脂肪在人体营养中占重要地位，人体所需总能量的 10% ~40% 是由脂肪所提供的。脂肪的主要功能是供给热量，可提供长时间低强度运动时机体所需要的大部分能量。脂肪与糖或蛋白质相比，同样质量的脂肪产能量最多，但脂肪氧化时的耗氧量最高。脂肪还提供人体所需的必需脂肪酸。脂肪酸的种类很多，可分饱和脂肪酸、单不饱和脂肪酸与多不饱和脂肪酸三大类。多不饱和脂肪酸中的亚油酸、亚麻酸和花生四烯酸在动物和人体内不能合成，必须取自食物，故称必需脂肪酸，缺少就会产生一系列缺乏症，如生长迟缓、皮炎等。

脂肪在体内构成细胞膜及一些重要组织，参与代谢，供给热能，保护内脏，保持体温，并有促进脂溶性维生素的吸收等作用。

4. 维生素

维生素是维持人体生命和调节正常机能不可缺少的一类营养素。它们在体内的贮存量很少，必须经常从食物中获得。维生素种类很多，按其性质分为脂溶性与水溶性两大类。前者有维生素 A、维生素 D、维生素 E、维生素 K 四种，后者包括维生素 B_1、维生素 B_2、维生素 B_6、维生素 B_{12}、维生素 PP、维生素 C 等。各种维生素在体内不构成组织原料，也不提供能量，它们有各自的功用，是调节物质能量代谢、保证生理机能的重要物质基础。

在体育锻炼和健美运动锻炼中，体内的物质代谢和能量代谢明显增强，维生素消耗随之增加，加上运动时排汗等因素，使血液中的维生素含量会随之减少。当机体缺乏某种维生素时，就会导致新陈代谢某些环节出现障碍，影响正常的生理功能，甚至引起某种特殊的疾病，形成维生素缺乏症。如果长期轻度缺乏维生素，并不一定出现临床症状，但可使运动能力下降，抵抗力下降。可见，补充维生素非常必要，它能提高机体的抗疲劳能力和恢复能力。

5. 矿物质

矿物质又称无机盐，是构成人体组织和维持正常生理活动的重要物质。人体各组织器官中有 60 余种化学元素，总量约占体重的 5%。人体组织几乎含有自然界存在的所有元素，其中碳、氢、氧、氮 4 种元素主要组成蛋白质、脂肪和糖类等有机物，其余各种元素大部分以无机化合物形式在体内起作用。人体内除去碳、氢、氧、氮以外的元素统称为矿物质。

在机体中，矿物质是构成机体组织的重要材料，如钙、磷、镁是骨骼和牙齿的主要组成成分；铁是血红蛋白不可缺少的组成成分；而磷是核酸分子的主要元素。同时，矿物质还承担着维持机体酸碱平衡、渗透压和组织正常兴奋性的作用。此外，矿物质还是酶的辅助因子或激活剂，直接影响酶的催化活力和代谢的进行。

6. 水

水是人类生命之源，水是大自然赐予人类最为宝贵的礼物。俗话说，"民以食为先，食以水为先"。水是人体除了氧以外赖以生存的最重要的物质。在人体内水与糖、蛋白质、脂肪和其他营养素一样，是人体维持生命活动的物质基础，也是运动能力的物质基础。

体内的水分必须保持恒定，体内不储存多余的水，也不能缺水。缺水若不及时补充，将影响正常生理机能。大量出汗后补充水分的同时，也要补充适量盐分，以补充电解质的丢失。

三、营养膳食的均衡合理

人体的生长发育离不开营养，而科学合理的营养则是增强机体质量、完善生理机能、提高健康水平的主要物质基础，也是提高工作效率的先决条件之一。

1. 膳食平衡

合理膳食或称膳食平衡，是由多种食物构成，能提供足够的热能和营养素，并且保持各种营养素之间的平衡，以利于吸收和利用，达到满足人体需要的动态过程中的最佳状态。膳食平衡包括食物的构成与数量的动态平衡、人体对食物的反应与适应、食物被机体利用的结果等的平衡。人体需要多种营养物质，任何一种单一的食物都不能完全满足人体的需要，因而必须有多种食物来源，才能达到膳食平衡。

吃得好，不是满足口感的需要，也不是昂贵的食物，而是做到膳食平衡，保证营养素的有效供给。

2. 膳食宝塔

中国居民平衡膳食宝塔（也称食物金字塔）（图 9-1）是根据中国居民膳食指南结合中国居民的膳食结构特点设计的。它把平衡膳食的原则转化成各类食物的重量，并以直观的宝塔形式表现出来，便于大家理解，有利于在日常生活中实行。平衡膳食宝塔提出了一个营养上比较理想的膳食模式。

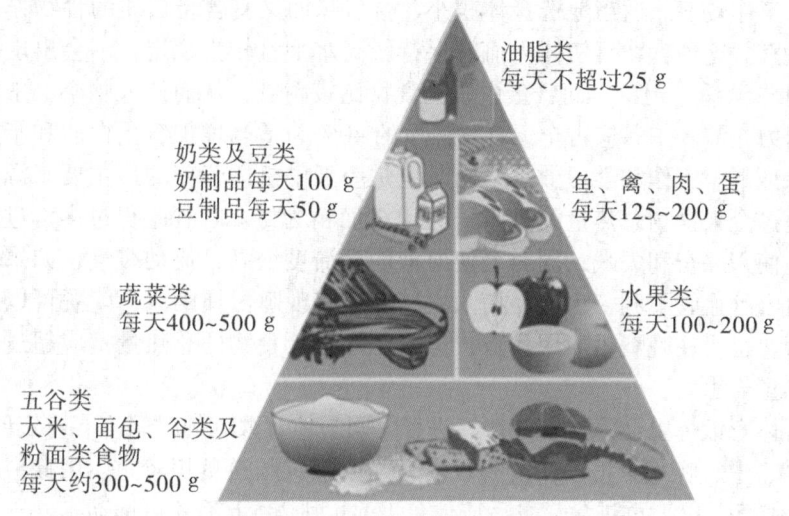

图9-1　中国居民平衡膳食宝塔

＊资料来源：中国营养学会

平衡膳食宝塔共分四层，包含我们每天应吃的主要食物种类。宝塔各层位置和面积不同，这在一定程度上反映出各类食物在膳食中的地位和所占的比例。谷类食物位居底层，每人每天应吃 300～500 g；蔬菜和水果占据第二层，每天应吃 400～500 g 和 100～200 g；鱼、禽、肉、蛋等动物及奶类、豆类食品位于第三层，每天应吃 125～200 g（鱼虾类 50 g，畜、禽肉 50～100 g，蛋类 25～50 g），每天应吃奶类及奶制品 100 g 和豆类及豆制品 50 g；第四层塔尖是油脂类，每天不超过 25 g。也有膳食宝塔建议，每天需要喝水 1 200 mL，摄入盐 6 g。

日常生活中要记住平衡膳食宝塔，并加以应用。平衡膳食宝塔主要用来：第一，确定你自己的食物需要；第二，同类互换，调配丰富多样的膳食；第三，要养成习惯，并长期坚持；第四，要合理分配三餐食量。

3. 膳食安排

一天的膳食安排对人整天的工作、学习和健康会产生影响，俗话说，"早吃好、午吃饱、晚吃少"是很有道理的。还有一种说法是："早餐吃得像国王，中餐吃得像平民，晚餐吃得像乞丐"这句话也很有道理。我国多数地区居民习惯一日三餐，一般情况下，三餐食物的分配及间隔时间应与工作、劳动状态和作息时间相匹配，一般早餐、晚餐各占 30%，午餐占 40% 为宜，特殊情况可适当调整。早餐是一天中最重要的一顿饭，早餐是白天工作、学习和机体生理活动的主要能量来源。营养丰富的早餐应包括糖、蛋白质、脂肪,并搭配适量的蔬菜或水果。不少大学生早餐都比较随便,甚至不吃早餐,这会影响整个上午的学习和工作效率。适当地选择体积小、合口味而又富含蛋白质的食物作为早餐较为适宜。这种食物可使体内血糖保持较高水平且较为稳定,不会出现高糖饮食后的"思睡"现象,而且蛋白质类食物比较耐饿,从而使人整个上午精神饱满,精力充沛。午餐应占全天食物热量的40%,适当增加含蛋白质和脂肪的食物,保证下午工作和学习效率,同时也是一天中机体营养的最主要来源。晚餐不宜超过全天食物总热量的30%,且以少而精为好。晚餐吃得过多,过于油腻,容易使人兴奋和失眠;同时会使血液的黏滞度增高,流动缓慢,如果此时入睡,对心脑血管不利,也容易使人发胖。对有晚睡习惯的人,晚餐可以适当增加热量,也可在晚餐后加用夜宵,但应注意全天食物的总热量不应超过机体正常的热量需求。

进行体育锻炼要注意饮食规律。进餐时间与体育锻炼的时间应有一定间隔,特别是早、中、晚三个正餐,食物较多且复杂,胃肠道负担较重。因此,一般是运动后 0.5 h 以上再进食,餐后应休息 1.5 h 到 2.5 h 后才可运动。

4. 合理膳食的基本要求

合理营养是决定机体体能和健康水平的一个重要因素。从营养学观点来看,要求膳食中必须含有机体所需的一切营养素,而且含量适当,种类互补,全面满足身体的一般需求和特殊需求,也就是膳食调配合理,达到膳食平衡的目的。要尽量做到主食有粗有细,副食有荤有素,干稀搭配,既要有动物性食品和豆制品,也要有较多的蔬菜,还要经常吃些水果。从营养学的角度来看,五谷杂粮供给人体热量以养生;动物肉类供给动物蛋白,维持各组织器官的发育和更新,有益于健康;水果供给易破坏的维生素,以辅助营养的其他成分;蔬菜可供给矿物质、维生素和食物纤维。即膳食的质和量都能满足人们的生理、工作和锻炼对营养的需要,这样才能构成合理营养。

合理膳食应达到下列基本要求:①能保证供给用膳者必需的热能和各种营养素,且各种营养素间的比例平衡;②通过合理加工烹调,尽可能减少食物中各种营养素的损失,并提高其消化吸收率;③改善食物的感官性状,使其多样化,促进食欲,满足饱腹感;④要有合理的膳食制度,三餐定时定量,比例合适。

第二节 运动与营养

一、运动与营养的关系

合理营养与体育锻炼是维持和促进健康的两个基本因素。以科学合理的营养为物质基础,以体育锻炼为手段,用锻炼的消耗过程换取锻炼后的超量恢复过程,使机体积聚更多的能源物质,提高各器官系统的机能。此时获得的健康,较之单纯以营养获取的健康上升一个新的高度。

如果只注重身体运动锻炼而忽视合理的营养,不可能达到健身的目的,甚至适得其反,对健康造成损害。而只有单纯的营养,却不进行科学的体育锻炼,同样难以改善健康状况。科学的体育运动和合理的营养在预防、治疗一些慢性疾病方面具有独特的联合作用。只有科学的健身运动加上合理的营养,才能达到增强体质、促进健康、保持体能、预防疾病和延年益寿的目的。

二、运动与营养的补充

运动员的能量及各种营养素的消耗大大高于普通人群,因此,运动员除了需要平衡的膳食营养的保障,还需要特殊的营养补充。

(一)运动与糖的补充

糖是运动时肌肉的最佳能源。人的运动能力与糖的储备有密切关系,中枢神经的能量99%以上来自糖,低水平的血糖将首先影响中枢神经系统的功能。

1. 赛前的糖元储存

体内糖的储备包括肌糖元、肝糖元和血糖三部分。肌糖元是体内糖储备的最大部分。比赛前及比赛中适量补充糖可维持血糖水平,并可提高竞赛能力,延缓疲劳的发生。赛前补糖的目的是使体内有充足的肝糖元和肌糖元的储备量。

2. 运动中的糖摄入

长时间从事高强度运动的人,运动中每小时应该补偿 30~60 g 葡萄糖、蔗糖或其他高血糖指数的含糖食品。通过补糖可使疲劳推迟 30~60 min 发生,使运动的后期保证足够的糖供给。

3. 运动后补糖

运动后 4~24 h,食物的血糖指数在肌糖元合成率中起主要的作用。运动后应该尽早摄入 50 g 高或中血糖指数的糖,而且随后每 2 h 摄入 50 g 糖,直到正式用正餐。

4. 低血糖的症状与预防

在体育活动中，有时练习者发生低血糖症，轻者出现头晕、心跳加快、饥饿感、乏力、面色苍白，出冷汗；较重者神志模糊、语言不清、四肢发抖、精神错乱，甚至还会出现更为严重的现象。低血糖症发生的原因，主要是由于长时间剧烈运动时血糖供应不足或消耗过多，导致血糖过低，机体调节糖代谢的机制紊乱所造成的。

预防低血糖的发生，主要在参加体育活动时应避免空腹，在参加体力消耗大而运动时间长的体育比赛时要注意补充含糖丰富的食物或饮料；对有低血糖病史的学生应去医院检查，查明原因，对症治疗。

（二）运动与蛋白质的补充

一般来说，运动员蛋白质的需要量比普通人要高，不同运动项目的运动员所需蛋白质含量也不尽相同。蛋白质摄取要适量，如果摄入过多的蛋白质，不仅对肌肉增长和提高肌肉的运动能力没有好处，反而会对正常代谢和健康产生不良影响，导致肥胖、肝肾负担加重，产生疲劳，降低运动能力等。

（三）运动与水的补充

水是生命之源。缺水不但影响运动能力，而且容易造成运动损伤和其他运动性疾病。所以，运动中水分大量流失后，需要及时补充，才不会伤害身体。

参加体育运动时肌肉运动产生大量热量，使皮肤血流量增加，分泌大量汗液，失水量多。如在天热的环境下踢足球，运动员1小时汗液的丢失量高达2～7 L。当脱水量达到体重的1%～2%时，就会损害运动员的体力、运动能力和认知能力。

参加锻炼补水时，应少量多次，水温适宜。运动前补水为预防性补水，可以避免运动中脱水。合理的方法是在运动前15～20 min进行补水或类似饮料400～700 ml，要少量多次摄入，每次100～200 ml，分2～4次饮用。运动中要适量补水，以保持水分的平衡。补液的量根据出汗量的多少而定，一般情况下，每小时补液总量不宜超过800 ml，在运动中可以每隔15～20 min补液100～300 ml，或每跑2～3 km补液100～200 ml。运动后要充分补水，使进出机体的液体达到平衡。运动后补液也要遵循少量多次的原则，切忌暴饮。运动后补液量的多少可根据体重的丢失量确定，补液量一般是运动前后体重差的150%，如运动前后的体重相差0.5 kg，那么补充水量控制在750 ml为宜。

（四）运动与维生素的补充

体育运动促进了人的能量代谢，在能量消耗增加的情况下，某些维生素的需要量就会增加。参加体育运动（中等强度以上），应重视多种维生素的补充，促进运动恢复，延缓疲劳发生，增进体力和体能，从而保证身体健康，提高竞技能力。

通常，在获得膳食平衡的情况下不会发生维生素缺乏情况，但是在长时间进行高强度大运动量的训练，控制、减轻体重或进食紊乱等特殊情况下，应注意适量补充维生素，但在补充维生素时应注意供给量建议，避免过量补充的副作用。

1. 运动后造成机体维生素需要量增加的原因

(1) 运动训练使胃肠对维生素的吸收功能下降。

(2) 运动引起汗液、尿液及粪便中维生素的排出量增加。

(3) 运动使维生素在体内的周转率加速，能量代谢增加等。

2. 对运动影响较多的几种维生素

(1) 维生素 B_1。在能量代谢和糖代谢生成三磷酸腺苷（ATP）的过程中，维生素 B_1 起着重要的作用。当维生素 B_1 缺乏时，其代谢物丙酮转化成乳酸，乳酸堆积会导致疲劳，损害有氧运动能力，影响正常的神经冲动和传导，并使消化功能和食欲受影响。维生素 B_1 的主要食物来源为粗粮，如米、面、花生、核桃、芝麻和豆类。

(2) 维生素 B_2。维生素 B_2 与人体细胞呼吸有关，因此在有氧耐力运动中起着重要的作用。此外，维生素 B_2 还可能是糖酵解酶的有效功能物质，所以对无氧运动也不可或缺。维生素 B_2 主要集中在少数食物中，其中以肝、肾含量最丰富，牛奶、黄豆和绿叶菜中的含量相对较多。

(3) 维生素 B_6。运动训练加强维生素 B_6 的代谢途径，因此经常锻炼的人对其需要量增加。坚果类、豆类和动植物食品以及蔬菜、水果中均含有维生素 B_6，此外，米汤、麦芽中的维生素 B_6 含量最为丰富。

(4) 维生素 C。维生素 C 是一种强有力的抗氧化剂。大运动量训练可能会使人体维生素 C 的代谢加强。运动后补充维生素 C 有利于减轻疲劳和缓解肌肉酸痛，增强体能，保护细胞免于自由基损伤，但不宜过量补充。维生素 C 的主要来源是蔬菜和水果。

(5) 维生素 E。维生素 E 是一种重要的抗氧化营养素，在特殊条件下进行训练后补充维生素 E 有提高最大吸氧量，减少氧债和血乳酸的作用。维生素 E 最丰富的来源是植物油、麦胚、坚果类及其他谷类食物。

（五）运动与微量元素的补充

体育运动中人体所需的微量元素主要有铁、锌、铜、锰、铬、硒、氟等。这些微量元素缺少时，比较容易产生问题的是缺铁和缺锌。

1. 运动与铁的补充

铁在机体内最突出的功能是运输氧，如果铁的运氧能力被阻断或铁的数量不足，机体会出现缺铁性或营养性贫血。因此，铁对运动能力的发挥具有重要意义。对于运动员来讲，缺铁可能直接损伤机体的氧运输能力。

运动中有大量的铁经汗液丢失，使运动员的铁丢失高于普通人。由于运动中的血液循环加快，红细胞的寿命因此又较常人短，加之大运动量训练还会降低铁的吸收率，使食物所供应的铁得不到充分的利用。由于以上原因，运动员对铁的需求量高于普通人。

铁最主要来源于肉类、蛋类、蔬菜、谷类、水果、海带等。动物性铁易溶解，且其中的一种结合铁——血红素铁可以直接吸收入小肠黏膜，因此血红素铁是铁的最好来源。

2. 运动与锌的补充

锌是许多重要代谢酶的成分之一。运动对锌代谢的影响取决于运动量的大小或机体的适应能力。当运动量过大时，血液中的锌水平将会下降，尿锌的排量也大大增加。此外，运动还可以影响食物中锌的吸收与利用，引起体内锌的重新分布，这些都是影响人体锌量平衡的重要原因。因此，运动后应注意锌的补充。

大多数膳食锌的摄入来源于动物性食物，尤其是肉类。谷类是植物性食物中含锌量较高的。此外，饮用水中也含有一定量的锌。

三、运动项目与营养补充的特点

参加不同的运动项目，所需营养的补充特点不同。下面从四个方面加以阐述。

（一）耐力项目运动员的膳食营养特点

耐力项目如马拉松、长跑、长距离自行车、长距离游泳和滑雪等项目，在训练方面具有运动时间长、运动员能量消耗大、运动中无间歇、运动强度小及以有氧代谢供能为主的特点。经常从事耐力运动的人，营养补充应注意以下几点：

1. 能量补充

膳食首先应满足机体能量的消耗，否则运动能量供给跟不上会直接导致运动能力下降。膳食中的蛋白质供给量应丰富，如供给牛奶、奶酪、牛羊肉等富含蛋白氨基酸的食物。耐力项目运动员对脂肪的利用和转换率较高，故其膳食中脂肪的摄入量可略高于其他项目运动员，可占总能量的30%～35%，膳食的碳水化合物应占总能量的60%以上。

2. 液体的补充

在耐力运动中出汗量大，容易发生脱水，运动前、中、后适量补液有利于维持人体内环境稳定。在出汗量较大时，还应补充适量的盐水。

3. 铁和钙营养的补充

耐力项目运动员容易发生缺铁性贫血，故应提供含铁丰富的食物，同时注意补充钙。

（二）力量项目运动员的膳食营养特点

力量运动项目对运动员的力量和速度要求较高，如短跑、有阻力的骑车、短距离的游泳、足球、举重和投掷等项目。运动员的体重一般都较大,运动中要求大力量、神经肌肉协调性,并在短时间内爆发力量。运动具有强度大、缺氧、运动有间歇以及无氧供能等特点。

经常从事力量项目的人,在其营养摄入时应注意补充充足的优质蛋白质,蛋白质的热量应占总热量的15%,并增加蔬菜、水果的摄入量,以提高体内的碱储备。

（三）灵敏、技巧项目运动员的膳食营养特点

击剑、体操、跳水和跳高等项目运动员在训练中神经活动紧张,动作呈现出非周期性和多变性,对动作的协调性、速率和技巧性要求较高。为完成复杂的高难度动作,运动员常采取控制饮食来控制体重,因此,这一类型项目的运动员,其摄入量要稍低。为保证紧张神经活动过程的需要,食物应提供充足的蛋白质。由于运动时机体的脂肪供给量不高,故应减少脂肪的摄入,并增加维生素B族、维生素A、维生素C、维生素E、泛酸、钙、磷等营养的摄入,以提高应激水平。此外,乒乓球、击剑等项目运动员在训练过程中视力活动紧张,应保证充足的维生素A供给。

（四）球类项目运动员的膳食营养特点

球类项目如篮球、排球、足球和冰球等要求运动员具备力量、耐力、灵敏、速度、技巧等多方面的素质,运动强度大,多变,他们的能量消耗量较高,其膳食供给应根据运动量的大小,保证充足的能量。膳食的营养也应当是全面和平衡的。

团队项目运动员的营养措施是在剧烈运动前的 3~4 h 采用高碳水化合物的饮食。在长时间的训练或比赛前,应每隔 20 min 补充配方科学的运动饮料 150 ml。为了加速糖元储备的恢复,应注意补充维生素 B_1、维生素 C、维生素 A 和钙盐、钾盐、磷等微量元素。

四、不同比赛时期营养补充的特点

运动员在比赛前常常处于高度兴奋和精神高度集中的生理、心理应激状态。内脏血流量减少,消化机能减弱,可能会出现食欲不振、腹部不适等现象。这可能会影响运动员对营养物质的摄取,甚至出现运动性胃肠功能紊乱、低血糖、肌肉痉挛等现象,直接影响比赛能力。因此,赛前几天的膳食要注意加强营养、保护肠胃功能,刺激消化并提高吸收能力以及注意食品的卫生和安全。增加机体糖元储备,可适量选择富含优质蛋白质的食物,奶和奶制品不少于 500 g/d。每日可摄取蔬菜 500~750 g、水果 500~600 g。尽量少吃或不吃油炸食品及肥肉。同时,水分的补充要足够。

研究发现,运动前 2~4 h 吃一顿含糖丰富的膳食可显著地增加肌糖元、肝糖元的含量,可推迟运动疲劳的发生、增加肌肉的功率输出。在比赛或进行高

强度的训练前进食足够的糖、一定量的液体及低脂、低纤维食物可促进胃排空、减少肠道不适、维持血糖水平、促进机体水合和提高糖元储备。通常赛前所选择的食物应能提供 500~1 000 kcal 的能量，其中糖要占总能量的 65%~70%。在赛前 1 h 左右可进食少量的糖，如稀释的果汁、含糖饮料或新鲜水果（香蕉、苹果等）。在赛前 15~30 min 内可摄取含糖、电解质的运动饮料。

研究发现，持续时间在 1 h 以内的运动是否需要通过运动性饮料提供糖类来改善运动能力尚有不同观点。但是，在进行更长时间的运动时，运动员摄取糖类（30~60 g/h）时，则可显著提高耐力运动能力。因此，运动员，尤其是耐力项目的运动员在比赛中都应该摄取含糖和电解质的运动饮料。而对于参加超长时间和距离的比赛，除补充含糖、电解质的运动饮料外，还应摄取适量的、易消化的食物如蛋糕、面包、香蕉等。

比赛后或运动后进食主餐或加餐的时间和食物成分的选择取决于运动的持续时间和强度，以及下一次剧烈运动间隔的时间。运动员在运动后应进食富含糖的膳食，摄取足够的水分、蔬菜、水果或含糖、矿物质、维生素和抗氧化剂的运动饮料，以及奶类及奶制品和豆类及豆制品。

第十章 常用身体机能评定方法

第一节 ▶ 心血管系统机能评定

一、心率

心率是心脏周期性机械活动的频率，即心脏每分钟搏动的次数，以"次/min"表示。心率与年龄、性别、体质、训练水平和生理状态等因素有关。测量心率最简单的办法是计算脉搏。正常情况下，脉搏和心率是一致的。因此，在运动实践中，一般用测得的脉搏代表心率。常用的心率有基础心率、安静心率、运动时心率和运动后心率。

基础心率是清晨起床前空腹、卧位时的心率，基础心率较为稳定。运动员基础心率随着训练年限的延长和训练水平的提高而减慢。如果基础心率突然加快或减慢，提示机体可能存在过度疲劳现象或疾病。如果经过一段时间的正常训练后，运动员的安静心率下降，说明运动员的身体机能增强。

安静心率的变化有明显的个体差异。一般正常健康成人的心率为60~80次/min。运动员的安静心率一般较低，正常值范围在45~80次/min，优秀运动员安静心率通常为30~50次/min。与正常人相比，运动员的每搏输出量明显偏大，但每分钟的心脏输出量变化不大，说明在安静状态下运动员心脏保持着良好的能量节省化状态，心肌耗氧、耗能量维持在最低水平，保持着良好的心力储备。

运动时心率分为极限负荷心率（心率达到180次/min以上）、次极限负荷心率（170次/min左右）和一般负荷心率（140次/min左右）。运动时心率增加到极大限度时叫作最大心率。最大心率随年龄的增长而逐渐减少。人的最大心率主要取决于年龄，估算人体最大心率的经验公式是用220减去年龄。最大心率与安静心率之差称为心搏频率储备，表示人体运动时心率可能增加的潜在能力。

运动时心率的快慢与运动强度有关，运动强度越大，心率越快。相同运动负荷时，经常参加体能训练者，心率上升越慢，提示这些人身体机能状况越良好。进行同一强度的运动训练后，经常参加体能训练者的最大心率降低，表明其身体机能增强。运动后心率的恢复速度和程度,可以衡量运动员或经常参加体能训练者对训练负荷的适应水平或机能状况。

二、血压

血压是指血管内的血液对于单位面积血管壁的侧压力,单位用帕(Pa)、千帕(kPa)或毫米汞柱(mmHg)表示。血压包括收缩压和舒张压。在一个心动周期中,动脉血压随着心室的收缩和舒张而发生规律性变化。尽管血流是连续不断的,但动脉血管内的血压却是周期性变化的。心室收缩时,主动脉压急剧升高,在收缩中期动脉血压达到最大,称为收缩压。心室舒张时,主动脉压下降,在心室舒张末期主动脉内压力最低,称为舒张压。收缩压和舒张压的差值称为脉搏压,简称脉压。收缩压主要反映心脏每搏输出量的大小;舒张压主要反映外周阻力的大小;脉压主要反映大动脉管壁的弹性。一般所说的动脉血压是指主动脉压,通常用在上臂肱动脉处测得的血压代表主动脉压。

安静状态下,我国健康成人的收缩压为 100~200 mmHg(13.3~26.6 kPa),舒张压为 60~80 mmHg(8.0~10.6 kPa),脉压差为 30~40 mmHg(4.0~5.3 kPa)。如果安静时血压持续超过 160/95 mmHg(21.3/12.6 kPa)者为高血压,在 140/90~160/95 mmHg(18.6/12.0~21.3/12.6 kPa)之间为临界高血压,血压持续低于 90/50 mmHg(12.0/6.7 kPa)者为低血压。人体的动脉血压有一定的相对稳定性,其相对稳定性具有一定的生理意义。如果血压过低,供血量减少,不能满足身体组织的代谢需要,各组织可能因缺血、缺氧而引起各种疾病。如果血压过高,心室射血时所遇到的阻力过大,会使心肌负荷加重。慢性高血压病人常常伴有左心室代偿性肥大,肺动脉高血压病人常常伴有右心室代偿性肥大。

正常情况下,晨起卧床血压较为稳定。如果安静时收缩压升高 20% 左右,并持续两天以上时,可能是技能下降或过度疲劳的表现。训练中血压的变化与运动强度有关,大强度训练后收缩压上升和舒张压下降明显,且恢复较快,表明身体机能良好。训练后收缩压明显上升,舒张压也上升或血压反应与强度刺激不一致,恢复时间延长等说明机能状况不佳。运动时脉压差增加的程度比平时减少或出现梯形反应、无休止音及运动过程中收缩压突然下降达 20 mmHg 时,预示运动员机能不良。

在长时间大强度专项和力量训练时,运动员的舒张压可上升,经调整训练后可恢复。但如果不及时调整,血压可继续上升,运动员会出现失眠、头痛、训练欲望下降和专项素质下降等现象。在日常训练中,如果连续数周出现:①安静舒张压增加超过自己日常水平 10 mmHg,②安静脉压差减少超过自己日常水平 20 mmHg,③安静心率增加超过自己日常水平 6 次/min,特别是在调整训练阶段出现这些情况时,提示运动员的身体机能状况不良。

联合机能实验是运动实践中评价运动员心血管功能的常用方法。总体负荷由三部分组成：①30 s 内 20 次全蹲起，然后连续测脉搏和血压 3 min；②15 s 原地高抬腿跑，然后连续测量脉搏和血压 4 min；③3 min（女 2 min）原地慢跑，然后连续测量脉搏和血压 5 min。评定参数为脉搏、血压及其恢复时间。一般正常反应是脉搏和收缩压适当增高，在负荷后 1 min 达到高峰，舒张压变化不大，而且恢复较快（6~8 min）。如果脉搏和收缩压在负荷后 2~3 min 才出现高峰或呈梯形上升，或舒张压为无休止音，说明运动员心血管机能欠佳，有早期过度训练的迹象。如果在负荷后脉搏和收缩压出现分离现象，即脉搏明显增高，而收缩压变化不大，脉压差减小，说明运动员心血管机能明显下降，存在过度训练或过度疲劳现象。

三、血红蛋白的评定

血红蛋白（Hb）是红细胞中一种含铁的蛋白质，是氧转运环节的核心物质，其主要生理功能是运输氧和二氧化碳，并对酸性物质起缓冲作用，参与体内的酸碱平衡调节。

一般正常成人的 Hb 值范围，男性为 120~160 g/L，女性为 110~150 g/L。我国运动员安静时 Hb 值范围与正常人基本一致。因此，运动员贫血的诊断标准与常人一致，即男性低于 120 g/L，女性低于 110 g/L，14 岁以下男女均低于 120 g/L，作为贫血的参考值。

耐力项目运动员的 Hb 含量应达到最大有氧代谢能力要求的水平。目前认为，男运动员 Hb 值在 160 g/L、女运动员在 140 g/L 左右时最适宜发挥人体的最大有氧代谢能力。Hb 含量高，其结合的氧量多，但不能认为 Hb 含量越高越好，因为 Hb 太高使红细胞内黏度增加，红细胞变形能力下降，血液黏稠度上升，血流速度减慢。

Hb 的含量对运动员的运动能力影响较大，尤其是对耐力运动员的成绩。当 Hb 的水平较训练前下降 10% 时，运动员比赛成绩大多数不理想；下降 20% 时，运动员成绩明显下降。在训练和比赛期间，运动员的 Hb 含量受营养、运动负荷、休息等因素的影响。因此，定期测定 Hb 含量有助于了解运动员的营养、对负荷的适应及身体机能水平等情况。

在运动员机能评定和训练监控中，一方面，可根据训练中和比赛前测定的 Hb 浓度，了解运动员的机能状态，并调整训练计划和比赛安排，防止过度训练和贫血的发生。另一方面，一旦观察到运动员发生了贫血，应对其发生的原因进行调查，并针对不同原因给予相应的营养补充和药物治疗。

第二节 ▶ 能量代谢能力的评定

目前，常用于评定运动训练中物质能量代谢程度和运动员代谢能力的指标主要包括体重、血乳酸、血尿素、血氨、尿酮体、尿肌酐、尿蛋白、尿胆原、尿比重、尿糖、尿潜血、无氧功、最大摄氧量及无氧阈等。

一、体重

体重是一个非同质的物质组成的总体，是反映人体发育的一个指标。它在一定程度上能够反映人体骨骼、肌肉、皮下脂肪及内脏器官增长的综合状况和身体发育的充实度。可将体重分为瘦体重（LBW）和脂肪重两部分。瘦体重成分即除脂肪重以外的其他身体成分的综合，骨骼肌占大多数，占瘦体重的 40%～50%。一般认为瘦体重与机体的力量及运动能力成正比关系，这是因为瘦体重在机能上多与力的产生、传递有关，而脂肪重则与运动能力成反比关系。脂肪对于人体维持正常的生命活动和健康是必不可少的，通常女子运动员的脂肪含量为 12%～16%，低于这个界限就会导致停经。脂肪在机能上不产生力，不直接做功，但又是不得不带着的重量，所以过多的脂肪会影响运动的速度和幅度，也会使能量消耗和氧的消耗增加。影响体重的因素主要有遗传、生活环境、营养状况及体育锻炼等。

在应用体重对运动员进行机能评定时，一般每周测体重 1～2 次，也可在一次训练课前后或某一训练周期前后测量体重，以了解训练对机体的影响以及机体对训练负荷的适应情况。在比赛前后测量体重并结合其他生理指标的变化，可以了解机体赛后的恢复情况。一般来说，如果运动员体重呈持续性下降，有可能是因为过度训练或患有某种疾病。

通常来说，参加全年训练的运动员的体重是相对稳定的或只有轻微的波动。在一次训练课中，由于出汗及体内能量物质的消耗，体重也可能减轻 0.5～1.5 kg，甚至更多，但是次日清晨一般能恢复过来。

二、血乳酸

乳酸是一种羟基酸，是在供氧不足时由糖酵解途径产生的丙酮酸转变而来。糖酵解是生物体内普遍存在的一种代谢方式。在一些耗能较多的组织，如神经、视网膜、红细胞等细胞内，糖酵解很活跃，正常时也有乳酸生成。各组织内乳酸生成量的多少由它们的活动强度和环境条件决定。其中，骨骼肌乳酸的生成量变动幅度最大。运动时骨骼肌是产生乳酸的主要场所，乳酸的生成量与收缩肌纤维的类型和代谢速率的关系密切。正常时，骨骼肌乳酸浓度约为 1 mmol/kg 湿肌，血乳酸浓度保持在稳态 1～2 mmol/L。血乳酸浓度反映乳酸的生成速率与消除速率之间的平衡。激烈运动时肌乳酸迅速增多，肌乳酸与血乳酸之间的浓度平衡需要 4～10 min。在训练时，经常测定血乳酸可以了解体内乳酸生成和代谢变化的特点，作为训练中掌握运动强度或评价运动员的无氧代谢和有氧代谢能力的依据。

运动过程中乳酸代谢的生物意义为：第一，乳酸在快收缩肌纤维内生成后，转移到临近具有高细胞氧化能力的慢收缩肌纤维内氧化，或随血液转运到其他低运动强度的骨骼肌和心肌内氧化，提供细胞氧化的底物。第二，乳酸在肝内糖异生成葡萄糖的过程，重新吸收和利用乳酸解离下来的 H^+，具有改善体内酸碱平衡的作用。葡萄糖释放进入血液后，维持血糖正常水平，供给骨骼肌吸收和利用。运动后乳酸糖异生促进肌糖元和肝糖元储量的恢复。第三，运动时血乳酸的消除，促进骨骼肌乳酸持续不断地进入血液，可以改善肌细胞的内环境，维持糖酵解的功能速率。

血乳酸的变化与运动时动用的能量系统有关，运动时以动用磷酸原供能为主时，血乳酸较少，一般不超过 4 mmol/L；以糖酵解系统供能为主时，可达 15 mmol/L 以上；以有氧氧化系统供能为主时，则在 4 mmol/L 左右。

运动时乳酸主要在骨骼肌中生成，然后透过细胞膜进入血液。在正常情况下，乳酸的生成和消除处于动态平衡中，血乳酸浓度为 1～2 mmol/L，运动员血乳酸安静值与常人无差异，但在赛前情绪紧张时，血乳酸浓度安静值有可能升高到 3 mmol/L 左右，这与肾上腺分泌增多有关。运动时血乳酸浓度上升，上升的起始运动强度在 50%～60% VO_2max，耐力运动员由于有氧代谢能力强，升高的起始强度推迟到 60%～70% VO_2max。运动时血乳酸浓度的变化与运动强度有关。在短时间剧烈运动时，如 1～3 min 全力跑后，血乳酸浓度可达到 15 mmol/L 以上；短时间间歇运动时，最高可达 32 mmol/L。在长时间耐力运动后，血乳酸浓度上升较少。训练水平可影响运动后的血乳酸浓度。速度耐力性运动项目的高水平运动员，运动成绩好，同时血乳酸最大浓度值也高；耐力性运动项目的运动员，在完成相同亚极限运动负荷时，优秀运动员血乳酸值相对较低。这一特点可用以评定运动员训练水平或选材。若对同一个体大运动量训练前后的血乳酸值进行比较，可以评定其训练效果。

运动后血乳酸的恢复速率还可以反映机体有氧代谢能力，恢复速度快表示有氧代谢能力强。另外，运动后血乳酸的恢复速率还受休息方式的影响，低强度运动的活动性休息比静止性休息时血乳酸清除的速率快，有利于运动后的恢复。研究表明，一般利用 70%～75% 的个人最大强度进行恢复性训练时，清除血乳酸的速率最快。

三、血尿素

尿素是蛋白质和氨基酸分子内氨基的代谢终产物,在肝细胞内经鸟氨酸循环合成后释放入血,称为血尿素。血尿素经血液循环到肾脏随尿液排出体外。血尿素水平的高低受肝脏尿素合成、肾脏排泄功能等的影响。在正常生理状态下,尿素的生成和消除处于平衡状态,血尿素水平保持相对稳定。研究表明,训练使运动员体内蛋白质代谢保持较高的水平,运动还会影响肝、肾的功能,因此,运动员血尿素安静值常常处于正常范围的偏高水平。我国优秀运动员晨起血尿素值的正常范围为 4~7 mmol/L。

运动使血尿素水平升高,主要有 5 个原因:①随着运动时间的延长,肌肉中的氨基酸氧化分解功能加强,脱下的氨基数增多;②受运动的影响,机体的结构蛋白和蛋白功能+(肌肉、酶)分解加剧,使分解代谢终产物尿素的生产增多;③在长时间运动过程中,肌肉能量平衡被破坏,三磷酸腺苷(ATP)不能迅速合成时,生成的腺苷酸(AMP)在肌肉中易脱氨基生成 IMP(次黄嘌呤核苷酸),进一步代谢转变为尿素;④长时间大强度运动时,肾脏血流供应减少,造成肾功能下降,使尿素的生成能力下降;⑤运动中大量排汗使血液浓缩,这也是运动时血尿素浓度升高的一个原因。

当运动负荷的时间超过 3 min 时,血尿素水平明显上升。短时间运动时的血尿素变化不明显。此外,运动促使蛋白质和氨基酸分解代谢的效应会延续到运动后恢复期,恢复速度受运动应激程度和运动员机能状态的影响。在运动强度和运动量这两个因素中,血尿素变化幅度对运动量更为敏感,运动量越大,血尿素增加明显,次日晨起血尿素值恢复较慢。经过适应性训练的运动员,机能状态得到提高,代谢上表现为护氮作用增强,使晨起血尿素值降低,并在相同运动负荷后,血尿素值增幅下降或血尿素水平恢复加快。在高原训练开始时,最初 7 天期间晨起血尿素值较高,但在 14 天后机体产生适应,血尿素值又恢复到原来的水平。较长时间的疲劳累积性训练导致过度训练时,晨起血尿素值升高,但也有研究报道其变化不明显。

血尿素在运动实践中的应用非常广泛,它是评定训练负荷量和机能恢复的重要指标。一般在运动前后和次日晨起取微量(20 μL)指血测定。

用血尿素评定一次运动负荷量时,一般在 30 min 以内的训练课中,其血尿素水平变化不大。当运动时间长于 30 min 时,血尿素水平明显增高。优秀运动员一次训练课后,以次日晨起血尿素水平在 8.0 mmol/L 以下较为合适。负荷量越大或机体适应越差,血尿素水平上升越明显,次日晨起的恢复也可能较慢。在实际应用时,还需要根据运动员身体状况和训练水平,结合其他的生理生化指标及主观疲劳感觉指数进行综合评价。

血尿素是评定训练后身体恢复状况的良好指标,在训练周期测定血尿素水平，可按如下三种情况进行评定：

（1）大负荷量训练的次日晨起值增加，但在训练调整期结束时能恢复正常水平，则评定为训练负荷量合理。

（2）大负荷量训练的次日晨起值无明显变化，则评定训练负荷量不足。

（3）在大负荷量训练的次日晨起值上升，并持续至训练周期结束，则训练负荷量过大。

在训练期中，晨起血尿素安静值较低者，为对运动负荷适应、恢复能力良好、身体机能状态较好者。对训练负荷不适应和身体机能状态差者，则运动后血尿素上升幅度大，次日晨起值甚至于第3日晨起值较高。在训练日或训练周晨起血尿素在 4～7 mmol/L 者，表明身体恢复状态良好。

在实际应用中，训练后血尿素值增幅较小、恢复也快的运动员，能承受大负荷量的训练，而增幅大且不易恢复的运动员难以承受大负荷量的练习。在赛前最佳状态时，优秀运动员晨起血尿素值在正常参考范围的上限（4～7 mmol/L）。已有人将这些用于运动员的选材。

在评价血尿素变化时应该注意以下几点：①血尿素有一定的个体差异，评价时要进行纵向的系统分析和比较。②血尿素水平与蛋白质的代谢关系紧密，在高蛋白质饮食后蛋白质会在体内代谢转化引起血尿素的增高，这要与训练所致的血尿素增高相区别。③运动员在控制体重期间，安静时的血尿素水平较高。

四、血氨

氨（Amnonia）是蛋白质和氨基酸的氨基代谢产物。在正常生理条件下，血液中氨主要以氨离子（NH_4^+）形式存在，游离形式的比例小于5%。血氨水平是氨进入血液和从中消除的综合反映。

在安静状态下，食物中蛋白质和氨基酸在胃肠道内经细菌作用而产生的氨进入血液循环，是血氨的主要来源。细胞内大多数氨基酸经转氨基作用、脱氨基作用和联合脱氨基作用脱下氨基。此外，在骨骼肌、心肌和大脑内还存在通过磷酸腺苷（AMP）脱氨生成次黄嘌呤核苷酸（IMP）的方式产生氨，这个反应由腺苷酸脱氨酶催化。

氨基酸代谢脱下的氨，大部分转运到肝脏。肝脏是消除氨的主要器官，氨在肝细胞内转化为尿素，流经肾脏随尿液排出体外。有些氨则由肾脏直接分泌排入尿液。

在安静状态下，外周血液中氨的浓度处于正常范围水平，在 20～113 μmol/L。运动员安静时血氨浓度处于正常范围内。高浓度的氨影响细胞的能量代谢，主要表现如下：①NH_4^+可以增加糖酵解的活性，抑制糖异生，降低三羧酸循环速率，有利于乳酸的产生。②高浓度的氨可以消耗三羧酸循环的中间产物。③抑制线粒体ATP酶，降低呼吸链的效率。④血氨升高会引起肌肉痉挛，干扰骨骼肌能量代谢。⑤血氨可通过脑脊液进入大脑，引起脑氨水平的变化，脑氨水平升高干扰大脑的能量代谢，引起兴奋性和抑制性神经递质的失衡，对中枢神经系统的功能产生影响，这在肝性脑病中的表现尤为突出。

运动时骨骼肌氨的生成较多，体内氨的生成和消除之间的平衡被破坏，使血氨水平上升，表现为高氨血症。

短时间激烈运动时主要募集快肌纤维。快肌纤维内腺苷酸脱氨酶活性高，慢肌纤维内该酶的活性低，而催化二磷酸腺苷（ADP）磷酸化的 5-核苷酸酶分布活性恰好与此相反。在短时间大强度运动中，ATP 消耗增加，超过了 ADP（二磷酸腺苷）重新磷酸化的速度，肌乳酸堆积使 pH 值下降。这些代谢变化激活腺苷酸脱氨酶活性，加速 AMP 脱氨分解，使氨的产生增加，扩散进入血液使血氨水平升高。

在短时间激烈运动中，经氨基酸代谢过程产生的氨很少，血氨主要由腺苷酸脱氨酶催化反应提供。所以，短时间激烈运动时血氨水平的变化，反映磷酸原系统的代谢平衡状况。例如，在 15 s～45 s 的冲刺跑后，血氨水平可上升到 130 ± 33 μmmol/L。

在长时间耐力运动时，骨骼肌收缩以慢肌纤维为主，氨基酸参与氧化供能的比例增加，尤其是支链氨基酸分解代谢加强，致使氨基酸氨基产生的氨增多，扩散进入血液，引起血氨水平持续升高。例如，在递增负荷骑自行车时，40%最大摄氧量强度运动后血氨与安静时比较，没有明显的区别；以 50%～80%的最大摄氧量进行长时间运动时，血氨的浓度可达到 250 μmmol/L。

训练可以改变人体运动后血氨升高的幅度，主要体现在三个方面：①训练使持续耐力运动和激烈运动时人体内血氨升高幅度都降低，这与运动时能量代谢调节能力的适应性提高有关，反映运动时肌肉内氨的产生和释出量减少，还可能与肝、肾等组织代谢氨的机能改善有关。②无氧训练适应后，超负荷运动的血氨最高水平进一步升高。③在大强度运动后及恢复初期，低训练水平的运动员血氨水平要高于高训练水平的运动员。

运动后血氨水平受运动强度、运动效果、疲劳状况等的影响。一般在运动后即刻取血，采用无蛋白质滤液法或紫外酶法测定血氨浓度，以评定运动强度、训练水平等。

血氨可用于短时间激烈运动时训练强度和训练量的评价。不少文献显示，短时间运动中血氨与血乳酸和最大摄氧量之间存在显著相关。以最大强度跑 300 m 或以 82.5%～90%的强度进行 4×300 m 跑时，血氨与训练强度及训练量的线形关系要优于血乳酸。但是，在长时间耐力运动时血氨与血乳酸的变化之间没有平行关系。

运动时血氨水平的变化可以评定训练效果。在相同强度运动后，血氨升高的幅度与训练水平有关，训练水平高的运动员血氨变化幅度相对较低。训练可以降低在剧烈运动时和恢复期最初阶段的血氨水平。经过耐力训练后，不论是在持续性耐力运动还是激烈的有氧运动后，血氨升高的幅度都有所下降，有训练者亚极限运动后血氨水平低于未经训练者。训练还可以加快运动后氨的消除速率。无氧训练使极限运动后血氨最大值升高。高原训练也改变氨的代谢，高原习服后执行亚极限运动，其血氨升高的水平降低，这与能量代谢的适应性变化有关。

运动后血氨水平是反映机体疲劳的一个指标。运动性高血氨是运动性疲劳的重要因素之一。血氨水平和主观疲劳感觉呈正相关。氨的积累影响动作的协调和对运动技能的控制能力。在短时间激烈运动时，血氨升高主要反映了磷酸原系统的失衡，同时氨干扰正常的能量代谢和肌细胞膜的生理特性，可以引起局部肌肉痉挛，导致疲劳。长时间耐力运动时，血氨水平过高，有可能使脑氨水平相应上升，直接影响大脑能量代谢。此外，较长时间耐力性运动时，血氨升高与中枢部分脑区内多巴胺和去甲肾上腺素含量降低、5-羟色氨含量增加等拥有共同的代谢机制，而且血氨升高也影响这些神经递质的代谢。因此，通过血氨水平的变化可以反映较长时间耐力性运动时单类神经递质引起的中枢疲劳。

极限运动后血氨峰值与无氧运动能力呈正相关，这与极限运动时肌纤维的募集途径有关。男、女运动员安静时的血氨水平没有明显差别，但是极限运动后血氨峰值存在明显的性别代谢差异，男运动员的血氨峰值高于女运动员的血氨峰值。

运动后血氨水平还受到其他因素的影响。少年运动员运动后血氨增幅的绝对和相对值比成年人的低；血氨水平与运动测试的类型有关，功率自行车运动测试的血氨水平高于跑台测试，在选择测试方法时需要注意这一点。营养措施对运动后血氨水平有较大的影响，补充肌酸使短时间激烈运动后血氨水平降低。

五、尿酮体

酮体是脂肪酸在肝脏分解氧化时所特有的中间代谢产物，包括乙酰乙酸（acetoacetate），β-羟丁酸（β-hydroxybuyrate）和丙酮（acetone）。

酮体是脂肪酸不完全氧化的产物，在肝脏内产生。脂肪酸在线粒体中经β氧化生成大量的乙酰CoA，不能同时都进入三羧酸循环。由于在肝脏内有许多促酮体合成的酶系，于是乙酰CoA在肝脏多种酶的作用下生成酮体。

肝脏具有许多促酮体合成的酶系，但缺乏氧化酮体的酶系。而肝外许多组织，如心肌、骨骼肌、肾脏、脑组织等具有活性很强的利用酮体的酶系，它们可以是很好的氧化分解酮体，故酮体在肝脏内生成后并不被肝脏所利用，而是透过红细胞膜进入血液，输送到肝外组织进一步分解氧化。当人体饥饿、糖供应不足时，酮体可以代替葡萄糖，成为脑、肌肉等组织的主要能源供应。

酮体分子很小，能溶于水，能通过血脑屏障及肌肉毛细血管壁，进入到肌肉或脑组织等处得到分解，为肝外组织提供了可用的能源。酮体作为这些组织的能源物质，如果能够充分地分解利用，那么血液中浓度会比较恒定，且含量很少，一般为 0.03~0.05 mmol/L。尿中酮体含量甚微，成人 24 h 排泄丙酮为 3 mg、乙酰乙酸为 9 mg，用一般方法测不出来。当体内在缺氧或糖供应不足的情况下，脂肪酸加强，生成酮体以代替葡萄糖提供能源以供人体所需，则酮体生成增加。当酮体生成超出组织所能利用时，在尿中会出现酮体，称为酮尿。丙酮一般随尿及肺泡排出，乙酰乙酸多在血细胞内。当乙酰乙酸在尿中出现时，其临床意义比尿中含丙酮时要严重。

短时间剧烈运动（如 400 m 跑）等，由于体内供能物质主要由糖元提供，机体动用脂肪酸量极少，故血、尿中酮体含量没有明显的变化。长时间大强度运动后，尤其是长时间耐力性的运动项目，如越野滑雪、马拉松跑等，由于脂肪酸分解代谢旺盛，机体利用脂肪能力增强。当骨骼肌利用酮体的氧化速度增强时，就能抑制葡萄糖的摄取和利用，使血液中的葡萄糖成分供给大脑和红细胞利用，有利于保持机体的运动能力。另外酮体输出时，不必与血清蛋白结合，本身也能通过血脑屏障和血管平滑肌的毛细血管。正常情况下，耐力性运动能力和肌糖元的耗竭有关，提高脂肪的供能能力将会推迟糖元的耗竭，从而延长运动时间。由于机体糖元被大量消耗，脂肪酸利用增加，体内缺糖使脂肪酸氧化不完全，导致体内酮体生成增多，这时在血及尿中均会出现酮体或酮体增加，并且其酮体水平随着运动时间的增加而上升到更高水平。

运动训练可以提高体内氧化利用脂肪酸的能力。系统的体育训练会使骨骼肌线粒体数量、体积、单位肌肉毛细血管密度，线粒体酶及脂蛋白酶的活力增加。因此，训练水平越高，氧化利用脂肪酸的能力就越强。运动员肌肉氧化酮体的能力比一般人要强，其酮体在血中游离脂肪酸浓度很低时就开始形成。运动员和非运动员在跑 90 min 后，运动员血酮水平比非运动员要低，而血糖并无明显差异，这说明运动员能较多利用脂肪酸供能而且氧化较完全，此时尿酮体浓度很低。

测定酮体，可以了解糖元消耗和脂肪供能能力的大小，这对了解运动员燃料物质代谢，特别是脂肪代谢情况、训练程度以及糖的营养补充等都有帮助。

由于尿酮体取样方便，对运动员无损伤性，比测定血酮更简便。但是，尿酮体的生成因受多种因素的影响，与血酮体的水平并不完全一致。例如，当肾功能不全时，血中酮体很多，而尿酮体的水平常常不能反映血中情况，故一般只作定性试验。

六、尿肌酐

肌酐（creatinine，Cr）是体内磷酸肌酸（CP）的代谢产物。磷酸肌酸和肌酸在人体内组成肌酸池（creatinine pool），是能量利用和储存的重要物质。肌肉收缩时，需要三磷酸腺苷（ATP）提供能量，当三磷酸腺苷（ATP）不足时，磷酸肌酸能为 ADP 提供 P 生产 ATP 和肌酸。运动后休息时，ATP 回升，则反应向相反方向进行，即 ATP 与肌酸反应生成磷酸肌酸，恢复肌肉中磷酸肌酸的含量。人体内大约 95% 的肌酸池存在于骨骼肌中，在骨骼肌中，磷酸肌酸约占总肌酸池的 2/3。磷酸肌酸在分解过程中，可脱去 1 分子磷酸转变成肌酐，肌酸也可脱水转变成肌酐。肌酐不能为人体利用，随尿排出体外，故称为尿肌酐。

正常情况下，尿肌酐日排出量稳定，并可在很长时间内保持在一定水平上。因此，可用尿肌酐量来评定 24 h 的尿量是否正常。正常成年男性每日尿肌酐排出量为 1～1.8 g，女性为 0.7～1 g。少年运动员尿肌酐的排泄量高于成人。

大强度运动通常会使血清肌酐水平提高 20～50 μmol/L，同时促进尿肌酐的排泄。大量运动训练后，血清肌酐浓度稍有上升。正常血清肌酐值：男性成人 0.7~1.05 mg%，女性 0.5~1.3 mg%（Jaffe 速率法）。长时间运动 12～24 h 后，肌肉排肌酐量仍然保持高水平。运动引起的血清和尿液中肌酐浓度的增高，反映了肌细胞内肌酸的释放和循环的加强。另外，由于肌酸和磷酸肌酸主要存在于骨骼肌内，骨骼肌发达的人与同体重人相比，尿肌酐的排泄量较多。反之，尿肌酐排泄量少。肌酐排泄量少，说明肌肉发达程度低，体脂较多。

膳食、尿量和人的生理活动对日尿肌酐排泄总量无明显影响。但是，某 1 次排尿时，尿量会受饮食、排汗等的影响，尿肌酐浓度和 1 日平均尿的尿肌酐浓度会不同。因此，采尿测定时不能以任意 1 次尿代表日尿肌酐排泄量。在测定运动员尿肌酐时，应考虑运动员是否服用肌酸或大量食肉。

考虑到不同人尿肌酐和肌肉发达程度及其他影响因素的关系，用 24 h 内每千克体重的尿肌酐排泄量来表示的数据，称为尿肌酐系数。计算方法是：

尿肌酐系数 = 24 h 尿肌酐排泄量/总体重（mg/kg）

男性的尿肌酐一般为 18～32 mg/kg 体重，女性为 10～25 mg/kg 体重。运动员肌肉发达，尤其在短跑、举重、投掷等爆发性项目的运动员中，肌酐系数高达 36～42 mg/kg 体重，并与专项运动成绩密切相关。因此，尿肌酐系数在运动员机能评定中常被作为速度、力量素质的选材、训练效果等检测指标，其数值高说明肌肉机能好；反之，说明肌肉机能下降。

不同专项运动员在长期训练后，身体的成分已适应专项的要求，尿肌酐系数也会不同。表 10-1 列出了我国部分项目运动的尿肌酐系数，以供参考。

尿肌酐系数指标在运动员身体机能评定的应用主要有以下几个方面：①运动员选材时可用于评定力量和速度素质。尿肌酐系数越高，说明力量、速度素质越好。②在训练期可用来评定训练效果。尿肌酐系数提高，是肌肉力量或速度训练水平提高的表现。例如，尿肌酐系数不变，体重增加，说明体脂增加，肌肉质量变化不明显，训练效果差。③由于尿肌酐排泄量相对稳定，因此可用于了解尿量的情况，也可用尿中肌酐排泄量作为其他指标排泄量变化的单位，这样可以尽量减少一次取尿给测定结果带来的误差。例如，排泄出每毫克肌酐同时排泄出尿蛋白的量以尿蛋白 mg/尿肌酐 mg 表示。

表 10-1　不同专项运动的尿肌酐系数

项目	男	女	研究者
短跑	36.91	33.78	陈有源（1979）
中长跑	33.14	31.42	
投掷	33.54	38.61	
足球	33.63	—	
少年体操	31.14	29.55	
常人	29.43	21.90	
短跑	36.43	—	林文（1986）
中长跑	34.99	29.21	
撑杆跳高	35.43	—	
掷标枪	33.78	30.29	
乒乓球	33.46	32.87	
举重	33.48		
体院学生	30.79	25.22	
举重	—	25.2	张国复（1987）
摔跤	25.9	—	
体操	20.4	18.5	
举重	10.8	8.4	王自勉（1990）
短跑	8.8	7.1	
耐力项目	7.6	5.9	
无训练者	7.6	6.2	
举重	25.4	23.4	
短跑	25.9	22.6	
耐力项目	23.0	20.1	
无训练者	22.0	20.0	

在应用尿肌酐系数时应注意以下几点：①采尿测定时，不能以任意一次尿代表日尿肌酐排泄量，应采集 24 h 尿液；也可用采用分时段测定尿肌酐日排出量的简便方法，即将 24 h 等分为 6 个时段，取其中相关性最大的晨起时段

(21：00—6：00)和上午时段(6：00—9：00)两个时段取尿,换算为全日总量。②在测定运动员尿肌酐时,应考虑运动员是否服用肌酸或大量食肉。

七、尿蛋白

正常人尿中蛋白质含量极少,浓度为 2 mg% 左右。人体一日尿中排出的蛋白质总量在 10~150 mg 之间,其平均浓度不超过 10 mg%。运动员安静尿内蛋白质含量少,采用一般方法检查不出来,故称为阴性尿。运动会引起某些人尿液蛋白质含量增多,由运动引起蛋白质含量增多的尿,称作运动性蛋白尿,不同于病理性蛋白尿。运动性蛋白尿在运动后能迅速地自行复原,运动尿中蛋白质排出的数量和成分,可以作为评定运动员身体机能状态、训练强度和训练量的指标。

运动性蛋白尿生成的原因是运动时肾上腺素、去甲肾上素、肾素—血管紧张系统和激肽释放酶分泌增加,使肾血管收缩,肾血流量减少,肾小球毛细血管压上升,滤过分数增加,肾小球膜电性和可滤过蛋白的电荷变化,使肾小球滤过较大分子量的蛋白质较多,在运动时肾小管的重吸收处于饱和状态,同时还会增加某些小分子量蛋白质的分泌。所以,运动性蛋白尿是肾小球—肾小管混合型蛋白尿,但肾小球型是主要的。

一次性运动后尿蛋白的数量与训练量有关,尤其与训练强度关系密切,因此可用尿蛋白出现的数量来评定训练量,特别是评定训练强度。但运动性蛋白尿有较大的个体差异,有些人在运动后易出现且数量又较多,有些人则不易出现且出现时数量较少,与训练水平关系并不大。这种个体差异可能与遗传因素有关。尽管运动员运动后尿蛋白数量受个体机能影响很大,但个体在完成相同距离比赛或相似运动负荷时,尿蛋白量则较为稳定,一旦突然出现尿蛋白增多,并一直延续到次日晨起或更长时间,这是机能不适应或疲劳未消除的表现。当运动后尿蛋白增多,4 h 后或次日晨起完全未恢复到安静时正常范围时,表示训练量和训练强度大,对身体有较大刺激,但机能状态保持良好,能及时恢复。所以,运动后尿蛋白增多,与训练强度和持续时间有关,强度大(以糖酵解供能为主),负荷时间长,尿蛋白相应比较多。例如,曾经测定一名游泳运动员在 100 m 自由泳后尿蛋白为 120 mg%,在预赛和复赛中测试结果都很接近,但在决赛时,赛后尿蛋白增加到 150 mg%,身体感到疲劳,比赛成绩下降,次日晨起尿蛋白在 10 mg% 以下,说明不是病理性蛋白尿,是机能状态下降的结果。

在一个训练周期中,可以用尿蛋白作为监测指标,观察运动员对训练负荷的适应情况。在大运动量训练过程中,开始身体不适应,尿蛋白排量增多;继续坚持一个阶段的训练后,在完成相同强度的训练时,尿蛋白又会减少,这是身体适应运动量的表现。如果尿蛋白不减少,反而增加,就要注意运动员的身体状态,酌减训练强度或训练量。在运用尿蛋白来评定训练负荷和身体适应状况时，应做到系统观察。在大运动量训练期，如果晨尿中尿蛋白含量较高或超出正常范围，可能是过度疲劳或过度训练的表现。

运动时，肾小球可以同时过滤白蛋白和 β_2 微球蛋白，但滤液到肾小管时，在近曲小管99.9%的 β_2 微球蛋白可被重吸收，而白蛋白则不能。因此，测定运动后蛋白尿中的白蛋白和 β_2 微球蛋白的浓度，可说明肾小球和肾小管在运动时的机能变化。一般的规律是：当训练负荷大时，对内环境刺激大，这时尿蛋白组份中的白蛋白和 β_2 微球蛋白都增多（称为肾小球—肾小管型尿蛋白）；在时间较长、强度较低的运动后，以及对大训练负荷已经适应或负荷减少时，尿蛋白中 β_2 微球蛋白减少，此时尿中蛋白主要是大分子的白蛋白（肾小球型尿蛋白）。由此可见，训练强度对肾小管重吸收功能影响较大。在条件允许时，最好在测定尿蛋白总量的同时测定 β_2 微球蛋白。

影响运动性蛋白尿排泄量的因素：①运动强度。一般来说，强度越大，尿蛋白生成越多，在以糖酵解供能为主的运动项目中尿蛋白生成量高（400 m、800 m、1 500 m 跑或 100 m、200 m 游泳等项目）。②运动时间对尿蛋白生成影响不大。③运动项目和训练手段。尿蛋白具有项目的特异性，70% ~80% 的运动员在剧烈运动后出现尿蛋白。短跑项目最容易出现，其次是游泳、划船等。④年龄与环境（如冬泳）。高温比常温易出现尿蛋白，高原训练比平原训练尿蛋白生成量多。

在训练实践中应用尿蛋白指标，可以评定一次训练课的负荷量，也可以评定身体机能状态及恢复情况。一般采集运动后 15 min 的尿，观察训练后的变化，评定训练负荷的大小。训练后 4 h 或次日晨起取尿，可以观察其恢复的情况。

评定训练负荷：训练强度越大，尿蛋白生成越多。

评定机能状态：①机能状态好时，完成相同负荷运动量或比赛，尿蛋白相对恒定；机能状态不好时，尿蛋白明显增多。②训练水平提高后，完成相同负荷运动量或比赛，尿蛋白减少。③恢复时间延长，说明机能水平下降。

评定恢复状态：①运动后 4 h 或次日晨起恢复到正常参考范围（一般在 20 mg% 以下）说明机能恢复。②次日晨起仍处于较高水平（一般在 30 mg% 以上）说明机体未恢复。

八、尿胆原

尿胆原是体内血红蛋白（Hb）分解的代谢产物。在一般情况下，每日约有 8 g 血红蛋白经代谢转换，有部分代谢产物以尿胆原形式排出体外。

尿胆原排出量增加与肝功能和肾功能下降有关。综合起来，影响尿胆原排泄量的因素主要有以下 4 个方面：

（1）肾小管腔的酸碱度。在酸性环境中，尿胆原为不溶解的脂溶性分子，易被吸收，尿中排出量减少。但运动后尿胆原在尿中浓度反而升高，这是由于运动时排汗量增加，尿浓缩的结果。

（2）胆红素的形成量。溶血过多时，胆红素增加，肠道产生的重吸收血中胆素原增加，从尿中排出的尿胆原增加，运动员在大负荷运动时，体内溶血增多，尿胆原排出量增加。因此，运动员 Hb 下降，尿胆原增加是机能水平下降表现。

（3）肝功能状况。肝功能下降时，从肠道吸收的胆原不能有效地被肝细胞摄取，而随胆汁排出，尿中排出量也增加。测定尿胆原变化时，常可反映肝功能状况，患过肝炎或肝炎前期的运动员，运动后次日晨起尿胆原增加。

（4）剧烈运动或肾功能不全。剧烈运动和肾功能不全时，会影响尿胆原的排泄量。加大运动量、身体疲劳或机能下降时，晨起尿胆原排泄量也会增加。

在评定运动员机能时，经常综合运用 Hb 和尿胆原指标，使评定结果更可靠，应用方法是：

（1）晨起取指血测 Hb，取尿液测尿胆原，测定值是安静值，可以作为运动值和恢复值的对照。

（2）大运动量训练后次日晨起取血、尿，重复进行第一步骤，并记录主观疲劳感。

（3）结果分析。当 Hb 稳定，尿胆原变化不大，主诉无疲劳感时，说明身体能适应所安排的训练负荷。如果 Hb 值下降，尿胆原排出量增多，晨起主诉有疲劳感时，则应该减轻训练强度或训练量。

（4）单独使用该指标时，主要用于评定疲劳后技能的恢复状态。运动后次日晨起取样，若机能恢复，则 Hb 值低于 2 mg%；若未恢复，则该值升高。

九、尿比重

尿液是人体的代谢终产物，其中约有 97% 是水，3%~5% 是固体物质。尿液中的固体物质浓度可由其他比重反映出来。尿比重的改变常被作为肾对尿的浓缩和释放功能的客观指标。

正常情况下，24 h 混合尿的比重介于 1.003~1.030 之间。如果摄入水分过多或过少，或者是水和固体物的排出量发生显著变化时，尿的比重可以降到 1.001，或升至 1.035 甚至更高。由于收集 24 h 的尿量较为困难，所以在进行机能评定时，可以采用运动训练后即刻和大量运动后的第二日清晨进行。

运动后尿比重的变化主要受气温、训练强度、训练持续时间、泌汗、饮水等的影响。如果在夏季进行强度较大、持续时间长的运动，或强度虽不大但时间长的运动时，由于大量泌汗、尿量减少，会使机体产生大量的代谢产物，因此尿比重可能会有所上升。饮水多时尿量增加，比重下降；饮水少或出汗多时尿量减少，比重上升。

另外，运动时由于血液重新分配，肾脏血流减少，故尿量少；短时间运动后，尿量无明显变化，尿比重也无明显变化。

十、尿糖

普通人体尿液中含有微量葡萄糖，一般检查不易测出，但当血糖浓度增高（大于 9.4 mmol/或 50 mg%）时，因肾小管不能把尿液中的葡萄糖吸收，故尿糖定性为阳性。生理性尿糖见于摄入的食物含糖量过高。病理性尿糖见于糖尿病、甲状腺机能亢进、垂体前叶机能亢进、肾上腺机能亢进等。

运动员中出现的尿糖，多数是由于饮食原因或为一次性尿糖。但也有个别运动员经常出现尿糖阳性，不能排除其糖代谢失衡的可能性。

十一、尿潜血

由于运动训练引起的血尿称为运动性血尿。运动后血尿分为肉眼血尿和尿潜血。肉眼血尿的尿液呈褐色或浓茶色。尿潜血为正常尿色，但在显微镜下可见红细胞或仪器检测中呈尿潜血阳性。运动性血尿产生的原因可能是运动使血液的化学成分或血液循环机能改变，肾脏产生暂时性缺血、缺氧，因而肾脏通透性增高，使原来不能通过的红细胞也能通过滤过膜。有人认为，由于运动量过大，能量消耗过多，使肾脏周围脂肪组织减少，出现肾静脉压力增高，导致红细胞渗出产生血尿。

大运动负荷量、大训练强度都可造成尿潜血的出现，它表明机体对训练量不适应，或机体承受负荷量的能力下降。在接触性的运动项目及高原训练中更容易出现尿潜血。一旦出现尿潜血，就应该及时调整训练量。女运动员中出现尿潜血阳性时，应排除月经原因。

十二、无氧功

无氧功也称为无氧功率，是指机体在短时间内、无氧的条件下发挥最大力量和速度的能力。无氧代谢供能能力是肌肉在磷酸原和糖酵解供能条件下的做功能力，无氧功是评定运动员机体无氧代谢能力的主要指标。

无氧功的测试方法很多，有 30~40 种，但很不成熟。按运动时间可分为短、中、长三类，使用最多的是 10 s、30 s、90 s 三种运动形式。按评估指标划分，有纵跳摸高、登台阶时间、功率、最大乳酸值、功率—乳酸结合、力与速度的关系（biodex、cybex 等）、氧恢复等等。按测试仪器和场地划分为实验室测试（功率车、跑台等）、运动场地测试。

Wingate 无氧试验（Wingate Anaerobic Test，WAT）是 1970 年以色列 Wingate 体育学院运动医学研究室提出的。自从 1974 年 Ayalon 等介绍本法后，这一试验法得到越来越广泛的应用，目前已作为无氧功的标准测试法。

Wingate 无氧实验在评定结果时，常选用 3 个指标：①最大功率（peak power），又称峰值。最大功率反映了机体肌肉在短时间内产生的高机械功率的能力。最大功率越大，机体肌肉在短时间内产生的高机械功率的能力越强，即通常所说的爆发力越强。②平均功率（mean power）：6 次 5 s 的平均功则为平均功率。平均功率反映肌肉维持高功率的耐力。平均功率越大，肌肉维持高功率的耐力越强，即通常所说的速度耐力越强。③疲劳：功率的递减率为表示疲劳速率的指数，其计算公式为：最大功率减最小功率，除以最大功率，以％表示。表 10-2 为无氧代谢能力测试的基本条件及评价方法。

表 10-2　无氧代谢能力测试的基本条件及评价方法

代谢供能系统	磷酸原能力测试	糖酵解能力测试
运动强度	执行最大强度或最大用力	接近最大无氧功率的强度
运动时间	10~15 s，不能超过 20 s	30~120 s
无氧功总输出量	在规定运动时间内磷酸原系统释放能量的最大潜力	在规定运动时间内糖酵解系统供能的最大潜力
最大功率输出	单位时间内磷酸原系统释放能量的最大速度	单位时间内糖酵解系统供能的最大速度
平均输出功率		
代谢指标	血乳酸增值	血乳酸增值或最大血乳酸值
疲劳指数	（最高功率－最低功率）/最高功率（1 s）	（最高功率－最低功率）/最高功率（5 s）
评价方法	输出功率和总功值高、血乳酸增值低，疲劳指数小，是磷酸原供能能力好的标志	输出功率和输出总功值大，血乳酸增值或最大血乳酸值高，疲劳指数小，是糖酵解功能能力好的表现
指标与运动的关系	反应最大速度、最大力量	反应速度和速度耐力

不同能源物质供能的输出功率不同，表现出的运动能力也不同，如 100 m 跑、50 m 游泳、跳跃、投掷等应尽量发展磷酸原系统（ATP，CP）供能能力；400 m 跑、100 m 游泳应尽量提高糖酵解供能能力。同时中长跑、马拉松跑、1 500 m 游泳也要有良好的糖酵解供能能力，因为它是变速、终点冲刺时能量的来源。重视发展运动员的糖酵解供能能力，对 2~3 min 的运动项目十分重要。

人体代谢能力存在明显的个体差异，一般运动员的值高于正常人。有多种因素影响个体的无氧代谢能力。

1. 年龄、性别的影响

年龄：生长期的机体无氧代谢能力随年龄的增长而增强，在 20 多岁时达到最大值，然后逐渐下降，大约每 10 年下降 6％，上述变化无性别差异。

性别：在 10 s、30 s、90 s 最大功率输出的测定中，女子值仅是男子值的 65% 左右，存在明显的性别差异。

2. 肌肉结构和机能的影响

肌肉形态：肌肉形态对肌肉做功能力影响很大，如肌节的排列和长度、肌纤维的长度、肌肉的横截面积、肌肉总量等。这些因素会影响肌肉执行无氧运动的能力，特别是功率输出的绝对值。

肌纤维类型：对无氧代谢能力的影响表现在快肌纤维的比例上，具有高百分率快肌纤维的肌肉，收缩时无氧功率输出值大。在无氧代谢功能为主的运动中，快肌纤维越多或横截面积越大，维持功率输出的时间越短。

供能物质储量：无氧运动的供能物质 CP 和肌糖元的储量几乎不可能与个体的无氧运动能力直接相关。

反应产物的堆积：在最大无氧代谢运动中，糖酵解供能很早启动，在短时间运动力竭时，肌乳酸浓度可高达 32 mmol/kg·湿肌，肌 pH 值从运动前的 7.0 下降到 6.3。由于 H^+ 竞争 Ca^+ 的结合部位，使肌动球蛋白横桥循环的形成和运转速率受到阻遏，导致 ATP 水解速率减慢，肌肉收缩力下降。大量的研究指出，在局部肌糖元储备充足的情况下，肌肉 H^+ 堆积是影响无氧运动能力的主要限制因素。

代谢途径的效率：无氧运动时 ATP 生成速率也依赖 CP 和糖元分解的代谢能力。在骨骼肌内，尤其是负责高速爆发用力的肌内，具有很高的肌酸激酶活性，对肌内 CP 浓度的变化具有高度应答能力。但是，糖元酵解速率的调节很大程度上受 H^+ 抑制，导致糖酵解速率衰减。代谢途径的效率也依赖参与高强度收缩的肌纤维的特性和数目。在极限运动中，快肌纤维有效募集更能加快 ATP 的分解与合成，进而影响运动能力。

氧的运转和利用系统：在短时间极限运动中，氧化供能占很小部分。当全力运动时间达到 60 ~ 90 s 时，供氧系统利用氧的能力得到改善和提高，线粒体内有氧代谢供能的比例有较大增长。

3. 无氧代谢能力方面的遗传问题

对此问题所知甚少，但近年已有一些进展。与无氧代谢能力有关的生化参数的遗传度见表 10 - 3。需要强调的是，遗传度影响机体对训练的应答能力，从而对无氧代谢应答能力的变异起作用。

表 10 - 3　有关代谢能力的 10 项参数的遗传度

参　数	遗传度
10 s 功率自行车的无氧功率输出（W/kg 去脂体重）	0.70
短跑能力	0.50 ~ 0.80
快肌纤维比例	0.80

续上表

参　数	遗传度
（CK）最大活性	0.85
乳酸脱氢酶活性	0.70
磷酸果糖激酶活性	0.30~0.50
磷酸肌酸（CP），三磷酸腺苷（ATP）	0.67~0.89
线粒体数量	0.70~0.92
肌红蛋白	0.60~0.85
血红蛋白（Hb）	0.81~0.99

4．训练的影响

机体的训练效果存在很大的个体差异。表10-4提供的资料说明，普通男女成人在接受10 s、90 s高强度间歇训练后，机体的训练适应性变化，即训练敏感性存在高水平或低水平应答的显著差异。

在无氧代谢能力训练中，基因型对训练效果的影响是通过卵双生子的研究揭示的。受机体基因型影响，短时间无氧运动能力（如10 s运动时间）的训练效果相对较小，而长时间无氧代谢能力（如90 s运动输出总功）的可训性相对较大（如表10-4）。这些研究结果具有重要价值。例如，对短时间无氧运动项目的运动员来说，选拔天资高的人更容易获得训练效果，而对长时间无氧运动能力的提高，则应多从训练因素上找出成功的原因。

表10-4　15周高强度间歇训练后普通成人无氧代谢能力的变化

代谢能力		训练应答/%			
		男子（$n=10$）		女子（$n=10$）	
		平均值	范围	平均值	范围
10 s运动测试	总输出功	15	3~30	29	16~66
	1 s最大输出功率	10	1~31	25	6~78
90 s运动测试	总输出功	20	11~48	40	13~77
	1 s最大输出功率	28	3~49	27	3~87

十二、最大摄氧量

人体运动需要能量，需要消耗能源。三磷酸腺苷（ATP）是运动的直接能源，但最终消耗的是糖、脂肪和蛋白质。按一定的化学反应，这些物质最终通过有氧氧化途径产生二氧化碳和水并释放一定的能量。因此，可通过运动中的耗氧量计算能量的消耗，提供能量物质的量和运动量。

进行中等强度的运动时，能量消耗随运动强度的增大而增大，每分钟的摄氧量（VO_2）可反映运动强度和能量消耗水平。当强度逐渐增大时，VO_2 也逐渐增加，并与心率呈线性关系；当强度达到一定水平后，VO_2 不再随心率增加而出现平台，此时心率继续增加，VO_2 达到最大即最大摄氧量。最大摄氧量（$\dot{V}O_2\ max$）是在心肺功能和全身各器官系统充分动员的条件下，在单位时间内机体吸收和利用的氧量，它的意义在于反映人体最大有氧代谢能力，反映心肺功能氧的运转能力（包括心肺排量、Hb、毛细血管密度）和肌肉对氧的吸收、利用能力（包括线粒体多少、酶活性）。最大摄氧量是反映机体在极限负荷运动时心肺功能水平的一个重要指标，也是评定运动员有氧代谢能力的重要依据。

最大摄氧量可分为绝对最大摄氧量和相对最大摄氧量。相对最大摄氧量是绝对最大摄氧量除以受试者体重。绝对最大摄氧量的单位为升/分（l/min），相对最大摄氧量的单位为毫升/千克·分（ml/kg·min）。绝对最大摄氧量在借助某些器材的运动项目，如自行车、赛艇等意义较大，而相对最大摄氧量在体重影响运动成绩的运动项目，如中长跑中的意义较大。

在运动实践中，最大摄氧量主要应用到以下几方面：

1. 评定运动能力

运动员在不同训练阶段和训练状态时 $\dot{V}O_2\ max$ 有所不同，在耐力运动项目中尤为明显。$\dot{V}O_2\ max$ 的增加与运动员运动能力的提高或运动成绩的提示是一致的。

2. 选材指标

最大摄氧量受遗传因素的影响较大，且从童年期到成年期的变化相对稳定。因此，可由童年期的摄氧量推算出成年期的摄氧量，是选材的重要指标。

3. 评定运动员的机能状态

当运动员身体状况下降或过度训练时，运动员心肺功能下降，在运动负荷量未达到极量时，摄氧量已到达"极限"，最大摄氧量下降。此时摄氧量的增加主要依靠肺通气量的增加，能量消耗大，氧利用率低。完成负荷时，呼吸频率快而表浅。而运动员状况较好时，达到最大强度负荷，心输出量增加，肺通气量增加，氧的利用率明显提高，呼吸深而频率较慢，体内的氧需要大部分得到满足，最大摄氧量升高。体内无糖酵解的产物——乳酸积累较少，负荷后恢复较快。

4. 评定训练效果

最大摄氧量（$\dot{V}O_2\ max$）大小与训练的负荷及运动项目有关。研究发现，经常进行 400 m、800 m、1 500 m 跑训练的运动员容易发展 $\dot{V}O_2\ max$ 的能力，而慢速度超长距离的训练难以发展 $\dot{V}O_2\ max$ 的能力。因此，当要发展运动员的

$\dot{V}O_2$ max 时，应加强中距离跑的训练。通过 $\dot{V}O_2$ max 的测定，可反映训练安排的合理性。合理训练能提高运动员的 $\dot{V}O_2$ max 值，但幅度较小，一般不超过 20%。

最大摄氧量值受多种因素影响：①测试运动方式：运动方式接近受试者的运动专项，所测得的值较高，更能反映其实际有氧能力。②运动员在不同的训练阶段和机能状况下，最大摄氧量值有所不同。机体处于疲劳状态时，其值下降。③$\dot{V}O_2$ max 测试结果受受试者主观努力的影响，未尽全力者测得的值较低。所以测试过程中要不断鼓励运动员竭尽全力。

最大摄氧量平台（$\dot{V}O_2$ max PD）是指在测定 $\dot{V}O_2$ max 时，当强度持续增加，而 VO_2 水平不再增加，VO_2 在最高水平维持的时间。

$\dot{V}O_2$ max PD 与耐力项目的运动能力密切相关，耐力跑的成绩与 $\dot{V}O_2$ max 之间的相关系数 $r = 0.7$，$P < 0.01$。然而 $\dot{V}O_2$ max PD 与 $\dot{V}O_2$ max 之间的相关系数很小（$r = 0.3$），这表示制约最大摄氧量和 $\dot{V}O_2$ max PD 的生理机制是不同的，因此，$\dot{V}O_2$ max PD 是另一个反映人体有氧代谢能力的重要指标。也就是说，$\dot{V}O_2$ max 及其持续能力才是人体有氧代谢能力的全部内涵，而通气无氧阈（VO_2 AT）是 $\dot{V}O_2$ max 的组成成分，其水平愈高，占 $\dot{V}O_2$ max 的百分比愈高，表示慢肌纤维以及氧化型快肌纤维的氧化能力所占的比重愈高，是 $\dot{V}O_2$ max 结构优良的表现。因此，$\dot{V}O_2$ max、$\dot{V}O_2$ max PD 和 VO_2 AT，三者结合才能更全面地反映人体有氧代谢能力。

$\dot{V}O_2$ max PD 开始和结束时的呼吸商、二氧化碳排出量、通气氧当量和呼吸频率等指标差异显著，反映了体内代谢性质的剧烈变化，糖酵解成分急剧变化，产生大量的乳酸使肌肉内环境酸化，pH 值下降，乳酸进入血液，置换重碳酸盐中的 CO_2，使其大量溢出，刺激呼吸中枢，增加呼吸频率和肺通气量。CO_2 排出量的增加超出耗氧量的增加，导致呼吸商剧增，肺通气氧当量增加，氧吸收率下降，因而可以把渐增负荷过程中达到 $\dot{V}O_2$ max 所需的最低运动强度看做一种阈值，可称其为最大有氧阈或 $\dot{V}O_2$ max 临界强度。多数耐力项目运动员此时的心率大约在 180~185 次/min 之间，在此强度上进行训练，一方面可以使心肺功能和组织氧化能力充分发展，另一方面，又不至于使无氧代谢过多地参与而使体内代谢发生过于剧烈的变化，避免疲劳过早出现，从而有助于延长 $\dot{V}O_2$ max PD，增强有氧代谢能力。一般可以在一个训练周期前后，测定 $\dot{V}O_2$ max 临界强度来评定运动员的训练效果和机能状态。

十四、无氧阈

无氧阈是指在递增运动负荷过程中,人体运动达到某一强度后,机体内出现氧需要量大于氧供给量,细胞进入无氧氧化过程,体内的功能方式由有氧代谢为主向无氧代谢转换的临界点(转折点)。从代谢的角度而言,是乳酸的生成率和清除率达到动态平衡。无氧阈常以血乳酸含量达到 4 mmol/L 时所对应的强度或功率、心率、通气量等来表示。无氧阈用血乳酸的开始升高来表示,叫乳酸无氧阈(Lactate Anaerobic Threshold,LAT),通常以 4 mmol/L 为 LAT 的值;用通气和气体交换来表示,称通气无氧阈(VO_2 AT);以心率和心搏量的上升斜率变化,引出的心率拐点来表示,称心率无氧阈(Break Point,BrP)。

无氧阈(AT)对耐力的评定、训练强度控制方面都有重要的实际价值。最大摄氧量($\dot{V}O_2$ max)虽然是评定耐力的可靠指标,但随着运动员耐力不断提高,运动成绩不断刷新,运动员的 $\dot{V}O_2$ max 并没有相应提高。运动员耐力提高不但取决于心血管系统的改善,还和骨骼肌氧化代谢能力的提高有关,即在长时间持续运动中血乳酸没有明显堆积之前能够达到的摄氧能力。实验证明,采用 Wasserman(1973)等常用的无氧阈强度进行训练,可以发展最大有氧能力,从而有效地提高耐力项目的成绩。近几年来,国内外已有人开始用无氧阈评定运动员的有氧耐力及选择有氧训练的适宜强度,以改善和提高运动的最大有氧能力。

无氧阈是指某一特定的运动强度和由此产生的一系列的生理生化变化,因此可通过气体代谢、血乳酸和心率等指标测定。不同方法测试的无氧阈间有一定的差异。目前对无氧阈的含义和原理仍在不断的研究,对其认识也逐步深入。

无氧阈主要应用于:①评定运动员的运动能力和训练效果。当无氧阈负荷增大时,表明运动员的运动能力强,反之则弱;②预测运动成绩;③安排有氧训练和无氧训练的强度。

影响无氧阈的主要因素有性别、训练水平、快慢肌的比例、运动项目和药物等。

乳酸无氧阈是根据血乳酸浓度变化与运动强度或做功能力变化的关系获得的。当肌肉运动强度逐渐加大时,在乳酸—运动强度关系曲线上存在两个非线性偏离点,第一个偏离点在血乳酸为 2 mmol/L 左右时出现,第二个偏离点在 4 mmol/L 左右时出现。目前,国内外较为广泛地应用 4 mmol/L 血乳酸作为实验室或运动现场测定时的乳酸无氧阈值。耐力训练可以使血乳酸积累起点的对应运动强度提高,这一临界运动强度称为乳酸无氧阈。乳酸无氧阈的大小通常用血乳酸浓度达到 4 mmol/L 时的运动强度、功率、耗氧量(VO_2)或 % $\dot{V}O_2$ max 来表示。

近几年来，乳酸无氧阈在运动实践中已得到广泛的应用，它可用来评定运动员的有氧代谢能力，作为发展有氧耐力适应强度的指标。

乳酸无氧阈的代谢意义：①长时间运动中血乳酸保持稳态水平时的最大有氧代谢能力，此时血乳酸释放入血的速度等于血乳酸最大消除速率。②血乳酸浓度达到 4 mmol/L 时，真实反映肌乳酸值。③乳酸无氧阈值与肌肉慢肌纤维数量、微血管密度、细胞呼吸能力和关键有氧代谢酶、酵解酶的活性密切相关。因此，乳酸无氧阈值是耐力运动能力的灵敏指标，它反映了中枢循环转运氧的基本功能和肌肉利用氧的能力。

由于测定乳酸无氧阈的方法和判断标准不一，在血乳酸浓度变化曲线上，相对应的无氧阈点也不一致。血乳酸拐点历来被认为是评价耐力运动能力和确定训练方案的有用工具。但有研究表明，乳酸浓度曲线上的 4 mmol/L 点与其他任何一点如 5 mmol/L、6 mmol/L、7 mmol/L、8 mmol/L 相比，与运动能力并不具有更高的相关度，所以乳酸浓度曲线上的任何一点均可以作为运动能力评定的指数。对此，在实际应用中，我们的重点不应当放在无氧阈的本身，而是确定一个具有显著代表性的点。如果教练员知道无氧阈的生理意义，可以运用这些知识去实施他的训练计划，根据实际情况选择一个特定的乳酸浓度来进行运动训练中的监控。

近年研究中，用 NMR 技术研究递增负荷运动时，发现在 $66.4 \pm 3.4\%\ \dot{V}O_2$ max 时 pH 值出现拐点（pH 阈），可与传统的无氧阈、乳酸无氧阈、通气阈相对应。但在测定乳酸堆积拐点（OBLA）时应考虑采血部位对乳酸浓度的影响。另外，还发现代谢性酸血症阈值（MAT）与无氧阈（AT）具有同等意义，这表明肌收缩强度超过阈值时供氧不足；反之，则供氧能满足需要。

Stegmann（1981）考虑到运动时血乳酸动力学的个体差异，根据递增负荷运动时和运动后血乳酸动力学，引申出乳酸弥散在 2.0~7.5 mmol/L 的范围。运动时，血乳酸可保持 20~30 min，不会进一步升高。如果用最大递增负荷运动和积极性休息的测试方法评定 LAT，得出 LAT 具有可靠性、实用性、有适用于大多数人的优点。

$\dot{V}O_2$ max 高的运动员，其乳酸无氧阈值一般也高。在较长时间的耐力运动中，乳酸无氧阈的强度比 $\dot{V}O_2$ max 更能预测运动成绩，因为长跑时跑速非常接近乳酸无氧阈强度。较短时间的有氧运动强度，实际上超过 $\dot{V}O_2$ max 强度，此时用 $\dot{V}O_2$ max 表示已没有意义。大量研究证明，经系统训练后，运动后乳酸升高的幅度下降，而 $\dot{V}O_2$ max 变化则不大，这时使用 LAT 比 $\dot{V}O_2$ max 更具实用性和科学性。

目前，对乳酸无氧阈形成的机制尚不清楚，但存在几种假说。经典的观点认为，乳酸无氧阈的形成是由于运动时局部肌肉氧供应不足造成的。第二种观点认为，乳酸无氧阈的形成是由于乳酸排除量降低所致。第三种观点认为，乳酸无氧阈的产生是由于运动单位募集类型的改变所造成的。第四种观点认为，乳酸无氧阈的形成可能是由于儿茶酚胺非线性增加所致。

第十一章 体能训练中运动损伤的预防与处理

第一节 运动损伤概述

体育运动过程中发生的损伤,称为运动损伤。运动损伤与运动项目、技术动作特点密切相关。对运动损伤的发生原因、发生规律、预防措施、治疗效果和康复时间的研究,有利于改善运动条件,改进体育教学和运动训练的方法,提高运动成绩,使体育锻炼更好地起到促进身心健康的效果。

一、运动损伤的分类

运动损伤的分类方法较多,常用的有以下几种:

1. 按损伤组织的种类分

如肌肉肌腱损伤、滑囊损伤、关节囊和韧带损伤、骨折、关节脱位、内脏损伤、脑震荡、神经损伤等。

2. 按有无创口与外界相通分

伤部皮肤或黏膜破裂,创口与外界相通,有组织液渗出或血液自创口流出,称为开放性损伤(opend injuries),如擦伤、刺伤等;伤部皮肤或黏膜完整,无创口与外界相通,损伤后的出血积聚在组织内,称为闭合性损伤(closed injuries),如关节韧带扭伤、肌肉拉伤等。

3. 按发病的缓急分

瞬间遭受直接或间接暴力而造成的,称为急性损伤(acute injuries),发病急,病程短,症状骤起;因局部长期负担过度,由反复微细损伤积累而成的称为慢性损伤(slow injuries),发病缓慢,症状渐起,病程较长。此外,还可因急性损伤处理不当或过早运动而转变为慢性损伤。

4. 按受伤性质轻重分

轻度伤:受伤后仍能进行体育活动或训练。中度伤:受伤后需要进行门诊治疗,短时间内不能按体育教学要求从事体育活动或需停止患部练习或减少患部练习。重度伤:受伤需住院治疗,完全不能从事体育活动或训练。

5. 按运动技术与训练的关系分

运动技术伤：与运动项目、技术动作密切相关的损伤，如网球肘、投掷肘等。非运动技术伤：多为意外损伤，如擦伤刺伤、骨折、韧带扭伤等。

二、运动损伤的原因

1. 思想上不够重视

运动损伤的发生，常与体育教师、教练员和体育锻炼者对预防运动损伤的意义认识不足，思想上麻痹大意及缺乏预防知识有关。他们平时不重视安全教育，在体育教学、运动训练和比赛中没有积极采取各种有效的预防措施，发生运动损伤后，亦不认真分析原因，吸取教训，使伤害事故时有发生。

2. 缺乏合理的准备活动

准备活动的目的是进一步提高中枢神经系统的兴奋性，增强各器官系统的功能活动，使人体从相对的静止状态过渡到紧张的活动状态。据国内有关调查资料分析，缺乏准备活动或准备活动不合理，是造成运动损伤的首位或第二位的原因。

3. 技术上的错误

错误的技术动作，违反了人体结构功能的特点及运动时的力学原理而造成损伤。这是初参加运动训练的人或学习新动作时发生损伤的主要原因。例如，做前滚翻时，因头部不正而引起颈部扭伤；排球传接球时，因手形不正确而引起手指扭挫。

4. 运动负荷（尤其是局部负担量）过大

安排运动负荷时，没有充分考虑到训练者的生理特点，运动负荷超过了训练者可以承受的生理负担量，尤其是局部负担过大，引起微细损伤的积累而发生劳损，这是专项训练中造成运动损伤的主要原因。

5. 身体功能和心理状态不良

在睡眠或休息不好、患病受伤或伤病初愈阶段以及疲劳时，肌肉力量、动作的准确性和身体的协调性显著下降，警觉性和注意力减退，反应较迟钝，此时参加剧烈运动或练习较难的动作，就可能发生损伤。

6. 组织方法不当

在教学训练中，不遵守循序渐进、系统性和个别对待的原则以及比赛的年龄分组原则。在组织方法方面，如学生过多而教师又缺乏正确的示范和耐心细致的教导，缺乏保护和自我保护，在非投掷区练习投掷或任意穿越投掷区，组织纪律性较差，以及比赛日程安排不当、比赛场地和时间任意变动、允许有病或身体不合格的人参加比赛等。这些都可成为受伤的原因。

7. 动作粗野或违反规则

在比赛中不遵守比赛规则，或在教学训练中相互嬉闹，动作粗野，故意犯规等,这是篮球、足球运动中发生损伤的重要原因。

8. 场地设备的缺点

运动场地不平,有小碎石或杂物;跑道太硬或太滑;沙坑没掘松或有小石,坑沿高出地面,踏跳板与地面不平齐;器械维护不良或年久失修,表面不光滑或有裂缝;器械安装不牢固或安放位置不妥当,器械的高低、大小或重量不符合训练者的年龄、性别特点,缺乏必要的防护用具(如护腕、护踝、护腰等);运动时的服装和鞋袜不符合运动卫生要求等。

9. 不良气象的影响

气温过高易引起疲劳和中暑,气温过低易发生冻伤,或因肌肉僵硬,身体协调性降低而引起肌肉韧带损伤;潮湿、高热易引起大量出汗,发生肌肉痉挛或虚脱;光线不足,能见度差,影响视力,使兴奋性降低和反应迟钝而导致受伤。

三、运动损伤的发病特点和规律

1. 发病特点

运动项目较多,因而损伤种类也较多,不同运动项目及各部位的损伤发生率也各不相同。但总的来说,肌肉筋膜、肌腱腱鞘、韧带、滑囊等各种组织的小损伤多,慢性伤多;骨折、关节脱位等严重伤少,急性伤少。这些慢性小损伤不影响一般人的日常生活,却严重影响运动员的训练,影响运动成绩的提高和运动寿命。

2. 发病规律

不同运动项目,有其不同的易伤部位及专项多发病。例如体操易伤腰、肩、膝和腕部;投掷标枪易伤肩、肘关节及腰部;篮球运动员易伤踝、膝关节和手指;排球运动易伤肩、膝关节、腰部及手指。为什么各项运动的损伤会有这种发病规律呢?主要与两个潜在因素有关:①运动项目的特殊技术要求;②身体某些部位的解剖生理弱点。在教学训练安排不当,局部负担过重等直接原因作用下,导致局部解剖生理特点与专项特殊技术要求不相适应,因而就易发生损伤。例如篮球运动员最易伤膝,是因篮球运动的一些基本动作都要求膝关节处于半蹲位(130°~150°)屈伸、扭转与发力状态,而膝关节的这个角度又恰是它的解剖生理弱点,关节的稳定性相对减弱,易发生内外旋或内外翻,髌股关节面之间也会发生"不合槽"运动,因而易引起膝关节损伤。又如体操运动员易伤肩,是因经常要做悬吊、转肩动作,肩部承受的牵拉力很大,而肩关节运动时的稳定性主要靠肩袖等肌肉来维持,肩袖肌腱又易受到肱骨大结节与肩峰的挤压和摩擦,一旦活动过多便易引起肩袖损伤。

四、如何预防运动损伤

（一）预防运动损伤的原则

（1）加强安全意识。要提高预防运动损伤的意识，克服麻痹大意的思想。

（2）做好准备活动。准备活动要有针对性，加强对易伤部位的防患措施。

（3）遵循教学规律。特别是对技术较难和容易受伤的环节，应事先做好预防准备。要合理安排运动量，区别对待，切忌急于求成。

（4）加强相互保护和帮助，提高自我保护能力。如摔倒时立即屈肘、低头、团身，以肩背着地，顺势滚动，而不能直臂撑地。

（5）加强医务监督。要善于把握自己在运动前后的生理变化，患有慢性病者要定期体检，并在医生和训练教师指导下进行体育锻炼。

（6）重视运动器材、场地的安全和卫生。场地器材应经常检查和维修。锻炼者的服装、鞋子要符合体育卫生要求。

（二）预防运动损伤的10个主要方法

（1）暖身运动，如走、踏步、分开跳、伸展等。

（2）听取教练的建议，使用适当和慢的方法。

（3）学习防止运动损伤的技术和理论。

（4）恰当使用运动鞋、护腕、护膝等。

（5）10%增加原则：一周内增加频率、强度、持续时间不要超过10%，应循序渐进。

（6）保持有氧运动和无有氧运动的锻炼均衡，同时参加一些力量和柔韧练习以防止受伤。

（7）应安排身体恢复的时间，锻炼时应以不使身体受伤为前提。

（8）运动前不要空腹，运动的前、中、后期要及时补充适量的水分。

（9）参加不同的训练，如交叉训练以锻炼不同的肌肉群。

（10）根据自己的身体及时调整运动量或强度，如果运动使某部位产生酸痛，可以考虑减轻运动量或强度或停止运动。

五、运动损伤预防的意义

参加体育锻炼是为了增强体质，增进身心健康，促进德、智、体全面发展，更好地为建设社会主义祖国服务。如果在体育锻炼时，不重视运动损伤的预防工作，没有采取积极的预防措施，就可能发生各类伤害事故，轻者影响学习和工作，重者可造成残疾甚至危及生命，对国家和个人带来不应有的损失，严重妨碍运动技术水平的提高，并造成不良的心理影响。因此，积极预防运动损伤对广泛开展群众性体育活动、体育教学和运动训练都有重要的意义。

六、运动损伤的处理原则

（1）休息：要求运动员停止受伤部位的运动，好好休息可以促进较快恢复。

（2）冰敷：这个环节非常重要，冰敷袋置于受伤部位，受伤后 48 h 内，每隔 2~3 h 冰敷 20~30 min，冰敷时皮肤的感觉有四个阶段：冷→疼痛→灼热→麻木，当变成麻木时就可以移开冰敷袋。

（3）压迫：压迫可使受伤区域的肿胀减小，可以用弹性绷带包扎于受伤部位，如足、踝、膝、大腿等部位，以减少内部出血。

（4）抬高：抬高伤部加上冰敷与压迫，减少血液循环至伤部，避免肿胀。伤处应高于心脏部位，且尽可能在伤后 24 h 内一直抬高伤部。当怀疑有骨折时，应先固定在夹板后再抬高。

七、运动损伤后的锻炼与治疗原则

（1）合理安排伤后训练，保持运动员已获得的良好训练状态，防止因伤后突然停训而引起"停训综合征"。

（2）练习时合理使用保护带，以防止发生劳损、再伤或肌腱韧带的松弛。

（3）加强局部治疗，改善伤部代谢，消除水肿，防止深痕粘连与收缩。训练中，应遵从运动训练原则，科学安排运动量，提高身体素质，加强医务监督与安全教育。

第二节 运动损伤及其处理方法

一、常见的运动损伤

在体育运动过程中，运动损伤造成人体组织或器官在解剖上的破坏或生理上的紊乱，常见的运动损伤主要包括以下几种类型：

1. 开放性软组织损伤

伤处皮肤或黏膜的完整性遭到破坏，伤口与外界相通。如擦伤、刺伤、裂伤。擦伤就是皮肤被粗糙物体所致。刺伤是由细长尖锐物刺入体内所致。裂伤是由钝器打击所引起的皮肤或软组织裂开的损伤。

处理方法：①小面积擦伤，可用生理盐水或冷开水冲洗伤口，并经双氧水消毒后，以消炎粉、无菌敷料处理，无须包扎。②刺伤一般先将污物碎片取出，再处理伤口，伤口消毒后撒消炎粉，用消毒纱布或凡士林油纱布敷盖，用绷带包扎。③伤口较脏时，可用抗菌素治疗与肌注破伤风抗毒血清。

2. 闭合性损伤

伤处皮肤与黏膜仍保持完整，无伤口与外界相通。如挫伤、肌肉拉伤、关节扭伤、腱鞘炎与闭合性骨折等。挫伤是由于钝力（打击、挤压、碰撞、摔倒）直接作用于人体造成受伤。拉伤是由于外力（压腿、劈叉）的作用，过度牵拉而引起的损伤。扭伤是由于动作不慎，造成损伤，如踝关节扭伤、肘关节内侧韧带损伤。

处理方法：①制动；②止血防肿（如冷敷、加压包扎、抬高伤肢）；③活血祛瘀，消肿止痛（一般经过24～28 h后出血停止，拆除包扎进行热敷或按摩、理疗等）；④进行功能性锻炼。

3. 骨折

骨的完整性和连续性中断，称为骨折。由于直接暴力、间接暴力、强烈的肌肉收缩所致的应力性骨折。例如跌倒时膝部跪地，发生髌骨骨折；踢足球时小腿被踢，发生胫骨骨折；摔倒时手撑地，发生锁骨骨折。

症状：①疼痛，严重可引起休克；②肿胀及皮下淤血；③功能丧失；④畸形；⑤压痛和震痛；⑥假关节活动及骨擦音；⑦X线检查症状。

处理方法：①止痛、抗休克（按压人中、合谷、内关等）；②伤口处理；③转送医院。

4. 关节脱位

组成关节的各骨之间的关节面彼此失去正常的对合关系。一般是由间接外力所致。例如摔倒时手撑地可引起肘关节或肩关节脱位。

症状：①有疼痛、压痛、肿块；②功能丧失；③畸形（如方肩）；④X线检查症状。

处理方法：①止痛抗休克；②制动、固定；③转送医院。

5. 肌肉拉伤

肌肉拉伤是指肌肉、肌腱部分纤维完全断裂。除肌肉本身的拉伤外，常合并周围的辅助结构如筋膜、腱鞘等的损伤。主要是由于肌肉主动猛烈收缩，其收缩超过了肌肉本身所承受的能力，或肌肉受牵伸时，超过了肌肉本身特有的伸展程度，因而引起肌肉拉伤。

症状：局部有红、肿、热、痛、压痛和功能障碍。

处理方法：①损伤早期，以制动、止血、防肿、镇痛、减轻炎症为主；②损伤中期，即过了24～48 h之后，辅以理疗、针灸、按摩；③损伤晚期，以恢复和增加肌肉、关节的功能性锻炼为主。

6. 脑震荡

大脑神经细胞和神经纤维受到强烈的外力震荡所引起的意识和机能暂时性

障碍。常因外力碰撞所致。

症状：出现一时性意识丧失、精神恍惚、肌肉松弛、呼吸表浅，有头晕、耳鸣、恶心、呕吐等症状。

处理方法：①安静平卧，严禁摇动、牵扯；②头部冷敷（人中、合谷），对呼吸障碍者采用人工呼吸；③转送医院。

二、运动损伤的急救

运动损伤的急救是指对突然发生损伤情况的运动员做初步的、临时性的紧急处理。

（一）出血

据研究，健康成人平均每千克体重约有血液75 ml，总血量可达4 000～5 000 ml。若出血量超过全身血量的30%时，将可能危及生命。因此，对出血的伤员，尤其是大动脉的出血，必须立即止血；对怀疑有内脏或颅内出血的伤员，应尽快送医院处理。

1. 根据损伤血管的种类和受伤出血的流向，出血可分为5种：

（1）动脉出血：血色鲜红，血液像喷泉样流出不止，短时间内可大量出血，易引起休克，危险性大。

（2）静脉出血：血色暗红，出血方式为流水般不断流出，危险性小于动脉出血，但大静脉出血也会引起致命的后果。

（3）毛细血管出血：血色红，多为渗出性出血，危险性小。

（4）外出血：体表有伤口，血液从伤口流到身体外面，这种出血容易发现。

（5）内出血：体表没有伤口，血液不是流到体外，而是流向组织间隙（皮下肌肉组织），形成淤血或血肿；流向体腔（腹腔、胸腔、关节腔等）和管腔（胃肠道、呼吸道）形成积血。由于内出血不易被发现，容易发展成大出血，故危险性很大。

2. 常用的外出血临时止血法

（1）冷敷法：常用于急性闭合性软组织损伤。

（2）加压包扎止血法：用生理盐水冲洗伤部后用厚敷料覆盖伤口，外加绷带增加血管外压，促进自然止血过程，达到止血目的。主要用于毛细血管和小静脉出血。

（3）抬高伤肢法：用于四肢小静脉和毛细血管出血。方法是将患肢抬高，使出血部位高于心脏，降低出血部位血压，达到止血效果。此法在动脉或较大静脉出血时，仅作为一种辅助方法。

（4）屈肢加压止血法：前臂、手或小腿、足出血不能制止时，如未合并骨折和脱位，可在肘窝或腘窝处加垫，强力屈肘关节或膝关节，并用绷带以"8

字形固定，可有效控制出血。

（5）指压止血法：这是现场动脉出血常用的最简捷的止血措施。指压法的要领是在出血部位的上方，在相应的压迫点上用拇指或其余四指把该动脉管压迫在邻近的骨面上，以阻断血液的来源而达到止血的效果。这是动脉出血时的一种临时止血法，所加压力必须持续到可以结扎血管或用止血钳夹住血管为止。常用的方法有：

①颞浅动脉压迫止血法：一手扶伤员的头并将其固定，用另一手拇指在耳屏前上方一指宽处摸到搏动后，将该动脉压迫在颞骨上。适用于同侧前额部或颞部出血的止血。

②面动脉压迫止血法：在下颌角前约1.5 cm处，用拇指摸到搏动后将其压在下颌骨上，可止住同侧眼以下面部出血。

③锁骨下动脉压迫止血法：在锁骨上窝内1/3处摸到搏动后，用拇指把该血管压迫在第一肋骨上。适用于肩部及上臂出血的止血。

④肱动脉压迫止血法：将伤臂稍外展、外旋，在肱二头肌内缘中点处摸到搏动后，用拇指或其余四指将该动脉压迫在肱骨上。适用于前臂及手部出血的止血。

⑤指动脉压迫止血法：手指出血时，用健康一侧手的拇指、食指两指压迫患指两侧的根部，并抬高患肢。

⑥股动脉压迫止血法：伤员仰卧，患腿稍外展、外旋。在腹股沟中点稍下方摸到搏动后，用双手拇指重叠（或掌根）把该动脉压迫在耻骨上。适用于大腿和小腿出血的止血。

⑦胫前、胫后动脉压迫止血法：在踝关节背侧，于胫骨远端摸到搏动后，把该动脉压迫在胫骨上；在内踝后方，将胫后动脉压迫在胫骨上。适用于足部出血的止血。

（6）止血带止血法：在四肢较大的动脉出血时，通常用止血带止血。目前常用的止血带有充气止血带、橡皮带止血带、橡皮管止血带。现场急救中常用携带方便的橡皮管止血带，缺点是施压面狭窄易造成神经损伤。如果无这些止血带，现场可用宽布带或撕下衣服布条以应急需。使用止血带要注意：

①止血带结扎的标准位置点，上肢为上臂的上1/3部，下肢为大腿中、下1/3交界处。上臂中、上1/3处扎止血带易损伤桡神经，为禁区。

止血带的压力要适中，既要能阻断动脉血流又不会损伤局部组织。上止血带的时间要注意，如果长时间转运，途中上肢每半小时、下肢每1 h应放松2～5 min，以使伤肢间断地恢复血循环。放松时应以手指在出血处近端压迫主要出血的血管，以免每放松一次丢失大量血液。

②止血带使用不当，可引起局部损伤、周围神经损伤甚至导致肢体坏疽。因此，一般只在其他止血方法不能奏效时再用止血带。

③内出血中的体腔出血，如肝脾破裂或出血多，伴有严重的休克，应立即送医院处理。临床上常用查红细胞、血色素及血球容积的方法诊断。一旦发生严重休克，应及时输血并进行手术治疗。

3. 急救包扎的方法

包扎有固定夹板或敷料，限制伤肢活动，避免加重伤情；保护创口，预防或减少感染；支持伤肢，使之保持舒适的位置，减轻疼痛和压迫止血，防止或减轻肿胀等多种作用。绷带包扎法是急救技术中不可缺少的重要组成部分，常用的绷带有卷带和三角巾，现场还可用毛巾、头巾、衣物等代替。

（1）绷带包扎的作用。绷带包扎可固定敷料和夹板，也有保护伤口，压迫止血和支持伤肢的作用。

（2）绷带包扎的注意事项：①包扎动作应熟练柔和，尽可能不要改变伤肢位置，以免增加伤员痛苦。②包扎松紧度要合适，过紧会影响血液循环，过松将失去包扎的作用。一般在包扎四肢时，应露出手指或足趾，以便观察其包扎的松紧度。③卷带包扎一般应从伤处远心端开始，近心端结束，末端用粘膏或别针固定，如需缚结固定，缚结处应避开伤口。

（3）绷带包扎法。

根据包扎部位的形态特点，采用不同的包扎方法：

①环形包扎法。用于包扎肢体粗细均匀的部位，如手腕、小腿下部和额部等。环形包扎法也是其他包扎法的开始或结束时使用的包扎法。包扎时，先张开绷带，把带头斜放在伤肢上并用拇指压住，将卷带绕肢体一圈后再将带头的一个小角反折，然后继续绕圈包扎，每圈都盖住第一圈，包扎3~4圈即可。

②螺旋形包扎法。用于包扎肢体粗细相差不大的部位，如上臂、大腿下部等。包扎时先作2~3圈环形包扎，然后将绷带向上斜缠绕，每圈都盖住前一圈的1/2~1/3。

③反折螺旋形包扎法：用于包扎肢体粗细相差较大的部位，如前臂、小腿、大腿等。包扎时，先做2~3圈环形包扎后，用左拇指压住绷带上缘，将绷带向下反折，向后绕并拉紧绷带，每圈反折一次，后一圈压住前一圈的1/2~1/3，反折处不要在创口或骨突上。

④"8"字形包扎法：多用于包扎肘、膝、踝等关节处。方法一是先在关节处作几圈环形包扎后，将绷带斜形环绕，一圈在关节上方缠绕，一圈在关节下方缠绕，两圈在关节凹面相交，反复进行，逐渐离开关节，每圈压住前一圈的1/2~1/3，最后在关节上方或下方作环形包扎结束。方法二是先在关节下方作几圈环形包扎后，将绷带由下而上，再由上而下地来回作"8"字形缠绕，使相交处逐渐靠拢关节，最后作环形包扎结束。

（4）三角巾包扎法。三角巾应用方便，适用于全身各部位的包扎，这里只介绍手、足和头部包扎法：

①手部包扎法：三角巾平铺，手指对向顶角，将手平放在三角巾的中央，底边横放于腕部。先将三角巾顶角向下反折，再将三角巾两底角向手腕背部交叉围绕一圈，在腕背打结。

②足部包扎法：与手部包扎法基本相同。

③头部包扎法：三角巾底边置于前额，顶角在后，将底边从前额绕至头后，压住顶角并打结。若底边较长，可在枕后交叉后再绕至前额打结。最后把顶角拉紧并向上翻转固定。

（5）前臂悬挂法。分大、小悬臂带两种：

①大悬臂带：常用于除锁骨和肱骨骨折以外的其他上肢损伤。将三角巾的顶角置于伤肢的肘后，一底角拉向健侧肩上，伤肢屈肘90°，前臂放在三角巾的中央，再将三角巾的另一底角向上翻折并包住前臂，两底角在颈后打结。最后拉直顶角并向前折回，用胶布粘贴固定。

②小悬臂带：常用于肱骨或锁骨骨折。先将三角巾折叠成约四横指宽的宽带，也可用宽绷带或软布带代替，将宽带的中间置于前臂的下 1/3 处，屈肘90°，宽带的两端在颈后打结。

（二）骨折

在外力的作用下，骨的连续性或完整性遭到破坏叫骨折。在剧烈运动中，特别是对抗性强的运动中，骨折比较常见。

1. 骨折的分类

根据骨断端是否与外界相通分类，可分为闭合性骨折和开放性骨折。闭合性骨折的骨折断端与外界不相通，骨折处皮肤完整。开放性骨折的骨折断端与外界或空腔器官相通，易感染，易并发骨髓炎或败血症。

根据骨折线分类可分为横形、斜形、螺旋形、粉碎性骨折等。

根据骨折的程度分类可分为完全骨折和不完全骨折。完全骨折的骨折断端完全断开，如横形骨折、粉碎性骨折等。不完全骨折的骨折断端部分断裂，如疲劳性骨折、颅骨骨折、青枝骨折等。

2. 骨折的原因

（1）直接暴力：骨折发生在暴力直接作用的部位。如：跌倒时引起髌骨骨折，足球两人对足引起胫骨骨折等。

（2）间接暴力：骨折发生在远离暴力接触的部位。如：摔倒时手掌撑地而发生前臂或锁骨骨折等。

（3）肌肉强烈收缩：由于肌肉急骤地收缩和牵拉而发生的骨折。如：举重运动员突然的翻腕动作，可因前臂屈肌群强烈收缩而发生肱骨内上髁撕脱骨折；跨栏时引起大腿后肌群起点部坐骨结节的撕脱骨折等。

（4）积累性暴力。如：在硬地上跑跳过多引起胫腓骨疲劳性骨折；体操运动员支撑过多引起尺桡骨疲劳性骨折等。

3. 骨折的急救处理

对骨折病人的急救，原则是防治休克，保护伤口，固定骨折。即在发生骨折时，应密切观察，如有休克存在，则首先是抗休克，如有出血，应先止血，然后包扎好伤口，再固定骨折。

骨折时，用夹板、绷带将折断的部位固定包扎起来，使伤部不再活动，称为临时固定。其目的是减轻疼痛，避免再伤和便于转送。

骨折的临时固定应注意：

（1）骨折固定时不要无故移动伤肢，为暴露伤口，可剪开衣裤、鞋袜，对待大小腿和脊柱骨折，应就地固定，以免因不必要的搬运而增加伤员的痛苦和伤情。

（2）固定时不要试图整复，如果畸形严重，可顺伤肢长轴方向稍加牵引。

（3）固定用夹板或托板的长度、宽度，应与骨折的肢体相称，其长度必须超过骨折部的上、下两个关节，如没有夹板和托板，可就地取材（如树枝、木棍、球棒等），或把伤肢固定在伤员的躯干或健肢上。夹板与皮肤之间应垫上棉垫、纱布等软物。

（4）固定的松紧要合适、牢靠，过松则失去固定的作用，过紧会压迫神经和血管。故四肢固定时，应露出指（趾），以便观察肢体血流情况。如发现异常（如肢端苍白、麻木、疼痛、变紫等）应立即松开重新固定。

各部位骨折的临时固定方法如下：

（1）上肢骨折：①锁骨骨折：用两个棉垫分别置于双侧腋下，然后用双环包扎法或"8"字形包扎法，最后以小悬臂带将伤肢挂起。②肱骨骨折：用2~4块合适夹板固定上臂，肘屈90°，用悬臂带悬吊前臂于胸前，最后以叠成宽带的三角巾把伤肢绑在躯干上加以固定。如无夹板，可用布带将上臂包缠在胸部侧方，并将前臂悬吊胸前。③前臂及腕部骨折，用1~2块有垫夹板在掌背侧固定前臂，屈肘90°，前臂中立位用大悬臂带悬吊胸前。④手部骨折：用手握纱布棉花团或绷带卷，然后用有垫夹板或木板置于前臂掌侧固定，用大悬臂带悬吊于胸前。

（2）下肢骨折：①股骨骨折：用长短两块夹板，分别置于伤肢外侧和内侧，外侧上自腋下，下达足跟，内侧自大腿根部至足部。夹板内面应垫软物，然后用布带进行包扎固定，在外侧作结。如无夹板，可将两腿并拢捆在一起。②髌骨骨折：在腿后放一夹板，自大腿至足跟，用布带在膝上、膝下和踝部将膝关节固定在伸直位，防止屈曲。③胫腓骨及踝部骨折，用夹板1~2块，上自大腿中部，下达足跟部，或用一长钢丝托板，上自大腿中部，下在足跟部转成直角，包扎固定。

（3）脊柱骨折：对脊柱骨折的伤者，搬运时必须使脊柱固定并保持在伸直位，不能前屈、后伸和旋转，严禁1人背运，应2人抱抬或用软垫搬运，否则会加重脊髓的损害。

①腰椎骨折：疑有腰椎骨折时，要尽量避免骨折处有移动，更不能让伤员坐起或站起，以免引起或加重脊髓损伤，不论伤员是仰卧或俯卧，尽可能不要变动原来的位置。用硬板担架或门板放在伤员身旁，由数人协力轻轻把伤员搬至木板上，取仰卧位，并用数条宽带把伤员缚扎在木板上。若腰部悬空时，应在腰下垫一小枕或卷起的衣服。若使用帆布担架时，伤员要俯卧，使脊柱伸直，禁止屈伸。

②颈椎骨折：若固定与搬动方法不当，有引起脊髓压迫的危险，发生四肢与躯干的高位截瘫，甚至引起死亡。因此，务必使头部固定于伤后位置，不屈不伸不旋转，数人协力把伤员搬至木板上，头部两侧用沙袋或卷起的衣服固定，用数条宽带把伤员缚扎在木板上，严禁头颈左右旋转与屈伸。

（三）脱位

脱位或脱臼是指关节面失去正常的联系。关节脱位可分为损伤性脱位、先天性脱位、习惯性脱位、病理性脱位、开放性脱位和闭合性脱位，以及完全脱位与不完全脱位等。关节脱位同时可伴有关节囊、骨膜、关节软骨、韧带、肌腱等组织的损伤或撕裂，严重时还会伤及神经或伴有骨折。

在运动中，关节脱位大多是由于间接外力所致。如摔倒后用手撑地，可引起肘关节或肩关节脱位，这在田径、球类、体操等项目中时有发生。也有少数由直接暴力引起。

关节脱位后，关节内发生血肿，如果复位不及时，血肿会严重化而发生关节粘连，使关节复位增加困难。因此，脱位后应尽早进行整复，不但容易成功而且有利于关节功能的恢复。若不能及时复位则应立即用夹板和绷带在关节脱位所形成的姿势下进行临时固定，保持伤员安静，尽快送医院处理。在运动损伤中，肩、肘关节脱位较为常见。

①肩关节脱位。可用大悬臂带悬挂伤肢前臂于屈肘位。

②肘关节脱位。最好用铁丝夹板弯成合适的角度置于肘后，用绷带固定后再用大悬臂带挂起前臂。如无铁丝夹板，可直接用大悬臂带固定伤肢。若现场无三角巾、绷带、夹板等，可就地取材，用头巾、衣物、薄板、竹板、大本杂志等作为替代物。

（四）呼吸或心跳停止

1. 呼吸或心跳停止原因

呼吸停止和心跳停止可以单独或同时发生。呼吸停止后则全身缺氧，随即可引起心跳停止；心跳停止后，延髓血流即停止，可迅速引起延髓缺氧及中枢性呼吸衰竭而导致呼吸停止。引起呼吸、心跳骤停的原因较多，较常见的有电击伤、一氧化碳中毒或药物中毒、严重创伤和大出血、溺水和窒息等。

2. 呼吸或心跳停止的急救

呼吸停止但心跳尚未停止的病人，应立即进行人工呼吸并注意心脏工作情况；心跳停止而呼吸尚未停止的伤员，应立即进行胸外心脏挤压并注意维护呼吸道通畅；呼吸和心跳都停止的病人，应同时进行人工呼吸和胸外心脏挤压，最好由两人配合进行，一人做人工呼吸，一人做胸外心脏挤压，两者操作频率之比为1∶4。呼吸、心跳骤停的抢救，必须做到行动迅速，争分夺秒，才可能挽救病人生命。虽然人工呼吸和胸外心脏挤压法在运动实践中应用较少，但在群众性游泳中发生溺水却较为常见。因此，体育教师和教练员掌握人工呼吸和胸外心脏挤压法是非常必要的。

现场急救的最重要手段就是人工呼吸和胸外心脏按压。

（1）人工呼吸。肺位于富有一定弹性的胸廓内，当胸廓扩大时，肺也随着扩张，于是肺的容积增大，外界空气进入肺内，即为吸气；当胸廓缩小时，肺也随之回缩，肺内气体排出体外，即为呼气。对呼吸停止的人，可根据以上原理用人工被动扩张与缩小胸廓的方法，使空气重新进出肺脏，以实现气体交换，称为人工呼吸法。人工呼吸方法较多，最有效的是口对口吹气法。

口对口吹气的操作方法：伤员仰卧，头部置于极度后仰位，打开口腔并盖上一层纱布。救护者一手托起患者下颌，掌根部轻压环状软骨，使其间接压迫食道，以防吹入的空气进入胃内；另一手捏住患者鼻孔，深吸一口气后对准患者口部吹入。吹气完后，立即松开捏住鼻孔的手。如此反复进行，每分钟吹气16~18次。

施行人工呼吸前应迅速消除患者口腔内的假牙、鼻腔、分泌物及呕吐物，松开衣领、裤带和胸腹部衣服。开始时，吹气的气量和压力宜稍大些，吹气10~20次后应逐渐减少，以维持上胸部轻度升起为度。牙关紧闭者，可采用口对鼻吹气法，救护者一手闭住患者口部，以口对鼻进行吹气，其他操作与口对口吹气法相同。

人工呼吸有效的表现：①吹气时胸廓扩张上抬；②在吹气过程中听到肺泡呼吸音。

（2）胸外心脏按压法。心脏位于胸腔纵膈的前下部，前邻胸骨下半段，后为脊柱，其左右移动受到限制。胸廓具有一定的弹性，挤压胸骨体下半段可间接压迫心脏，使心脏内的血液排出；放松挤压时，胸廓恢复原状，胸内压下降，静脉血则回流至心脏。因此，反复挤压和放松胸骨，即可恢复血液循环。

胸外心脏按压的操作方法：患者仰卧在木板或平地上。救护者双手手掌重叠，以掌根部放在患者胸骨体的下半段，肘关节伸直，借助于自身体重和肩臂肌的力量，均匀而有节律地向下施加压力，使胸骨体下半段和相连的肋骨下陷3~4 cm，随后立即将手放松（掌根不离开患者皮肤），如此反复进行。成人每分钟按压60~80次；小儿用单手掌根挤压，每分钟按压100次左右。

救护者只能用掌根压迫病人胸骨体下半段，不可将手平放，手指要稍向上翘起与肋骨相隔一定距离;按压方向应垂直对准脊柱;按压时应带有一定的冲击力;用力不可太轻或太大,太轻不能起到间接压迫心脏的作用,太大会引起肋骨骨折。在就地进行抢救的同时,要迅速请医生来处理。

胸外心脏按压的表现:能摸到颈动脉或股动脉搏动,上肢收缩压在 8 kPa（60 mmHg）以上,口唇、指甲床的颜色比按压前红润,有的病人呼吸逐渐恢复,原来已散大的瞳孔也随着缩小而趋恢复。若出现以上表现,说明按压有效,应坚持做到病人出现自动心跳为止;如果没有出现上述表现,则说明按压无效,应改进操作方法和寻找其他原因,但不可轻易放弃现场抢救。

（3）心肺复苏的有效指标:①按压时在颈、股动脉处应摸到搏动,听到收缩压在 60 mmHg 以上。②面色、口唇、指甲床及皮肤等色泽转红。③扩大的瞳孔再度缩小。④呼吸改善或出现自主呼吸。只要有前 1～2 项有效指标出现,心脏按压就应坚持下去。

无论是呼吸骤停或心跳骤停,或呼吸与心跳均骤停,在进行现场急救的同时,都应迅速派人请医生来处理。

真死和假死的判断

病人死亡具有如下特征:①呼吸停止;②心跳停止;③瞳孔扩大,对光反射消失;④角膜反射消失。若只出现上述 1～2 个征象,为假死。若 4 个征象齐备,并且用手捏眼球时,瞳孔变形,即为真死。

（五）休克

休克是机体受到各种有害因素的强烈侵袭而导致有效循环血量锐减,主要器官组织血液灌流不足所引起的严重全身性综合征。

休克产生的原因很多,运动损伤中并发的休克主要是创伤性休克,多为严重创伤引起的剧烈疼痛,如多发性骨折、睾丸挫损、脊髓损伤等,主要是通过神经反射使周围血管扩张,血液分布的范围增大,造成相对的血容量不足。脊髓损伤可以阻断血管运动中枢与周围的血管间的联系,使血管扩张,引起休克;其次为出血性休克,由于损伤引起体内外急剧出血,造成大量失血、失血浆、失液均可导致循环血量减少而发生休克,如腹部挫伤致肝脾破裂的内出血、股骨骨折合并大动脉的外出血等。

休克的发病原理是有效循环血量不足,引起全身组织和血流灌注不良,导致组织缺血缺氧,代谢紊乱和脏器功能障碍（包括心、脑、肺、肾等重要器官功能障碍）。

抗休克的急救措施:

对于休克伤员要尽早进行急救。应迅速使伤员平卧安静休息。患者的体位一般采取头和躯干部抬高 10°,下肢抬高约 20°的体位,这样可增加回心血量并改善脑部血流状况。松解衣物,保持呼吸道畅通,清除口中分泌物或异物,对病人要进行保暖,但不能过热,以免皮肤扩张,导致血管床容量增加,使回心血量减少，影响器官的血液灌注量，增加氧的消耗。在炎热的环境下，则要注意防暑降温，同时尽量不要搬动病人；若伤员昏迷，头应侧偏，并将舌头牵出口外，必要时要吸氧和进行口对口人工呼吸，并针刺或掐点人中、百会、合谷、内关、涌泉、足三里等穴。与此同时，应积极去除病因，如由于大量出血引起的休克，应立即采取有效的方法止血；由于外伤、骨折等剧烈疼痛所引起的休克，应给予镇痛剂和镇静剂，以减少伤员痛苦，防止加重休克；骨折者应就地上夹板固定伤肢。

以上是一般的抗休克措施，由于休克是一种严重的、危及生命的病理状态，所以在急救的同时，应迅速请医生或及时送医院处理。对休克伤员应尽量避免搬运颠簸。

搬动伤员的方法

伤病员在现场进行初步急救处理和随后送往医院的过程中，必须要经过搬运这一重要环节。正确的搬运术对伤病员的抢救、治疗和预后都至关重要。从整个急救过程来看，搬运是急救医疗不可分割的重要组成部分，仅仅把搬运看成简单体力劳动是一种错误观念。

搬运方法

1. 徒手搬运

单人搬运：由一个人进行搬运。常见的有扶持法、抱持法、背法。

双人搬运法：椅托式、轿杠式、拉车式、椅式搬运法、平卧托运法。

2. 器械搬运法

将伤员放置在担架上搬运，同时要注意保暖。在没有担架的情况下，也可以采用椅子、门板、毯子、衣服、大衣、绳子、竹竿、梯子等制作简易担架搬运。

3. 工具运送

如果从现场到转运终点路途较远，则应组织、调动、寻找合适的现代化交通工具，运送伤病员。

4. 危重伤病员的搬运

脊柱损伤：硬担架，3~4人同时搬运，固定颈部不能前屈、后伸、扭曲。

颅脑损伤：半卧位或侧卧位。

胸部伤：半卧位或坐位。

腹部伤：仰卧位、屈曲下肢，宜用担架或木板。

呼吸困难病人：坐位。最好用一折叠担架（或椅）搬运。

昏迷病人：平卧，头转向一侧或侧卧位。

休克病人：平卧位，不用枕头，脚抬高。

第三节 ▶ 常见运动损伤的处理

一、软组织损伤

这类损伤可分为开放性损伤和闭合性损伤。前者有擦伤、撕裂伤、刺伤等；后者有挫伤、肌肉拉伤等。

1. 擦伤

因运动使皮肤受擦致伤。如跑步摔倒时、体操运动时，身体擦磨器械受伤，擦伤后，会伴有皮肤出血或组织液渗出。

小面积擦伤，用红药水涂抹伤口即可。大面积擦伤，先用生理盐水洗净，涂抹红药水，再用消毒布覆盖，最后用纱布包扎。面部擦伤，最好不用龙胆紫等含染色剂的药物涂抹，因为用后可能在数月内染色不退，有碍美观。如膝关节处皮肤擦伤，先要洗净，然后用消炎油膏涂抹，盖上无菌纱布，粘膏固定，必要时可缠上绷带。

2. 撕裂伤

在剧烈运动时或受到突然强烈的撞击时，易造成肌肉撕裂。其中包括开放性损伤和闭合性损伤，常见于眉际撕裂、跟腱撕裂等。开放性损伤顿时出血，周围红肿。闭合性损伤出现时有凹陷感和剧烈疼痛。

撕裂伤的处理：轻度开放性损伤，用红药水涂抹即可；裂口大时，则需止血和缝合伤口，必要时应注射破伤风抗毒血清，以防破伤风症。如肌腱断裂，则需要手术缝合。

3. 挫伤

因撞击器械或练习者之间相互碰撞易造成挫伤。单纯挫伤，在损伤处会出现红肿，皮下出血，并伴有疼痛感。内脏器官受伤时，则会出现头晕，脸色苍白，出虚汗，四肢发凉等现象，严重者甚至出现休克。

挫伤的处理：在 24 h 内冷敷或加压包扎，抬高患肢或外涂中药。24 h 以后，可按摩或理疗。进入恢复期，可进行一些功能性锻炼。如果怀疑内脏损伤，则在临时处理后再送医院检查和治疗。

4. 肌肉拉伤

通常在外力直接或间接作用下，使肌肉过度主动收缩或被动拉长时，易引起肌肉拉伤。特别是由于准备活动不充分，动作不协调以及肌肉弹性、伸展性、肌力差者，更易拉伤。损伤后伤处肿胀、压痛、肌肉痉挛，触诊时可摸到硬块。

严重的肌肉拉伤是肌肉撕裂。

肌肉拉伤的处理：轻者可即刻冷敷，局部加压包扎，抬高患肢。24 h 后可施行按摩或理疗。如果肌肉已大部分或完全断裂者，在加压包扎急救后，固定患肢，立即送医院进行手术缝合。

二、关节、韧带扭伤

扭伤是由于受到外力的冲击，使关节和韧带产生非正常的扭动而致伤。

受外力的触击或撞击；运动时身体落地重心不稳，向一侧倾斜或踩在他人足上或高低不平的地面上而致伤。伤后局部能力立即丧失，有明显肿胀、疼痛感等。

关节、韧带扭伤的处理：

①伤后立即抬高患肢，伤情严重的要立即冷敷或用自来水冲淋，加压包扎，固定休息；使毛细血管收缩，防止肿胀。

②24 h 后即可拆除包扎，再采用热敷、理疗，使毛细血管扩张，促进血液循环。

③严重扭伤，如韧带断裂，关节脱位，应尽快到医院缝合或做固定处理。

三、溺水

在游泳时，因肌肉痉挛或技术上的原因易导致溺水。溺水时，水经过鼻腔进入肺内，造成呼吸道阻塞，或者因水的刺激，引起喉部肌肉痉挛使气体不能正常进出，导致窒息和昏迷。如果时间稍长，机体会因缺氧而危及生命。

窒息后，脸色苍白而肿胀，眼睛充血，口鼻充满泡沫，四肢冰冷，神志昏迷，胃腹因吸满水而鼓起，甚至呼吸心跳停止。

溺水窒息的处理：

①立即将溺水者救上岸后，清除口腔中的分泌物和其他异物，并迅速进行倒水，但不要过分强调倒水而延误了宝贵的抢救时间。

②立即进行人工呼吸。若心跳已停止，应同时施行胸外心脏按压法。人工呼吸和心脏胸外按压以 1∶4 的频率进行，急救者之间应密切配合，进行积极而耐心的抢救，直至溺水者自主恢复呼吸为止。

③清醒后立即送医院，做进一步检查和治疗。在运送途中，必要时可继续进行人工呼吸。

四、膝关节侧副韧带损伤

这种损伤以内侧损伤较常见，多发生在膝关节处，小腿突然外旋，或足部固定，大腿突然内收内旋，都可使内侧副韧带损伤。如旋风脚落地方法不当，极易造成内侧副韧带损伤。另外，关节外侧受暴力撞击也可造成损伤。症状表现为伤部疼痛，肿胀，皮下淤血，活动困难。

受伤后应立即冷敷，严重的要用绷带固定包扎。24 h 后可按摩、热敷。

五、急性腰扭伤

运动时，身体重心不稳定或肌肉收缩不协调，腰部受力过重或脊柱运动时超过了正常生理范围都易引起腰部扭伤。病状表现为伤后一侧或两侧当即发生疼痛，有时听到"咯咯"的响声，有时出现腰部肌肉痉挛和运动受限。轻微扭伤当时无明显疼痛感，第二天起床时觉得腰部疼痛，不能前屈，用不上劲，损伤部位有明显的压痛点。

急性腰扭伤的处理：轻微扭伤可按摩、热敷。较严重的应让患者平卧，一般不应立即搬动。如果疼痛剧烈，应用担架抬送医院诊治。

第十二章 体育锻炼的作用、原则与方法

一、体育锻炼对体质的作用

（一）健康与体质的概念

谈到体质，我们自然会想到"健康"，什么是健康？世界卫生组织早有明确的定义："健康不仅仅是没有疾病和残缺，而且应在生理、心理和社会适应能力方面都处于完好的状态（1948，WHO）。"也即人的健康应该包括三个层面的内容：一是身体上没有残缺，生理上没有疾病；二是心理上是健康的；三是对社会的适应能力也是一种完好的状态。"没有疾病和残缺"，是指身体没有神经与内分泌障碍，心血管、肺、肝、肾、生殖器等重要脏器没有器质性病变或功能性异常。

身体、心理和社会三方面的良好状态，可以笼统归纳为良好的体质。所谓体质是指身体的质量，是人的生命活动和劳动工作的物质基础。体质是人体在先天遗传和后天获得的基础上所形成的功能和形态上相对稳定的固有特性。换句话说，体质是禀受于先天，受后天影响，在生长、发育过程中所形成的与自然、社会环境相适应的人体形态结构、生理功能和心理因素的、综合的、相对稳定的固有特征。体质可以反映人体的生命活动、运动能力的水平，是选择健身运动的依据。身体运动是人的自然属性，同时又是生命活动得以充分发展的必要条件，反映着人的社会属性。

"体质"和"健康"的概念是不同的。同样是健康的人，其体质却千差万别。一个人的体质强弱，要从形态、功能、身体素质、对环境气候的适应能力和抗病能力等多方面进行综合评价。体质的综合评价指标包括以下几个方面：

（1）身体形态发育水平：即体格、体型、姿势、营养状况及身体组成成分等。

（2）生理生化功能水平：即机体的新陈代谢功能及各系统、器官的工作效能。

（3）身体素质和运动能力水平：即身体在运动中表现出来的力量、速度、耐力、灵敏性、柔韧性等素质及走、跑、跳、投、攀等身体运动能力。

（4）心理发展状态：包括本体感知能力、个体意志力、判断能力。

（5）适应能力：如对外界环境条件的抗寒、抗热能力和对疾病的抵抗力。

影响体质强弱的因素是多方面的，它与遗传、环境、营养、体育锻炼等有着密切的关系。遗传只对体质的状况和发展提供了可能性或前提条件，体质的强弱则有赖于后天环境、营养、卫生和身体锻炼等因素。因此，有计划、有目

的地进行科学锻炼,是增强体质最积极有效的手段。

对一个人的体质测定,一般包括以下指标和内容:

(1) 形态指标:身高、体重、胸围、上臂围、坐高、身体组成、皮脂厚度、体脂比重、去脂体重等。

(2) 功能指标:安静心率、血压、肺功能及心血管运动试验等。

(3) 身体素质指标:力量、爆发力、柔韧性、灵敏性和协调性、平衡性、耐力。

(4) 运动能力指标:跑、跳、投掷等。

(二) 体育锻炼对增进体质的意义

生命在于运动,运动增进体质。其实质是通过体育锻炼提高人体的生理水平、身体素质、运动能力、身体形态、身体的发育水平以及对内外环境的适应能力等。影响体质的因素有遗传、环境、生活方式、医疗卫生和体育活动等,其中科学的体育锻炼是增强体质最积极、最有效的途径。

由于科学技术水平的提高和计算机的广泛普及,使体力劳动的时间减少,脑力劳动的比重相应增加;工作时间缩短化,物质生活丰富化,运动不足,肥胖、高血压和心血管疾病等"文明病"也蔓延开来。这些"文明病"的治疗,仅靠药物是很难奏效的,必须结合体育锻炼,方能取得更好的效果。长期坚持体育锻炼,心脏会逐渐发达,兴奋性、收缩能力提高,搏动有力,容量加大,使每次搏动输出的血量增加。进行体育锻炼时需要更多的氧气,促使呼吸系统加强工作,提高生理功能,不仅大大提高肺通气量,还能不断提高人体的供氧能力。体育锻炼能促进骨骼生长,横胫变粗,骨密度增大,骨重量增加,肌纤维变粗,肌肉横截面积增大,肌肉收缩能力和张力增加,从而不断提高肌肉的力量、速度和耐力。结合阳光、空气和水进行锻炼,能提高人体对外界环境的适应能力和对各种疾病的抵抗能力。体育锻炼使大脑的兴奋与抑制过程合理交替,避免神经系统的过度紧张,消除疲劳,使头脑清醒、思维敏捷。随着神经系统机能的改善,人体各器官系统的控制和调节能力也不断得到提高和完善。以下是体育锻炼对人体长远益处的总结:降低心脏冠状动脉类疾病、非胰岛素依赖性糖尿病、骨质疏松、结肠癌、高血压和中风等疾病的发病率;有助于较好地适应和调节应激,降低焦虑,促进睡眠;具有保持健康的体重,维持良好的心理状态,自尊,自信;具有较高的生活质量。

(三) 促进健康的基本要素与心理健康的标志

1. 促进健康的基本要素

人人都关心健康,希望青春常驻,生活充满活力。但是,健康不是靠奢谈,而是通过实际努力来实现的。在维持和促进健康的行动中,有5个最基本的要素。

(1) 要经常自觉参加体育锻炼,尤其是参加有氧锻炼活动。

(2) 要科学、合理地摄入营养。既要注意科学安排膳食制度,也要注意各种营养素的平衡摄入。除了蛋白质、糖、脂肪三大营养物质外，维生素、微量元素、纤维素和水分等在维持身体健康、促进体质改善方面也有不可忽视的作用。

（3）要有健全的心理。即要保持积极向上的心态，培养健全的个性和性格，发展良好的人际关系，以实现内心世界和外界环境间的平衡，预防各种心身疾病的发生。

（4）要建立良好的生活方式。包括建立合理的生活制度，消除各种危害健康的行为（如吸烟、酗酒、滥用药物），培养各种有利于健康的行为习惯。

（5）要定期参加体格检查，及早发现、诊断和治疗各种疾病，力争使身体尽早摆脱疾病的困扰，恢复健康和活力。

2. 心理健康的标准

良好的心理状况与良好的身体状况一样，对健康有重要意义。身体状况可根据客观指标衡量，具有相对稳定性，而心理活动则始终在变化，难以通过定性或定量的方式进行判断。不过，判断一个人的心理健康是有标准的，可归纳为6个方面：

（1）健全的认知。即有敏锐的观察力、正常的知觉、良好的记忆、灵活的思维、丰富的想象力、流畅的表达能力。

（2）饱满适度的情绪。主导情绪应该是愉快、高兴、欢欣、满足和舒畅，而不是消极、愤怒、犹豫、烦恼和绝望。如果遭遇不愉快的事情，人会出现情绪波动，这很正常，但情绪的反应应该是适度的，而不是喜怒无常。情绪应该丰富多彩，表现的强度和持续的时间应该能被社会接受。

（3）意志坚强可控。做事有目的性；不轻信盲从，又能集思广益；作决定时能当机立断，又不失灵活和机动；有持之以恒、坚持到底的精神，又不顽固执拗；具有自制能力，能约束自己的行为，能控制感情上的冲动。

（4）个性和谐统一。有理想，对生活充满信心；谦虚谨慎而又自信；对人热情、正直而不自命清高；工作勤恳负责又革新思进，不墨守陈规。

（5）人际关系和谐。乐于交往，理解和接受别人，也善于表达自己的感情；在交往中能悦纳他人，广交朋友，且拥有自己的知己。

（6）没有异常心理。如没有性格异常、性变态和成瘾癖习；行为不超越社会规范；不强人所难。

二、体育锻炼的原则

为健康而进行的体育锻炼适合于任何人，不受年龄、性别、文化和能力等差异的限制。然而并非每个人都能从中得到同等的益处，这取决于每个人的运动方法、运动时间的长短以及体育锻炼项目的多寡等方面。为增强体质、促进健康而进行的体育锻炼应包括运动锻炼的频率、强度、类型和时间四方面，频率即每周内运动的天数，如有氧耐力锻炼每周应保证 3～5 天，图 12-1 是每周内运动的天数与获得益处的关系。强度，即运动的激烈程度，如在有氧耐力锻炼时，其强度应该控制在最大心率或 $\dot{V}O_2$ max 的 60%～75% 之间。有氧耐力锻炼必须给予呼吸、心血管系统足够的负荷刺激才能奏效，但过强则运动过量，可导致过度疲劳。图 12-2 说明在不同训练水平的个体其运动强度与血乳酸浓度（与疲劳相关）的关系。时间，即每次运动持续时间的长短。如有氧耐力锻炼每次最少应持续 20 min，一般在 20～60 min 内为推荐的合理时间。类型，即采用何种锻炼手段。如有氧耐力锻炼，其手段（类型）包括具有节奏特点的持续快走、慢跑、爬山、骑自行车、游泳等，进行体育锻炼时，可依自己的喜好和环境任选其一。

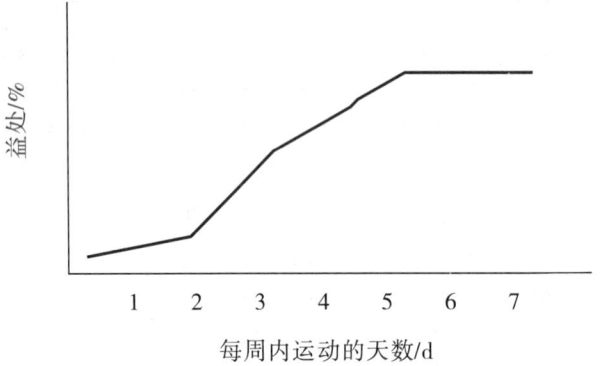

图 12-1　每周内运动的天数与获得益处的关系

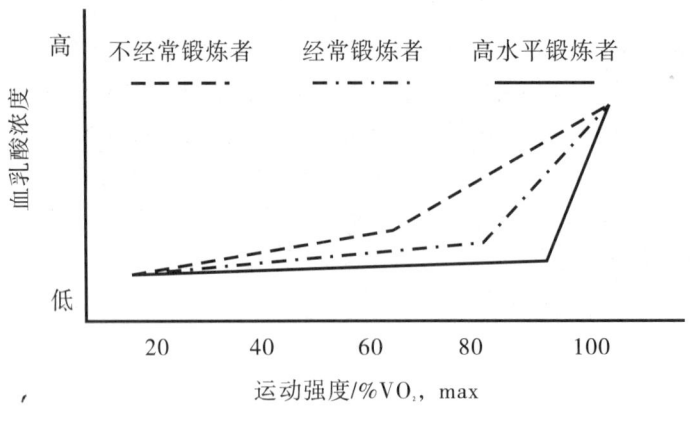

图 12-2　运动锻炼的强度

(一) 体育锻炼的一般原则

1. 超负荷原则

在体育锻炼中,运动量应超过一定的负荷,体育锻炼参与者的身体会有一定程度的疲劳感。这有利于锻炼者迅速掌握体育技能,有效地增强体质。但机体适应某个运动量后,如果依旧按原来的运动量进行训练,身体的反应会越来越小,锻炼的效果也会逐渐减弱。因此,想要不断提高健身效果,就要不断地提高并调整运动强度,这就是超负荷原则。

2. 循序渐进原则

机体对各种环境(包括运动)的适应需要一个过程,随着运动量的不断增加,机体总是在"不适应—适应—不适应—再适应"的状态中进行调整。因此,在进行身体训练及技能学习时,运动量要由小到大,技术要求由简单到复杂逐步提高,从而使机体从相对安静状态逐步进入到运动状态。如果运动量提高过快,超过机体适应速度,非但达不到健身的效果,反而会引起运动性疾病和运动损伤。

3. 系统性原则

运动训练必须经常地、系统地进行,有节奏的多次重复,才能使训练效果逐步积累,有效地提高机体的运动素质、技巧及运动能力,最终达到增强体质的目的。

4. 全面性原则

体育锻炼应使身体各个系统的功能、素质和活动能力得到全面协调的发展,从而更好地增强体质,同时预防运动损伤。

5. 个别对待原则

体育锻炼时必须根据参加者的健康状况、体质基础、技术水平、年龄、性别、心理素质、训练目的等,来确定锻炼内容、手段、方法和运动强度,因此每个人的锻炼是有差异的。只有从实际出发,因人而异地去运动,才能达到健身的目的。

(二) 老年人健身运动原则

要达到健身祛病、防病抗衰、延年益寿的目的,就必须讲究体育锻炼方法。老年人进行健身运动时,必须遵守以下原则:

1. 运动项目适宜原则

老年人进行健身运动时,适合从事耐力性项目,而不宜进行速度性项目。在耐力性健身运动项目中,常采用的有步行、健身跑、游泳、自行车、登山、健身舞、网球、门球和高尔夫球等;在我国传统体育项目中,可以选择气功、太极拳和太极剑等;还有自然锻炼法(如日光浴、空气浴和冷水浴等)和医疗体育锻炼,都可以增进老年人的身心健康。在进行耐力性健身运动时,还可适当进行一定程度的力量性锻炼,以减缓老年人肌力的衰退。

2. 循序渐进原则

在进行健身运动的初期，运动负荷和运动量要小，身体适应后再逐步增加运动负荷和运动量。锻炼一段时间后，如运动时感到发热、微微出汗，运动后感到轻松、舒畅，食欲、睡眠均好，说明运动负荷和运动量适宜。锻炼的动作应由易到难、由简到繁、由慢到快，时间可由短到长逐渐延长。老年人运动时，可用运动后即刻脉搏变化和恢复时间来控制运动量。老年人的适宜运动量可用公式"170 – 年龄"来衡量，即运动后即刻脉搏达到110次/min，5~10 min内脉搏恢复到安静时水平较为适宜。

3. 经常性原则

健身运动一定要持之以恒。每周锻炼不应少于3次，每次锻炼不低于30 min。同时，要合理安排锻炼时间，养成按时锻炼的良好习惯。只有这样，才可使身体结构和机能发生良好的变化，增强身心健康。

4. 个别对待原则

老年人在进行锻炼前，应做一次全面的身体检查。通过检查，可了解自己的健康状况和各脏器的功能水平。再根据老年人的年龄、性别、体力特点、健康状况、运动基础及运动习惯来选择最适宜的运动项目，并制订合理的锻炼计划。

5. 自我监督原则

老年人参加体育锻炼要加强医务监督。要学会观察并记录自己的脉搏、血压及健康状况，以便进行自我监督，防止过度疲劳，避免发生运动损伤，提高锻炼效果和健康水平。运动时要注意适当安排短暂休息，运动前后要认真做好准备活动和整理活动。老年人锻炼时气氛应轻松、愉快、活跃，尽量避免做憋气的动作、参加精神过于紧张的比赛活动。如在运动中出现脉搏过快或过慢，或变得不规则时，应停止锻炼，去医院检查。遇有感冒或其他疾病以及身体过度疲劳时，应暂停锻炼，并及时进行治疗或休息。

（三）跑步健身的原则

凡是参加健身跑步的人，都应注意坚持经常性和循序渐进的原则，特别要注意控制运动量。此外，必须学会"自我控制"，这点尤为重要。因为有时跑步的愿望会突然消失，这就需要将"不能跑"还是"不想跑"加以区分。当然，如果身体确实不适可暂时停止运动，但在其他情况下则应克服"惰性"，坚持锻炼。在锻炼初期，跑步的速度以没有不舒服的感觉为限度，跑完的距离以没有吃力的感觉为宜。跑步后可能出现下肢肌肉疼痛，这属于正常反应，坚持锻炼几天后，这种现象就会消失。为确定自己锻炼水平的等级，参加跑步锻炼3~4个月后，可进行一些测验，测验时以12 min跑完的距离为计算等级的起点。30~39岁年龄组的人，12 min跑完的距离达不到1.5~1.8 km，说明锻炼水平较差；如能达到1.8~2.6 km，说明锻炼水平为良好；如能超过2.6 km，即达到优秀锻炼水平。40~47岁年龄组的人，锻炼水平较差者每12 min跑完的距离为1.6 km以内；良好者为1.7~2.4 km；优秀者为2.5 km以上。50岁以上较差、良好和优秀者每12 min跑完的距离则分别为1.5 km以内、1.6~2.4 km和2.5 km以上。不要幻想在短期内取得理想结果，只有长期坚持锻炼才能提高锻炼水平。如果1周只跑1次，跑的距离再长也没有多少益处，因为在中断跑步的6天里，身体组织已将跑步带来的积极作用消耗得一干二净。因此，1周内跑步不得少于3次。平常缺乏锻炼的人，一旦决定开始经常性锻炼后，往往容易出现运动过量，这样极易导致不良后果。所以，在进行体育锻炼时应注意循序渐进，每天应在运动日记中记录以下事项：

①锻炼的性质、内容、持续的日期和每次锻炼所用的时间；②锻炼前、锻炼时和锻炼后的自我感觉；③食欲和睡眠状况；④有无继续参加锻炼的愿望；⑤脉搏跳动情况。

根据上述记录不难分析出运动量的大小，这样可及时对锻炼进行必要的调整。一般来说，跑步后5 min脉搏跳动不应超过120次/min，跑步后10 min脉搏跳动不应超过100次/min。如果脉率过速，必须立刻减少运动量。

三、常用的健身方法

（一）不同时期的健身计划

在人体发展过程中，人们根据体质发生的系列变化，把人的生命过程划分为生长发育期、成熟期和衰退期。体质变化的规律要求我们在人体发展的不同时期，健身时要有不同的目标、内容、方法和手段，才能达到科学健身的目的。人体发展总的规律是不可改变的，但其变化的快慢和体质的强弱在一定范围内是可控制的，这主要取决于健身的科学水平。首先，健身者要有明确的健身目标和计划。其次，不同年龄的个体进行体育锻炼的目标是有差异的，青少年、中年人、老年人、高龄老人，其健身目的是截然不同的。因此，应根据每个人的情况，确定适合每个人的具体锻炼目标。

对于以健身为目的的体育锻炼人群来说，运动方式的选择是衡量其锻炼效果的标准之一。美国多位专家针对这个问题，联手设计出一套非常有效的健身计划，并提出一个科学的健身计划至少应包括以下几个因素：对个体的评价、制定目标、采用的手段、强度、持续时间、练习次数等，且不同的年龄阶段，其运动方式可根据需要进行微调。

20~29岁：可选择高冲击力的有氧运动如跑步或拳击等，因为这些项目能大量消耗机体热量，强化全身肌肉，增进精力、耐力与手眼协调，同时还能释放压力，获得成就感。

30~39岁：建议选择攀岩、踏板运动、溜冰或者武术来健身。这些运动除了能减重，增强肌肉弹性（特别是臀部与腿部），还有助于增强机体的活力和耐力，改善机体的平衡性、灵敏性与协调性。此外，还能培养注意力集中能力，建立自信与策略思考力。溜冰还能令人心情愉悦、忘却不快。

40~49岁：选择低冲击力的有氧运动、健行、爬楼梯、网球等运动。这些运动项目能增加体力，加强下半身肌肉，特别是双腿的肌肉。其中，爬楼梯很适合忙碌的都市上班族，每天可就近练习；网球，属于全身运动，能增加身体各部位的灵敏度与协调性，让人保持充沛的精力。

50~59岁：适合的运动有游泳、重量训练、划船以及高尔夫。游泳能有效加强全身各部位的肌肉弹性，兼具振奋与镇静的作用，专心地划水让人忘却烦恼；重量训练能坚实肌肉，强化骨骼密度，有助于提高自我形象满意度，让压力与烦躁都随汗水宣泄而出。

60~69岁：适合散步、交际舞、瑜伽或水中有氧运动。散步能强化双腿，预防骨质流失，缓解关节紧张；交际舞能增进全身的韵律感、协调感与优雅，非常适合不常运动的人尝试；瑜伽能使全身更富弹性与平衡感，常做能预防身体受伤；水中有氧运动能增强肌肉的力量与身体的弹性，适合肥胖者或老弱者。

（二）力量性训练

要使肌肉得到快速增长，就必须对肌纤维施以运动刺激，进行肌肉力量性训练。力量性训练的主要方法包括动力训练法、退让训练法和静力训练法，一般选择动力和静力两法的较多。动力训练法是指肌肉收缩时长度缩短，即肌肉做克制性工作。静力训练法是指肌肉收缩时长度不变，即维持一定的姿势。两法都可以通过克服或维持负荷物（如杠铃、哑铃）或者自身重量实现。刚开始训练或条件有限时，可以通过克服或维持自身重量进行肌肉力量训练，例如俯卧撑、引体向上、仰卧起坐、原地跳等。随着肌肉的粗壮和力量的增强，再进行重量较大的负重练习，例如扛铃下蹲、卧推杠铃等。负重练习的具体方法是：负荷的重量是练习者所能达到最大负荷重量的40%~60%，每组重复8~12次，练习4~8组，每组间歇1~5 min。当一种负荷重量已能够重复12次时，就要再增加负荷重量，增加到只能重复8次的重量。初练时，可以选用上述指标范围内的下限值，以后逐步增加练习组数和负荷重量，缩短间歇时间。静力性练习负荷重量为自身最大负荷的80%~90%，练习2~4组，每组1~2次，每次时间为6~10 s，每组间歇3 min左右。

特别要强调的是，力量训练能够增加肌肉中肌糖元、肌球蛋白和肌动蛋白等成分的含量。一方面可以增强肌力，另一方面可以增大肌肉块的体积，但是必须有充足的营养作为肌肉增长的物质基础。

（三）科学的有氧运动

有氧运动是指通过连续不断反复多次的活动，在一定时间内，按一定训练强度，完成一定的活动要求，使心率逐步提高到规定的最高心率范围内。简单地说，有氧运动其实就是反复多次的中小强度运动，如跑步、步行、登山、跳绳等，训练者可以根据自身情况和兴趣来选择。训练时的心率计算方法：最佳运动心率 =（运动最高心率 − 安静心率）× 70% + 安静心率。运动时，可以依照这个公式来掌控自己的运动程度。运动开始阶段，能量主要来自血糖的分解，到运动的后期才开始动用体内脂肪的氧化，所以，要达到健身防病效果，其最佳运动量应为：每天中等强度活动持续 30～60 min，能量消耗在 150～400 kCal 之间。如果将此运动量分成 3 次，每次持续 10 多分钟也是可行的。

（四）高血压病人如何健身

1. 运动健身

采取慢跑健身方法，要根据个人血压状态，控制好运动量，最好请运动医学专家开一个运动处方进行锻炼。一般来说，高血压病人锻炼应以步行练习开始，过渡到走、跑结合，然后再从慢跑持续到跑。练习时间从 3 min 逐渐增加到 15 min，循序渐进，适应后增加练习时间，提高速度。此外，还可以选择气功、太极拳，坚持早晚练习，也有很好的治疗作用。在运动练习时，高血压病人应注意自己的主观感觉，如有不适，应停止或减缓练习；动作要柔和、平稳、不用力、不憋气、不紧张、不过久低头，以免头部充血增加血压，发生意外。

2. 生活保健方法

在日常生活中，高血压病人应注意个人卫生，以环境幽静为宜，家里要通风换气；控制好自己的情绪，调节心理状态，遇事不紧张、不急躁；饮食以低脂肪为主，清淡可口，多吃水果蔬菜。同时，在医生指导下按时用药调理。

（五）脑力劳动者健身方法

脑力劳动者由于工作性质的关系，往往体质较差，参加运动则能增强体质，同时还可以使大脑得到及时的休息，从而提高工作效率。我们知道，大脑的需氧量占全身需氧量的 1/4，血流量占心脏总排出量的 1/5，如果脑血流量不足，就会影响大脑功能，而大脑是全身的"指挥部"，它的状态会直接影响全身各器官的功能。那么，脑力劳动者应选择哪些运动方法呢？首先，要根据每个人的不同情况进行项目选择，中老年人应根据自己的体力情况选择适宜的健身内容，如健身慢跑就是一种很好的健身运动方法。此外，我国特有的武术、太极拳及广播体操等，对脑力劳动者也很适宜。有的脑力劳动者觉得专门抽时间做健身运动有一定困难，但即使是在工作闲暇时伸伸腰、踢踢腿、做深呼吸也能起到调节作用。长时间伏案工作后，站立行走一段时间，可使骨骼承受纵向压力，加强钙沉积，防止骨质疏松的发生。总之，如果不安排专门的健身运动时间，则要寻找活动的机会，能坐着时不要躺着，能站着时不要坐着，能走动时不要停着。

（六）体力劳动者健身方法

任何一种体力劳动，总是有一部分肌肉活动多一些，而另一部分肌肉活动相对少一些，即肌肉活动具有一定的局限性。因此，在选择健身运动方法时，体力劳动者就应注意弥补这种局限性。例如：经常弯腰劳动的农民，呼吸系统得到的锻炼相对少一些，做健身运动时应该多做呼吸扩胸运动及伸展运动，以增强呼吸肌功能，增加肺活量；开车床的工人及纺织女工，整日站着工作，容易患腰腿痛、下肢静脉曲张等疾病，做健身运动时应注意全身各部位的锻炼。总之，主要集中于上肢体力劳动的人，在选择健身运动项目时应着重活动下肢，反之则应多活动上肢。体力劳动者应该针对身体缺乏活动的某一部位进行重点锻炼。这样，不仅可以使全身肌肉得到平衡，还有助于消除疲劳，增强体质，预防各种职业病。

（七）长走健身方法

长走运动虽然是一种非常安全的运动健身项目，但是如果不能很好地把握其锻炼的方法和要领，同样也不能达到应有的健身效果，甚至可能产生一定的副作用。因此，如果选择长走进行锻炼，方法一定要正确。长走前要细致做好以下的准备工作：

（1）选一双合脚的软底运动鞋。如是专门的跑鞋更好，这样可缓冲脚底的压力，以防止不太运动的关节受到伤害。

（2）穿一套舒适的运动装。这样能让自己的心情和身体放松，从繁忙的工作生活中走出来。

（3）准备一壶清茶水。可适当加些糖、盐，因为清茶能生津止渴，糖、盐可防止流汗过多，维持体内电解质平衡。

（4）选择一条合适的运动路线。可以是公园小径、学校操场、住所附近，甚至上下班的途经小路。在运动中人体耗氧量会增加，如空气不好，甚至有废气等污染物，反而会使运动效果适得其反。所以，长走路线应该是人流量少、通风、空气好，离汽车越远越好。

（5）长走时间要恰当。长走锻炼的时间最好选择在每天太阳升起以后，下午 3 点也是最佳的锻炼时间。长走运动不能等同于平常的走路、散步或逛街，每周锻炼至少 3 次，并且每次不能少于 30 min。

长走太随意是达不到健身目的的。长走前一定要做一些准备活动，如轻轻压一压韧带，做一些下蹲运动等，让自己的心脏和肌肉尽快进入运动状态。健步走时，步幅应略大，挺胸收腹，目视前方，上半身略向前倾，双臂自然在身体两侧摆动，注意力集中，呼吸自然均匀。长走开始后，不能随意停下，直到锻炼结束。长走健身运动，要循序渐进，运动强度应由小到大，运动时间由短到长。运动后，还应做一些放松运动。同样是走路，如果要"走"出健康来，在锻炼时要保证一定的频率、强度和持续时间。如果不了解自己的运动能力，开始时应尽量选择较低强度，若在训练后次日没有心慌、心悸、头痛、无力、心率加快等不适感，可逐渐加大强度，否则就应降低强度。

(八) 减肥运动处方

由于人们生活水平的提高，再加上运动量减少，胖子越来越多。身体肥胖不仅会给行动带来不便，更对身体健康造成很大危害，因此减肥已刻不容缓。

目前专家们认为，肥胖是指当人体摄取食物过多，而消耗能量的体力活动减少，摄入的热量超过了机体所消耗的热量，因而过多的脂肪蓄积起来，使脂肪组织异常地增加，体重超过正常值的20%，处于有损于健康的一种超体重的状态。由于超体重的肥胖对人们健康构成很大的危害，减肥问题已经引起人们的广泛重视。尽管对减肥有多种多样的说法和做法，但实践表明，要减肥成功，必须树立以下两个观念：

（1）减肥的关键在于运动。目前，专家们认为，要减肥一是节制饮食，二是加强运动，即减少摄入的热量或者努力消耗体内的热量。所以，值得大力提倡的是两个方面：一是平衡膳食，另一个就是运动。美国专家的调查表明，要使减肥持久坚持下去，除了有节制地减少摄入的热量外，必须增加运动量。

（2）科学节食与运动相结合。一般限制饮食，适当减少碳水化合物及脂肪摄入，仅对轻度肥胖者有效。对较重肥胖者，仅仅严格限制饮食减肥效果不能持久，单纯限制饮食能控制体重者一般不到20%，大约50%的人在2~3年内会恢复到以前的体重。

为此，在制定减肥运动处方时，应考虑如下因素：

（1）减肥运动的强度。从能量消耗的角度来看，中等强度的运动（如长跑）持续较长的时间，消耗的总能量就多。且中等强度的运动除了糖以外，脂肪是供能的重要来源。根据这个原理，进行长时间、中等强度的运动，减肥的效果最好。

针对如何减肥，日本爱知大学运动医疗中心提出的运动减肥方案为：运动强度为最大运动量的40%~60%；每次运动2.5 h，消耗能量1 004.5~1 255.7 KJ（240~300 kCal）；每周运动3次以上，减肥运动最佳心率的计算方法是：

$$最佳心率 = [（220 - 年龄 - 安静心率）/2] + 安静心率$$

（2）选择适合的运动项目。一是锻炼全身体力和耐力的有氧运动项目，如长距离步行、慢跑、自行车和游泳等；二是以锻炼肌力、肌肉耐力为目标的拉力器等静态运动；三是以准备活动和整理活动为主的伸展体操。特别应注意不断更换运动内容，以免厌烦。有高血压和冠心病者不要做等长（静力）运动，以免引起心率过快和血压升高。

（3）制订减肥目标和计划。美国运动生理学家莫尔豪斯认为：减肥必须采取理智和稳健的方法，即根据自己的实际情况制订切实可行的减肥目标和计划，然后逐渐调整热量消耗与饮食的关系。他提醒减肥者，在1周内减体重不应超过0.45 kg，否则不能真正长久地减肥。有了目标，即可实行每周0.45 kg的减肥计划。运动锻炼时，应明确目的：一是减轻体重，防止肥胖；二是保持和增加体力，预防肥胖并发症。运动时，可以选择耐力运动项目，如长距离步行或远足、自行车、游泳等。运动强度：60%~70% HRmax，相当于50%~60% $\dot{V}O_2$ max 或心率掌控在120~130次/min。运动时间和频率：每次30~45 min，每周3~4次。

（4）处方程序和锻炼方法。①准备活动 5 min，可作些腰、腿、髋关节轻微活动。②慢走与快走交替 20 min，如步行节奏控制为慢—快—慢，用 10 min 走完 1 200 m，速度 2 步/s，再用 10 min 走完 1 300 m。③基础体力练习 15 min：仰卧起坐 20 个（手抱头或不抱均可）；俯卧撑 20 个；俯卧抬起上体 20 个；提踵 50 次；立卧撑 20 次；蹲跳起 20 次。④以上全部内容锻炼 45 min，共消耗热量约 12 556.5 KJ（300 kCal），此热量相当于米饭 90 g 或 3 个煎鸡蛋所提供的能量。

注意事项：锻炼时感到轻松或过于吃力，可稍调节内容和次数；以锻炼后第二天不感到疲劳为宜，可每周适当增加运动量；严寒、酷暑或身体不适时，应停止锻炼，不可蛮干。

运动种类：可选择步行、慢跑、自行车、游泳、滑冰等。

辅助项目：可选择太极拳（套路）、乒乓球、羽毛球、网球、迪斯科健身操等。

运动强度：慢跑速度开始由 100~110 m/min，逐渐增加到 120~180 m/min。运动时心率控制在 40 岁 140 次/min，50 岁 130 次/min，60 岁 120 次/min 以内为宜。

运动时间与频率：每次30~40 min，每周3~5次。

力量性锻炼：应根据肥胖者脂肪蓄积的部位选择。①脂肪蓄积在腹部者，主要是进行仰卧起坐、抗阻性抬腿运动等，每个动作20次，做3~5组。②脂肪蓄积在肩、胸、背部者，可做哑铃操及拉力器练习等。

四、体育锻炼注意事项

（一）体育锻炼的忠告

1. 健康专家和营养学家联合提出了以下体育锻炼忠告

（1）不要制定太严格的时间表；

（2）要经常尝试新锻炼方式；

（3）不要为追求时尚而改变自己的锻炼习惯；

（4）合理调整饮食结构；

（5）改变不良饮食习惯；

（6）思想高度紧张和情绪剧烈波动时不宜进行锻炼；

（7）运动量要适宜；

（8）不必去高档俱乐部；

(9) 选择的锻炼地点不可过于偏僻或繁华；

(10) 选择好友与自己共同锻炼。

2. 准备活动六要六忌

(1) 要认识明确，忌刚愎自用。

(2) 要认真充分，忌敷衍了事。

(3) 要因材制宜，忌死搬硬套。

(4) 要强度适宜，忌盲目增强。

(5) 要科学适量，忌一味加大。

(6) 要间隔适当，忌脱离科学。

(二) 运动后饮食注意事项

在体育锻炼后，很多人常有肌肉发胀、关节酸痛、精神疲乏感。为了尽快解除疲劳，就会吃些鸡、鱼、肉、蛋等，以为可以补充营养，满足身体需要。其实，此时食用这些食品不但不利于解除疲劳，反而对身体有不良影响。

人类的食物可分为酸性食物和碱性食物。判断食物的酸碱性，并非根据人们的味觉，也不是根据食物溶于水中的化学性质，而是根据食物进入人体后所生成的最终代谢物的酸碱性而定。酸性食物通常含有丰富的蛋白质、脂肪和糖类，含有钾、钠、钙、镁等元素，在体内代谢后生成碱性物质，能阻止血液向酸性变化。所以，酸味的水果，一般都为碱性食物而不是酸性食物，鸡、鱼、肉、蛋、糖等味虽不酸，但却是酸性食物。

美国一位病理学家经过长期研究指出，只有体液呈弱碱性，才能保持人体健康。正常人的体液呈弱碱性，人在体育锻炼后，感到肌肉、关节酸胀和精神疲乏，其主要原因是体内的糖、脂肪、蛋白质被大量分解，在分解过程中，产生乳酸、磷酸等酸性物质。这些酸性物质刺激人体组织器官，使肌肉、关节酸胀，精神疲乏。此时，若单纯食用富含酸性物质的肉、蛋、鱼等，会使体液更加酸性化，不利于疲劳的解除。而食用蔬菜、甘薯、柑橘、苹果之类的蔬果，由于它们的成碱作用，可以消除体内过剩的酸，降低尿的酸度，增加尿酸的溶解度，可减少酸在膀胱中形成结石的可能。

所以，人在体育锻炼后，应多吃些富含碱性的食物，如水果、蔬菜、豆制品等，以利于保持人体内酸碱度的基本平衡，保持人体健康，尽快消除运动带来的负面影响。

(三) 健康自测十项指标

健康自测一般常选用以下十项指标：

(1) 体温：正常体温为36℃~37℃，高于此为发热，低于此称低体温。后者常见于高龄体弱老人及长期营养不良者，也可见于甲状腺机能减退症、休克疾病患者。

(2) 脉搏：成人脉搏每分钟60~100次，如发现过速、过缓、间歇强弱不定、快慢不等，均为心脏不健康的表现。老年人心率一般较慢，但只要不低于每分钟 55 次，属于正常范围。如平时心率较慢，某时突然增快至 80~90 次以上，可能有潜在疾病，应予以关注。

（3）呼吸：健康人呼吸平稳、规律，每分钟 16 次左右，如发现呼吸的深度、频率、节律异常、呼吸费力，有胸闷、弊气感，则为不正常的表现，应就医。老年人心肺功能减退，活动后有心悸气短表现，休息后很快能恢复就不应认为是疾病的表现。

（4）血压：成人血压不超过 140/80 mmHg。随年龄的增长，老年人的血压也相应上升，但收缩压超过 160 mmHg 时，不论有无症状均应服药。若单纯舒张压过高，其原因很多，不宜私自服药，应到医院就诊。

（5）体重：长期稳定的体重是健康的指标之一。短时间内的消瘦常见于糖尿病、甲亢、癌症和胃、肠、肝疾患者。更年期女性该胖不胖也往往算病。体重短期增加很可能与高血脂、糖尿病、甲状腺机能减退症、浮肿疾患有关。

（6）饮食：成人每日食量不超过 500 g，老年人不超过 350 g。如出现多食多饮应考虑糖尿病、甲亢等病的存在。每日食量不足 250 g，食欲丧失达半个月以上，应检查有否潜在的炎症、癌症。

（7）排便：健康人每日或隔日排便 1 次，为黄色成形软便。老年人尤其高龄者，少吃、少动者，可 2~3 天排便 1 次。只要排便顺利，大便不干，就不是便秘。大便颜色、形状、次数异常可反映结肠病变。

（8）排尿：成人每日排尿 1~2 L，每隔 2~4 h 排尿 1 次，夜间排尿间隔不定。正常尿为淡黄色，透明状，少许泡沫。如尿色、尿量异常，排尿过频，排尿困难或疼痛均为不正常的表现，应就医。

（9）睡眠：成人每日睡眠 6~8 h，老年人应加午睡。入睡困难、夜醒不眠、白天嗜睡打盹均为睡眠障碍的表现。

（10）精神：健康人精神饱满，行为敏捷，情感合理，无晕无疼；否则应检查是否有心脑血管和神经骨关节系统疾病。

参 考 文 献

[1] 王向宏. 体能训练理论与方法［M］. 北京：北京航空航天大学出版社，2010.

[2] 何雪德，龚波，刘喜林. 体能概念的发展演绎着新时期训练思维的整合［J］. 南京体育学院学报，2005，19（2）：9－13.

[3] 体能. http：//baike. baidu. com/view/107652. htm.

[4] 熊斗寅. 浅析"体能"概念［J］. 解放军体育学院学报，2000，19（1）：1－3.

[5] 李之文. 体能概念探討［J］. 解放军体育学院学报，2001，20（3）：1－3.

[6] 杨世勇，李遵，唐照华，等. 体能训练学［M］. 成都：四川科学技术出版社，2001.

[7] 全国体育学院教材委员会. 运动训练学［M］. 人民体育出版社，2000.

[8] 袁运平. 我国高水平男子百米跑运动员体能训练理论体系的研究［D］. 北京：北京体育大学，2002.

[9] 高等学校教材. 体能训练［M］. 北京：高等教育出版社，2006.

[10] 徐玉明. 体能评定与发展［M］. 北京：人民体育出版社，2007.

[11] 苟波，李之俊，高炳宏，等. "体能"概念辨析［J］. 体育科研，2008，29（2）：47－52.

[12] 刘浩，杨伟军. 逻辑学视角下体能概念研究的整合［J］. 体育学刊，2008，15（9）：79－83.

[13] 郭彩琴. 逻辑学教程［M］. 北京：北京大学出版社，2007.

[14] 周晓卉. 体能概念及其相关问题思考［J］. 体育文化导刊，2010(6)：106－116.

[15] 厉昌高，孙有平. 体能与体能训练的系统结构分析［J］. 四川体育科学，2011，（2）：58－61.

[16] 袁运平，王卫. 运动员体能结构与分类体系的研究［J］. 首都体育学院学报，2003（2）：24－28.

[17] 刘庆山. 体能训练基本理论与我国高水平篮球运动员体能训练研究［D］. 北京体育大学研究生院，2004：15.

[18] 邓树勋，王健，乔德才. 运动生理学［M］. 北京：高等教育出版社，2005.

[19] 田野. 运动生理学高级教程［M］. 北京：高等教育出版社，2003.

[20] 王瑞元. 运动生理学［M］. 北京：人民体育出版社，2002.

[21] 沈剑威，阮伯仁. 体适能基础理论［M］. 北京：人民体育出版社，2008.

[22] 刘晔，郑晓鸿. 体能训练基础理论与实用方法［M］. 北京：北京体育大学出版社，2011.

[23] 体育学院函授教材. 身体素质训练法［M］. 北京：人民体育出版社，1999.

[24] 董晓红，郭海英. 实用运动处方［M］. 杭州：浙江大学出版社，2008.

[25] 李鸿江. 学校体能教程［M］. 北京：北京体育大学出版社，2003.

[26] 王卫星，蔡有志. 体能——力量训练指南［M］. 北京：北京体育大学出版

[27] 武维一，王琳，叶永延，等. 身体素质与运动成绩［M］. 北京：人民体育出版社，1998.

[28] 陈小华，黄莉芹. 青少年乒乓球运动员体能训练［M］. 武汉：中国地质大学出版社，2010.

[29] 王海源. 警察体能基础教育训练［M］. 北京：中国人民公安大学出版社，2005.

[30] 杨则宜，王启荣. 足球运动的体能与营养［M］. 北京：北京体育大学出版社，2004.

[31] （澳）格伦·卡德维尔. 运动营养金标准［M］. 任青，等译. 北京：人民体育出版社，2009.

[32] 张英波. 现代体能训练方法［M］. 北京：北京体育大学出版社，2006.

[33] 张冰，仇军. 运动营养指导［M］. 北京：清华大学出版社，2007.

[34] （美）大卫·奥利弗，德纳·赫丽. 女子运动员体能训练［M］. 闫琪，等译. 北京：北京体育大学出版社，2011.

[35] Bill Foran. 高水平经济体能训练［M］. 袁守龙，刘爱杰，译. 北京：北京体育大学出版社，2006.

[36] （美）比尔·弗兰，罗宾·庞德. 篮球体能训练［M］. 张莉清，译. 北京：人民体育出版社，2009.

[37] （美）全美篮球体能教练员协会. NBA体能训练［M］. 孙欢，译. 北京：人民体育出版社，2003.

[38] 张英波. 现代力量训练方法［M］. 北京：北京体育大学出版社，2007.

[39] （英）马克·韦勒. 力量与肌肉训练图谱［M］. 李振华，郭雨霁，译. 济南：山东科学技术出版社，2008.

[40] （德）克劳斯·博斯. 体能训练晴雨表［M］. 劳石，译. 北京：中国工商联合出版社，2003.

[41] 陈吉棣. 运动营养学［M］. 北京：北京医科大学出版社，2002.

[42] 邹继豪. 全国普通高等学校体育与健康课程理论教程［M］. 大连：大连理工大学出版社，2001.

[43] （美）Dianne Hales. 现代健康指导手册［M］. 孙云霞，等译. 北京：中国轻工业出版社，2000.

[44] 常翠青. 运动与营养［M］. 北京：新华出版社，2009.

[45] 林文弢. 休闲体育营养［M］. 北京：人民体育出版社，2007.

[46] 林鸿严. 营养宝典［M］. 广州：广东科技出版社，2010.

[47] 张钧，张蕴琨. 运动营养学［M］. 北京：高等教育出版社，2006.

[48] 王磊. 大学生体育锻炼与合理营养［J］. 景德镇高专学报，2007，22（2）：62-63.

[49] 中国营养网. http://www.yingyang.com.

[50] 中国学生营养网. http://www.xsyyw.com.

[51] 天天营养网. http://www.51ttyy.com/.

[52] 中国营养学会网. http://www.cnsoc.org/cn/.